天台宗恵檀両流の僧と唱導

松田宣史 著

三弥井書店

＊＊＊　目次　＊＊＊

第二部　『法花経』による往生説話

序

天台典籍の写本は、記家文字という独特な文字で書かれており、容易には読めない。かりに読めるようになったとしても、教理に関する部分はこれまた難解で、まさに「難解難入」ゆえ、読解しようとしても意に反して転読せざるをえない。しかし、まれに筆がゆるんでいて、素人でもなんとか読める箇所がある。そういう箇所は、「口伝ニ云」とか「物語ニ云」で始めていることが多く、逸話や説話や和歌を記して、教理の補足説明をおこなおうとしている箇所である。私のような凡夫は、このような口伝や物語によって、初めて背後の教理をおぼろげに感じるのである。

またそこには、「当流」「他流」という語が散見される。これは、天台教学の流派である恵心流や檀那流を指している。恵心流は恵心僧都源信を祖とし、檀那流は檀那僧都覚運を祖とするが、恵檀両流ということが云われるのは鎌倉時代の後期からのようである。恵檀両流の研究は、島地大等を始め古くからなされており、法脈や教学の特徴などが明らかにされているが、天台宗僧が、門下僧をはじめ、皇族・貴族・武士・庶民に対して、教理をいかに説いたかという文化的研究は未開拓の分野である。

ここ三十年の日本仏教研究を見ると、寺院の経蔵調査が目に付く。その成果は、目録や影印翻刻という形で公にされている。天台宗に関係するものを挙げてみると、『三千院円融蔵文書目録』『続天台宗全書』『真福寺文庫撮影目録』『真福寺善本叢刊』『青蓮院門跡吉水蔵聖教目録』『園城寺文書』『叡山文庫天海蔵識語集成』『国文学における寺院蔵書の利用促進のための奥書集成を含む正教蔵文庫の総合的研究』『身延文庫典籍目録』『称名寺聖教目録』などがある。

一方、仏教文学研究においても経蔵典籍に目が向けられるようになり、最近の学界の動向を見ると、次のようなシンポジウムが開かれている。

「天台談義所の学問と交流―成菩提院聖教を中心に―」仏教文学会　平成十六年（二〇〇四）十一月

「金沢文庫・称名寺聖教の唱導資料をめぐって」説話文学会　平成二十一年（二〇〇九）十二月

「寺院資料調査と中世文学」中世文学会　平成二十二年（二〇一〇）五月

「〈解釈〉される経典・経文―その動態と創造性―」説話文学会　平成二十三年（二〇一一）十二月

このような時流の中で、天台宗恵檀両流の口伝や物語の文化的諸相を解明したものが本書であり、前著『比叡山仏教説話研究―序説―』（三弥井書店　二〇〇三年刊）の内容を、さらに進めた産物である。従って、本書は前著の本論にあたる。

本書の内容は、恵心流と檀那流がそれぞれ継承した、鎌倉・室町時代の口伝や物語に焦点を当て、未詳であった諸問題を明らかにしたものである。具体的には、口伝や物語の伝授者並びに伝授場所、物語背後の思想、唱導の内容と意図、談義における『法華伝記』『大日本国法華経験記』『平家物語』の利用、『法花経』による往生勧化などの解明である。また、恵檀両流の典籍を多数蒐集し、天台教学の再興を成した舜興の蔵書の特徴も明らかにした。

これらの解明にあたっては、叡山文庫・金沢文庫・西教寺正教蔵・東大寺図書館・日光天海蔵などから出てきた資料に依るところが大きい。問題を解く鑰は、探そうとしても見つかるものではなく、調査の中から自然に涌き出るものである。宝の山に入り手を空しくして帰ること多数度ではあるが、猫も歩まなければ棒に当たらない。解明の結果、恵心流の口伝・物語は、『法花経』の教理に直結していることや、秘伝を重視する傾向があることが分かってきた。しかしその反面、静明門下から「化城即宝所」などの特異な解釈が生まれていることも見えてきた。檀那流についても、「六即義」「草木成仏」『法華文句』などを説くにあたり、明雲座主を話題にすること、世俗の物語を多用する傾向があること、『法花経』による往生を説き始めたことなどが見えてきた。

このような天台宗恵檀両流の口伝・物語を分析した本は今までに無く、今後の天台仏教文化研究の礎になったと密かに思っている。なお、本書に取り上げた口伝・物語の他にも、興味深い説話は多くあるが、それらが天台仏教文化の中のどういう位置にあるのか、もはや解く余裕が無いため全て後賢に任す。しかし、本書で扱った仏教説話を見るだけでも、天台宗の口伝・物語の興味深さを感じ取っていただけると思う。「あら面白の山法師や興がる物語や」と。

以下に本書の概略を記す。なお、『法華経』は、古い写本では『法花経』と記されることが多いため、本書でも『法花経』という表記を使っている。

第一部は「天台宗恵檀両流の僧と唱導」と題し、恵心檀那両流の僧が継承した口伝・物語を分析し、その諸相を実証的に解明した。

第一章「慈童説話の成立」では、鎌倉時代前半に存在していた慈童説話は、今まで誰の口伝か不明であったがそれを明らかにした。叡山文庫蔵の『鑛中金』に、「俊範仰云」とする慈童説話が見えるが、内容は俊範の『一帖抄』と共通点があり、『鏻中金』に見える静明義も静明の著作や恵心流の典籍で確認できるため、『鏻中金』の記述は信憑性が高く、俊範が慈童説話を語ったことも信ずるに値する。また、「慈童」の「慈」は、『天台相伝秘決鈔』や『手中鈔』によって、観音の慈悲を表す重要な文字であることを解き、慈童説話の結びに聖徳太子が記される理由を、『伝受抄私見聞』や治国利民の観点から明らかにした。

第二章「寛印一家の説話」では、恵心流の静明が寛印の孫の説話を語った動機を解明した。『雑々私用抄』に、寛印の孫が、山僧に『摩訶止観』の口決を伝える説話があるが、寛印を調査すると、『息心抄』『山家相承経旨深義脈譜』『摩訶止観伊賀抄』『宗要相承口伝抄』『宗要伊賀抄』などによって、寛印親子は、天台宗の秘事口伝を継承し、守ろうとしていたことが分かる。この親子の姿勢は、『雑々私用抄』の寛印の孫に通底する姿である。静明は、『十二因縁義抄』や『性類抄』に見えるように、寛印の教学に関心を持っていたが、その静明が寛印の孫の説話を語ったということは、静明一門もまた、天台仏法を継承し、守ろうとしていたということを表している。

第三章「法花深義説話の発生と伝授」では、俊範と静明の法花深義説話の発生と伝播を明らかにした。まず『法花品々観心抄』『妙法蓮華経観心抄』『両含鈔』などによって、法花深義説話は、一三〇五年以前に無動寺常楽院周辺で、俊範の説話として成立していたことを明らかにした。それを静明説話に替えたのは、『円頓止観』『心境義』などによって、西塔正観院周辺の静明の門下僧が考えられ、替えた時期は、『檀那門跡相承并恵心流相承次第』によって、静明流の法門が流行していた一三八〇年前後と推定できる。

第四章「安居院の主張「車中の口決」「官兵の右手」と背景」では、安居院流僧の主張内容とその背景を解明した。まず、安居院流の主張を『草木成仏相伝』『宗要白光』などによって解明し、さらにこの主張の背景に、「鎌倉時代中期から末期にかけて、法門談義が盛んであったこと。」「『一心妙戒鈔』『一心三観等口伝』『伝受抄私見聞』などに見られるように、この頃恵心流の俊範に関する説話が発生していること。」「青蓮院門徒が、天台宗の嫡流意識を持っていること。」の三点があることを指摘し、安居院流僧は、恵心流に対し、自分たちこそが天台宗の嫡流であることを示そうとして、「車中の口決」「官兵の右手」を主張したと推定した。

第五章「毘沙門堂と『平家物語』」では、称名寺蔵『文句私物』と、西教寺正教蔵『草木成仏相伝』により、毘沙門堂と『平家物語』の関係を指摘した。『文句私物』は、一二九六年下総の龍角寺で、毘沙門堂の僧朗鑁が談じた本で、その中に見える玄肪・明雲・顕真・成頼の談義は、『平家物語』を念頭に置いたものと考えられる。一方、朗鑁と同じ頃、延暦寺の覚林坊で、「平家ノ物語」に記された明雲流罪の口伝が話題になっているが、覚林坊は毘沙門堂の本坊に当たる地である。毘沙門堂が梶井門跡の寺院であることや、毘沙門堂と高野山や法然との関係を考えると、『平家物語』の成立に毘沙門堂が関係している可能性が出てくる。

第六章「称名寺に伝わった『平家物語』周辺資料」では、称名寺蔵『法花懺法聞書』と『頌疏文集見聞』を調査し、読み本系『平家物語』編者による師長説話の利用と、信救（大夫房覚明）の著作を考察した。『法花懺法聞書』の末尾に記された師長流罪説話は、延慶本や長門本『平家物語』の本文から挿話や道行き文を除いた文章によく似ていることから、延慶本や長門本の編者が、『法花懺法聞書』に見えるような説話を利用した可能性を指摘した。また、『頌疏文集見聞』の「信救ノ書タル重忠ノ合戦ニカシワハラ心替シタリトテ」という記述から、信救が、一一八九年七月に始まった藤原泰衡征伐（奥州合戦）の合戦記を書いたことを推定した。

第七章「西教寺正教蔵『授記品談義鈔』紹介」では、『授記品談義鈔』の内容や、作者の雄海や行運を調査し、『授記品談義鈔』は、一五〇〇年代後半に関東で行われた檀那流の『法花経』直談書であることを明らかにした。この書には、説話引用の目的が三箇所にわたって明記されており、談義の特徴がよく表れている。また、先行の直談書との関係を考察すると、実海の『轆塵抄』を見て「愛蓮の頌」や「父少而子老事」を書いていることや、逢善寺定珍の『綱目鈔私』や、栄心の『法華経直談鈔』と関係が深いことが分かった。なお、巻末に『授記品談義鈔』全文の翻刻を、西教寺の許可を得て掲載した。

第二部は「『法花経』による往生説話」と題し、鎌倉時代中期から南北朝時代にかけての、『法花経』による往生説話の製作や、安居院流僧の唱導内容を明らかにした。

第一章「南北朝期の『法花経』による往生説話」では、日光天海蔵『見聞随身鈔』が引く『法華伝記』を考察した。『見聞随身鈔』に見える『法華伝記』は、中国僧詳撰の『法華伝記』と比べると、おおむね簡略になっているが、話末に『法花経』故に往生したことが付加されている。このような『法花経』による往生を付加した説話は、玄棟の『三国伝記』にも見出せることから、天台僧が「『法花経』による往生」を言い広めていたことを推定した。なお、巻末に『見聞随身鈔』が引く「法花経三国奇特」説話の翻刻を、輪王寺の許可を得て掲載した。

第二章「南北朝期の『日本法花験記』」では、『見聞随身鈔』が引く『大日本国法華経験記』を考察し、その作者圏と、中世後期における『大日本国法華経験記』の享受を明らかにした。引用された『大日本国法華経験記』は、話末に『法花経』による往生を付け加えていることから、前章と同様、天台僧の改訂を推定した。さらに論義や『法花経』直談において、このような『大日本国法華経験記』が実際に使われていたことを、『定賢問答』や『雑教部』が引く『日本法花験記』を挙げて検証した。

第三章「『法花経』利益説話から往生説話へ」では、『法花経』による往生説話の創作に、安居院流僧が関わっていることを解明した。まず、第一章・第二章で考察した南北朝時代の『法花経』による往生説話は、鎌倉時代の説草に基づいて作られていることを解明した。次に、説草の作者は、今まで澄憲と考えられていたが、平安時代末期にはまだ往生付加の動きが無いため、澄憲や聖覚ではなく、鎌倉時代後半の安居院流僧公誉・憲実・忠源らが考えられることを、『藤原広足縁』や『作法儀』を用いて解明した。さらに往生説話の発生は、十三世紀中頃で、浄土宗門徒が専修念仏による往生を説いていた頃であることも指摘した。

第三部は「西教寺正教蔵本の特徴」と題し、西教寺の舜興蔵書の調査から見えてきた舜興蔵書の特徴の他、表紙裏張りの断簡や装丁の問題を明らかにした。舜興蔵書には、恵檀両流の典籍が数多く蔵されており、信長による叡山焼き討ち後の、天台教学の再興を成した舜興を顕彰する章段である。

第一章「西教寺正教蔵本の表紙裏断簡」では、表紙裏の断簡を取り上げ、近世初期の出版事情や書写創作活動の一端を見た。古活字版『清原宣賢式目抄』と『鍾馗』は、誤植の他、本文に難があり、その故反古になったことがうかがえる。次に、『六百番歌合』書写断簡は、天正本に近い本文を持つ異本と考えられるが、春中第八番の歌に三十八番という番号が振られていることが興味深い。また、「平家高野」断簡は、従来知られている「平家高野」と違い、古い形をとどめている。これは室戸山僧が、火災に遭った寺を再建する目的で寺の縁起を作ろうとしていたのではないかと推測される断簡である。

第二章「芦浦観音寺の舜興蔵書」では、表紙裏に見える多くの寺社修理文書を調査し、寛永の終わり頃の祇園社修理文書であることをつきとめた。さらに当時の修理奉行は芦浦観音寺であったことから、表紙屋長兵衛が芦浦観音寺に行き、寺にあった祇園社修理文書の反故を使って表紙を装丁したことを推定した。次に、奥書の調査により以下の事柄を明らかにした。

一、舜興蔵書の土台は、舜興が若い時に比叡山西塔正教坊で書写した典籍であること。

一、慶安頃、蔵書に新たに署名を施したこと。

一、少将・刑部卿・善祐ら右筆が、各地の所蔵本を書写したこと。

一、京都の妙覚寺から典籍を購入したこと。

一、舜興は、没年まで蒐集本に奥書を記したこと。

一、舜興没後も、朝舜が典籍を蒐集していたこと。

以上が本書の概略であるが、研究の基盤になった文献を挙げておく。

・島地大等『天台教学史』（明治書院　一九二九年）第四編　日本古代天台史

・上杉文秀『日本天台史』（正）（破塵閣書房　一九三五年）本編　日本天台教学史　第六章　日本天台の分流

・硲慈弘『日本仏教の開展とその基調』（下）（三省堂　一九四八年）

・大久保良順「恵檀両流に関する試論」『大正大学研究紀要』（一九六三年三月）

・尾上寛仲「関東地域に伝播した檀那流の系統」『印度学仏教学研究』（一九六四年一月）他

・岡見正雄「浄林房阿闍梨豪誉の事など」『国文学（関西大学）』（一九七四年六月）

・井上光貞『新訂　日本浄土教成立史の研究』（山川出版社　一九七五年）第三章　天台教団の変質と法然の宗教の成立

今回の上梓に際しては、特に福田晃先生と三弥井書店にお世話になった。また、前著『比叡山仏教説話研究―序説―』と同様、日本学術振興会から、平成二十七年度科学研究費助成事業（研究成果公開促進費）の交付を受けた。

本著がどれほど岡見正雄の学問に近づいているか、もとより心もとない。昭和六十二年（一九八七）秋の中世文学会で、『平家物語』の成立圏について発表した折、岡見先生から「文殊楼は天台の止観を行う重要な場所で、そういうことをもっと考えないといけない。」という宿題を頂いたが、本書がそれに少しでも応えているだろうか。

乙未　灌仏会の頃

第一部　天台宗恵檀両流の僧と唱導

第一章　慈童説話の成立——恵心流俊範の口伝——

始めに

謡曲「菊慈童」「枕慈童」の本説に、「慈童説話」と呼ばれる説話がある。この説話の成立に関する主な先行研究には、伊藤正義氏の「慈童説話考」と、阿部泰郎氏の「慈童説話の形成」がある。(1)

伊藤氏は、次のような事を指摘された。

一、謡曲「菊士童」が「菊士童」と称されるのは江戸時代のことで、室町期では「慈童」である。

一、慈童説話は、元弘三年（一三三三）成立の『天地神祇審鎮要記』に見え、説話自体はより前時代に存在した。

一、享徳三年（一四五四）成立・承応三年（一六五四）刊の『灌頂巻』に、慈童説話が見え、奥書に灌頂は俊範法印以来のことであると記される。

その後、阿部氏は次のような事を指摘された。

一、穆王説話の早い例は、貞応二年（一二二三）の成立とされる『耀天記』に見え、直授の妙文は「妙法薩達摩」と始原的な形を伝える。

一、慈童説話の初見は、鎌倉中期真言宗の頼喩撰『真俗雑記問答鈔』（文応元年〈一二六〇〉成立）の「酈縣菊水事」である。

一、正慶元年（一三三二）以前に成立した尊海の『即位法門』に記される慈童説話は、天台恵心流の心賀が創作した可能性がある。

初めに、先行研究で紹介された慈童説話を再度挙げ、内容を簡単に確認しておきたい。

『真俗雑記問答鈔』の慈童説話は、以下の如くである。

三十三。酈懸菊水事

問。何　答。穆王乗二シテ八疋ノ小馬一ニ。十方ヲ遊行スルニ霊山ニ至テ如来説二法花一ヲ給フヲ拝シテ。如来ニ南無[illegible]ト云事ヲ習ヒ伝ヘテ。一切ノ事ニ用二此言一ヲ。所求成就ス。此ヲ次第ニ相承シテ秦始皇マテニ伝フ。此始皇ノ時ニ或ル小童伝レテ之ヲ酈懸菊ニ向テ誦二スル此言一ヲ。依レ之ニ此菊水ノ下流ヲ汲テ飲ム人長生久存スル也

（『真俗雑記問答鈔』第五　真言宗全書37　p97）

『真俗雑記問答鈔』の概略は、「穆王が霊山に行き、如来の説法を聴き、南無[illegible]の文を受けた。秦始皇の時、ある小童が酈懸の菊にこの文を誦し、ここから流れる水を飲んだ人は長寿になった。」という内容である。

次に、『即位法門事（㊥即位法門）』の慈童説話を挙げる。

茲ニ尋二レハ如来出世ノ時分一ヲ天竺ノ頻婆闍ラ王唐土ノ周穆王日本ノ神武皇帝之時也然ニ周ノ穆王八疋《ヒツ》ノ駒ト云八方ニ飛天一空ニカケル馬ヲ持玉ヘリ乗シテ此馬一遊行二玉フ虚空一乗急令然一故ニ参二リキ霊山浄土ノ法花説法砌一リニ其時ハ迹門ノ三段已ニ畢ヌ本門ノ正宗亦過テ至二レリ流通分普門品之時然ニ如来梵語ニ説玉ヘトモ穆王漢土ノ人ナレハ不シテ聞知一不可有益一然ト云テ不可黙シ止一ヤム結縁有限一リ純熟時至テ来此砌一分也故ニ如来為ニ此王一ノ直ニ以漢語一ヲ説一句一玉ヘリ其一句在口伝ニ穆王

受持ニ此ノ一句返我国内ニ具慈悲外ニ備ヘ柔難依テ哀愍安ルニ国ヲ四海悉ク浴《ウルヲ》イ恩《ヲン》波天下普潤仁澤百僚ヲ、シテ万姓飽ニ不老之唇ヒル開ク無病歌舞之咲ヲ万願相応ハ如瀧スルカ水之満池ニ千望自然ニシテ如空ノ月之蒙《像トル》星ヲ然ニ此王崩御之時件ノ一句ヲ潜ニ伝ヘ我太子ニ玉ヘリ故ニ毎ニ帝位ノ御即位相伝シテ之余人更ニ無知之此即法花一部慈悲也ト云事ヲ如来授穆王ニ玉ヘル也已上唐土ノ作法如此次ニ我朝日本国ニハ尺尊未レ出世シ玉ハ前《サキ》ニ伊奘諾伊奘冉《サナミ》ヨリソサノヲ《素盞烏》ノ御尊《ミコト》御相伝……（中略〈以下同〉）然ニ穆王尺尊ヨリ奉受件ノ一句ヲ後至テ後代傍ノ下劣ノ輩無知事之然ニ唐土ニ乱国始ハ秦ノ始皇也日本ニ乱国□(虫)ニハ王位ノ威勢讃岐ノ院是也爰ニ始皇閣テ后愛慈童玉フ事有キ之日本ニモ俗家ニ用ル小児事ハ彼風情歎彼ノ慈童王ノ御気色吉間不敬臣家ヲモ不恐卿将ヲモ間上下万人皆悉ク悪ク思ヘリ以カ何事ヲ見落シテ失ハントウ伺《ウカヽ》処ニ或時超タリ始皇ノ御枕或ル説ニハ打破ルト云々依之可被処罪科ニ之由有リ公卿僉儀此ツミ不軽カラ可流罪酈縣山ナル定畢始皇愁歎シ思ヒ玉ヘリ設有トモ何失日来ノヨシミ難忘失モ□ト不被思雖爾依一旦ノ離別難キニ忍助此童有ニハ向後ノ狼藉不ルヘシ絶ヘ為□為国可ト悪クナル云テ将ニ被流罪爰ニ始皇思イ玉ヘリ与タリトモ綾羅錦繍《セウ》之類人跡絶ヘタル深山レハ向誰ニアキナイテモ続カン身命又与ニタリトモ粮米五コクノ類ヲサラヌタニ狐狼野干多キ山レハ暫時モ身命ヲ難持チ何ニ況ヤ為ニ奪カ取■■(?)食物ヲ殊ニ可害之故ニ世間ノ財宝ハ非可キ与処(ママ)ニ不如代々ノ王位ヨリ外ニ無シ(ママ)漏ス事授ニ□□此法門思食シテ潜ニ此ノ童ニ件一句ヲ口伝シテ言ク万ツノ有怖畏時ハ必無余念奉唱此文流罪畢此時ヨリ此法門ヲ傍ノ下劣ノ人ニモ漏レ聞タリ……然間依テ此ノ一句力ニ成仙人ト持七百才寿命其名ヲ云方祖ト此ノ住所ヨリ河流テ都ノ南陽宮ヘ落タリ此ノ仙人思出テ、住ミナレシ京《ミヤコ》ノ事ヲ河辺ニ有リケル□ヲツ□テ此ノ河都ヘ流タル河ナレハ我カ□□ル、花都ヘユキカヘラン事ヲ□テ是ヲ河ニ流スニ九月九日ニ都ニ流付此菊花依テ当□誦件ノ一句音響之力用忽ニ成長生(ママ)延寿良薬ヲ汲テ其ノ流服ル者ノ三百余家延五百才齢《ヨハイ》ヲ九月九日ノ菊水ト云事此ノ時ヨリ始マレリ知ヌ是モ法花修行也ト云事此ノ方祖仙人ハ

救世観音トシテ唐土ニテハ南岳大師日本ニハ聖徳太子ト被云一玉フ是也

（叡山文庫真如蔵『即位法門事（外）『即位法門』）　3丁ゥ～10丁ォ）

『即位法門事』の概略は、「穆王が霊山に行き、普門品を聴く。如来は穆王のために漢語の一句を授け、それが後代に伝わった。秦始皇帝の時、慈童が王の枕を越え酈縣山に流罪になった。王は例の一句を慈童に伝え、慈童はこの句の力により仙人となった。ここから流れる水を飲んだ人は長寿になった。この仙人は救世観音であり、日本では聖徳太子が救世観音である。」という内容である。

この『即位法門事』の説話は、『真俗雑記問答鈔』に比べ全体的に大幅な増補があるが、如来が穆王に授けた一句は口伝にあるとして明記しないのは、むやみに言い表してはならない句であったからだろう。また慈童説話は観世音菩薩の説話であるから、説話の結びの「方祖仙人は救世観音であり、日本では聖徳太子が救世観音である。」という内容は、元から存在していた可能性がある。

『天地神祇審鎮要記』も見ておく。

是ヲ以テ伝ヘ聞ク彼周ノ成王之代。於二西天雲一見二五色ノ光域一。聊カ召テ二相者一令レ占レ之時。謂ク西方有二真人一。出レ世乃称ス二之ヲ仏ト一。所説之教施ス二五節一歟。故ニ現二五色一。彼仏之語将ニレ来ナント二斯ノ土ニ一其奇瑞也。爰ニ有マス二皇子一。号二穆太子ト一。即聞テ二此徳一心中ニ立レ誓。吾得ハ二王位一必ス往テ二西天ニ一直ニ謁二彼仏一。然則継レ代広ク勅二天下一。令レ求二龍馬一得二八疋ノ駒一。或ハ謂ク穆王造テ二鳳王車ヲ一於二其八方ニ一總二彼ノ八龍ヲ一。忽ニ乗シテ二此車ニ一飛二去ル西方ニ一。先ツ当テ二于乾一有二一ノ高山一。而仙人住ス。尋二伺仏処ヲ一。仙人告テ曰。自レ此当レ巽ニ有レ称二霊山ト一。仏在シテ説レ法云々故ニ亦飛行テ既ニ至二彼山ニ一。…仏為ニ穆王一設二別会ノ説一。即謂称二清浄法行経一云々抑授ルニ二法華一至要普門仏為ニ穆王一直ニ用ニ漢語一広略異説備旨更問取レ詮。穆王伝二薩達摩一ヲ帰二吾震旦一ニ。治レ国化レル事民超レヘ古秀レタリ今云々穆王ヨリ以降相承伝来シテ代々ニ順レ位。世々未レ漏。而ニ同周ノ代慈童傍ニ伝ヘ為二タリ仙人ノ身一。持ツ二一千年一ヲ。名テ曰二方祖一ト。乃施二ス菊水一。凡汲ムモノ二河流一五百歳。

（『天地神祇審鎮要記』巻中　天台宗全書12　p195）

『天地神祇審鎮要記』は、「穆王が霊山に行き如来の説法を聴き、薩達摩の文を受けた。その後、慈童が伝え仙人となった。ここから流れる菊水を飲んだ人は長寿になった。」という内容である。前半に増補が考えられ、後半は簡略な形となっている。

最初に挙げた『真俗雑記問答鈔』の内容は、その後に成立した『即位法門事』に比べ、小童が流罪になった理由や仙人になった理由が無く、仙人は救世観音であるという記述も見えない簡素な内容であるが、明らかに慈童説話を引用している。さらに文応元年（一二六〇）にはこの説話が真言圏に伝わっている事を考えると、慈童説話は鎌倉時代の前半期には成立していたことが推定できる。『真俗雑記問答鈔』文中の「南無」は、貞応二年（一二二三）頃に成立した『耀天記』に見え、確かに古い形をとどめているのである。

御入滅ハ第五ノ穆王四十三年ニゾ当リタルトゾ、沙汰評定ドモハ有ケル、…其間穆王ニ一日ニ千里ヲカケル八疋ノ御馬ニメシテ、霊山ニ馳参テ説法花ノ砌ニテ、聴衆ニ列テ内証ノ益ニ預給ケリ、サレドモ権化ノ人ナレバ、アヘテ人ニハシラレタマハズ、其妙法薩達摩トイフ梵語ノ題名ヲ聞伝テ還給テ叡慮ノ底ニ納テ、人ニハ語リ給ハズシテ、太子ニ位ヲ譲リ給ケル時、是ヲ授ケテ、次第ニシテ我様ニ後王ニ伝ヘ授ケ給ヘトゾアリケル、

（『耀天記』　神道大系神社編日吉　p77）

そこで本論では、先行研究を基にし、慈童説話の成立に関して次の三点を考えたい。
一、鎌倉時代前半期に成立していた慈童説話は、誰の口伝か。
二、「慈童」と「士童」の表記の違いは、どこから生じたか。
三、慈童説話の結びに、聖徳太子が記される理由は何か。

一　慈童説話の作者

慈童説話の成立に関する第一の考察として、鎌倉時代前半期に存在していた慈童説話の口伝作者を考える。先行研究では、天台恵心流の心賀が慈童説話を伝えていることが指摘されているが、天台恵心流の血脈を見ると、心賀の師に俊範や静明がいる。

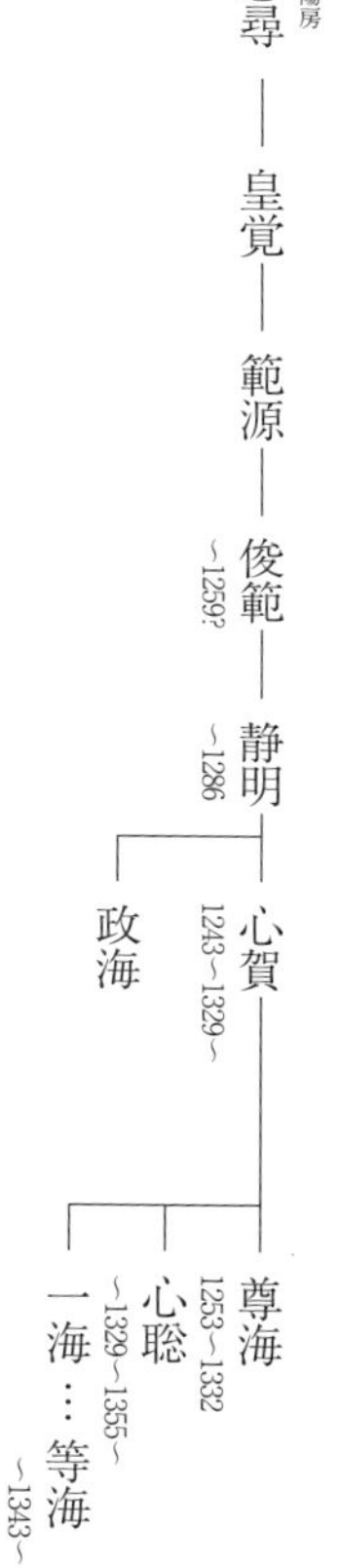

（日本思想大系９　天台本覚論　ｐ594所収「相承略系譜」を基に作成）

俊範は、正元元年（一二五九）以後まもなくの没と考えられ[2]、静明は弘安九年（一二八六）の没[3]であるから、この二人は年代的に慈童説話を創作する可能性がある。一方心賀は、寛元元年（一二四三）の生まれ[4]であるから、慈童説話は心賀が生まれた頃には既にあったと考えられる。

ここに、慈童説話を俊範の仰せとする資料がある。叡山文庫生源寺蔵『鑛中金』写本一冊である。『昭和現存天台書籍綜合目録』は、この書を、「中古天台部—論義部—問要」に分類する。奥書は次のようであり、文和二年（一三五三）に承慶(5)が持っていた本である。

　於此聖教者随分己証之秘伝也穴賢〳〵不可及外見云云

　　　付与舜祐（異筆）（花）

　書写本云

　文和二年卯月二十一日　持主新三位承慶

　文和第三暦甲午十一月二十七日於福永里坊任本為自心再悟兼為興隆仏法拭老眼忍寒雪令書写了随分秘書云云

　可秘之…非其器者莫伝之一也　一校了

　　　金資　　覚円之

（叡山文庫生源寺蔵『鑛中金』39丁ゥ）

書名は、後補白表紙見返し中央に『鑛中金』とあり内題も同名である。以下に、慈童説話の該当部分を引用する。

　　普門品ヲ名当途王経ト事

仰《俊範》云普門品ヲ当途王経ト名ル事ハ一言也当《意歟》テ時ニ一周ノ穆王一巻ノ経ヲ給シ故也穆王八疋駒ニ乗テ天下ニ遊行シ給ニ霊山会上ニ詣シ給シ也折節又普門品ヲ説給時也其ノ時尺尊向テ王ニ一授給也所謂薩達摩分陀利伽索怛覧也此ノ文ヲ伝テ穆王ヨリ秦《始歟》・皇ニ至マテ秘法ト伝給ヘリ此時ニ慈童アリ年シ三才也云ニ不及一有ル時キ此童ハ王ノ枕ヲ超タリ見ルニ法量ヲ一深山ニ可捨一事也力不及一王此童ニ薩達摩分陀利迦ノ文ヲ許シテ放捨也七百才ノ齢《ヨハイ》ヲノヘテ仙人ト成ル也是ヲ名ル ハウソト一也此ノ

仙人ノ家ニ菊アリ是ヨリ流タル水江ヲ酈県河名ク流ヲクムテノム人三百余家五百才ノ齢ヲノフ以之ヲ尋ルニ河上ヲ・此間落歟此ノ仙人ヨリ日本国ニハ聖徳太子観音ノ御名也南岳大師ノ化身也南岳ハ又観音ト云事異義無之処也然ニ太子已後彼ノ普門品ノ文ヲ代継《ツキ》ニハ帝ニ以四海水ヲ灑キ頂伝給ヘリ当々ニハ不絶也此文ヲ摂政伝ヘテ王ニタテマツル也如此云事普門品ニ在之仏ハ向テ五道ノ人ニ詞替ヘテ伝給ヘリ漢語ニサヘツリ給リ文此品ニアリ所謂ル慈眼視衆生福聚海無量等矣二句ノ文是也口ノ外ニスヘカラス是モ所詮ハ有縁無縁ノキライ無之慈悲心ナリト云事也同発菩提心ト云モ只是慈悲ノ二字也故ニ王モ慈悲ノ心マシ〳〵テ国土モ安穏也

（叡山文庫生源寺蔵『鑛中金』20丁ウ）

内容を見ると、「普門品ヲ名当途王経ト事」という題目の後、「仰云」に「俊範」と傍注がある。これは言うまでもなく、それに続く慈童説話や即位法門（治国利民法）を俊範が語ったことを示している。「仰云」の次を見ると、釈尊が穆王に授けた文は、「薩達摩分陀利伽索怛覧(6)」とあって、『真俗雑記問答鈔』の「南無𑖭𑖿𑖝」や『耀天記』の「妙法薩達摩」より詳しく、原形を保っていると言えよう。その後の内容は、慈童が王の枕を越えた罪により深山に捨てられるが、王は例の文を許し慈童は仙人となる。仙人の家に菊があり、ここから流れる水を飲んだ三百余家が寿命を延ばしたとある。なおこの辺りに、仙人が菊花に「薩達摩分陀利伽…」の文を誦し、その菊花が河に流れ云々、という内容が脱落しているが、慈童説話は「聖徳太子は観音である。」と結ばれている。その後、即位には普門品の文を授け四海の水を頂きに注ぐという、いわゆる即位灌頂のことや、普門品の「慈眼視衆生福聚海無量」という句は観音の平等な慈悲を表すとか、王は慈悲によって国を統治するという治国利民法が秘伝として書かれている(7)。

さて、「俊範」と傍注が付いているからといって、慈童説話を俊範が作ったと即断はできないが、俊範が草したという『一帖抄』を見ると、

問云。治国利民ノ観恵如何

伝云。国ト者土也。土ト者有ノ総体也。心ノ所現也。心ト者法界也。…次ニ治国ト者。安ニ住シテ不生ノ処一雖レ起スト念ヲ。不ハレ動周遍法界ノ間ニ無レ煩ヒ。此観ハ治国ノ要術也。…以レ孝為レ政。次ニ利民ト者慈悲利益也。以テレ満スルヲレ徳益シムレ国。…萬乗ノ国主ハ満位ニ居シテ。判シテニ有ノ是非一利ニ益迷徒一。付レ之有ニ一箇ノ行法一。名ニ天子本命鎮護国家ノ行法トー。又名ニ一時礼拝行法トー。其式如ニ別紙ノ一。…

（『一帖抄』　天台宗全書9　p34）

本云心聡法務御房御自筆

此抄者。俊範法印以ニ東陽座主秘決一草レ之。奏ニ達後嵯峨院一抄也。仍被ニ勅命一心聡書ニ進之一

（『一帖抄』　天台宗全書9　p47）

と、治国利民の法を「利民ト者慈悲利益也」とか、「萬乗ノ国主ハ満位ニ居シテ。判シテニ有ノ是非一利ニ益迷徒一。」と述べていて、『鑛中金』後半の「有縁無縁ノキライ無之一慈悲心ナリトニ云事也」とか、「王モ慈悲ノ心マシ〳〵テ国土モ安穏也」という内容と共通する。どちらも、国王は慈悲によって国を統治しなければならない、という治世の方法が書かれているのである。このように、『鑛中金』と『一帖抄』の共通点により、「俊範仰云」の真実味が出てくるが、さらに「俊範仰云」の信憑性を追究する。

『鑛中金』全体を見ると、俊範と静明の名前が見える。俊範の名前はこの慈童説話の一カ所にしか見えないが、

静明の名は、「静明御義」「明伝」「明義」「明仰」などと記され、十カ所程度見える。これらの静明義を、静明の著作やその他の恵心流典籍で確認を試みる。それが確認できれば、『鑛中金』の記述に信頼性が生じ、俊範が慈童説話を語ったことも信用できることになる。

『鑛中金』に見える静明義は、以下のとおりである。便宜上、題目に①から⑩の番号を付ける。

初後無別事　静明御義　①

伝云余流ノ人ハ苦集為初ト道滅ヲ為後ト或ハ世間ヲ為初出世間為後或ハ煩悩即菩提ヲ為初ト生死即涅槃ヲ為後ト或初縁実相為初終リノ寂而常照ヲ為後是ヲ初後無二無別ト者当流ニハ十界ヲ初後無二無別ト云也其何ト者ハ今ノ文ハ尺ス円頓止観ヲ々々々々ハ漸次止観ト不定止観トニ異ル相ヲ尺ル也然ニ漸次止観ト者帰戒禅定無漏慈悲実相是ヲ次第シテ修行スレハ漸次止観ト云也不定止観ト者漸次ノ五ヲ不定ニ修ル故ニ不定止観ト云也円頓止観ト者非漸次ニモ非ス不定ニモ万法円備シテ直達法界ノ観心也故ニ円者円融円満頓者頓極頓証シテ一心即十界々々即己心ノ当躰也於テ己心ニ論初後ヲ立ル始終本末ヲ也若立之者心ノ何ナル処ヲ初ト云ヒ後ト云ムヤ漸次ノ時ハ初ニ帰戒シ後ニ観実相ヲ円頓観時ハ無二無別ト観ル也サテハ帰戒ハ第一実相ハ第五是コソ初後ニテアレ…天台ノ血脈ニハ塔中ノ口伝ト云事在之其口伝ト者只初後無二無別ノ一句也依之一心三観ヲモ無作三身ヲモ十界互具ヲモ一念三千ヲモ立始也此事天台宗ノ大事也

（叡山文庫生源寺蔵『鑛中金』　5丁ゥ）

（四句成道事）②

明伝云一伝云於本迹二門ニ各四十二位アル也迹門ハ始覚ノ四十二位本門ハ本覚ノ四十二位也付其ニ迹門ノ四十二位ヲハ接シ初住ノ一位ニ本門ノ四十二位ヲハ接妙覚ノ一位ニ心ハ迹門ノ四十二位ハ倶ニ始覚始成ヲ為本ト故ニ接ス初住ニ々々ト

者中道法界里ニ今始テ住ト一云処ヲ初住ト一云也

五時説時事　③

玄云花厳三七日ノ時節是思惟ル通別円三教ヲ一時節也又初七日ハ思惟法説ヲ一二七日ハ思惟譬説ヲ一三七日ハ思惟因縁説ヲ一又思惟ルヲ漸次不定円頓ノ三種ヲ一三七日ノ時節ト一云也

明伝云花厳ト者意情説法也其故ハ三道即三徳ナル事言説ニ出テハ衆生謗シテ可堕悪道ニ一故ニ意地ニ思惟シテ不出言語ニ一也

思惟ノ意ハ何ニシテカ有リノマ、ニ一切衆生ノ煩悩集苦ノ三道法身般若解脱ノ三徳ナル事ヲ説テ聞セテ定タメテ再覚セシメムト自

心即仏ナル道理ヲ一思惟スル処ヲ約シテ時節ニ一三七日ト一云也

（叡山文庫生源寺蔵『鑛中金』11丁オ）

（一心一念事）④

明伝云已前ノ一念ノ義皆対治病ノ上ニ立之一也彼対相望シテ義ヲ表《ヒヤウ》スル故ニ法ノ本分ニハ無義味思量一故ニ当家伝ニハ任テ

伝教大師ノ口決ニ一一心一念ト者無念無心ナル処ヲ一心一念トハ一云也爰以恵心ノ御尺云一念帰無念無即一念也云々

私云已前ノ義ハ八識ノ一念起テノ上ノ修行也明ノ伝ハ九識円備ノ無思無念ノ修行也無思無念何者ソト云ハ情ヲ亡シテ叶フ

真ニ一処也無想無念ト一云ヘハトテ非ス如ニハ木石死人ノ一能々可思之一一心一念遍於法界ト一云也

（叡山文庫生源寺蔵『鑛中金』17丁ウ）

（天台宗有教無教有始無始之事）⑤

明伝云法花現文止観思量言説ヲ断シ義味分別ニ随《堕歟》ト難現文ヲ一法花ト止観トハ言語道断ノ諸仏ノ己証如来ノ発心トモ一云也

所詮我等カ一心ノ言語思量ニ不及一処カ真実シテ仏トシテ不伝ト一云也如此知テサテ居タレハ因縁中道王三昧常ニ行ル忍《不審》ヲ一也

可修止観方法事　⑥

止五云大論云一切世界ノ中但名与識矣
私云名ト者ハ心也心ハ名ノミアテ躰無キ也故ニ名ト㆒云也識ハ如常ノ㆒
明伝云捨テ、樹ヲ㆒付分㆒義アル也ト㆒云尋ヲ始出起シ給ヘリ此口伝ハサセル証拠無トモ之㆒深ク叶ヘリ止観ノ本立（意歟）ニ㆒其故ハ樹ノ
内有善悪無記ノ三性㆒既ニ捨テ、善悪ノ二心ヲ㆒付ク無記ノ心ニ㆒是豈捨樹㆒付分ニ㆒義ニ非ス耶∴無記ノ心ハ周遍法界シテカタ
ヲチセス今ノ止観ハカタオチセヌ無記ノ心ニ付テ立修行ヲ㆒也サレハ解尺無記心修真如矣心ハ如ト者ホレ〳〵タル処
也如此㆒ホレ〳〵タル処ハ法界洞朗ノ真如ニテ有ル也

（叡山文庫生源寺蔵『鐄中金』　26丁ゥ）

六即始終ノ事　⑦

止一云始（比歟）六即義起自一家矣　心要云一切衆生心性即理即仏聞三諦名々字即仏観念相続観行即仏六根清浄相似
即仏初住至等覚ニ㆒分真即仏唯仏与仏究竟即仏即故初後不二六故簡乱矣　慈悲（覚歟）尺云六々三十六始中終平等具足矣
明義云六ノ中ニハ相似即ニ断シ見思ヲ㆒従分真即㆒至テ究竟即ニ㆒断□無明ヲ㆒云也其取テ天台ハ成テ断惑㆒理即名字観行即ノ
三ヲ置究竟仏果ニ㆒也サレハ当流ニハ理即名字観行ニ断シテ法界品ノ無明ヲ㆒周遍法界ノ理ヲ顕スト云テ仏果ヲハ置凡位ニ㆒也是
即チ此六即義起自一家ノ本意也ト㆒云事ヲ顕スト㆒云テ置ク凡位ニ㆒也是即此六即義起自一家ノ本意也明ノ伝ニ妙覚ノ上ニ立テ
妙覚ヲ㆒捨テ、仏ヲ㆒成スト仏ヲ㆒云ハ此事也

（叡山文庫生源寺蔵『鐄中金』　27丁ゥ）

嘱累経中経末事　⑧

難云一切ノ経ニハ嘱累品ヲハ置経末ニ今ノ経何ソ経中ニ置之一耶
サレハ同本異訳ノ正法花ニハ経末ニ置之一爾者難思如何
答伝云於之一恵心旦那不同在之一…
明伝云仏菩薩ノ起点ヲ弁ムカ為ニ仏菩薩ノ中間ニ置属累品一ヲ也仏菩薩者其躰何物ソ只是八識九識也九識ハ仏識八識ハ
菩薩識也而モ神力品マテハ迹門ニテ諸法実相ト説キ本門ニテハ諸法ト説キ万法円備ノ理ヲ説テ終窮究竟ノ極説自受用果海ノ
法門一念不起ノ本心ヲ説ク也神力品ヨリ下ハ九識円備ノ処ヨリ出テ化他門ニ一元初ノ一念ヲ発□□ヨリ益衆生一ヲ云事ヲ説之一也
所詮九識本心ヨリ一念起ル境ヲ末代ノ衆生ニ為令知一起不起ノ中間ニ置属累ノ語一ヲ也如此一云事属累前後ノ大事一経ノ
肝要也聊カ不可口外一云云

（叡山文庫生源寺蔵『鑛中金』31丁オ）

有想無想事　⑨

玄云観念ハ無相読誦ハ有相ト一云事常ノ事也
明仰云読誦ハ無相観念ハ有相一ト被仰一也心ハ読誦ノ時ハ妙法蓮花ノ題名ヨリ至マテ作礼而去ニ一文字コトニ無住所一常ニ信慧
ノミ有テ義味思量無之一処是即無相ノ行也手ヲコマヌキイキヲト、ノヘテ端坐シテ一心ノ三観ヲコラスト云ヘトモ我
等深ク妄心ノ境ニ被テ犯一カ妄念起ル時即覚悟ノ観察無シ況ヤ万法唯心ノ観ヲヤ是無相行還テ有想也此故ニ観念ハ有想読誦
ハ無想ト被仰也

（叡山文庫生源寺蔵『鑛中金』32丁オ）

（文殊入海事）⑩

物語云明仰云止観ハ一部ハ有想行也一念ニ悉立スル三千ヲ一故ニ何ル処カ無相ノ止観ソト云ニ非識所側非言所言玄妙深絶不可思議是コソ無相ノ止観云云

（叡山文庫生源寺蔵『鑛中金』　35丁オ）

次に、右に見える静明義①から⑩の各項目を調査する。

始めに『鑛中金』の五丁裏には、「初後無別事」①という題目があり、静明は、恵心流では十界を初後無二無別と言い、初後無二無別は円頓止観に通じる天台宗の大事であると説いている。これについては、静明の著作とされる(8)『漢光類聚』に、『鑛中金』と同様の初後無二無別と円頓止観の関係が見える。

雖言初後無二無別

尋云、文云、雖言初後矣、爾所云初後其体何物耶、答、先年応和比一条院於北山御所集三宗碩学有止観訓読、至此文諸人各各申義、或人云、十界初後也、…

当家代々相承云、今初後者総体初後也、…約法自性一体無差更無有異相、故雖言初後無二無別、是名円頓止観云也

今止観内証実義者一切円備全無異、故円頓云也云云

無二無別者初後本末諸法行者一心故無二也、有一心中不隔歴一体不可得故無別云也、是名円頓止観言総結也総此文師資相承或三箇口伝或四箇口伝或五箇口伝或六箇口伝云深秘大事有之云云

（『漢光類聚』一　日本思想大系9天台本覚論　p387）

次に『鑛中金』の十一丁表には、「四句成道事」②という題目があり、本迹二門は各々四十二位あるという静

明の説が記されている。これについては、静明が弟子成運の問に答えた書、『弘仁口伝』に見えている。(9)

尋云自リ二無作三身一四句成道起ル様如何　静明授先師云蓮実坊和尚曰四句ノ成道証道ノ八相ハ無作三身ノ飛翼也
云云…
静明授二先師一云位々ニ論レス之即四十二位互ニ具ル義ヲ以テ可論之

（西教寺正教蔵『弘仁口伝』一軸）

「四句成道事」②に続き、「五時説時事」③という題目に関して、静明が、華厳の時は意情説法であると説いたと記されている。この説は、静明が弟子成運の問に答えた書、『心境義』に見える。

尋云花厳ハ根本法花歟　答一流ノ義ハ花厳ハ根本法花也仏ノ意情ノ説法ニシテ仏ハ不二説法一加シテ二法恵功徳林等一ニ説レ之也

（西教寺正教蔵『心境義』一軸）

『鑛中金』の十七丁裏には、「一心一念事」④という題目があり、一心一念とは、無念無心であり無思無念であるが、「木石死人のごときにはあらず。」という静明の口伝が記されている。この説は、静明の『粟田口口決』に同じ説明が見える。

問。唯識観ニハ善悪無記ノ三性共ニ推破ストト見タリ。而ニ今以二無記ノ心一向フカ二法界一止ニテ有トト云ハ。無記心ヲハ不レ可レ破聞候如何
示云。三性ノ中ニハ無記ノ心カ順レ止ニ間。以二無記心一取ル止ヲ也。…故ニ以二無記心ヲ一向二法界一ニ也。…此念絶スル処ニヨハリタル念ハ即有二実相ノ体一テ也。念ノ絶スル処ヲ無念トモ云也。無念ト云ヘハトテ。非レ如ニハ二木石ノ一。微細念兼テ

有ル也。是即正念也。…

（『粟田口口決』　続天台宗全書口決1恵心流1　p167）

『鑛中金』の二十七丁裏には、「六即始終ノ事」⑦という題目があり、六即の説明や、六即義が一家の本意より起こること、仏果を凡位に置く理由などについての静明義が記されている。これについては、静明の著作とされている『天台宗論義百題自在房』に、題目は違うが、六即の説明や六即義が一家の本意より起こることについての論義が見える。

83　六即、浅深位のこと

問う

一家の意、六即は浅深の次位なりというべきや。

…

難じていわく

一家の意、六即わ（ママ）浅深の次位かと申す問端で候。浅深の次位なるべしと成ぜられ候御答の趣き仔細なきように候えどもなおも以前の難勢は相残ることで候。…その上、一家の意は「初後不二、凡聖一如」の旨を談ずることで候間、六即位においては浅深をばわきまえがたいことで候。したがい候て、六即の二字は「六ノ故ニ簡乱、即ノ故ニ初後不二」と釈し候て、六の故には、その位を分かつように候えども、また即の故には浅深なしと見えて候。これにより候て、天台発願の文には「理即、名字、観行、相似、分真、究竟、円ニ伊ノ三点、不レ縦不レ横」と判じ候て、…なかんずく弘決の一処の判釈の中には「此ノ六即ノ義、起レ自二一家一深符《かなう》ニ円旨一、永ク無ニ衆過一」と釈し候て、六即の位は、一家の深旨、円融の所談よりこと起ると定むることで候間、浅深を論ずることはこれあるまじいて候。それについて山王院の大師の授決集の中には、…

そもそも、安楽行の意は、…故に妙法蓮華と称すとも釈し「即於ニ凡位一、能見ニ聖体一、是大乗因、六即究意（マヽ）、是大乗果、六々三十六始中終、平等具足」とも判じ候て、六即の位と申すは法華平等にして初後融即することで候間、この上に於いて浅深を論ずとわ申されまじいて候。…

ただし「理即名字観行相似分証究竟」と次第することで候間、浅深あるべしという義勢を成ぜられ候えども、それはただ六即と立て候次第を顕はすまででこそ候え、実には始中終、平等具足の次位たることで候間、浅深をわきまえることはこれあるまじいて候。

（『和訳天台宗論義百題自在房』 p302）

『鑛中金』の三十二丁表には、「有想無想事」⑨という題目があり、法花の読誦⑩は無想であるという静明の説が記されているが、一五〇〇年代前半に活躍した存海が、『観心類聚集』に『渓嵐拾葉集』を引用して、『鑛中金』と同様の静明の説を引用している。

十一　読誦一心三観事

渓嵐云 御（後）嵯峨院ノ勅問云法花読誦ノ時観法如何　静明申云当流ニ相承法門有之所謂一心三観是也此ヲ為無分別ノ観一ト所謂読誦ノ時亡是非ノ思量一ヲ読経文一ヲ是即無分別ノ当躰也…

（叡山文庫真如蔵『観心類聚集』 9丁オ）

『鑛中金』のこの他の静明義を恵心流典籍で確認することは、門外漢にして困難だが、このように五・六項目程度は確認することができるため、慈童説話に付けられた「俊範仰云」もほぼ信じて良いと思われる。

慈童説話の口伝作者が俊範ならば、鎌倉時代前期成立の慈童説話の作者として時代的にも合う。俊範は、即位法門（治国利民法）に関する因縁譚として、当時行われていた『芸文類聚』の菊水の故事や、『和漢朗詠集』を[11]基にして慈童説話を作った可能性が高い。前記、伊藤氏が紹介された『灌頂巻』には、「唯授一人灌頂名最後受持奥伝者也。…但自俊範法印已来、法主大師稟承不絶之。」とあるが、即位法門に関する俊範の役割に改めて注目すべきである。

二　「慈童」「士童」表記の違い

二番目の問題を検討する。「慈童」は「士童」とも書かれるが、表記の違いはどこから生じたのか。伊藤氏が指摘されるように、室町時代の謡曲は「慈童」が普通だが、同時に正長二年（一四二九）の「天台方御即位法」に「侍童」とあることも紹介されており、竹本幹夫氏も、天正五年（一五七七）の笛の伝書に「士童」とあることを指摘されている。

…秦ノ始皇ノ時、殿上ノ侍童《ジトウ》誤《アヤマチ》ニ王ノ沉《チン》ノ枕ヲ損《ソン》シツ。…

（伊藤正義「慈童説話考」『国語国文』p11）

「天正五年橘永栄笛伝書」に「士童　破舞有之」とあり、鴻山文庫蔵『笛遊舞集』にも「じどう　はの舞あり」と記す。

（竹本幹夫「作品研究『菊慈童』」『観世』（一九八五年九月）p26）

このように、室町時代にも「慈童」は、「侍童」「士童」と書かれることがあった。「侍童」「士童」の表記は文字から考えると、平安時代に用例が見える「さぶらひわらは」（皇帝に仕える童）という意識で書かれたことが推測できるが、確かに室町時代にその意味を記した資料がある。真福寺大須文庫蔵『第七局不軽品』である。『第七局不軽品』は奥書を見ると、永正九年（一五一二）に書写された本で、作者を安居院の澄憲に仮託した『法花経』直談書である。

此書者天台宗之澄憲法印之直談也依之当家相違之事多之雖然為後学書写之
日陣上人御本意之御訪後見奉憑候筆者日禅
永正九年卯月十五日
濃州無義郡平賀本寿寺常住

（真福寺大須文庫蔵『第七局不軽品』奥書）

この『第七局不軽品』の「八巻観音品下」に、慈童説話が見える。慈童の名前は見えないが、彭祖仙人のことを「此ノ仙人ト者秦ノ始皇ノ被召使童也」と説明している。

周ノ穆王八駜《ヒツ》ノ駒ニ乗テ虚空ヲ行シ玉時天竺霊山ノ尺尊説法ノ砌リニ行キ当リ玉時折節シ当ル此品一ニ也仏即穆王ニ此ノ経ヲ説キ令聞玉ヘリ而ニ穆王ハ梵語ヲ聞キ不知故ニ直漢語説玉法門ナントモ在之依之彼王此一品ヲ切出シテ王位相続ノ守リトシ玉也去ル間御即位ノ時モ先ツ是ヲ本ニ伝玉也如此遊行シテ当リ王途一ニ経ナル故ニ当途王経ト云也此ノ穆王ノ経ヲ彭《ハウ》祖仙人モ伝授スト見タリ此ノ仙人ト者秦ノ始皇ノ被召使童也此童ハ王ノ枕ヲ奉タリ越而ヲ王ハ寵《テウ》愛ノ故是非ヲ不ル被仰也其時大臣

等宣儀シテ酈懸山ニ流セリ爰ニ始皇彼ノ童ニ対シテ此山ハ人間ノ行来無シテ鬼神ノミ有ル故ニ此経ヲ誦シテ可安穏ナル云テ授玉ヘリ如教ノ誦シテ感スニ仙齢ヲ此ノ仙人ノ寿命ハ七百歳ト見タリ而ニ菴室ノ前ニ菊ヲ造リ彼菊葉ニ普門品ノ文ヲ書付テ前ナル河ニ流セリ此流ヲ汲テ呑ム者モ五百歳ノ寿命ヲ持ツト見タリ至マテ末代ノ今ニ九月九日ハ菊水ト云テ呑ハ此心也一彭祖ト云モ始皇ト云モ倶ニ観音也一南岳大師達磨和尚モ観音ノ化身ト云々

（真福寺大須文庫蔵『第七局不軽品』　31丁ォ）

慈童が「さぶらひわらは」であるという意識は、さらに鎌倉時代に遡ることができる。称名寺蔵『密法花唐土』は、全三丁の典籍で慈童説話を記している。以下に全文を翻刻する。

周穆三乗テ八蹄天馬ニ遊暦四天下ヲ之間ニ不計詣王ノ霊山浄土之砌リ説法花之庭ニ不ルニ計《莫》聞薩タラニ粉タリ花ソタラント云フ法花首題ノ之梵号ヲ帰本土ニ秘宮中ニ以此法伝フ子孫ニ秦始皇之時有ス最愛之王子名テ曰フ仕童ト越王ノ枕ヲ依罪被放擲玄山于時始皇帝教テ令唱霊山聴聞ノ法花首題ヲ依此ノ法力ニ天魔不懼毒龍還加守護得仙延命七百才得仙後名抱素ト彼処ニ有菊花依法量其色変黄ニ触此花ニ谷河之水摘流者三百余家延命五百ケ才経上寿ヲ

本朝

神后

応神天皇　　慈眼慈衆生

天智　天武　福寿海無量

太子ヨリ授国灌頂

（重要文化財「称名寺聖教」330函109　称名寺蔵金沢文庫管理『密法花唐土』〇は私に付す）

このように、始皇帝最愛の王子を「慈童」ではなく「仕童」と云ったと記されている。ここでも「慈童」は、「さぶらひわらは」であるという意識が筆者にあったと考えられる。

ところでこの『密法花唐土』には、「仕童」の他に興味深い表記がある。〇を付けて示したように、穆王が霊山で聞いた文「薩達摩分陀利伽索怛覧」を「薩タラ二…」、慈童が流された山「酈縣山」を「擲玄山」、普門品の語句「慈眼視衆生福聚海無量」を「慈眼慈衆生福寿海無量」などと記していることである。この微妙な誤りは、まぎれもなく聞書（講義ノート）であることを示しているのではないか。

『密法花唐土』の書写者は、金沢文庫編『五寸四方の文学世界』に「釼阿（筆跡推定）」とある。[12] 釼阿の没年は、『常楽記』によると暦応元年（一三三八）だから、『密法花唐土』文中の「薩タラ二粉タリ花ソタラン」という梵語を併せて考えると、この本は先行研究で紹介された『天地神祇審鎮要記』や『即位法門事』より古い慈童説話であると言えそうである。

このように鎌倉時代から「慈童」は、「さぶらひわらは」の意識で書かれることがあったのだが、それでは「慈童」と「士童（仕童）」は、どちらの表記が古いのだろうか。「慈童」の表記について、伊藤氏は次のように指摘される。

> 「慈童」は、仏過去世の名である「慈童女長者子」（雑宝蔵経）を、兒童・侍童などに通わした命名であるかも知れず、…
>
> （伊藤正義「慈童説話考」『国語国文』ｐ７）

慈童女は確かに『雑宝蔵経』にあって、親不孝な慈童女が、地獄で「皆の苦を我が身に受けけん」という願を起こした故に兜術陀天に生まれたとある。

（七）慈童女縁

昔仏在二王舎城一。告二諸比丘一。…仏言。我於二過去久遠世時一。波羅那国有二長者子一。名二慈童女一。其父早喪。銭財用尽。役力売レ薪。日得二両銭一。奉二養老母一。…衆人見二其聡明福徳一。而勧レ之言。汝父在時。常入レ海採レ宝。汝今何為不レ入レ海也聞二是語一已。而白レ母言。…欲二入レ海去一。荘厳既竟。辞レ母欲レ去。…母見二子意一正。前抱（ママ）レ脚哭。而作二是言一。不レ待二我死一。何由得レ去。児便決レ意。自掣レ手出レ脚。絶二母数十根髪一。母畏二児得一レ罪。即放使レ去。共二諸商賈一。遂入二於海一。…遙見レ有レ城。紺琉璃色。飢渇困乏。疾走向レ之。…受二大快楽一。…亦欲二捨去一。…若当三前進必有二好処一。即便捨去。遙見二鉄城一。…遂入二鉄城一。門関已下中有二一人頭戴二火輪一。捨二此火輪一。著二於童女頭上一。即便出去。…即自思惟。我終不レ免。願使二一切応レ受レ苦者尽集二我身一。作二是念一已。鉄輪即堕レ地。慈童女語二獄卒一言。汝道此輪。不二曽有一レ堕。今何以堕。獄卒瞋忿。即以二鉄叉一。打二童女頭一。尋便命終。生兜術陀天。…

（『雑宝蔵経』一　大正新脩大蔵経4　p450）

しかし慈童説話の成立に関して注目すべきは、『雑宝蔵経』の後に成立した天台三大部の一つ、『法華玄義』である。なぜなら、慈童女が地獄で他人の苦を受けたことを、観音の「大悲代受苦」の一例として取り上げているからである。

如請観音。或遊戯地獄大悲代受苦。…如慈童女在於地獄。代人受罪即得生天。

（『妙法蓮華経玄義』巻六上　大正新脩大蔵経33　p747〜749）

従って、『法華玄義』を学ぶ本朝の天台僧が、『法花経』観世音菩薩普門品に「慈童女」を連想することも当然あった。例えば、鎌倉時代成立の(13)『善悪心一法事』には、慈童女が地獄で観音の大悲心を起こしたと記されている。

善ノ心悪心トテ全其ノ心ノ二有ルハ候ハヌサレハ慈童女ハ雖地獄之衆生一ナリト法界衆生ノ苦ヲ一時ニ我受ムト云大悲心ヲ発シ、カハ忽転シテ仏界ノ衆生ト生ナリニキ

（重要文化財「称名寺聖教」330函8　称名寺蔵金沢文庫管理『善悪心一法事』2丁ウ）

このように、鎌倉時代に慈童説話が成立する遙か以前から、慈童女と観音は結びついていたのである。それ故、鎌倉時代に観世音菩薩に関する説話が作られる時、『法華玄義』の「慈童女」の影響を受けて、慈童は「慈童」と書かれたと推定できる。

しかし「慈童女」の影響だけではなく、「慈童」には天台宗の教理が関わっている。前掲『鏞中金』に、「王モ慈悲ノ心マシ〳〵テ国土モ安穏也」とあり、『一帖抄』に、「利民ト者慈悲利益也」とあったが、その後の恵心流の典籍にも、例えば永和二年（一三七六）成立の明弁注『天台相伝秘決鈔』や、応永三十二年（一四二五）成立の(14)延海編『手中鈔』に「慈」の文字の重要性が説かれている。

六初重師云　一心三観修行用心抄事

口決云。此ノ相承ノ大綱ハ。我等カ心法自レ元造付テ三諦ノ妙理也。…次ニ一伝云。観音品。慈眼視衆生。福聚海無量ノ以二三句（ママ）一ヲ。治国利民ノ法ト云ヘル謂レ何ソト云ニ。慈眼ノ慈ノ字ニ有二三種ノ慈悲一。三種ノ慈悲ハ即三観也。…此ノ文ヲ論持スレハ。国土モ安穏。民モ豊也云云

（『天台相伝秘決鈔』　続天台宗全書口決1恵心流1　p510）

或云当流相承観音品ノ慈眼視衆生福寿海無量ノ一句ヲ以治国利民ノ法ト云ヘル謂レ如何ト云ニ慈眼ノ慈ハ三種ノ慈眼アリ此三即三観也三種ノ慈悲ヲ一口ニ云ヘル事ハ三種未分ノ慈即一心三観ノ意也

（西教寺正教蔵『手中鈔』第一冊　51丁オ）

つまり「慈」の文字には三種の慈悲が含まれており、三種の慈悲は即三観であり、治国利民の根幹をなしているというのである。このような「慈悲」とか「慈」を中心とした恵心流の教理が根底にあり、説話の成立当初から「慈童」と書かれたことが考えられる。時代は下るが、長享二年（一四八八）成立の『一乗拾玉抄』に好例があるので掲載する。

物語云天竺ニ慈童女ト云者アリ海ニ入テ如意珠ヲ求ントテ行ク時キ母是ヲ留ル也不シテ用只入ラントト云時キ母ト取リ合テ母ノ髪ヲ引キ抜タル依テ此失ニ那落ニ沈ム時キトテモ我レ地獄ニ入ル間一切衆生ノ苦ニ代テ我レ一人受苦セントテ願ス是ヲ慈童女カ法界皆苦ノ救願トハ云也

（『一乗拾玉抄』序品　影印　p94）

又慈童女ハ不孝ノ故ニ火輪ヲ頂キ無間ニ落ル也…如此最極ノ難也ト云共一心ニ観音ヲ念セハ忽ニ可消滅ス也

（『一乗拾玉抄』観世音菩薩普門品　影印　p701）

一二句偈事惣シテ観音経ヲ読ハ此ノ二句ノ偈ヲ読ン為也砂ヲ集レハ金ヲ為取ン也如其ノ也付之周ノ穆王此ノ大事ヲ慈童ニ授ル故ニ修シテ之鐵崳山ニシテ七百才ヲ保ツ也仍テ彭祖仙人ト云此ノ人也委ハ如彼ノ大事ノ随テ仙経ノ花トハ菊ノ事也是カ九月九日ニ南陽崳ト云河ニ流ルヲ汲当テ呑人ハ三百才ノ寿ヲ保也此川ノ辺ニ五百里ニ人有トモ云也又ハ五百ノ家有トモ云也慈童カ七百才モ観音ノ慈悲也必七百才ト云事ハ彼ノ国ニハ七ヲ為数ノ満ト故ニ約満数ニ也付之直授南岳ノ稟承ハ慈眼ノ二字ト習

也慈ト者観音ノ無縁慈悲也

（『一乗拾玉抄』観世音菩薩普門品　影印　p717）

序品に慈童女が取り上げられ、慈童女の願は観音の代受苦であると説明される。次に普門品に慈童女と慈童が取り上げられ、慈童女は観音を念ずることにより罪が消滅し、慈童は観音の慈悲で命を延ばしたとある。さらに最後に、「慈ト者観音ノ無縁慈悲也」とする。ここでも「慈」の文字は、観音の平等の慈悲を表す重要な文字であり、「慈童」が「慈童」と書かれるべき理由を継承しているのである。

その後、この「慈童」が口伝により広まった時、恵心嫡流以外の僧に「さぶらひわらは」の意味にも理解されて、「仕童」「侍童」「士童」などとも記されるようになったと考えられる。

三　聖徳太子即観音

最後に、慈童説話の結びに「聖徳太子即観音」と記される理由を考える。既に林幹彌氏によって指摘されていることだが、天台僧の聖徳太子信仰は最澄に始まる。

最澄に、熱烈な太子敬慕の念が見られる。その根拠となるところは、太子が単なる日本仏教の創始者であるという点だけでなく、まえにみたように、太子が天台宗のよって立つ法華経を初めて将来した人物であるということ、また、彼が天台大師智顗（五三八―五九七）の師慧思禅師の後身である、という点であろう。

（林幹彌『太子信仰―その発生と発展―』p35）

最澄の弟子の光定が、承和元年（八三四）頃に記した『伝述一心戒文』を見ると、最澄は弘仁七年（八一六）に四天王寺に法花宗を学びに行き、「聖徳太子は南嶽慧思大師の後身である。」と言っている。さらに、天台宗を伝えんために、延暦寺僧を法隆寺や天王寺に住まわせたとあるが、これも実際は法花宗を学ばせたのだろう。

宮中聴衆安居講師中宛寺家文
…前入唐天台法華宗伝燈大法師最澄大禅師。弘仁七年。入四天王寺上宮廟。求伝法花宗詩序云。今我法華聖徳太子者。即是南嶽慧思大師後身也。厩戸誕生汲引四国。請持経於大唐。興妙法於日域。等鐸振天台。相承其法味。日本玄孫興福寺沙門最澄。雖愚願弘我師教。…為伝天台宗。比叡無食之僧。令住法隆寺天王寺。…
（『伝述一心戒文』巻中　大正新脩大蔵経74　p647）

また、この『伝述一心戒文』には聖徳太子伝も引用されている。聖徳太子が小野妹子を隋に遣わし『法花経』を将来させたという内容で、『聖徳太子伝暦』に先んじる太子伝である。

上宮厩戸豊聡耳皇太子伝云。小治田宮治天下三十六年。彼即位十五年歳次丁卯七月。差小野臣妹子。為使遣大唐国。時皇太子宣令云。大唐衡洲衡山道場有冥人。常持法花経。宜到彼所奉請将還。…於是老師云。吾久不遷化。恒待彼使。今已到来。更無所待。宜今使者。急持此経。早帰本国。受経已了。即戊辰年四月。率使唐一十二人。還来日本。
（『伝述一心戒文』巻下　大正新脩大蔵経74　p653）

このように最澄は天台宗を創立するにあたり、『法花経』を将来し注釈した聖徳太子を宗の師と仰いでいたようだ。

最澄の後も、天台僧の太子信仰は脈々と続く。横川の寂心（慶滋保胤）は、『日本往生極楽記』に聖徳太子の伝記を記したが、これをうけて鎮源も、長久年間（一〇四〇～一〇四四）に、『大日本国法華経験記』の最初に聖徳太子を置き、聖徳太子が救世観音であることや、小野妹子に『法花経』を将来させたことなどを記している。

第一　伝燈仏法聖徳太子

聖徳太子。豊日天皇第一子也。母妃皇女夢。有金色僧語云。吾有救世願。宿后腹。妃問。為何僧。云。我救世菩薩。家有西方。…又百済国日羅来朝。身放光明。…日羅指太子曰。是神人矣。…日羅謝罪再拝。跪地敬白。敬礼救世観世音。…太子亦眉間放光暉。…小野妹子遣於大唐。命曰。吾先身所持法華経。在于衡山般若台中。汝取来矣。…妹子承命渡海果到南岳。遇三老僧陳太子命旨。…即命沙弥取納経一漆函而授之。妹子取経帰朝。…

（『大日本国法華経験記』上　日本思想大系7　p512）

この後十二世紀には、天台系の聖徳太子孝養像[15]が造られ、天台僧皇円の『扶桑略記』第三敏達天皇条・第四推古天皇条に太子伝が記される。[16]こうした太子伝の流れを受けたのだろう、無動寺に住んだ台密法曼流の祖といわれる相実も、十二世紀後半に撰した密教書の『息心抄』に太子伝を引用している。[17]

（欽明天皇）三十二年辛卯春正月朔甲子夜妃夢ミラク有テ二金色ナル僧ノ容儀太艶《ハナハダウルハシ》キ一対レテ己ニ而立テ謂タリテ曰ハク吾レ有リ二救フ世ヲ一之願一…

私云太子ハ是救世菩薩家在リト二西方一ニ云云…

（叡山文庫法曼院蔵『息心抄』第一冊　53丁オ）

上宮皇伝云太子生年十六随大軍後自忖《ミタハカ》リテ曰…

（西教寺正教蔵『息心抄』第六冊　10丁ォ）

推古天皇元年癸丑是歳四天王寺始テ壊チ移シテ建ツ難波ノ荒陵《アラハカ》東ノ下ニ…

（西教寺正教蔵『息心抄』第六冊　10丁ゥ）

聖徳太子伝下云三年乙卯春土佐南海ニ夜ヨルニ有リ大ニ光ルモノ亦有リ声ヘ一如シ雷ノ…作ナス観音菩薩ト高サ数尺安《オク》吉野ノ比蘇寺ニ一時々放光ヲ矣現光寺是即件寺別名也

（西教寺正教蔵『息心抄』第八冊　34丁ォ）

十三世紀に入ると、同じく無動寺に住んだ慈円も『愚管抄』や『金剛仏子願文』で、聖徳太子は仏法を盛んにし国を守ったとか、観音の化身であると述べている。

欽明天皇ノ御時ハジメテ仏法コノ国ニ渡テ、聖徳太子、スヱニ御ムマゴニテムマレ給シヨリ、コノ国ハ仏法ニマボラレテ今マデタモテリトゾミヘ侍ル。

（『愚管抄』巻第三　日本古典文学大系86　p135）

仏法ナクテハ、仏法ノワタリヌルウヘニハ、王法ハヱアルマジキゾトイフコトハリヲアラハサンレウト、…コレヲバタレガアラハスベキゾトイフニ、観音ノ化身聖徳太子ノアラハサセ給ベケレバ、カクアリケルコトサダカニ心得ラル丶ナリ。

（『愚管抄』巻第三　日本古典文学大系86　p137）

聖徳太子大職冠北野天神慈恵和尚皆是観音ノ化現施無畏方便也此観音ハ則法華也此法華ハ即観音也

（宮内庁書陵部蔵伏見宮記録文書八六『金剛仏子願文』　5丁ォ）

また、遅くとも中世には延暦寺で太子伝がまとめられていたようで、享徳三年（一四五四）には西塔千手坊にあった『太子伝』が、舜栄によって書写されている。(18) このように最澄以来、天台僧は聖徳太子に対して信仰心を持っていたのである。

慈童説話の口伝作者俊範は、文和三年（一三五四）の『伝受抄私見聞』に、十九歳から慈円の弟子(19)になり、一心三観の法門を述べ慈円から褒められたということが記されている。

御物語云故俊範法印ハ十八ノ年別《ヲクレテ》範源ニ一廻過テ十九ノ年慈鎮和尚ヘ被召一何カニ一流ノ法門ハ皆相伝シテカト御問有カハトコニ候年少ニ候シ間無正躰一候ト申ハサモ有レ一流ノ大綱ニハ七ケノ大事ト云事ハ聞置タルラム何様ニカ聞ケルト御問有ケレハ凡ソ七ケノ名字ハ是レ々ト聞置テ候トモ委細ノ法門ハ無正躰一候ト申ハ先一流ノ本意ニハ一心三観ノ所義ノ分ヲ申セト仰レハ随仰ニ一心三観ノ法門ヲ申タリケレハ和尚御落涙有テアラ不思義ヤ只今故範源ニ相フ心地カスルソトヨ範源カ申セシニ少モ不違ハ今ハハヤ一流ノ法門心要ト被仰メシタリケル脱テ御小袖ヲ一俊範ニタヒタリケリト云々

（西教寺正教蔵『伝受抄私見聞（扉）寂照集）』下　64丁ウ）

また『等海口伝抄』に、慈円から「摺形木ノ五百塵点」という恵心流の秘伝法門を受けたことも記されている。

円教三身之下

一尋云。摺形木ノ五百塵点ト云習如何。…　心賀御義云。摺形木ノ五百塵点ト者。慈鎮和尚。従慈覚大師ノ最秘ノ御書ノ中被御覧シ出事有テ之。被仰合俊範法印ニ時。俊範法印始テ摺形木ノ五百塵点ト云事ヲハ申出タル也。当流随分ノ習事也。

（『等海口伝抄』十三　天台宗全書9　p510）

従って俊範は、『愚管抄』にあるような「聖徳太子即観音」の考えも当然持っていたはずである。さらに、聖徳太子が仏法を興し国を守ったことが、天台の仏法によって国家を守護するという天台即位法の考えと通じるため、俊範は普門品説話の結びに「聖徳太子観音ノ御名也」と記したと考えられるのである。

注

（1）伊藤正義「慈童説話考」『国語国文』（一九八〇年十一月）。阿部泰郎「慈童説話の形成（上）（下）」『国語国文』（一九八四年八月九月）。

（2）俊範の没年は不明だが、『天台座主記』によって正元元年（一二五九）までは生存が確認できる。

正元元年…

　…

同（四月）二十七日為シテ二勅願一於テ二大宮ノ彼岸所ニ一屈シテ二一山ノ碩徳ヲ一始二行ス三十講一ヲ法印俊範宗源等為証誠ト也

（『校訂増補天台座主記』八十二世尊助　p235）

（3）静明の没年は、大久保良順「本理大綱集等と政海」『天台学報』（一九八六年十一月）の他、西教寺正教蔵『雑々口決（内雑々抄）』第三冊十七丁表、日光天海蔵『雑々集』第十二の二十丁裏、同第十八の二十丁表などによる。

（4）心賀は、叡山文庫真如蔵『恵心已来印可物付属事』の静明宛書状によると、寛元元年（一二四三）の生まれである。

（5）承慶は未詳ながら、康永二年（一三四三）に『阿娑縛抄』を書写した承慶、『天台相伝秘決鈔』に「真言ノ先師」と見える承慶がいる。

（6）「薩達摩分陀利伽索怛覧」は、『法華玄賛』によれば、「薩」は妙、「達摩」は法、「分陀利伽」は白蓮花、「索怛覧」は経を表すという。

（7）『鑛中金』の治国利民の考えは、十三世紀末の『雑々抄』や十四世紀半ばの『等海口伝抄』にも見える。

一伝云普門品ノ慈眼視衆生福聚海無量ナル文ヲ以テ持国利民ノ文也ト口決スル也

（叡山文庫天海蔵『雑々抄』第二冊　24丁ウ）

九次ニ天台宗ハ持国利民ノ宗ニシテ。守二王法一ヲ最頂ト者。三種世間常住ニシテ。談シ二一念三千法門一ヲ。万法無二闕減一宗ナル故也。…一偈ノ文ハ如レ上。穴賢穴賢可レ秘レ之。皇后ナント奉レ授二此宗一ヲ時ハ。此分法門可レ思レ之。非二嫡流ニ一者不レ可レ聞事共也云々一伝云。普門品ノ以二慈眼視衆生。福聚海無量ノ文一ヲ。持国利民ト口決スル也。只今ノ我等ヲ談シテ二観音ノ全体一ト。我等又以二慈眼一ヲ。見二法界ノ衆生一ヲ。可二福聚海無量一テアル也

（『等海口伝抄』十一　天台宗全書9　p481）

また、「治国利民」が秘伝である事は、尊舜の『二帖抄見聞』にも見える。

一。於二山門ニ一奉レ授二帝王ニ一四箇大事有レ之。一ニハ俗諦常住ノ法。二ニハ王臣合体ノ法。三ニハ四海領掌ノ法。四ニハ持国利民ノ法也。此事嫡流一人ノ外ニ不レ許レ之努努不レ可二口外一云々

（『二帖抄見聞』下　天台宗全書9　p260）

（8）『漢光類聚』が静明の著作であることは、日本思想大系9天台本覚論　解説p583による。

（9）「四句成道」は、『一帖抄』や『大和庄手裏鈔』で俊範が説いており、

問云。四句成道ト者如何

伝云。三身ノ中ニ応仏ノ所作也。先爾前浄名疏ノ心モ四句成道可レ有。…次ニ迹門ノ意ハ論二互具一ヲ。故ニ亘二四十二位一可レ有二四句成道一。

（『一帖抄』　天台宗全書9　p44）

等海が、貞和五年（一三四九）までに整理した『等海口伝抄』十三に、心賀の義として、四句成道について位位に四十二位有るということが見え、恵心流の習いであると記されているため、俊範や静明からの直系の口伝と考えられる。

（10）静明の法花読誦の観法については、拙論「法花深義説話の発生と伝授」『唱導文学研究』8（二〇一一年）で述べた。本書第一

部第三章所収。

(11) 白川静「酈県小記」『観世』（一九八五年十月）による。

(12)『密法花唐土』の書写が釼阿によることは、金沢文庫編『五寸四方の文学世界』（二〇〇八年）p48による。

(13)『善悪心一法事』が鎌倉時代の成立であることは、金沢文庫編『五寸四方の文学世界』（二〇〇八年）p55による。

(14) 西教寺正教蔵『手中鈔』第一冊一丁表に、次のようにある。

手中鈔第一上応永三十二年乙巳卯月二日始之

一門流伝受次第　　無動寺延海集之

(15)『聖徳太子信仰の美術』（一九九六年）図録番号165～167。

(16) 新訂増補国史大系『扶桑略記』第三　p32・p33、第四　p44。

(17) 築島裕「叡山文庫蔵息心抄について」『東京大学教養学部人文科学科紀要』（一九六三年五月）p37に言及あり。

(18) 叡山文庫天海蔵本。中世聖徳太子伝集成第四巻に影印掲載。

(19) 慈円と俊範の結びつきは、『伝受抄私見聞』や『等海口伝抄』の他に、『天台伝南岳心要抄』『大和庄手裏鈔』『法華玄義伊賀抄』『宗要集聞書』などに見える。拙論「安居院流の主張「車中の口決」「官兵の手」と背景」『唱導文学研究』7（二〇〇九年）で触れた。本書第一部第四章所収。

【付記】叡山文庫・西教寺文庫・大須文庫・称名寺・天台宗典編纂所・唱導研究会・仏教文学会の各位にお世話になった。記して謝意を表す。

第二章　寛印一家の説話──恵心流静明一門がめざしたこと──

始めに

天台僧寛印の孫が、延暦寺から下ってきた僧に、『摩訶止観』に関する深秘の口決を語る説話がある。

栗田師ノ云ク。此ノ論義ニハ有二物語一。所謂ル蓮実坊座主ノ弟子永範。（ママ）已講未レ得レ請。（ママ）前ニ被レ逼レ貧ニ丹後ノ国ヘ下ル申ノ終計今夜ノ宿ヲイツク方ニカルヘキト思食ス。而ニ田ヲ返ス僧有リ。此ノ僧ニ今夜ノ宿ヲカセト云。僧答テ曰ク。自二何国一何ナル処ヘ行スキ玉フ人ソト。返テ問リ。比叡山西塔蓮実坊ノ永範ト申ス者也。此ノ国ヘ下リ候カヲチツカンスル処ハ明日也。足モハレ身モ苦ク成テ候ヘハ。日雖トモレ高ト取テ二宿所ヲ一欲ス二休息セント一。彼ノ僧ノ云ク。世ノ中ニ聞ユル人コソヲハスレ我カ宿所ハ雖トモ二異様ナリト一カシタテマツラントテ。田ヲカヘシサシテ。相ヒ具足シテ宿坊ニ帰リヌ。毎毎ニモハシトシアケテ新シキコモヲシキテ。致シテ二種種ノ饗応ヲ一後ニ物語ス。問様ハ。世間ノ物語ハ今ハカクテ有ラン。天台宗ノ法門共ヲ奉ランレ問。止観ノ第八巻ノ還入生死。以償衆生ノ義ヲハ。云何令玉ヘルレ習。仏法末ニ成テ。多ク宗ノ法門申シ損スル其一也。近来ノ山門ニ中様可レ承ル候ト云リ。以テ二常ノ答ヲ一雖トモレ答トレ之ニ終ニ閉口セス。件ノ僧ノ云ク。我ハ故寛印供奉ノ正孫ノ弟子也。慥ニ習伝タル事有トレ之可シ二申候一。叶フ二初住ニ一時。業即解脱ト体達ス。雖トモレ爾ト無始ヨリ造作スル処ノ業因縁ノ理リハ不レ失。此ノ因縁一切ニ不レ已。故ニ帰テ二法身地ニ一照二見シテ之ヲ一。先ツ此ノ衆生ニ与ル二世出世ノ楽ヲ一也。大悲代受苦ト云モ此ノ心也。凡夫ノ業ハ繋縛ス。法身ノ菩薩ノ業因縁ハ自在ニ償ヒレ之ヲ玉フ也。是レ則チ解脱ノ徳トモ被レ云。

償トモ二衆生ノ業ヲ一被ルルレ云也。総シテ利二益スル衆生ヲ一事ハ。解脱ノ徳。中道ノ力ト可レ云。別シテ逆順ノ縁有リ二衆生ニ一。与ルヲ二ハ利益ヲ一償ト二凡地ノ業ヲ一云也。解脱ノ徳ト顕ルカ故ニ自在ニ如クスルレ此ノ也。依レ之ニ普門品ニ云ク。自在之業。普門示現ト等矣深秘口決也

（『雑々私用抄』第十一　天台宗全書17　p17）

説話の概略は以下のとおりである。

粟田師（静明）が、次のような物語を語った。蓮実坊座主勝範の弟子永範が、延暦寺より丹後の国に向かい、途中で田を耕す僧に宿を借りた。丹後の僧は、天台宗の廃れた法門「還入生死以償衆生」の義を問うた。永範は一通りの答をしたが、僧は納得せず、自分の身分を寛印供奉の正孫の弟子であると明かし、観音の慈悲に繋がる深秘の口決を述べた。

この説話は、天台僧にはよく知られた説話であったらしく、『雑々私用抄』の他に、『夷希抄』『聞名集』『問要集』などにも見える。『雑々私用抄』の傍線部分「毎毎ニモハシトシアケテ」は意味不明であるが、他本を見ると「實ニモ異様ナルハシトミアケテ」とあって理解できる。

静明（～一二八六年）が語ったということや、『雑々私用抄』が応永年間（一三九四～一四二八）に編集されたことを考えると、説話の成立年代は、鎌倉時代後期から南北朝期にかけてであることが推定できる。また、本文中の「我ハ故寛印供奉ノ正孫ノ弟子也」から、静明ら天台の僧は、寛印の学僧ぶりを認識していたことが伺える。

ここで、寛印供奉の一家を『尊卑分脈』で見ると、

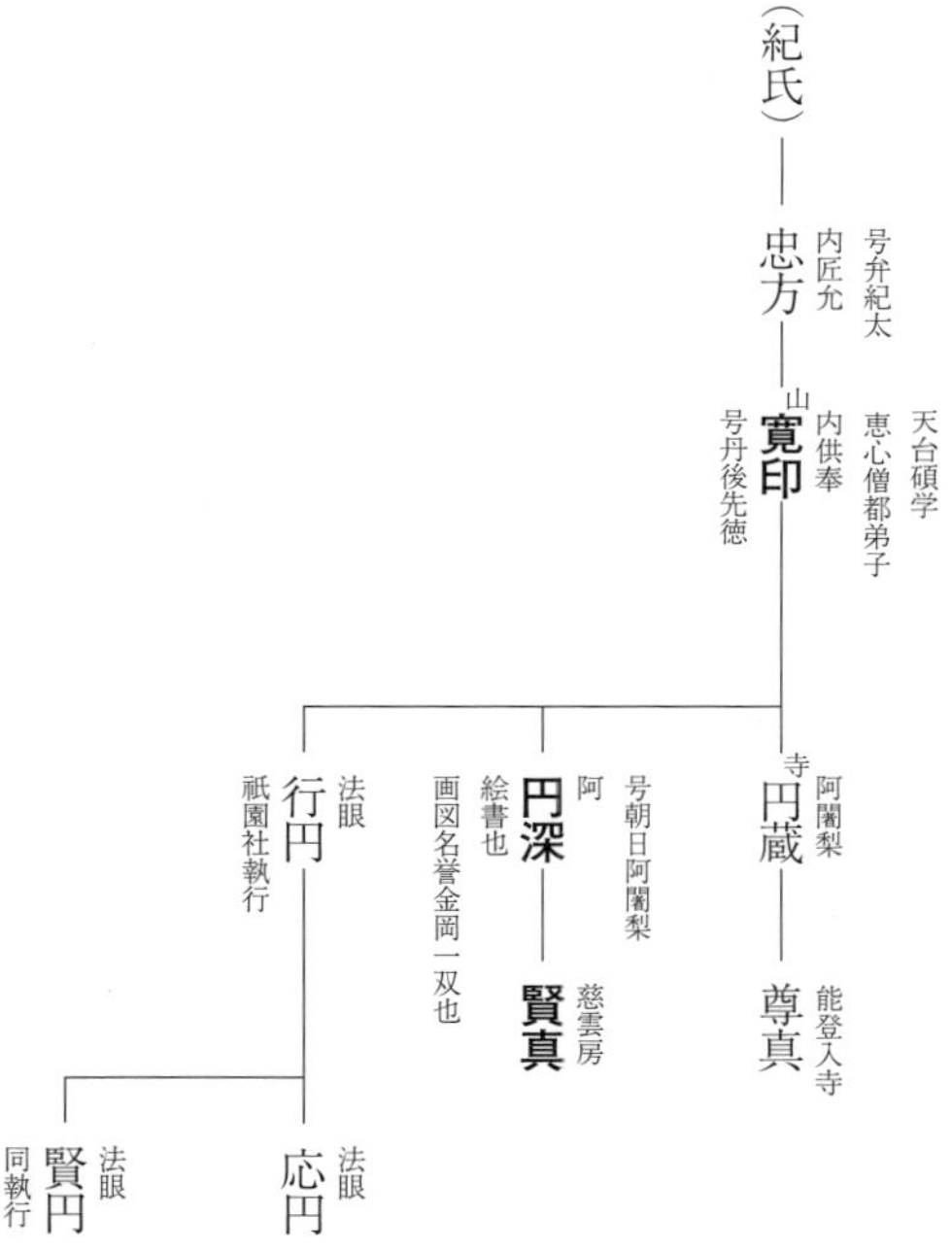

（新訂増補国史大系『尊卑分脈』第四篇　p226）

とあり、他にも「寛印―円深」という師弟関係がよく見られるため、ここでは寛印一家を「寛印―円深―賢真[1]」と考える。

寛印に関する先行研究は少なく、高橋秀栄氏の「丹後先徳寛印と迎講[2]」や、小山元孝氏の「寛印と丹後の迎講[3]」がある程度である。高橋氏は、称名寺の資料を用いて寛印と円深の行状の一端を明らかにし、小山氏は、浄土宗勢力が、天橋立の迎講と寛印を結び付ける伝承を創作したのではないかとした。しかし、寛印の全体像はまだ明らかではない。本論では、先行研究を基盤として、寛印や円深の資料をさらに探索し、中世の天台僧が寛印親子をどのような僧と捉えていたかを調査する。そしてそれが、冒頭に挙げた寛印孫の物語の創作にいかに関わっているかを考える。

一　寛印の資料

寛印について、管見に入った資料をほぼ年代順にして摘記すると以下のとおりである。

項目	出典	年代
季御読経論義優美	『御堂関白記』	寛弘元年三月二十九日
寛印点	青蓮院蔵『成唯識論』	平安時代中期
寛印談嘱累義	日光天海蔵『嘱累義所依経中経末事』	平安時代中期
源信弟子・論義・花厳経の偈・漁を禁ず・臨終に身心乱れず	『続本朝往生伝』	康和年間
表白「君三密山金。油鉢不暫傾。我一乗瓦礫。任浮嚢於羅刹。」	『谷阿闍梨伝』	天仁二年
四相違について	『因明大疏抄』	仁平二年
寛印の歎徳は古今の口遊	叡山文庫生源寺蔵『息心抄』	永万元年以前
丹後の迎講を始める	『古事談』	鎌倉時代初期

「君は三密の山の金油鉢をかたぶけず」	『宝物集』	鎌倉時代初期
説経	『二中歴』	鎌倉時代初期
無作三身事・事理寂光事について	『性類抄』	正応四年頃
今経妙覚益事付元品無明	『窮源尽性抄』	永仁元年
延暦寺の高僧	『天狗草紙』	永仁四年
寂光土について	叡山文庫真如蔵『宗要集聞書』第三冊	正安三年
四句成道について	叡山文庫真如蔵『日記』第三冊	正安四年以降
次第観中道について	日光天海蔵『摩訶止観見聞』十一	嘉元二年
斉識転還について	叡山文庫真如蔵『如影随形抄』第一冊	延慶三年
慶祚の文を写し削り取る	『沙石集』	正和元年以前
普現色身について	称名寺蔵『宗要集雑帖私見聞』	文保元年
戒本十重禁の次第を書く	『法然上人絵伝』	文保元年
天の橋立に迎講を移す	『述懐鈔』	文保元年以降
種々の不思議を現す	叡山文庫吉祥院蔵『叡山略記』	鎌倉時代末期
草木発道心について	称名寺蔵『宗要集見聞雑帖』	鎌倉時代末期
名別義通について	『摩訶止観伊賀抄』	鎌倉時代末期

慶祚の書付を削り捨てる	西教寺正教蔵『山家相承経旨深義脈譜』第二十六	鎌倉時代末期
提謂経摂属について	『宗要光聚坊』	正慶二年
理即名字の界畔について	叡山文庫天海蔵『宗要相承口伝抄』第三冊	建武二年以前
実因より理性眷属を受ける	叡山文庫生源寺蔵『眷属枕月集』	建武五年
皇慶の弟子になる	『渓嵐拾葉集』	貞和三年
三世諸仏名法華について	『法華略義聞書』	観応元年以前
弥陀讃嘆	『授法日記』	明徳二年
慈慧大師の上足	『天台名目類聚鈔』	応永九年
阿弥陀地蔵一躰について	叡山文庫金台院蔵『密宗聞書』上	応永頃
異人	『臥雲日件録抜尤』	文正二年二月二十一日
三仏出世について	叡山文庫真如蔵『円銭抄仏』	応仁頃
新成顕本について	叡山文庫天海蔵『三身義案粒』	延徳頃
女房の留守に念仏往生する	『法華経直談鈔』	天文十五年以前
法性房法門を寛印に問う	『天台名匠口決抄』	室町時代末期

右の表の内、よく知られた資料として、『続本朝往生伝』『古事談』『宝物集』『沙石集』があるが、『続本朝往生伝』以外の資料からは寛印の実像は伺えない。しかし、この表を見ると寛印の学問がいかに広かったかが分かる。この表に見える名目については、門外漢にして理解不能であるが、説話や口伝などを見ると、五点ばかり興味深い説話が見つかる。

二　寛印の事績（一）持戒僧

寛印の事績の第一は、妻帯僧ではあるが持戒の僧であったということである。『続本朝往生伝』に、漁師に漁を禁じたことが記され、続いて「油鉢《ゆはつ》を傾くといへども、深く浮嚢《ふなう》を恐れたり。」と記されている。

〔一五〕沙門寛印は、もと延暦寺楞厳院の高才なり。深く法味を悟りて、旁《あまね》く経論に達せり。決択《くゑつちやく》の道に就きて、誠に傍輩に絶《すぐ》れたり。…後に諸国を経歴《きやうりやく》して、丹後国に到りぬ。僧房の側《ほとり》に一の洿池《こち》あり。漁猟の輩《ともがら》、夜池に向ひて網を結び、日を定めて池の魚を取らむとす。寛印制すといへども、敢へて承引せず。寛印歎息して、夜々池に向ひ、錫杖を振りて観念せり。後朝に網を下すに、敢へて一の鱗《いろくづ》もなし。油鉢《ゆはつ》を傾くといへども、深く浮嚢《ふなう》を恐れたり。…

（『続本朝往生伝』　日本思想大系7　p239）

『続本朝往生伝』を承けた『元亨釈書』は傍線部の語句を記していないが、寛印を考える上では重要な語句である。

「油鉢」や「浮嚢」は、四～五世紀成立の『大般涅槃経』に見える語句で、「油鉢」とは、放逸・邪欲を禁じ油をこぼさず運んだという内容で、「浮嚢」とは、羅刹が浮嚢を求めるのを断り続け水死を免れたという内容である。しかし、寛印は、皇慶に阿弥陀仏の供養を頼まれた時の表白に、皇慶のことを「君は三密の山の金。油鉢暫くも傾かず。」と読み上げたが、自分のことは浮嚢の内容を変えて、「我は一乗の瓦礫。浮嚢を羅刹に任せたり。」と述べた。

令三定朝法眼ヲシテ造ラ二三尺ノ弥陀尊一ヲ。屈シテ二寛印法師一ヲ令二講説一。表白ニ曰ク。君ハ三密ノ山金。油鉢不二暫クモ傾一カ。
我ハ一乗ノ瓦礫。任二浮嚢ヲ於羅刹一ニ。

（『谷阿闍梨伝』　続天台宗全書史伝2　p317）

この表白は世評に高く、永万元年（一一六五）以前成立の『息心抄』に、「此古今口遊也」と記され、明徳二年（一三九一）成立の『授法日記』に、「世間ニ流布スル寛印供奉ノ弥陀讃嘆ト云ル是也。」と記されている。寛印が皇慶の前で行った講説や表白の内容は不明だが、寛印は自分の妻帯を自嘲し「浮嚢を羅刹に任せ」た内容を語ったに違いない。その内容に当たる説話が、相実の『息心抄』に見える。

私云浮嚢者其躰何様ナル物ソ誰人カ是ヲ作シテ何ナル水ニカ浮之フル西天晨旦自何世有之昔古老ノ云聞カハ以譬喩云持戒有様ヲ云フ也云々実此嚢ノ有ニハ非ル也云々件語曰譬ハ工巧賢キ人有テ水ニテ浮フ大ナル嚢ヲ縫テ入テ之ニ大海ニ浮テ頭許ヲ指出テ遊宴シ行ク時ニ浦ニ美女出来此人ニ其嚢ヲ乞人怪之女切々請フ女形貌極端正ナルニ漸々発欲心間女カ云嚢大切ニ思トモ既以无承引然ハ只此針シテ穴ヲ一所指セヨト又切々云フコ、ニ其人思惟スラク嚢大ニ針極小々穴一所許ハ何ヲ可苦ヤトテ随女言既穴ヲサセツ女悦帰去不見然間穴狭小ケレトモ海水漸々ニシミ入テ日来ニ成ニケレハ嚢ニ水満沈没ニケリ件女ヲハ羅刹女ニ譬ヘ（ママ）也戒堅固ニ持テ女状ニ不随サラマシカハ何更沈哉　師曰谷阿三尺阿ミタ仏ヲ造テ以寛印供奉令供養給ケルニ彼導師施主ヲ歎徳スル教化ニ云君ハ三密ノ山ノ金油鉢暫モカタフケス我ハ一乗瓦礫浮嚢ヲ羅刹ニマカセタリ云々此古今口遊也

（叡山文庫生源寺蔵『息心抄』第五冊　40丁オ）

工作の上手な人が、水に浮かぶ大きな袋を作って大海に出た。ある浦で女に遇った。女はその袋を請うた。その女はたいへんな美女であったため、男は欲心を起こした。女は、針を袋に一箇所刺してくれと願った。男は極小の穴なら大丈夫だろうと思って、針を刺させた。穴は極小ではあったが、海水が徐々に染み込み、やがて男は溺死した。実は女は羅刹女であった。という内容である。

『二中歴』が「説経」の部に寛印を挙げることや、『法華経直談鈔』の寛印臨終譚[4]は、この『息心抄』が元になっているのだろう。「浮嚢を羅刹に任せ」たことを語った寛印だが、持戒僧であったからこそおもしろく、後世に語り継がれたのである。

三　寛印の事績（二）阿弥陀地蔵一体

寛印の事績の第二は、「阿弥陀地蔵一体」という秘事を知っていたということである。『沙石集』に、次のような説話がある。

殊ニ地蔵ハ弥陀・観音ト同体也。真言ノ習ニ、台蔵ノ曼荼羅ハ、大日一ノ身也。是ヲ支分曼荼羅ト云。一々ノ支分、一善知識トナリ、有縁ノ機ヲ引テ菩提ノ道ニ入。然ニ弥陀ハ大日ノ右肩、観音は臂、地蔵ハ指也。観音院ノ地蔵トテ御座。又地蔵院ニ九尊御座。是一方也。或る口伝ニハ「六観音六地蔵トナリ給」云々。三井ノ大阿闍梨慶祚ハ顕密ノ明匠也。山ノ西坂本ノ人宿ノ地蔵堂ノ柱ニ、「法蔵比丘ノ昔ノ資、地蔵沙門ノ今ノ形、蔵ノ字思アワスベシ」ト書リ。寛印ノ供奉是ヲ見テ書取テ、柱ヲケヅリケリト云リ。弥陀・地蔵一体ノ習シレル人ナルベシ。

（『沙石集』巻第四　日本古典文学大系85　p183）

この説話の内容は、地蔵・阿弥陀・観音が一体であることを、大日如来の身体の一部がそれぞれ阿弥陀・観音・地蔵であるという説をもって説明し、地蔵の連想から三井寺の明匠慶祚が、西坂本の地蔵堂の柱に「法蔵比丘ノ昔ノ資、地蔵沙門ノ今ノ形、蔵ノ字思アワスベシ」と書いた文を、寛印が写し削り取ったという内容である。

大日如来の身体の一部が、阿弥陀・観音・地蔵であるという説は、鎌倉時代末、澄豪の『総持抄』にも似た習いが見えていて、

一。曼荼羅別名事

：　人形五輪者。中台大日腹也。遍知院胸也。釈迦院者説法智。行者口也。文殊ハ大智無上故頂上也。五大者。五蔵六腑。虚空ハ腰也。蘇悉地者両足也。千手ハ右肩。観音者右臂也。地蔵者右腕。…

（『総持抄』大正新脩大蔵経77　p91）

『沙石集』の説話は、同時代の説を利用していることが分かるが、寛印が慶祚の文を写し削り取った理由がはっきりしないし、「阿弥陀地蔵一体」の義を知っていたかどうかも明らかではない。『沙石集』を見る限り、「阿弥

陀地蔵一体」の義を知っていたのは、三井寺の明匠慶祚(5)であったと読める。
しかし、この説話に関しては、『沙石集』成立以前にあったと思われる口伝が二つ存在する。まず、『山家相承経旨深義脈譜』を挙げる。

伝聞慶祚下ルトテ西坂本一ヲ書キ付テ人宿リ柱ニ一曰昔ノ法蔵比丘ノ蔵ノ字今ノ地蔵ノ々ノ字可レ思フ已上後ニ寛印供奉徹ルトテ見レテ之ヲ道ノ縁《ハタ》ニ可キトテ書二是《カヽル》秘事一ヲヤ削捨ケリ之一当知一法蔵ト者地蔵也

（西教寺正教蔵『山家相承経旨深義脈譜』第二十六　20丁ウ）

これによると、慶祚の文を寛印が削った理由は、このような秘事を道端に記すべきではないという判断によるものであったということが分かる。
『山家相承経旨深義脈譜』は、中将内供奉尊賀が述べたものである。

授権少僧都賢栄訖
中将内供奉尊賀依勅定改静賀畢

（西教寺正教蔵『山家相承経旨深義脈譜』第六　30丁オ）

尊賀は、『止観微旨掌中譜』や『枕月集三身義新成顕本』に、

依為師々相承正本高檀紙随身有煩仍切紙写取守訖
徳治第二天初冬三夕候
中将禅師尊賀在判

（西教寺正教蔵『止観微旨掌中譜』35丁オ）

建武四年九月二十一日於多武峯書写之

中将内供奉　尊賀述

（西教寺正教蔵『枕月集三身義新成顕本』　6丁ォ）

と見え、十四世紀前半に活躍した僧である。従って、『山家相承経旨深義脈譜』に見える慶祚と寛印の口伝は、十三世紀には存在していたと考えられる。

もう一つの口伝は、『密宗聞書』に見えるものである。

又云阿弥陀地蔵一躰《ナル》事《ハ》不空羂索《ノ》頂上《ノ》化仏《ノ》阿弥陀仏《ト》者地蔵也因位《ニ》有《テハ》法蔵比丘《ト》云《ハレ》菩薩界《ニテハ》地蔵《ト》云《ヒ》成仏《シテハ》阿弥陀也一躰《ノ》証拠《ニ》随分《ノ》秘《スル》勘文在之寛印供奉西坂本《ニ》一二丈計《ノ》大率都婆《ヲ》立給《ヘリ》其頂《ニハ》被刻《ミ》付一サテ其下《ニ》法蔵比丘《ノ》昔《ノ》影地蔵サタ《ノ》今《ノ》姿被《タリ》遊一弥陀地蔵一躰《ノ》証拠也

（叡山文庫金台院蔵『密宗聞書』上　31丁ォ）

不空羂索観音の頂にある阿弥陀仏は、因位にあっては法蔵比丘と云われ、菩薩界にあっては地蔵と云われ、成仏すると阿弥陀と成る。寛印が、西坂本に大率都婆を立てたが、その頂きに阿弥陀仏を刻み、下に「法蔵比丘の昔の影地蔵薩埵の今の姿」と書いた。これが、阿弥陀地蔵一体の証拠である。という内容である。

『密宗聞書』は応永十七年（一四一〇）の口伝であるが、不空羂索観音の頂上化仏については、憲深口決親快記『幸心鈔』や、教舜の『秘鈔口決』にも一部が見えており、鎌倉時代前半にはあった口伝である。

不空羂索事

師云。此尊頂上化仏。聊有二子細一歟。先年参二法性寺禅定殿下一之次奉対二面之時。仰云。南円堂不空羂索頂

上化仏知タリヤト云云答。只法藏比丘因位御質僧形顕給之由存也。殿下云。是一説也。実地藏菩薩也。此尊地藏ト一体ト可レ存也云云

（『幸心鈔』巻第一　大正新脩大蔵経78　p719）

頂上仏事

御口伝。南円堂ノ不空羂索頂上ニ有ニ比丘ノ像一。是弥陀ノ因位法藏比丘也。観音於ニハ浄土一ニ戴ニキ弥陀ノ果仏一ヲ。於ニハ穢土一ニ。戴ニク因ノ比丘一ヲ。法藏者地藏也。故ニ当流ノ秘伝ニハ地藏弥陀一体ト習也云云

（『秘鈔口決』第十五「不空羂索法」真言宗全書28　p229）

以上、『山家相承経旨深義脈譜』と『密宗聞書』の口伝により、阿弥陀・地蔵・法蔵一体の教理は、もともと寛印が知っていた教理であることが分かる。

四　寛印の事績（三）名別義通

寛印の事績の第三は、名別義通は往生極楽の勝業であるという点で、源信と強く結びついていることである。高観が、慶安四年（一六五一）に編纂した『摩訶止観見聞添註』に、源信が寛印に、名別義通は往生の業であることを述べたとある。

口伝中我等衆生底下凡夫者。底下是心底卑劣也。…又楞厳先徳謁ニ丹後先徳寛印一云。以ニ名別義通一知ニ往生極楽業一。

（『摩訶止観見聞添註』巻第三　鈴木学術財団編大日本仏教全書37　p309）

この内容は、鎌倉時代末まで遡ることができる。

物語云。寛印ハ恵心ニ問《タマフ》ニタテマツレハ名別義通一ヲ。恵心答シ。楞伽第七偈頌品云。遠行善恵。法雲仏地。是仏種性。余者悉是二乗種性文以レ之可レト備ニ往生極楽ノ勝業一ニ云云其ノ故ハ。安養ノ二乗ハ通教ノ機也。娑婆ニテハ名別義通ヲ得レナハ心往生ハ可レト安カル云意ニテ。二人共ニ落成セラレケリ

（『摩訶止観伊賀抄』六上　続天台宗全書顕教2　p260）

『摩訶止観伊賀抄』には、娑婆にて名別義通を心得れば往生はたやすいということを、源信寛印が共に得心したことが記されている。なお傍線の「落成」は、叡山文庫真如蔵『名別義通鈔』に見えるように、元は「落涙」であっただろう。

この名別義通は往生の勝業であることを、当時の天台僧は理解できず、寛印が述べた時三千衆徒は寛印を嘲笑したという。これを聞いた源信は、「三千衆徒ハ御方一人ヲ咲フ御方一人シテ三千衆徒ヲ咲」という秀句を成したということが『名別義通鈔』に見える。

物語云昔楞厳院御存生ノ時寛印供奉於社頭一有当通名別義通云々三千衆徒同時咲之寛印還坊ニ楞厳院申此由ヲ一楞厳院云玉ク三千衆徒ハ御方一人ヲ咲フ御方一人シテ三千衆徒ヲ咲ト云々

（叡山文庫真如蔵『名別義通鈔』118丁ォ）

五　寛印の事績（四）理即名字

寛印の事績の第四は、嵯峨法輪寺の虚空蔵菩薩から、理即名字の界畔について告げを受けたことである。この口伝は、定珍相伝の『極奥穏伝鈔』にあるが、

伝云寛印供奉西山《ニシヤマ》嵯峨法輪寺空蔵サタニ一百ケ日参篭アテ名字観行ノ切リ続キヲ祈誓アリケルニ満願ノ暁天空澄渡《ソラスミ》ル坐禅ノ床ニ忝モサタ示現シ玉ヒテ夢中ノ霊告《レイカウ》アリ爾ノ時ニ天台三大部ノ章疏ノ外カニ宗師一処ノ文旨ヲ以テ示シ玉エル尤モ冥慮幽玄ニシテ凡愚叵レキ計リ者ノ也

（日光天海蔵『極奥穏伝鈔（内）宗要義科相伝条書）』17丁ウ）

さらに古くは、建武二年（一三三五）書写で「海上房秘抄」と云う『宗要相承口伝抄』や、建武五年（一三三八）成立の『眷属枕月集』などに既に見えている。

凡ソ理即名字ノ界畔ハ寛印供奉参詣シテ法輪ヘ一百日通夜シテ祈精申タリシコト虚空蔵菩薩ノ告有リシ大事也…所詮即名字ノ界畔ハ聞キ三諦ノ名字ヲ一身ノ毛竪《ケヨタツ》テ落涙《ラクルイ》スルヲ名字即ト一云也

（叡山文庫天海蔵『宗要相承口伝抄』第三冊　74丁ウ）

（叡山文庫真如蔵『眷属枕月集』66丁ウ）

『宗要相承口伝抄』によれば、理即名字の界畔とは、三諦の名字を聞いて身の毛がよだって落涙することで、それが名字即であるということである。

六　寛印の事績（五）理性眷属

寛印の事績の第五は、実因から理性眷属の義について詫宣を受けたことである。これも、建武五年（一三三八）撰の『眷属枕月集』他に見えている。

口決曰具房僧都実因自詫染殿姫宮ニ一出物気ニ二曰理性ノ眷属ニ有ト二四教ノ不同一云事ハ我レ独リ知レ此ヲ仍テ云ハ、此義ヲ一汝知レト実因一ト云臨終之時告テレ女ニ云ク我レ依テ妄念一ニ留意於汝一ニ畢シテ仍テ我レ成ケリ神ト一条ノ木辻祝汝ハ為テ神子一ト渡レカシ世件ヲ一云云件ノ女人如契約ノ一成神子ト一寄テレ口ヲ過也レ世ヲ寛印供奉宿シ彼女人屋ニ一応ニ実因詫シテ神子ニ一云我恵心旦那ノ前ヨリ老僧シテ窮メタリ仏法ノ源ヲ一汝定テ知ン然ニ汝未タス知理性ノ眷属ニ四教ノ不同即在ト之一云事ヲハ寛印供奉泣々伝玉ヘリ此義ヲ一理性ノ眷属ト者理即ノ凡夫也理即稟ルカ法一故ニ分ツ四教不同一也

（叡山文庫真如蔵『眷属枕月集』65丁オ）

（西教寺正教蔵『枕月集眷属妙義理性眷属』7丁オ）

実因は娘に、お前は巫女になって世を渡れ、と告げた。その後、寛印が実因の娘巫女の家に宿った時、実因は巫女に憑き、寛印に理性の眷属に四教の不同が有ることを伝えた。寛印は、泣く泣くこの義を伝受した。という内容である。

実因が寛印に伝授したのは、仙舜の口伝(6)によれば、寛印が染殿で法花八講を修した時とある。また、寛印の名は見えないが、実因の娘が梓巫女になった口伝は古くからあったようで、『耀天記』や『神道雑々集』に山王系の口伝が見え、後の『一乗拾玉抄』巻二にも、御子となって山門の法門を語ったという口伝が見える。

七　円深の資料

次に、寛印の子息円深について考える。円深についても、管見に入った資料をほぼ年代順にして摘記すると以下のとおりである。

項目	出典	年代
天文博士の妻に通う	『沙石集』	弘安六年
一切応身転法輪の相	称名寺蔵『宗要集見聞』	嘉元頃
寛印の消息を源信に持参する	称名寺蔵『義科私見聞』	正和三年
草木発心修行	叡山文庫真如蔵蔵『宗要集聞書』	正和三年
寛印に消息で不審を尋ねる	称名寺蔵「聖教断簡（宗要集）」	元亨年間写
法華玄義に関する草案あり	称名寺蔵蔵『玄義私見聞』	鎌倉時代
分身の読み	叡山文庫真如蔵蔵『宗要伊賀抄』第六冊	鎌倉時代末期
大和国朝日寺に住む	叡山文庫双厳院蔵蔵『依正秘記』	応永頃
分身の読み	『法華懺法私』上巻本	室町時代末期

右の表の内、よく知られた資料は、『沙石集』の間男説話である。円深は、天文博士の妻のもとに通っていたが、ある時夫に見つけられ、連歌によって許されたという内容である。もちろん、この説話には学僧の姿はない。し

かし、円深は常に消息をもって寛印から教えを受けていた。(7) 消息による受法の例を二・三挙げてみると、元亨年間に源山が書写した聖教断簡には、丹後に遁世した寛印に、消息で不審を問うたことが見えている。

寛印御弟子ニアサ日ノアサリ盛尋《セイシン》ト云人アリ寛印遁世シテ丹後国ニ御坐シニ不審ノ事等ヲ盛尋以消息一問ル、時寛印以消息一答給ヘリ消息集トテ以件ノ消息等一取集テトチテ置リ

（重要文化財「称名寺聖教」370函1　称名寺蔵金沢文庫管理「聖教断簡（宗要集）」34丁オ）

嘉元三年（一三〇五）成立の『宗要集見聞仏帖下』には消息により事理の寂光ということを受けたことが記されている。

物語云丹後寛印供奉遣朝日闍梨許ニ消息云旦那云□事寂光自受用土理寂光法身居也云々：但寛印思給様ハ実報土ニ有二種一一三賢十聖所居無明所感土也二ハ唯仏所居ノ報土也

（重要文化財「称名寺聖教」87函12　称名寺蔵金沢文庫管理『宗要集見聞仏帖下』13丁ウ）

（西教寺正教蔵『三身義仏土義十如是義三周義』19丁オ）

『宗要集見聞雑帖』によると、草木成仏に関する義を消息により受けている。

次草木何カハ着ケサ衣ヲ発道心一耶ト云難ハ丹後消息云寛印文朝日阿闍梨許取意仏性ナル名タリ当成ニ衆生モ可成仏一故ニコソ性トハ云ヘ現ニ成ニハ仏一不可云性一ト草木モ当成故ニ現ニハ不可袈裟等ヲ未来ハサコソハ有ラメ意ハ有仏性一性字ヲ可得意也当成故ニ性ト云也

（重要文化財「称名寺聖教」3函2　称名寺蔵金沢文庫管理『宗要集見聞雑帖』69丁ウ）

また、正和三年（一三一四）成立の『義科私見聞』によると、「大論と大乗止観の相違」に関する消息を、寛

印や源信に持参したこともあった。

以消息ヲ被ル送朝日ノ阿闍梨円深ノ許モトヘ者師云恵心ノ御意ハ大論ト大乗止観ノ相違ヲハ以起信論ノ意ヲ可ト会ス相違ヲ被ル思食仍テ以消息ヲ此ノ旨ヲ被仰等也朝日ノ阿闍梨ヲ為ス御使者ト仍テ寛印此ノ御返事ヲ被ル申時以円覚経ノ意ヲ会之故ニ消息ヲ遣テ朝日ノ阿闍梨ノ許トヘ可進ス恵心ニ被ケル仰也云々故朝日ノ阿闍梨ハ御使也云々

（重要文化財「称名寺聖教」350函8　称名寺蔵金沢文庫管理『義科私見聞』20丁ウ）

八　分身の読み

このように、寛印から受法した円深も相当な学僧であったことが伺えるが、特に「分身」の口伝は有名で、いろいろな典籍に引用されている。早い例は、鎌倉時代末の『宗要伊賀抄』に「山上ノ仏法ハ既ニ失ニケリ」と歎く姿があるが、内容がはっきりしない。

仁真竪者物語云朝日阿闍梨深(円深)ハ山ノ竪義ニ来人分身ト者分身事也立ッ是者モ如此一聞之悲泣シテ云ク山上ノ仏法ハ既ニ失ニケリ

（叡山文庫真如蔵『宗要伊賀抄』第六冊　13丁オ）

しかし、応永十一年（一四〇四）頃貞舜が草した『三百帖見聞』や、公範が文明元年（一四六九）に談じた『宗要集聞書』を見ると、

物語云中古ニ広学大乗ニテ或竪者分身ト者石ノ破テ行情ニテ有也云々題者感之其時ニ寛印ノ真弟子朝日阿闍リ円深人ハ

分身トテ云ヘ我ハ分身トソ云ンスルト云テ山門ノ仏法ハ失ニケリトテ悲之云々
（西教寺正教蔵『三百帖見聞』第四冊　42丁オ）

一寛印御弟子朝日阿闍梨延真（円深）有ル講席ニテ人ノ論議ノ時分々身ト云言ヲ申サレシヲ延真分身トコソ可云ニ分身ト云ヘル事既ニ我山仏法地ニ落ナントト成玉ヘリ云々
（西教寺正教蔵『宗要集聞書』第三冊　25丁ウ）

「分身」は「ブンジン」と読むべきを、最近の竪義では皆「フンジン」と読んでいるとして、円深は、「山門の仏法は失せた」とか「我が山の仏法は地に落ちた」と歎いたことが分かる。おそらく円深は、他の算題や名目に関しても習伝の誤りを指摘し、山門仏法の衰退を歎いていたのではないか。[8]

終わりに

以上の寛印や円深に関する説話や口伝を見ると、中世の天台僧は、寛印を持戒僧であるとともに、「阿弥陀地蔵一体」「名別義通」「理即名字」「理性眷属」など、天台宗の秘事口伝を受け継いだ僧と捉えていたことが分かる。また円深についても、寛印に連なる学僧であり、「分身」の口伝に見られるように、天台の法門を守ろうとしていた僧と考えていたことが伺える。これら寛印の秘法の継承や、円深の天台仏法を守ろうとする姿は、そのまま冒頭に挙げた寛印孫に共通する事象である。

静明は、寛印の教学に関心を持っており、寛印が円深に授けた「斉識転還」について疑問を持ったり、

六斉識転還事

尋二　義云此算ハ四算ニ下但皇覚俊範等五算ニ常ニハ下ケリ

是ハ丹後先徳朝日ノ阿闍梨ニ授《サツケ》義勢ノ趣ヲ以秘曲トシテ被精之一近季静明問之一

（西教寺正教蔵『十二因縁義抄』4丁ウ）

（叡山文庫真如蔵『如影随形抄』第一冊　19丁オ）

「無作三身」や「事理寂光」に関する寛印の義を、弟子に伝えている。

10無作三身事

尋申云。正釈ニ無作三身ノ相一文如何

…

仰云。無作三身ハ衆生ノ三道ソト云事。…別相伝ト者。従ニ慈雲房一習伝タル寛印御義也。源恵心ノ御義也。…

已上文永十一年四月十六日於ニ粟田口御房一承レ之

11事理寂光事

仰云。…

已上文永十年十一月一日於ニ粟田口御房一承レ之

…

寛印云。一解居寂光土。往日伝聞近代先徳檀那贈僧正義云。寂光土有レ二事理。所レ云法身居ニ寂光一者就ニ理寂光一。若自受用身居ニ事寂光一已矣上

このような静明が、寛印孫の物語を語ったということは、静明一門もまた寛印一家と同様に、天台仏法を継承し守ろうとしていたことを表しているのである。

（『性類抄』巻上　続天台宗全書口決1　p337）

注

（1）大日本古文書家わけ第十九醍醐寺文書之一『本朝伝法灌頂師資相承血脈』に、

号禅定院阿、、寛印

寛意　――　定尊　供奉孫、朝日阿、、子也、

覚□上人教相師也、

とあって、寛印の孫に定尊の名が挙がっているが、真言系の僧であるためここでは考えない。

（2）高橋秀栄「丹後先徳寛印と迎講」『駒沢大学仏教学部論集』（二〇〇三年十月）。

（3）小山元孝「寛印と丹後の迎講」『日本古代の宗教と伝承』（二〇〇九年）。

（4）寛永十二年刊『法華経直談鈔』巻第二末の十六丁表に、次のように見える。

慈恵大師ノ御弟子ニ寛印供奉ト云ハ丹後ノ先徳ノ事也彼ノ先徳値ニ悪縁一堕落シ下フ也而臨終ノ期ニ及テ対シテ二女房ニ一我所望ナル物アリ田ニシヲ食度トアレハ女房取ニ行タリ其ノ留守ニ心静ニ念仏シテ往生シ下フ也女房帰テ見レ之命終ノ時不ト二居合ハ一云テ大ニ腹立シ震動シテ云様ハ我ハ昔拘留孫仏ノ時ヨリ付添テ障碍スルニ此度タハカラレケルヨ腹立ナト云テ田ニシヲ顔ニ拖ケ懸テ其ノ任失ヌト見タリ

（5）金沢文庫古文書一三三二号紙背にも、慶祚が「阿弥陀地蔵一体」の義を知っていたことが記されている。高橋秀栄「平安・鎌倉時代の天台僧」『駒沢大学仏教学部論集』（二〇〇九年十二月）p134参照。

（6）西教寺正教蔵『定問集（定賢問答）』第六の六丁裏に、仙舜の口伝が見える。

一具《仙舜》坊僧都実因存生ノ時理性ノ眷属ニ四教三乗ノ不同不可有義ヲ成シ給ヘリ而ニ丹後ノ先徳於テ二染殿ニ一被レ修二法花八講一時此題目出来セリ
其時実因霊託シテ少女ニ一申様ハ我存生ノ時四教三乗ノ不同無ト一云義ヲ成シテ是誤也予存生ノ妄執ヲ為果サンカ一只今来也理性眷属ニ四教三乗ノ
不同有ト之一可レ云也託セリ

（7）円深が、消息をもって寛印から教えを受けていたという資料は、高橋秀栄紹介のものによる。「丹後先徳寛印と迎講」『駒沢大学仏教学部論集』（二〇〇三年十月）p124。

（8）「分身」を「ブンジン」と読むべき理由は、定珍の『法華懺法私』上巻本に、「是レ即チ己己本分ノ当位カ釈迦ノ分身也。観スルニ二三千大千世界ヲ一乃至無レ有下事如モ二芥子許ノ一非中事是菩薩捨ル二身命ヲ一処ニ上時ハ。草木国土山河大地皆悉ク釈迦ノ分身也。」と見える。（天台宗全書11　p197）

【付記】　叡山文庫・西教寺文庫・輪王寺宝物殿・天台宗典編纂所・唱導研究会の各位にお世話になった。記して謝意を表す。

第三章　法花深義説話の発生と伝授——恵心流俊範と静明の説話——

一　法花深義説話

中世の『法花経』注釈書に、『法花経』化城喩品に関して、「法花の深義」とか「化城喩品の料理」と呼ばれる説話がある。説話の概略は、

後鳥羽院（あるいは姫宮）が病気になった。諸寺諸社の祈祷も功を奏さない。そこに住吉明神が現れ、法花の深義（化城喩品の料理）が聴きたいと託宣する。そこで延暦寺の俊範（あるいは静明）を召し、講じさせると病が治った。

というものである。この説話を初めて取り上げたのは、廣田哲通氏である。廣田氏は、この説話が見える本として『轍塵抄』『一乗拾玉抄』『法華経鷲林拾葉鈔』などを挙げ、

この物語の重要さは、つきつめると静明の口伝と化城喩品の大事にある。…注目すべきは『一乗拾玉抄』で、やはり同じ物語があるが、病気になるのは後鳥羽院自身で、しかも講談に請じられるのは俊範である。…

（廣田哲通『中世法華経注釈書の研究』第二章　p163）

とされたが、静明の口伝・化城喩品の大事とは何か、僧が俊範・静明と替わるのはなぜか、この説話はいつ頃どういう基盤の上に発生したか、などについては詳しい解説がない。本稿は、これらの問題を解明しようとするも

のである。

初めに、現在知られている法花の深義説話のうち、古いものを二種類、『一乗拾玉抄』と『轍塵抄』を挙げて確認しておきたい。まず、長享二年（一四八八）に成立した『一乗拾玉抄』を見る。

物語云後鳥羽院御悩アリサマ〳〵御祈祷アレトモ無平癒一然ニ帝王願クハ何ナル明神ノ告ニモ此ノ病ヲ何カ様ニモ治セヨト示シ給ヘト深ク祈念アル時キ夢ノ中ニ白髪ナル翁ナ来テ我レハ是住吉ノ明神也和光同塵シテ遙カニ法花ノ深義ヲ不聞一間タ是ヲ聴聞シテ本覚ノ都ヘ帰リ御悩ヲモ忽ニ平癒ナサント告アリ仍テ山門ヨリ大和ノ庄俊範ヲ請シ法花ノ深義ヲ御講アリ是則化城喩品ノ三周ノ声聞カ大通結縁ナル事ヲ講シテ終ニ一切衆生悉ク大通結縁ニシテ即身成仏ナル相ヲ甚深ニ御説法アル時キ帝王即時ニ御平癒アリト云々

（『一乗拾玉抄』化城喩品　影印　p343）

説話の内容は、後鳥羽院の病の祈祷に、山門から俊範が召され法花の深義を講ずると、院の病気が治ったというものだが、なぜ俊範が召されるのか理由が示されていない。

この法花の深義説話の存在は、『一乗拾玉抄』の成立より更に三十年ほど前の、康正二年（一四五六）にあった事が『轍塵抄』に見えている。

尋云常ノ持言ニ化城喩品ノ料理《シツライ》ト被レ云肝要何事ソヤ耶伝云於二此法門一此流ニハ物語ヲ相伝ル也其故ハ後鳥羽院ノ御時最愛ノ姫《キサキ》御座シキカ俄ニ有キ二御悩一依之諸寺諸社ノ高僧貴僧ヲ召シテ令ルニ祈レ之无小モ減気一院悲之思食ス自帰シテ二三宝ニ一御悩ノ由来ヲ知シ食ント御祈精アル時ニ七才ノ姫宮名乗玉テ言ク我ハ是住吉ノ大明神ナリト矣院ノ仰云何事ニ付座ソト問下フ時ニ答曰我為ニ二衆生利益一ノ此界ニ自二和光同塵一ノ以来曽不レ聞二法花ノ深義一ヲ々々ト者化城喩品ノ料理《シツライ》也ト言《ノヘ》ハ院重テ問玉フ

此法門ヲハ誰ヤノ人ノ知玉フソ耶答曰叡山ノ僧俊範法印ノ弟子粟田口ノ大納言静明知レレリト之託宣シ玉ヘリ依之静明ヲ召ル、処ニ彼人ハ犯僧ニテ師子ノ座ニ難レ登リ雖レ然為ニ法門讃歎一ノ一日ノ間遂ケニ一生不犯ノ業ヲ一畢ンヌ其時静明ノ云化城喩品ノ料理ト者一家天台ノ己証法花一部ノ深義ナリ生死ノ得脱ヲ直ニ示タル間師資相承法門ニテ不レ出言ニ一況ヤ不レ顕レ色ニモ故ニ有リトニ此法門一人モ不レ知雖レ然大明神ノ御託宣有ル上ハ存命モ不定ナリ何而《イツマテ》可カニ惜ミ申一院ノ御時ニ始テ被タレニ言出サ一依之御悩即時ニ平愈シ神明モ帰玉リニ本宮一ニ此無ニ弥事一法門ナリ

（日光天海蔵『轍塵抄』第三冊　56丁ウ）

御本　右化城喩品ノ料理之事予先年住山之時此事相ニ伝之於抄物一ニ者唯今感得之髻中ノ明珠可レ秘云云
于時康正三年（二）丙子卯月二十六日　権少僧都隆海

（日光天海蔵『轍塵抄』第三冊　59丁オ）

説話の内容は、後鳥羽院の姫宮（あるいは中宮）が病気になるが、住吉大明神の託宣により、静明が「法花の深義」を講じると病が治ったというものである。この説話はその後を見ると、仙波の隆海が延暦寺に居た時に相伝したということだが、隆海は確かに文安六年（一四四九）延暦寺の西塔にいた[1]。

御本云
于時文安六年己巳六月二十四日於比叡山西塔南尾題者宝薗院永成法印御坊客殿上四間南面之部屋ニテ書畢
…武蔵仙波仏蔵坊隆海遂業之次書也…

（叡山文庫天海蔵『釈尊影響仁王経秘法』奥書）

これらから、静明説話は一四〇〇年代前半には延暦寺にあり、隆海が仙波に伝えた事が分かる。

以上二種類の説話のうち、説話の型としては『一乗拾玉抄』の俊範説話の方が古そうだが、年代的にはこの『轍

塵抄』の静明説話の方が古く、『轍塵抄』の他『法華経鷲林拾葉鈔』『法華経直談鈔』『化城喩品大事』などに見える。法花の深義説話のうち、俊範説話と静明説話はどちらが先に成立したのだろうか。

ちなみに「法花の深義」という教理は、嘉暦四年（一三二九）に心聡が花園院に注進した『一帖抄』によれば、天台四箇大事の一つにして、恵心流の甚深幽邃の口伝(2)であると云う。

俊範や静明は、周知のとおり天台恵心流の有名な学僧である。俊範は無動寺や東坂本の大和庄に住み、静明は主に東山の粟田口に住んだ。恵心流の相承系譜は、以下のとおりである。

良源——源信（恵心流）——覚超——勝範（蓮実房）——長豪——忠尋（東陽房）——

——皇覚——範源——俊範（〜1259?）——静明（〜1286）——心賀（1243〜1329〜）——心聡（〜1329〜1355〜）

静明——成運（静運）（行泉房流）（〜1274〜1323〜）

（日本思想大系9天台本覚論　P594所収「相承略系譜」を基に作成）

また説話に住吉明神が現れるのは、当時住吉明神が天台仏法の守護神と考えられていたからである。(3)

二　新出の法花深義説話

法花の深義説話は、廣田氏が指摘した本以外にも二・三の本に見える。最初に、『万法甚深最頂仏心法要』を挙げる。この資料は大日本仏教全書に入っていて、かつて阿部泰郎氏が紹介されたものだが、[4] 今回日光天海蔵本の調査により、元和二年（一六一六）の成立であることが分かり、説話の初めに天皇名が「鳥羽大上天皇」と明記されており、大日本仏教全書の本文が訂正できる。本文は長いので省略するが、内容は『轍塵抄』をより詳しくした感があり、ここでも法花の深義を説くのは静明である。

次は、『敏私』である。

一此品ニ惣シテ重々ノ大事トモ有之中ニモ後嵯峨院ノ御時七才ノ女宮御悩以ノ外也然ニ諸寺諸山ニ勅シテ御祈誓有トモ更不叶一然ニ法王ノ妻愛ノヒメニテ御座セハ歎玉フ事不及申一時ニ彼ノヒメ宮自詫有之夫ト云ニ我住吉ノ明神乗リ移リ玉フソト仰アリ爾ニ法王住吉ノ明神ニテ御座ハ何トテ彼幼女ニハ付キ玉フソト御望ノ事有ラハ依テ二御意ニ一随分叶申サント仰有ル也時明神ノ云ク我寂光真如ノ城都ヲ出テ同居分明ノ塵リニ久ク交ニ依テ忘レ二内證ノ覚位ヲ一妄迷ノ凡夫ノ様也依之三熱ノ苦シミ難絶一願ハ此ノ内證ヲ顕テクレヨサルナラハ聽テ平喩スヘシト詫宣有ル也此時帝王重テ奉玉フ問一様ハ何ナル大法ヲ修シテ明神ノ本地ヲ可顕ス一耶其ノ方法ヲ依テ二御詫宣ニ一可為執行一仰有ル也爾ニ明神ノ曰ク我カ本地ヲ可顕ス一法多ケレトモ中ニハ取分付法ケニ一化城宝所ノ料理《シツライ》ノ法門ト一云事有之其ノ法門ヲ聴聞セハ我カ本地聽テ可顕一詫玉フ事有ル也爾ニ帝王付テ二法花ニ一重々ノ事有トモ加様ノ法門ハ不及聞モ一言語道断ノ事ナレハ常ノ人ハ不可知之所詮是モ可依ル二神詫ニ一四ケノ大寺中ニハ何ナル学匠カ此法門ヲハ相伝玉フ云哉依テ二詫宣ニ一請シ申ヘシト有ル時四ケノ中ニハ山門ニ粟田口ノ静明ト一云学匠有リ是ナラテハ無ト相

伝一有リ詫宣一但シ是ハ落僧也然トモ不苦一カラ請シテ講談可然有ル也時ニサラハトテ勅使ヲ以テ山門ヘ聽テ静明参内シテ如此二子細有リト勅定有ル也爾ニ静明聞テ之聽テハヤ住吉明神ノ々ノ詫ノ如ク化城ノシツライト云法門有リ但愚僧清僧ナラハ尤也爾トモ乱僧ニテ御座アル間斟酌ニテ候此ノ法門ヲ非不知一対ケレハ申一重テ勅状ニ不苦一内裏ニ落僧ヲ加持シテ一生不犯ニ成ス法有リト仰対出一間サラハトテ静明参内有テ聽テ加持シテシシン殿ニ登《ノホ》リ法門ヲ講談有リシカハ七才ノヒメ忽ニ平喩ス爾ニ明神ノ曰ク我寂光ノ城都ヲ出テ久敷和光同塵シテ有シカ聞テ二此ノ法門ヲ一三惑五住ノ迷雲ハ悉ク晴ル、也ト詫宣有ル也従夫一已後化城ノ料理ノ法門トテ相伝スル事在之云々但シ是ハ加様ニ有リト聞有レトモ聊爾ニ不言一法門也云々

（日光天海蔵『敂私』20丁ウ）

説話の内容は、後嵯峨院の姫宮が病気になり、住吉明神の託宣により指名された静明が「化城宝所の料理」を説くというものである。後嵯峨院とあるのは、静明の活躍した時代に合わせて、後鳥羽院を後嵯峨院としたのだろう。

『敂私』は、下巻のみの写本一冊。[5] 作者は、

薬草喩品三巻　恵海之御談

尋云薬草喩品ト者如何　答…

（日光天海蔵『敂私』1丁オ）

仙波
恵海御物語云唐土ニ道孝ト云物カ不審スル事ハ…

（勧持品）
此品マテ恵海法印ノ御談已下ノ品忠淳堅者之談云々

…

（日光天海蔵『敂私』7丁ウ）

安楽行品

（日光天海蔵『敏私』50丁ゥ）

とあることで、仙波の恵海が化城喩品などを談じ、安楽行品以下を忠淳竪者が談じたことが分かる。恵海は仙波の能化であり、永享十三年（一四四一）頃活躍していた僧である。

玄義第一大綱見聞三帖内中下　教相義

⋮

〔巻下奥〕於武州仙波星野山無量寿寺仏蔵房談所　二月慈恵講…書写畢…永享十三年（1441）…

仏地房恵海　講師　智蔵房甲州久遠寺

題者

仏蔵房賢海　問者　河内公同国同寺

（『昭和現存天台書籍綜合目録』p34）

また、『星野山仏地院濫觴』を見ると、恵海―宥海―隆海と継承している。

中院中興祖師尊海僧正代々

全海　⋮　明全　恵海　宥海　降海（隆海）　定海　賢海　⋮

（『星野山仏地院濫觴』埼玉叢書3　p304）

この『敏私』を、前記『轍塵抄』と併せて考えると、静明説話は恵海や隆海が仙波に伝え、仙波ではよく知られていた説話と考えることができる。

次は、『法花品々観心抄』である。

サレハ於テ此品ニ一物語ヲ為ル時キ鳥羽ノ院《（後鳥羽院）》有リシ二御悩一時キ三井山門ヨリ出テ致スニ二祈祷ヲ一不ル叶一間王ハ我ト誓願シテ何ナル
神ニテモ御座セ我ニ詫玉ヘ其レニ随テ何躰ニモト其ノ様ヲ祈リ申サント二云ヒ玉フ時キ住吉ノ大明神詫シテ我ハ是レ住吉ノ明神也我レ
為ニ二衆生利益ノ一同居ニ下テ二忘ル、其本意ヲ一也サル程ニ法花ノ深義カ聴聞シ度キ由シ有リ御詫宣一サル程ニ山門ヘ法花ノ深義
相伝ノ人ヲ御尋ネ有シ程ニ俊範法印有御出一内裏ニテ法花ノ深義ヲ読ミ玉フ時王ノ御悩平癒有ル也サテ後ニ妄想《夢歟》ニ我ハ法花
ノ深義聴聞シテ本覚ノ宮ニ安住スルヲ思食有ル也

（西教寺正教蔵『法花品々観心抄（内法花経品々観心抄見聞）』　9丁ウ）

「鳥羽ノ院」とは、後鳥羽院の事だろう。ここでは、住吉明神の要望に応えるため法花の深義相伝の僧を探したところ、山門の俊範が知っている事が分かったと云う。

『法花品々観心抄』は写本一冊。内題は、『法花経品々観心抄見聞』とある。成立年不詳だが、奥書により、常陸の国神郡の慶珍談を賢海が筆記したものと分かる。

御本神郡慶《ケイ》珍法印口筆賢海法印受之也

（西教寺正教蔵『法花品々観心抄（内法花経品々観心抄見聞）』　奥書）

神郡の慶珍とは、普門寺の過去帳によると、元は延暦寺の学僧であり、没年は応永九年（一四〇二）である。

当寺中興

第五祖慶珍和尚 応永九壬午年 六月二十九日化

此慶珍和上ハ元台山峯之学者ナリ

神明霊感従顕入密当山再興人也

鎮守山王権現勧請ス

（普門寺蔵『慈眼山三光院普門寺代々先師記』１丁オ）

慶珍が延暦寺にいたのは、一三〇〇年代の末頃と思われ、康応二年（一三九〇）に、無動寺常楽院に住んでいたと思われる聡海から、花園院の『妙法蓮華経観心抄』を受けている。

此抄者故花《コ》薗《ソノ》院ノ御作也対ニシテ先師心聴（心聡）一ニ一宗之大綱并ニ法花之観心等御相伝之後被レ染二メ御宸筆一ヲ被レ述二ノヘ御己証一ヲ被下二サ門流一ニ御聖教之随一也凡ソ一宗之美《ヒ》談当流之面目上古猶ヲ无二キ比類一者也故豪海所望之間就下畢書写之後可被遣二ハ心範之方一ヘ者也

権少僧都心範授聴海（聡海）了在判

本云
康応弐年庚午（ママ）五月十九日

無動寺常楽院末学聴海（聡海）授法印慶珍在判

（西教寺正教蔵『妙法蓮華経観心抄』奥書）

慶珍は、右記法花の深義説話が入っている『法花品々観心抄』も、康応二年の頃無動寺常楽院で相伝したのではないか。無動寺常楽院に、俊範の説話があっても不思議ではない。なぜなら無動寺には俊範が住み、常楽院には俊範門流の心賀や心聡が住んでいたからである。

心賀御門家事。

…
…——心賀 無動寺常楽院法務法印権大僧都——心聡 無動寺常楽院法務法印権大僧都┬心栄 同坊号法印権大僧——…
└心円

（『阿娑縛三国明匠略記』鈴木学術財団編大日本仏教全書60　p334）

以上により、俊範の法花の深義説話は、一三九〇年以前におそらく無動寺常楽院辺りで生まれたのではないかと考えられる。

三　俊範説話の発生

さて、法花の深義説話は、康応二年（一三九〇）以前にあったことが推定できたが、さらに遡って説話の発生時期を考えたい。

俊範や静明が講じた「法花の深義」[6]の内容は、『轍塵抄』や『敏私』などを見る限り、「生死の得脱を示したものだが、言葉に出さず顔色にも表さない。」とあるから、なかなか分かるものではない。しかし前掲の如く、『一乗拾玉抄』に俊範の説法内容が、

是則化城喩品ノ三周ノ声聞カ大通結縁ナル事ヲ講シテ終ニ一切衆生悉ク大通結縁ニシテ即身成仏ナル相ヲ甚深ニ御説法アル

（『一乗拾玉抄』化城喩品　影印　p343）

とあり、『万法甚深最頂仏心法要』に、

静明答曰。此事ハ既ニ一家天台ノ大事。山王七社ノ御内証。法華最頂口伝也。是ハ一切衆生ノ生死得脱ノ直道。師資相承ノ法門也。…夫出ニ生死一入ルニ仏道一門。雖レ分ニタリト八万四千一ニ。殊以可レ為ニ指南ト一。法華甚深ノ最頂。中道実相ノ妙理也。…是ノ理智名ニナリ大通智勝仏ト一。経云。大通智勝仏ハ。…

（『万法甚深最頂仏心法要』巻上　鈴木学術財団編大日本仏教全書2　p339）

とある。ここから考えられる法花の深義の内容は、大通智勝仏に結縁することとか、大通智勝仏の理智に関する事と理解できるが、化城喩品で大通智勝仏を説くことは、『法花経』(7)以来のことである。

では、このような大通智勝仏に関する事を俊範や静明が説いたという記録は、どこまで遡れるのだろうか。明応四年（一四九五）に書かれた『恵光房雑雑』に、

14一、大通智勝習事

…

師物語云。大和尚法印御房。後鳥羽院ノ御前ニテ説法シタマヒケルニ。大通仏ト者。理性ノ名也。我等衆生悉ク大通結縁也ト被レ仰タリナリト云云其時被レ下ニ院宣一云。今日聞ニ食シ此説法一種ニ解脱分ノ善根ヲ一云云目出度云云

（『恵光房雑雑』第六　続天台宗全書口決2　p526）

とあり、応仁二年（一四六八）に成立した『法花観心品々』にも、

師ノ物語云大和尚法印御房後鳥羽院ノ御前ニテ説法シ給ケルニ大通仏ト者理性ノ者也我等衆生思ヲ大通結縁也ト被

ル仰一其時院宣ノ被下セ二云ク今日此説法ヲ被聞食一殖ス解脱分善根ヲ二云々

（日光天海蔵『法花観心品々』5丁オ）

法花観心見聞

応仁二年戊子卯月十二日巳剋書畢

（日光天海蔵『法花観心品々』奥書）

と見える。『法花観心品々』に見える「大和庄法印」とは、俊範のことである。内容を見ると、俊範が後鳥羽院に大通智勝仏について説法したという記録である。この内容こそ説話の源に当たる内容と考えられるが、この説話は、慶珍が俊範説話を相伝した一三九〇年頃より古くにあったはずである。さらに探すと、恵心流と檀那流について記した典籍、『両含鈔』(8)に同様の記録が見つかる。

大通仏ト云事　大通智勝仏ト者大ニ通シテ勝タル仏ト云事也ト可習之…

此ハ後鳥羽院ノ御時大和庄法印御前ノ説法ノ次ニ被仰示一云云院ノ仰云已ニ具ス二座道場ノ縁ヲ一我レ下セリ二解脱分ノ種子ヲ一

云云返々可秘一々々事々珍重云々　于時正月二十三日伝之畢明尊在判授秀尊

于時嘉元三年正月十九日於羽州町見馴（？）川薬師堂仏前ニ忽然ト感之畢本古旧任難持一故ニ新ク写之畢云々　感得

秀範法師

（身延文庫蔵『両含鈔』乾　8丁オ）

已上天台一宗両流相伝ノ趣大概記之畢別紙ハ散在シテ定テ脱落シナン恐此事一故ニ集以為二一巻者也…

于時徳治第三天潤八月二十五日一乗仏子秀範

（身延文庫蔵『両含鈔』坤　奥書）

『両含鈔』は、『法花観心品々』より遙かに古く、徳治三年（一三〇八）に秀範が編集した本である。内容を見ると、嘉元三年（一三〇五）以前に、秀尊が明尊から俊範の記録を相伝したと記されているので、説話の源は嘉元三年以前にあったことが分かる。そうなると、弘安九年（一二八六）まで生きていた[9]静明が、俊範と大通智勝仏に関する記録を伝えていたことが推定できる。高野山にある『法華直談抄』にも、「直談ト云名字ヲ付事俊範之御時ヨリ也後嵯峨院御宇静明談之云々」とあるという[10]。

以上により、法花の深義説話は、まず俊範説話として発生し、その後説法僧が俊範から静明に替えられたと推定できる。

四　静明説話の発生

静明説話は、前記『轍塵抄』に見られるように一四〇〇年代前半には延暦寺にあったのだが、誰がいつ頃どういう目的で、俊範を静明に替えたのだろうか。『法花経』化城喩品や、法花の深義に関する静明の記録を探してみると、『一乗拾玉抄』に、

一付此品ニ化城ノシツライト云法門アリ後嵯峨ノ法皇ノ時粟田口ノ静明一巻ノ抄ヲ作セリ是ニ多クノ約束アリ其ノ片端《カタハシ》ヲ云時鹿苑ノ化城ト妙法ノ宝所ノ切リ次キヲシツライト云也或ハ事ノ大通ヲ理ノ大通ニシツラウト云事也

（『一乗拾玉抄』化城喩品　影印　p340）

と、化城の料理に関する著作があったことが見えるが、文明九年（一四七七）書写の正観院本『円頓止観』に、より興味深い記事が見える。該当の部分と奥書を挙げる。

世ニ人ノ申ハ粟田口ノ静明法印ハ観法成就ノ人ニテ貴人病患ノ御祈祷ニ辺邪皆中正ノ観ヲ修シ給シカハ邪気怨霊去テ御病イユト申伝タリ惣シテハ此円頓者ヲ誦スレハ悪魔モ障ヲ不レ成…

（叡山文庫池田蔵『円頓止観』27丁ウ）

本云西塔北谷正観院御本書写了
文明九年丁酉三月十三日　伝受貞信

（叡山文庫池田蔵『円頓止観』奥書）

静明は観法成就の人で、「辺邪皆中正」の観を修し貴人の病気を治したというのである。これこそ法花の深義説話に近い内容である。静明が行った「辺邪皆中正」の観とは、『摩訶止観』の有名な円頓章に見える観法である。

円頓者。初縁ニ実相一造レ境即中無レ不ニ真実一。…陰入皆如無ニ苦可レ捨。無明塵労即是菩提無ニ集可レ断。辺邪皆中正無ニ道可レ修。生死即涅槃無ニ滅可レ証。…法性寂然名レ止。寂而常照名レ観。雖レ言ニ初後一無レ二無レ別。是名ニ円頓止観一。

（『摩訶止観』一上　大正新脩大蔵経46　p1）

『円頓止観』の記録は、静明門下に『摩訶止観』の影響があることを示しているが、円頓章による降魔ということは、『沙石集』や永和二年（一三七六）の『天台相伝秘決鈔』にも見えることである。[11]

（一）円頓学者鬼病免タル事

中比或る山僧、日吉ノ大宮に参籠ス。夜半計ニ、夢ニモアラズ、覚ニモアラズシテ見レバ、行疫神ノ異類異形ナル、其の数モ不レ知ら参テ、…此の僧、国へ可キレ下るニテ、山ノナゴリモヲシク覚ヘケレバ、夜フクルマデ、心ヲスマシテ、「円頓ト者。初ヨリ縁ス二実相ヲ一造ルニレ境ニ即ち中ナリ無シレ不るコト二真実一なラ。…是ヲ名ク二円頓止観と一」ト云文ヲ誦シケレバ、鬼神イカニモ近ヅク事不レ能は。…此の文ハ、天台大師ニ、南岳大師、三重ノ止観ヲ伝ヘ給事ノ中ノ円頓止観ノ文也。止観第一巻ニ有。円頓ノ解行此ノ文ニキワマル。…

（『沙石集』五本　日本古典文学大系85　p200）

また静明には、法花読誦に関する観法もあり、存海の引く『渓嵐拾葉集』に見えているので[12]、一三〇〇年代前半には静明の観法がある程度知られていたことが分かる。

十一　読誦一心三観事

渓嵐云御嵯峨院ノ勅問云法花読誦ノ時観法如何　静明申云当流ニ相承法門有之所謂一心三観是也此ヲ為無分別ノ観ト一所謂読誦ノ時亡是非ノ思量ヲ一読経文ヲ一是即無分別ノ当躰也…

（叡山文庫真如蔵『観心類聚集』　9丁オ）

次に、静明と法花の深義に関する記録としては、宝徳四年（一四五二）成立の『心境義』に、「法華の深義」を始め「一心三観・心境義・止観行者の発大心」などを、正観院の成運（静運）に伝えたという資料がある。

心境義

…

尋云山家大師以二心境義成二十界互具ノ意一如何

静明法印授ニ成運法印一云心境ト者心本法ノ躰也

…

法華深義

尋云一心三観心境義等皆以可レ為ニ法花深義一何ソ又別ニ在ニ法花ヲ(ママ)深義一耶　口伝云法花ノ深義ト者本地甚深奥蔵是也…尋云法花ノ深義ヲハ三大部ノ中ニハ於ニ何部ニ可習耶　答本地甚深ノ奥蔵法花玄義ノ得名即法花ノ深義也…

已上静明伝祖師ニ一

（西教寺正教蔵『心境義』一軸）

もう一つ、化城喩品の読みに関する資料もある。(13)

次付ニ宝所在近ノ文ニ一ノ文点有レ之宝所在レ近《チカキニ》ト読時ハ化城ノ外ニ似レトモ有ニ宝所一宝所在レ近《コヽニ》読時ハ化城ノ当体即宝所也近ノ字ヲコ、ト読ム証拠ハ俗典ノ中有レ之凡此点ハ粟田口ノ相伝ノ秘曲也云云　物語云昔粟太勧学講ノ時此ノ問題出来セリ其時正観院慶運法印日参ニテ種種ノ精談有レ之其時宝所ト云ハ、在ルニ何処一ニ哉在レ山歟在レ海歟定テ在ニ所一ヲ化城ノ外ニ無ニ宝所一姿ヲ事相可レ被レ申也ト被ニ精談一也

（慶安三年刊『法華経鷲林拾葉鈔』化城喩品　39丁ゥ・増補改訂日本大蔵経25　p285）

静明門下は、『法花経』化城喩の「宝処在近」を、「宝所近きにあり」ではなく「宝所ここにあり」と読み、静明相伝の秘曲としていた。そして、正観院慶運に関する物語があったという。なお、「宝所ここにあり」「化城即宝所」という観念は、一三〇〇年代から有ったようで、『法花直談私鈔』や『花園法王御註法華品』などに見える。

尋云品題ニ々眼目ヲ一云云然ニ題化城等一心如何

答化城即法ケ也…

（『法花直談私鈔（外）法華二十八品観心公私抄）』　唱導文学研究3　p321）

化城喩品

化城喩云ハ者一切起念ノ心行也。即是宝所之故不レ動二一歩一不行ニシテ而至。故題曰二化城喩品一。

（『花園法王御註法華品』　増補改訂日本大蔵経24　p301、西教寺正教蔵『法華観心』4丁オ）

以上、化城喩品や法花の深義に関する静明の記録・相伝を見たが、静明の法花の深義説話が発生する基盤は、俊範説話と違って、より観念的なものであることが分かる。さらに、右記『円頓止観』『心境義』『法華経鷲林拾葉鈔』に見える静明の記録が、西塔の正観院につながっていることは注目すべきことである。正観院は江戸時代の古地図を見ると、延暦寺西塔釈迦堂の乾の後方にあり、元は忠尋座主の東陽房であり、静明門下の成運も住んで居た。

○静明四人上足
- 惟暹（成運）
- 静運　号行泉坊流。西塔北谷正観院遺跡也。九州人也。
- 心賀
- 政海

（『日本大師先徳明匠記』　鈴木学術財団編大日本仏教全書65　p218）

成運ハ西塔義也。静明ノ御弟子也。成運ハ本ハ西塔ノ静明房ニ居タマヘリ。後ニ西塔行泉房ニ居タマフ也。

（『血脈相承私見聞』A　続天台宗全書口決1　p481）

これらのことから、静明説話は西塔の正観院と関係が深いことが想定され、法花の深義説話の俊範を静明に替えたのは、正観院周辺の僧ではないかと思われる。正観院の僧は、俊範を静明に替え、法花の深義や化城の料理の内容に、『摩訶止観』円頓章の観法や「化城即宝所」の観念を付加しようとしたのではないか。

次に、正観院周辺の僧が俊範を静明に替えた時期はいつ頃かというと、南北朝期の後半が考えられる。というのは、前に見たとおり一三〇〇年代前半には静明の観法が知られていたが、後半になると静明流の法門はかなり流通し、幅を利かせていたようである。天台檀那流に属し、覚運の再来と言われた什覚(14)は、この静明流の法門が流通しているのを苦々しく思っていたようで、康暦二年（一三八〇）に静明の法門を「誤ノ法門」とか「暗ノ法門」と非難している。

彼静明之時キ、多ノ誤ノ法門出来セリ、謂止観四受ノ口伝、表十門ノ四誡ト云事、止観本門観ト申事、天台宗ニハ伝二五智一、法ケ宗ニハ伝二四智一云事、本迹ノ同異不同トノ事、変易ノ名言不レ亘二実報一事、大通結縁ノ者不レ堕二悪趣ニ一事、如レ是等ノ法門、更ニ不レ叶二本書ニ一、皆是暗ノ法門也、…

于時康暦二年庚申卯月七日　注記　什覚

（『檀那門跡相承并恵心流相承次第』　茨城県史料中世編Ⅰ逢善寺文書　p485）

静明説話は、こうした静明流法門が流行する中で、俊範から静明に差し替えられたのではないか。

終わりに

終わりに、法花の深義説話の伝播に関連して、一・二の憶測を述べたい。

まず、俊範説話の伝播に関して、『一乗拾玉抄』の作者叡海が俊範説話を採集したのは、無動寺ではなく普門寺であった可能性があるということである。叡海は、もともと関東天台と深い関係があったようで、長享二年（一四八八）に『一乗拾玉抄』を完成させた後、水戸の薬王院に住んでおり[15]、明応二年（一四九三）には、『一乗拾玉抄』が同じ常陸の国の善照寺とおぼしい寺で書写されている。叡海は、関東天台の諸寺で『一乗拾玉抄』の基になる説話を採集していたのではないか。もしそうならば、その頃すでに筑波山の麓の普門寺に、俊範の法花の深義説話を含む『法花品々観心抄』があったのだから、叡海はそれを見たかもしれない。ちなみに、『一乗拾玉抄』が書写された善照寺と普門寺は、その間三十キロ弱の位置である。

次に、静明説話の伝播に関して、仙波の学問は叡山西塔の学問と結びついている可能性があるということである。前記『轍塵抄』に見えるように、仙波の隆海は文安頃延暦寺で静明説話を伝受したが、静明説話は西塔の正観院周辺で成立したと考えられることから、隆海が説話を伝受したのは西塔にいた時と考えられる。さらに、説話以上に教理の伝受も当然あったはずで、仙波の学問は正観院の影響を受けていることが考えられる。尊舜は、仙波の学問を「一心三観の本迹の上に観心を立てる」と記しているが[16]、

一。三重ノ一心三観ノ事

本帖ノ趣ハ三重ノ中ニ上ノ二重ハ迹門。後ノ一重ハ本門ト見タリ。…尊海已来田舎辺ニテハ多分本迹ノ上ニ有ト二超過ノ法一

云テ観心ノ一重ヲ立ル也。…山上辺ニテハ総シテ不レ許レ之也。仙波辺ノ説也ト云玉ヘリ。

（『二帖抄見聞』中　天台宗全書9　p206）

このような仙波の学問は、静明の観法や、「化城即宝所」を唱える正観院の影響を受けたものとは考えられないだろうか。

最後に、本稿で述べた法花の深義説話の発生と伝播の想像図を挙げておく。

法花の深義説話の発生と伝播の想像図

一二八六年以前　静明が俊範の記録を所持↓明尊↓秀尊（一三〇五年以前）

←

一三〇〇年代前半　無動寺常楽院周辺で俊範説話発生↓慶珍（一三九〇年頃）↓叡海

←

一三八〇年以前　西塔正観院周辺で静明説話発生↓仙波仏地房恵海・隆海（一四五〇年以前）↓実海

注

（1）尾上寛仲「関東の天台宗談義所（下）」『金沢文庫研究』（一九七〇年五月）。

（2）『二帖抄』天台宗全書9　p27・p47。

（3）応安元年（一三六八）成立、西教寺正教蔵『南禅寺対治訴訟』31丁ォ。

（4）阿部泰郎「慈童説話の形成（上）」『国語国文』（一九八四年八月）。
（5）日光天海蔵『法華文句私見聞』上の続編である。従って『敏私』は、「文句私（モングシ）」と読むのだろう。
（6）「法花の深義」については、教学の面から藤平寛田に研究がある。「『等海口伝抄』法華深義について」『天台学報』（二〇〇一年十一月）。
（7）例えば、『法華百座聞書抄』化城喩品も大通智勝如来を説く。
（8）『両流兼含集』と題する日光天海蔵本や、西教寺正教蔵『天台宗所立一心三観師資血脈譜』中の「大通仏云事」も同内容。また、続天台宗全書口決1『大和庄手裏鈔』にも同内容の記事あり。
（9）静明の没年は、大久保良順「本理大綱集等と政海」『天台学報』（一九八六年十一月）による。
（10）『昭和現存天台書籍綜合目録』増補　p2。静明が俊範の事績を伝えていただろうことは、拙論「安居院流の主張「車中の口決」「官兵の手」と背景」『唱導文学研究』7（二〇〇九年）でも述べた。本書第一部第四章所収。
（11）『天台相伝秘決鈔』続天台宗全書口決1　p562。荒槇純隆も「天台伝南岳心要抄にみえる師資相承について」『天台学報』（二〇〇三年十一月）で触れている。
（12）大正新脩大蔵経76『渓嵐拾葉集』巻第二十七～三十の逸文か。存海は、他書でも『渓嵐拾葉集』を引用している。
（13）『法華経鷲林拾葉鈔』の他、『轍塵抄』『文句略大綱私見聞』『問要抄真海十帖』『化城喩品大事』などに同様の記事あり。
（14）「一什覚ハ実名也関東常陸国信太庄ノ人也長シテ後チ於二上総州長南三途ノ台長福寺一記レ之時人旦那ノ先徳ノ化来ト申シ触《フル》也」（叡山文庫真如蔵『綱目鈔私』第一冊　1丁ウ）。
（15）中野真麻理『一乗拾玉抄の研究』第一章　p6。
（16）曽根原理も、「中世後期の本覚思想」『鎌倉仏教の思想と文化』（二〇〇二年）で触れている。

【付記】お世話になった叡山文庫・西教寺文庫・天台宗典編纂所・普門寺・身延文庫・輪王寺宝物殿・仏教文学会・唱導研究会の各位に御礼を申し上げる。

第四章　安居院の主張「車中の口決」「官兵の右手」と背景
――恵心流に対する意識――

一　『草木成仏相伝』に見る安居院の主張

滋賀県大津市の西教寺に、扉題を『草木発心修行記』『草木成仏相伝』と並記する本がある。この本を初めて紹介したのは落合博志氏で、平成二年（一九九〇）十二月の軍記・語り物研究会に於いてであった。落合氏は、この本を『平家物語』享受の一資料として紹介し、「元弘二年の安居院の或る人物（澄俊・憲基辺りか）の書写奥書に『平家物語』の語りの内容を踏まえた記述があり」とされた。(1) 小論では、この『草木成仏相伝』に表れた安居院僧の主張を分析し、主張の背景を考えるものである。

最初に、『草木成仏相伝』の本文を抄出する。

…

一法ケ草木成仏事　　　西谷覚林坊伝

口伝云常ニハアレコレイクラモ拾出之…

…更々不及他見一ニ者也

此条ハ三条僧正御坊明雲自リ三条御房被移一切経ノ別処一ニ時御門徒一人モ不参会一セ于時澄憲法印只一人参シテ

同車送リ彼処一ニ々処ニ荷負両肩一ニ此志不能報謝一ルトテ未ル授タケ人一ニ法門有トテ今此法ケ草木成仏ノ口決被許一澄憲

秘無相伝門人仍テ彼正流義物無習伝之ヲ人々不思寄相伝之次記之ヲ二云々

正慶二年八月二日

澄憲法印ノ云随兵ノ右手ノ持様ト草木成仏法門トハ我独リ知之ヲ一余人不知之一…

（西教寺正教蔵『草木成仏相伝』1丁オ）

…

元弘二年五月一日坊主《覚林坊》御坊御本令写畢云々

書写之一次述感懐云此伝誠ニ銘心肝ニ一者也平家ノ物語ニ彼時授玉フ一心三観血脈ヲ一之由ヲカスウル即此事ナリ官兵右ノ手持経ト草木成仏ノ法門トハ唯在我家安居院人々被申一兼テ承及正ク得ル此抄一事宿習不思議也…

（西教寺正教蔵『草木成仏相伝』2丁ウ）

…

于時永和元年十二月六日於无動寺政所坊香勝坊以十地房御本書写之

（西教寺正教蔵『草木成仏相伝』3丁オ）

…

此外尊形習血脈在之

私云門外ノ口決トモ階下口決トモ車中ノ口決トモ申也

> 澄憲法印鎌倉ニハ畠山六郎ハ官兵右手持様吾ト仰有リキ又顕真僧正ヲハ大原ニテハ龍泉院京ニテハ安居院山上ニテ円融坊ト申ス大原座主ト申也毘沙門堂流祖師也
>
> （西教寺正教蔵『草木成仏相伝』　4丁ォ）

ここには、安居院の澄憲法印が天台座主明雲から「法ケ草木成仏ノ口決」を受けたとか、澄憲が「随兵の右手の持様と草木成仏の法門とは我独りが知っている。」と云ったとか、明雲座主が一心三観の血脈を授けたことは「平家の物語」にあるとか、安居院僧は「官兵の右の手の持経」と「草木成仏の法門」とは「唯我家に在り」と自慢しているということが記されている。また、「畠山六郎重保が「官兵右手の持様」を知っている。」と、澄憲が云ったというようなことも記されている。

ところで、この本は元弘二年から五十年近く後の永和元年（一三七五）に、青蓮院門跡領で恵心流教学の地である無動寺で書写されているが、これは安居院の主張を考える上で注目すべきことである。

澄憲が天台座主明雲から一心三観の血脈を受けたことは、周知のとおり『平家物語』に見えるが、

> 同二十三日、一切経の別所より配所へおもむき給けり。…澄憲法印、其時はいまだ僧都にておはしけるが、余に名残をおしみ奉り、粟津まで送りまいらせ、さても有べきならねば、それよりいとま申てかへられけるに、僧正心ざしの切なる事を感じて、年来御心中に秘せられたりし一心三観の血脈相承をさづけらる。
>
> （覚一本『平家物語』巻第二　日本古典文学大系32　p144）

論を進めるにあたって、一心三観のことに触れておかなければならない。御橋悳言氏の『平家物語証注』に、「玄旨五箇の血脈相承の一にして、…其相伝には堅き誓規ありて、一期の間に一人の法器を選びて之を伝へ、其他の

人には暫くも許さず。」とある。鎌倉時代には、『三十四箇事書』にも見えるように、一心三観はただ一人に授ける法門であり、『修禅寺決』や『一帖抄』にあるように、「天台宗四箇の法門」と言って「一心三観・一念三千・止観大旨・法花深義」の一つである。

　一心三観三観一心の事 外題に云く、一心三観三観一心血脈　文

問ふ、一心三観・三観一心、共に迹本《しやくほん》二門に亘るべきや。答ふ、三観一心は迹門の意なり。…輙くこれを伝ふべからず、親にも依るべからず、ただ器量に依るべし。ただ最後に、ただ一人に伝ふべきなり。もし器量なくんば、霊地に埋めよ。穴賢々々。

（『三十四箇事書』　日本思想大系9天台本覚論　p171）

　修禅寺相伝私記　　一心三観　心境義　四帖内一

　沙門最澄記す

大唐の貞元二十四（ママ）年三月一日、四箇の法門を伝ふ。いはゆる一には一心三観、二には一念三千、三には止観大旨、四には法華深義なり。

（『修禅寺決』　日本思想大系9天台本覚論　p42）

恵心流内証相承法門集

　伝法要偈云　…

伝云。伝法要偈四箇大事者。此一心三観。心境義。止観大旨。法華深義也。…心境義ト者本理一念三千也。

…

（『一帖抄』　天台宗全書9　p27）

また南北朝期の天台僧も、「一心三観・一念三千・草木成仏」は、天台宗の肝要な法門であるとしている。

　　サレハ。天台ノ法門ニテ一心三観・一念三千・草木成仏等ハ肝要ナレトモ。三諦ト云事モ中論ヨリ出タリ。草木成仏モ中陰経ヨリ出タリ。

（『戒論視聴略抄』上　続天台宗全書円戒2　p521）

安居院の主張も、この天台宗の根本思想に関わることで、注目しておく必要がある。

次に、澄憲以下の安居院流にも触れておかなければならない。安居院流は嫡子相伝で、その系譜は『尊卑分脈』に見えるが、四角で囲んだ憲実という僧が本論の中心的な人物である。

達諸道才人也通九流八家
蔵
通憲──（山）澄憲──（山）聖覚──（山）隆承──
出家法名信西

四海大唱導
一天名人也
此一流能説正統也
能説名才
法印大僧都
澄憲
建仁三八六入滅
安居院

天下大導師
名人也
能説名才
法印権大僧都
聖覚
源空上人之弟子
嘉禎元年三月五日入滅
年六十九

法印大僧都
隆承

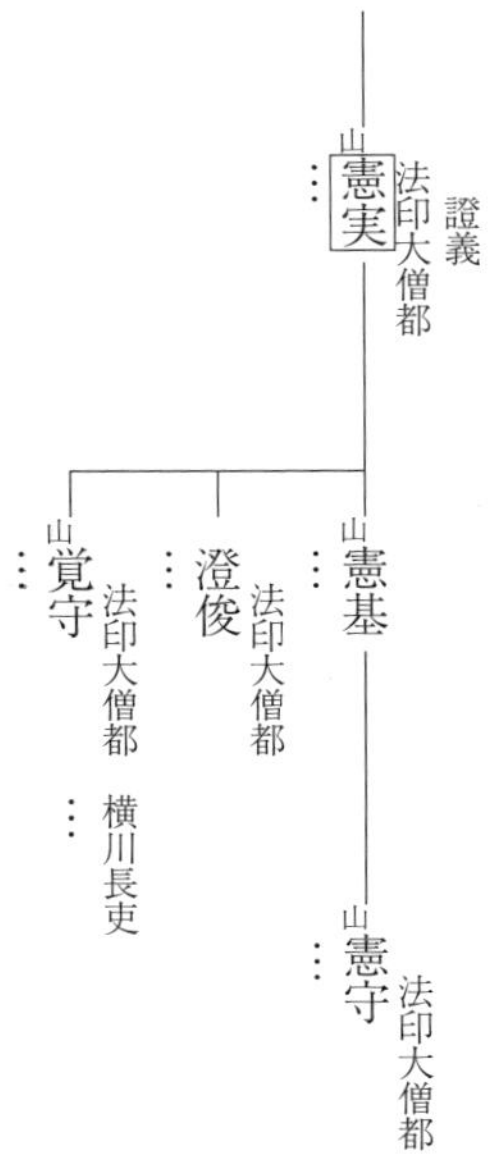

（新訂増補国史大系『尊卑分脈』第二篇貞嗣卿孫　p492）

安居院については既に福田晃氏ら[2]に考察があるが、安居院は天台宗の一勢力である梶井門跡（梨本門跡・三千院門跡とも）に属し[3]、天台教学上では「恵檀両流」のうち檀那流に属す。一方の恵心流には、俊範やその弟子静明がいる。

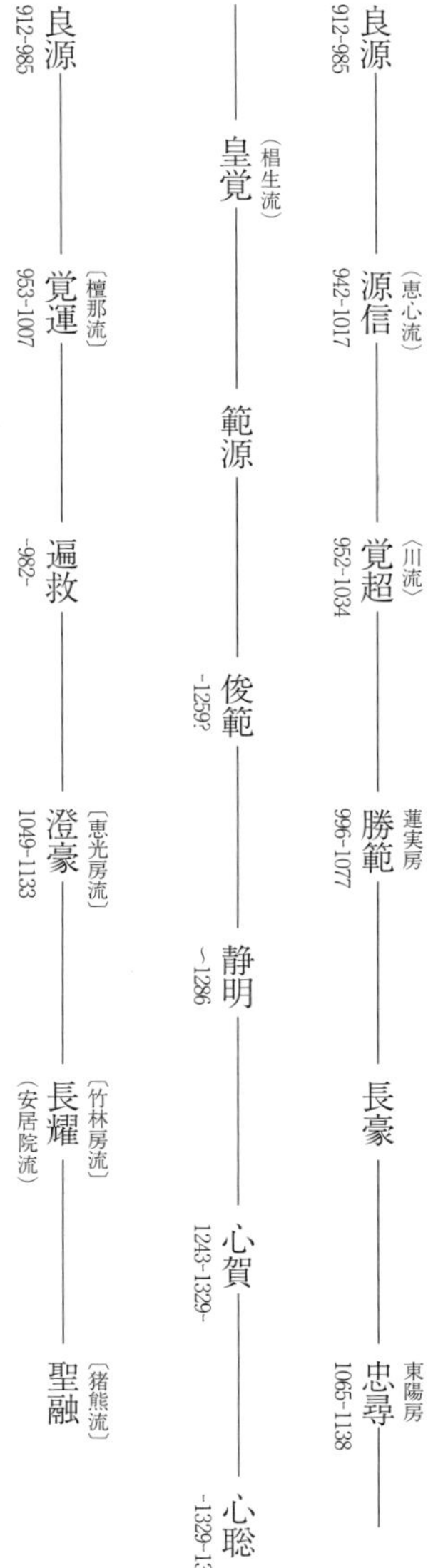

（日本思想大系9天台本覚論　p594所収「相承略系譜」を基に作成）

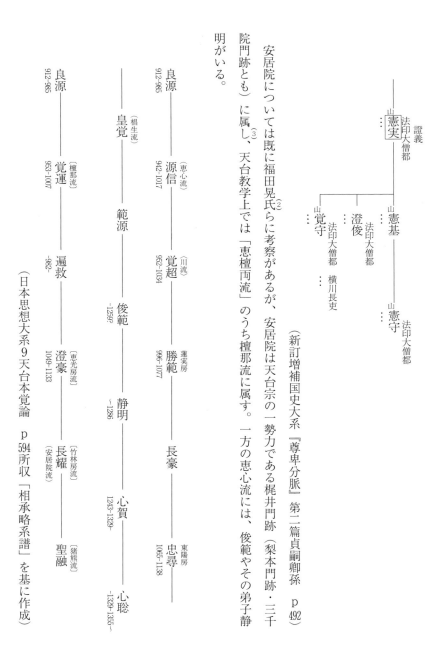

二　『草木成仏相伝』以外の資料

落合氏は、『草木成仏相伝』を紹介した時に、同内容の資料として『観心本尊鈔見聞』『法華経鷲林拾葉鈔』『法華経直談鈔』を指摘したが、この安居院の主張は他にも見かけることがある。以下に挙げる。

尋テ云ク。安居院ノ一流ニ或ハ車中ノ相承トモ云ヒ。或ハ門下ノ相伝トモ云テ此事ニ有大事云々何様ノ子細耶
示シテ云ク。雖他流ノ事也ト於此一事ニ者聊有相承ノ事不聊爾事歟。其趣ハ発心修行事相成仏ト云々付之有大事也。
凡彼流ノ人官平(官兵)ノ右ノ手草木成仏ノ事我ヨリ外ニ不知之云々已上大概談畢。文証等常ニ沙汰スル分斉ハ如此也。秘文ナレハ難出事也。委旨ハ可有六即義ニ也

(『宗要白光』雑部下　天台宗全書18　p368)

師云付草木成仏ニ門下ノ相承車中ノ相承ト事有之天台座主明雲僧正配流ノ時朝憲(マヽ)ニ授玉法門也其時草木成仏ノ事
馬打ノ右ノ手ノ心精也両種ノ習事独在我家ニ云々折紙在之云々

(西教寺正教蔵『宗要集雑々部』23丁ウ)

一山家御立唐決事　安居院ニハ車中ノ相承トモ門カ相承トモ云事在之三条座主明雲遷流ノ時安居院児ニテ門送リニ出テ、
相承ト云々又桜本ニテ供奉事シテ車中ニテ御相承ト云々

(叡山文庫真如蔵『円銭抄』第一冊　34丁オ)

十四　草木成仏事　文明元年十一月二十三日
…
一仰云此事ハ車中口決門下ノ相承ト云事在之安居院澄憲明雲座主ヨリノ相承也随兵ノ左手持様依文ノ相承トテ

一紙ノ血脈在之可口決之他流ノ事トハ申ナカラ通用スヘキ也其故ハ山家ノ御相承ノ物ナル故也

（西教寺正教蔵『宗要集聞書』第一冊　50丁ウ～57丁オ）

一尋云安居院ノ一流ニ或ハ車中ノ相承トモ云或ハ門下ノ相伝トモ云フ如何義聊有相承事不聊爾事歟其趣ハ発心ス行事相成仏也

（日光天海蔵『草木成仏（内六即義私類聚）』17丁オ）

安居院《竹林房》流ニハ提婆品ノ観三千大千世界〇文ヲ以テ車中ノ相承ト云也対官兵右手ノ持様草木成仏ノ事我流ノ外ニ不知之云云秘経ノ中ニ草木成仏ノ誠証有之深秘也云云

（叡山文庫双厳院蔵『草木成仏類聚』第一冊　3丁ウ）

一恵光房口決云提婆品ノ観三千大千世界ノ〇文…吾山座主明雲座主蒙勅勘出二三条御所一ヲ遷二粟田口ノ一切経別所一ニ其時龍禅院僧正顕真及深更一召二具仁全一人一参入粟田口別所一官人警固之間師弟乍立門下一ニ受二此口決一

仍名二門下ノ相承一亦名階下ノ相承一也

又車中ノ口決ト云事有之一是ハ三条大僧正遷二粟田口ノ別所一ニ給時安居院澄憲同車シ玉ヘリ其時於車一ニ草木成仏ノ口決在之謂梵網経提婆品ノ文也

（日光天海蔵『六即義案立草木成仏（内六即義草木成仏事）』68丁ウ）

一取テハ法花一ニ安居院ノ相伝トシテ車中ノ相承門下《モンカ》ノ口伝ト云事有リ之所謂提ハ品ノ観三千大千界乃至無有如芥子許非是菩薩捨身命処ノ文也…是ハ龍禅院《明雲ノ事》ノ座主ヨリ相伝ノ明文也仍彼流ニハ草木成仏ヲハ我ノミ知レリト之我ノミ伝ヘリト之一利口シ玉ヘリサレトモ山家在唐ノ相承シテ諸流等ク伝ヘリ之一

（叡山文庫天海蔵『精義鈔草木成仏（内草木成仏之精）』　９丁ゥ）

右記、元亨元年（一三二一）恵鎮談の『宗要白光』は、安居院流の「車中ノ相承・官兵ノ右ノ手・草木成仏」を「他流ノ事」とし、文明元年（一四六九）の『宗要集聞書』も「他流ノ事」とするなど、恵心流から見た他流すなわち檀那流のことだとしているが、前に見た『草木成仏相伝』が無動寺で書写されたことを考え合わせると、恵心流の僧は、檀那流の相伝法門をある程度は見聞きしていたことが分かる。逆に考えると、檀那流に属する安居院流僧も恵心流の法門に興味を持っていたということが言える。

また、時代は下るが、永正十七年（一五二〇）の『六即義案立草木成仏』には、天台座主明雲が三条白川の館から東山に向かい一切経の別所に入った時、ここに参上したのは澄憲の他に、明雲と同じ梶井門跡の顕真とその弟子の仁全がいたとあり、史実を匂わせる興味深い資料である。

次に、安居院の主張のうち「官兵の右手」に関して、少々詳しく記される資料があるので紹介しておく。

官兵ノ右ノ手ノ持経草木成仏ノ相皃□トテ安居院代々伝タルハ承ル也頼朝ノ大将関東八箇国ノ軍兵ヲ渡ス時キ聖覚法師ヤラン今此諸国ノ武士ノ中ニ誰レカ官兵ノ右手ノ持経持タリト見玉フ時我レモ々ト思ケル諸大名思々ノ名馬ニ乗テ渡ト云ヘトモ官兵ノ右ノ手ノ持経持タル武士一人モ無レシ之稍ヤ、有テ畠山ノ六郎名馬ニ乗テ渡給ルヲ見給フ処ニ件ノ官兵ノ右ノ手ノ持経持テ渡給ヘリ其時聖覚法印サラハ六郎ハ日本第一ノ武士勇士ノ中ノ勇士ト称歎玉フト記セラレタル

（叡山文庫双厳院蔵『草木成仏類聚』第二冊　９丁ォ）

一《廬》東師云尊家法印(4)故祖師澄憲法印ハ官兵ノ右ノ手ノ持チ様ト草木成仏トハ我レ一人ノ外カハ更無知ル人一云々官兵ノ右手ノ持様ハ不レ思懸相伝シテ有シ程ニ東大寺ノ大仏供養ノ時数千万有シ中カニ畠山ノ庄司次郎只一人ノ外ハ更ニ無二シ知ル人弥

自《ヨ》ラノ相伝ニ令シメ二付合セ一畢ヌ

（日光天海蔵『六即義案立草木成仏（内六即義草木成仏事）』64丁ォ）

「官兵の手」については、前記『宗要集聞書』のように「左手持様」としたり、『草木成仏類聚』のように「右ノ手ノ持経」とするものがあるが、『宗要集雑々部』に「馬打ノ右ノ手ノ心精也」とあるので、「乗馬の姿・手綱の取り様」のことと考えられる。

右記『草木成仏類聚』には、安居院聖覚が畠山重保を、「官兵の右の手の持経持て渡」すため「勇士の中の勇士」と褒め称えたことが記され、『六即義案立草木成仏』には、尊家法印の談として、安居院澄憲が畠山重忠のみが右手の持ち様を知っていると云ったことが記されている。さらに手の持様の内容は、永禄五年（一五六二）乗海の『義骨集』によると、「少しも動かざる」という口伝がある。

一官兵ノ右ノ手ノ持様ハ少モ不ルカ動カ口伝也草木臥仏モ体ヲ不シテ動キ一成仏ト二云也

（日光天海蔵『義骨集（内草木成仏）』5丁ゥ）

この安居院澄憲や聖覚が言う畠山重忠・重保親子の記事だけでは何も分からないが、聖覚が合戦文体を巧みに活用していたとする牧野和夫氏の論文が連想される。(5)

三　安居院主張の背景（一）　天台法門談義の興隆

以上、安居院僧は、草木成仏の法門を我のみが知っているとか、官兵の右手の持ち様は安居院以外は知らないことだと主張しており、天台宗の僧の間ではよく知られたことであった。しかし、このように主張する背景には、何か特別な事情があったのではないか。

　ここから安居院の主張の背景について二・三考えていくが、最初に、鎌倉時代中期から末期にかけての天台法門談義の興隆の中で、各宗の僧が自宗の解釈を披露し、競っていたことを指摘したい。

　日本思想大系9天台本覚論の「天台本覚思想概説」が、「天台教学は鎌倉時代に文献化・体系化する」とするように、後嵯峨・亀山両帝の時代は、『摩訶止観』をはじめとする法門談義が盛んであった。

又大御所に大多勝院と云御持仏堂を造て、天台・三井両門の碩学を供僧になされて、春秋の二季、止観の御談義あり。山の経海僧正を御師範として、止観玄文の御稽古、上代にも超てや侍らむと覚き。されば南北の碩徳、我も〳〵と先を争ふ、ゆ、しき勧学の階となれり。…毎日いかにも本書十丁をば叡覧ある由仰ありけり。当道の学徒だにも、日をへて本書などをさ程にみる事は有難こそ侍らめ。…円宗の教法、この御時に再興する成べし。

（『五代帝王物語』　中世の文学　p126）

この法門談義を具体的に見ると、次の『雑々口決集』から『十不二門見聞』に、大物相法門の有無についての相論が記されている。

（朱筆）七七　当流相承師疏文天台大綱口決事

…文永年中嵯峨殿ノ御談議シテ寺門ノ実伊僧正ハ三諦ハ猶海立此上ニ有大物相法門一此ヲ云二唯一実性無空仮中一ト也

云々山門方ニハ毘沙門堂僧正并栗田口法印曽不可有大惣相法門一流ノ意以三諦可為宗ノ源底ト也トテ三ケ日ノ相論也

（叡山文庫別当代蔵『雑々口決集』第二冊　44丁オ）

問一家ノ心三諦ノ外ニ立ツト大惣相法門ヲ可シ云耶

義云此ノ事昔シ嵯峨殿ノ御談義ノ砌ニテ山門寺門ノ碩学ノ大ナル論也山門ニハ別ニ不可有之三諦是レ大惣相法門ナルカ故也

仍テ一家処々ノ解尺約シテ三諦ニ尽スト理ヲ見タリ寺門ニハ別ニ可立ツ之…

（日光天海蔵『法華玄義第二聞書』下　46丁ウ）

一。後嵯峨ノ帝ノ時。集テ三井山門ノ碩学ヲ毎日有御談義。山門ヨリハ静明。経海。三井ヨリハ実伊僧正等也。其時三諦ノ外ニ有リ超過ノ法門耶ト云題目出来セリ。実伊僧正ハ可レト有云テ。起信論ノ即是大総相法門体ノ文ヲ勘ヘテ。三諦ノ外ニ有リト超過ノ法即大総相ノ法門也ト被レ申。…聽テ一巻ノ書ヲ作シテ称シ山王院ノ御釈ト備タリ叡覧ニ。静明。経海ハ。三諦ノ外ニ不レ可レ有超過ノ法。衆生ノ心源諸仏ノ果徳ナル故也。…于レ時御門自ラ勅筆ヲ下シテ不レンハ踏マ恵心檀那ノ門跡ヲ落チントト実伊カ一往ノ見ニ被レタリ遊。山門ノ眉目此事也。実伊カ進上ノ一巻ノ書ヲ山門ニ賜テ偽書也ト云テ即是ヲ被レ焼失セ畢ヌ

（『二帖抄見聞』上　天台宗全書9　p179）

問一家ノ心三諦ノ外ニ立ル大惣相ノ法門ヲ耶云々大惣相ノ法門ト云ハ三諦不レ分未分ノ所ヲ云也

一此題目ハ亀山法皇ノ御代ノ時山門薗城寺ノ碩学召合七日諍論ル也園城ニハ（実伊）実意定円両人山門ニハ毘沙門堂ノ経海安居院ノ憲実栗田口静明法印云々三井ニハ大惣相ノ法門可有ル其ノ道理ハ空仮中ト次第スルハ三諦已分也サテ未分ナル

処《ハ》大惣相也…

（西教寺正教蔵『十不二門見聞』25丁オ）

右記のうち、特に『十不二門見聞』に見えるように、論議の場に檀那流に属する安居院の憲実が、恵心流の静明と同席していることが注目される。

次の『宗要集聞書』と『摩訶止観伊賀抄』は、三観四教の相承についての資料だが、『摩訶止観伊賀抄』には、山門の三観四教が俊範に伝わったことを安居院憲実が記録したとある。

示云此事嵯峨殿御談義時山門薗城名匠諍論《タル》事也寺《ノ》実伊僧正等《ハ》南岳《ノ》相承《ハ》只三観《ノ》相承計《ニテ》四教《ノ》相承《ハ》別无之一相二承《シ》三観一《ヲ》四教《ノ》義《ヲモ》接在《シテ》伝《ト》可存一也去《レハ》弘一云…山上《ニモ》如此云学者《モ》有之一山門経海静明等《ハ》一同《ニ》四教三観共《ニ》以南岳《ノ》相伝也三観《ヲ》相承《玉フ》言《ノ》外《ニ》四教《ヲ》口授《玉フ》言有之一云云

（叡山文庫真如蔵『宗要集聞書』第十一冊　51丁オ）

物語云。嵯峨殿《ノ》御談義《ニ》三観《ノ》外《ニ》四教《ヲ》伝《ト》云事出来《タリケルニ》。三井《ノ》実伊僧正《ハ》別《ニ》不レ伝《ト》云《ケルヲ》。経海僧正云《ク》。我先師明禅法印《ニ》別《ニ》伝《ト》云文《ヲ》受《ケ》。其義《ヲ》俊範法印《ニ》伝《タリ》。而《ニ》別《ニ》不レ伝《ト》申事。汝《カ》流《ニ》三観四教《ノ》相伝絶《タリト》云《テ》。憲実法印筆師《ニテ》書付《サセケリ》。

（『摩訶止観伊賀抄』一　続天台宗全書顕教1　p98）

次の『学義禅門』は、毘沙門堂の経海・恵心流の静明・安居院流の憲実が、天台宗の深秘について談義を行った記録である。

学義禅門天台宗秘々中深秘記

依文血脈
天台座主無品親王良助下筆
先年依テ主上ノ勅ニ一召シテ二毘沙門堂ノ経海僧正粟田口静明法印安居院憲実法印ヲ侍ツテ二於御前ニ一談ジ二学義禅門ノ天台宗ノ秘々中深秘ヲ一

（叡山文庫真如蔵『学義禅門』1丁ォ）

次に、建武二年（一三三五）に成立した『義伝抄』には、鎌倉時代末から南北朝時代にかけて、多くの僧が一心三観の血脈を話題にしていたことが記されている。これは、最初に挙げた安居院の主張と相俟って興味深い資料である。

師物語云故常勝房僧都朝喜并当時ノ花王房已講能承ナトハ血脈相承ト云事不可有都テ不信也故常勝房対面ノ時語ル予云ク当時一心三観ノ血脈トテ人ノ以外ニ沙汰スル事有是ハ何ナル本説ヲ我宗ハカヽル事曾テ以無之云々

（叡山文庫真如蔵『義伝抄（㊥大綱口決）』第一冊　30丁ゥ）

以上の他、菩提心論・四大師勝劣・本迹二門・心要の談義なども論じられている。

禅林寺ノ法王ノ御代ニ於テ二亀山殿ニ一菩提心論ノ御談義有リ被玉フレ召サ人々東寺ニハ了遍僧正三井ニハ実意僧正山門ニハ隆禅法印与二澄尋僧正住侶改（経海）海法印宗澄法印等也何レモ名匠ニテ御座御談義ノ次ニ勅ニ問云四大師勝劣御座哉了遍奏シテ云ク四大師ノ中ニハ弘法大師勝レ玉ヘリト云云何レモ々モ先ツ四大師ニ無キ二勝劣一中ニ強イテ立ツル二勝劣一由ヲ被申ケリ一実意僧正奏シテ云ク智（ママ）勝大師勝玉ヘリ云云澄尋僧正奏シテ言ク無二勝劣一中ニ強ニ立二勝劣一慈覚大師勝玉ヘリ其故ハ智證大師弘法ヲハ種々ニ奉レ毀《ソシリ》給フカ慈覚大師ノ両経ノ疏ヲ一切経ニ可レ入由ヲ奏聞シ玉ヘリ奏状ニ云…然間慈覚大師勝レタリト覚ヘ

候由ヲ被ニ奏シ申一ケリ勅定ニ云ク今日ハ澄尋ノ徳分ナレ云云

（叡山文庫真如蔵『十八道見聞』40丁オ）

僧都御房仰云智證尺ニ本迹外ニ所立法門有之云々是嵯峨殿御談義ニ寺実伊法印本迹二門ノ外所立法門有之云出セリ経海法印以外ニヲコツキテ本迹二門法門何法門耶随証不変之外法門其躰如何云々実伊分明ニ物不云彼流相伝ノ義也分明ニ々不云不覚事也

（日光天海蔵『口伝鈔』第十　22丁ウ）

此間於亀山殿可有心要御談義云々、参仕僧、観兼法印・忠源法印・承忠法印・雲性法印・隆禅僧都・憲基僧都・覚守阿闍梨等也、以件僧等即可有御懺法云々、

（大日本古記録『実躬卿記』永仁二年二月二十日）

右記法門談義の資料から、各宗の僧が己の宗派の優秀性を説いていることが分かる。

このような法門談義交流の中で、安居院僧はどんな動きをしているか、さらに少々見ておくならば、次のような活躍が見られる。

10無作三身事

…

又申云。安居院法印憲実於ニ勧学講座一ニ述シテ云。無作三身ト者。煩悩業苦ノ三道ソト習也。是ハ檀那流義也云云…別相伝ト者。従ニ慈雲房一習伝タル寛印御義也。源恵心ノ御義也。…

已上文永十一年四月十六日於ニ粟田口御房一承之

嫡家相承脈譜　　　　恵心流

十二箇条大事憲実法印問静明法印答

仰云弘安八年九月□□(二十日?)粟田口ニテ安居院ノ憲法印雖量ニ此ノ十二ヶ条ノ大事ヲ一静明法印纔ニ其入御計宣レテ之不顕レ実ヲ授ル二今海一ニ処也…

（『性類抄』上　続天台宗全書口決1　p337）

観云。亀山殿ノ止観ノ御談義ノ時。憲基法印。不審云。止観ノ二字ハ定恵ニテアルニ。戒ハ不レ可レ有歟ト云云澄禅法印。此事殊勝ノ不審也ト称美セラレタリケル也。当時ノ人人面面義ヲ申サレタリケル也

（西教寺正教蔵『嫡家相承脈譜（㊎極秘鈔）』　3丁ォ）

（西教寺正教蔵『嫡家相承脈譜（㊎極秘鈔）』　7丁ゥ）

（『本源抄』中　続天台宗全書円戒2　p451）

安居院相承四ヶ大事

建武二季霜月会為精義安居院法印憲守登山時予向テ彼法印云当流四ヶ大事ト云事承及如何法印云サル事有随分ノ当流ノ相承スル也所謂一九地実人二通教々主三十行出仮四分段捨不捨是也

（叡山文庫真如蔵『義伝抄（㊅大綱口決聞書事）』第二冊　45丁ゥ）

右記『性類抄』には、文永十一年（一二七四）以前に、安居院の憲実が勧学講で無作三身を説いたと見えているし、『嫡家相承脈譜』には、弘安八年（一二八五）に、安居院の憲実が粟田口の静明に十二箇条の大事を問うたことが記されている。また、暦応三年（一三四〇）に始められた聞書『本源抄』には、安居院の憲基が止観談

義に不審を述べたとか、談義の場で人々が面々の解釈を述べたことなどが記されており、『義伝抄』では、安居院流に四ヶの大事があることを憲守が述べている。

以上のような法門談義・論争の庭では、『本源抄』にあるように、各流派・各家は独自の解釈や主張をしたに違いなく、安居院僧も「無作三身」「安居院流四ヶ大事」の他に、機会があるごとに、我が家には「一心三観の血脈・草木成仏の法門・官兵の右手」の口伝があることを宣伝していたと考えられる。

四　安居院主張の背景（二）　恵心流俊範説話の発生

次に、前記法門談義の資料にあるように、安居院の憲実と静明が談義に同席したり、憲実が俊範に伝わった三観四教を記録していることに着目し、安居院主張の背景の二つ目として、ちょうどこの頃恵心流俊範に関する口伝や説話が発生していることを指摘したい。

俊範は、前記日本思想大系「天台本覚論」の「相承略系譜」や、次の『国書人名辞典』を見ると、椙生流（恵心流）の流れを汲み、無動寺や坂本の大和庄に住んだ僧である。弟子に静明がいる。

俊範《しゅんぱん》　僧侶（天台）〔生没〕生没年不詳。承久三年（一二二一）生存。〔名号〕法諱、俊範。坂本法印・大和庄法印と称される。〔経歴〕初め南都で法相を学んだが、のちに比叡山の範源に師事して椙生流の天台学を究め、無動寺に住した。承久三年、僧都となり、探題に任ず。後嵯峨上皇に止観を教授し、勅により東麓大和庄に講筵を張った。弟子に静明・経海・承瑜・俊承の四高足、および日蓮がいる。

俊範の没年は不明だが、『天台座主記』によって、正元元年（一二五九）までは生存が確認できる。

（『国書人名辞典』2　P494）

正元元年…

…

同（四月）二十七日為《シテ》二勅願一於《テ》二大宮《ノ》彼岸所一二屈《シテ》二一山《ノ》碩徳一《ヲ》始二行《ス》三十講一《ヲ》法印俊範宗源等為証誠《ト》也

（『校訂増補天台座主記』八十二世尊助　p235）

さて、俊範と「一心三観」に関しては、没後まもなくと思われる文永三年（一二六六）に、求道房恵尋によって『一心妙戒鈔』に「一心三観祖師俊範」と記されている。

大和庄法印 一心三観祖師俊範　御自抄云

天台真言所立即身成仏義。為同為異耶…

今年分正嘉元年自二四月二十四日一。最後業百ケ日参社。八月六日結願畢比。夢想云。相似即身成仏可レ有レ之。不レ挙レ略歟云云三種即身成仏中不レ挙二相似一。又夢想之折節。甚不審違事可レ得レ意也已上範抄

（『一心妙戒鈔』中　続天台宗全書円戒1　p283）

また、南北朝期にも俊範と一心三観にまつわる口伝や説話が記されている。

貞治元年十月二十三日以門跡御本書写之

御本表紙云。尊玄云。桓守座主也。此一巻故座主僧正所書与也

公澄僧正随俊範法印所習之口決等也…

（『一心三観等口伝』　続天台宗全書口決1　p63）

御物語云故俊範法印ハ十八ノ年別《ヲクレテ》範源一ニ一廻過テ十九ノ年慈鎮和尚ヘ被召一何カニ一流ノ法門ハ皆相伝シテカト御問有カハトコニ候年少ニ候シ間無正躰一候ト申ハサモ有レ一流ノ大綱ニハ七ケノ大事ト云事ハ聞置タルラム何様ニカ聞ケルト御問有ケレハ凡ツ七ケノ名字ハ是レ々ト聞置テ候トモ委細ノ法門ハ無正躰一候ト申ハ先一流ノ本意ニハ一心三観ノ所義ノ分ヲ申セト仰レハ随仰一ニ一心三観ノ法門ヲ申タリケレハ和尚御落涙有テアラ不思義ヤ只今故範源ニ相フ心地カスルゾトヨ範源カ申セシニ少モ不違一ハ今ハハヤ一流ノ法門心要ト被仰メシタリケル脱テ御小袖一ヲ俊範ニタヒタリケリト云々

（西教寺正教蔵『伝受抄私見聞（㊢寂照集）』下　64丁ウ）

また、右記『一心妙戒鈔』に見える日吉社参に関して、『渓嵐拾葉集』や『阿娑縛三国明匠略記』に俊範の臨終譚が見える。

尋云。以レ申為二山王ノ使者一事。何ナル深義有耶

答。…因ニ物語ニ云ハ。俊範法印終焉ノ之時詠レ之

神垣ヤマシラナリトモ椎柴ノ

コノミナレニシ法ヲトナヘン諾ト読テ成二手白ノ猿一ニ在リ二社頭一ニケルトカヤ

（『渓嵐拾葉集』巻第六　大正新脩大蔵経76　p518）

大和庄ハ者。俊範ノ御事也。大和庄ハ者。坂本有レ之。大和庄居住ノ故也。心源云。彼御臨終ノ事殊勝也。其ノ故ハ或ル日告二門弟等我レ今日既ニ可レ死也。而レトモ可レ有ル二勅使一故ニ明日成テ可レ死云々。則勅使立テ奉レ訪二御病体一。偖明日手自火舎香ヲ盛リ。召二御弟子一。彼ノ香ヲ持シテ。山王ニ御暇可レ申云々此ノ火滅タラン所ニテ我レ死タリト

可レ知云々。扨テ悉ク参社十禅師ノ門前ニテ。香火消ス。則其ノ時分ニ端坐遷化シ玉フ

（『阿娑縛三国明匠略記』　大日本仏教全書『阿娑縛抄』第七　p522）

次は、俊範と「摺形木の五百塵点」に関する説話⑹である。

8　問。鈍根ト者。…

私物語云。…祖師大和庄法印御房御時。良輔右左（ママ）大臣。摺形木ノ五百塵点ト云事。秘教中ニ有レリヤト之御尋アル時。

一切学匠真言師不レ申レ之。

慈鎮和尚ト祖師法印御房。被レ申レ之御義同レ之。左右大臣被レ感レ之畢

（『天台伝南岳心要抄』　続天台宗全書口決1　p20）

円教三身之下

一尋云。摺形木ノ五百塵点ト云習如何。…　心賀御義云。摺形木ノ五百塵点ト者。慈鎮和尚。従慈覚大師ノ最秘ノ御書ノ中被御覧シ出事有テ之。被仰合俊範法印ニ時。俊範法印始テ摺形木ノ五百塵点ト云事ヲハ申出タル也。当流随分ノ習事也。

（『等海口伝抄』十三　天台宗全書9　p510）

39〔三世仏説皆名法花事〕

…付之摺形木ノ五百塵点ト云事有リ。此事慈鎮和尚御相伝ノ法門也。爾ルニ円能法印聖覚。古大和庄御尋御座ス時キ被ニ仰出一也。時一人モ其心ヲ不レ得。皆碩学也。但良輔右大臣一人得ニ其心ヲ一云ヘリ。其時ニハ古法印御房無ケリ二領解一。然而其時秘蔵シテ不レケリト被レ仰覚候。

（『大和庄手裏鈔』　続天台宗全書口決1　p103）

十五　開三顕一事　文明元年十二月朔日

…　尋云摺形木五百塵点ト云事如何　仰云月輪坊ノ心観無動寺慶除大和庄俊範安居院聖覚九条良亮《スケ》座烈ノ処ニ慈鎮和尚摺形木五百塵点云事ヲ被仰出ケリ其時座烈人々得意カタキ気色顕ス面々浮其中ニ俊範独リ覚知シタル気色ニテ御座スアリ慈鎮一首歌ヲ俊範ヱ送リ公ナラテ本ノ都ノ又九条ノ良亮モ真言習ヘル人ナリシカ是モ座ニテ得意玉フ面影ニテ有シ也

（西教寺正教蔵『宗要集聞書』第一冊　57丁ウ～60丁オ）

…尋云摺形木五百塵点証拠有耶慈鎮和尚御義歟　仰云真言教ヨリ出スル事也能々此趣ヲ得レハ意何新成仏ナリトモ五百塵点名ノラテハ不叶子細在之殊勝事也常途ノ五住四重煩悩ノ所表ニテハ無之青蓮院ノ門跡秘曲也

（西教寺正教蔵『宗要集聞書』第一冊　61丁ウ）

この「摺形木の五百塵点」に関しては、藤平寛田氏に教学の論考があるが、[7]説話の内容は、『天台伝南岳心要抄』以下に見えるように、慈円秘伝の法門を九条良輔を除く多くの学匠が知らない中、俊範だけが知っていたというものである。この法門は天台恵心流にとって重要な教理であったようで、右記『天台伝南岳心要抄』は「秘教」と云い、『等海口伝抄』は「当流随分ノ習事也」と云い、『宗要集聞書』は「青蓮院ノ門跡秘曲也」としているが、この意識は安居院の主張を考える上で注目すべきである。

また、嘉暦四年（一三二九）心聡が注進した『一帖抄』は、俊範が東陽座主忠尋の秘決を以て恵心流甚深の口伝を草したとしている。

本云心聡法務御房御自筆

此抄者。俊範法印以二東陽座主秘決一草之。奏二達後嵯峨院一抄也。仍被二勅命一心聡書二進之一

萩原法皇御玉筆

嘉暦四年春比。心聡法印所二注進一也。恵心一流甚深幽邃之口伝也。…

（『一帖抄』奥書　天台宗全書9　p47）

時代は下るが、南北朝時代の『伝受抄私見聞』には、東福寺の聖一国師円爾弁円が坐禅中の妄想に苦しみ、「止観」を俊範に問うたという説話が記されている。

御物語云東福寺ノ聖一和尚坐禅中ニ前ニ虎毛也ケル犬カ居テ大口ヲ開テ頭ラニタヒ付ソトハ恐シケル間怖畏シテハ打ナマ〱シテ此事ヲ師匠ノ円然ニ問ケレハ何カセフスル何様魔縁ノ所行ト覚ル慈救呪ヲ満テヨカシ魔障対治ノ誓ヒ坐セハナトカ不ト治玉ハ之一云ヒケレハ随テ教ニ一不動ノ呪ヲ満ケレトモ惣ヘテ此事不止一ヤマ何カスヘキト思テ連々歎キ有心一人ニハ問トモ之指テ明メタル躰ニモ無カリケリ或時又修行者法師ノ有ケルニ此事ヲ問ケレハ彼仁申様ハ此事ハ止観ニソ沙汰シテ候ラン天台宗ノ明師ニ問給ヘト申セハ当時天台宗ニ可問一人ハ誰カ候ト申ケレハ当時ハ俊範法印ソ候ラント申スサテ其人ハ何ニ候ソト問ハ坂本大和庄ト申処ニ何々ニシテ等申ケレハ我身ノ一大事間聽テワラウツ打ハイテ坂本ヘ越テ俊範法印ノ坊ヘ尋行テ奏ケレハ案内一ヲ…

（西教寺正教蔵『伝受抄私見聞（㊟寂照集）』下　66丁オ）

『法花品々観心抄』や『一乗拾玉抄』には、「法花の深義」に関する俊範の説話も見える。

サレハ於テ此品ニ一物語ヲ為ル、時キ鳥羽（ママ）ノ院ノ有二リシ御悩一時キ三井山門ヨリ出テ致スニ祈祷ヲ不叶一間王ハ我ト誓願シテ何ナル

神ニテモ御座セ我ニ詫玉ヘ其レニ随テ何躰ニモト其ノ様ヲ祈リ申サント云ヒ玉フ時キ住吉ノ大明神詫シテ我ハ是レ住吉ノ明神也我レ為ニ二衆生利益ノ一同居ニ下テ忘ル二、其本意ヲ一也サル程ニ法花ノ深義カ聴聞シ度キ由シ有リ御詫宣一サル程ニ山門ヘ法花ノ深義相伝ノ人ヲ御尋ネ有シ程ニ俊範法印有御出一内裏ニテ法花ノ深義ヲ読ミ玉フ時王ノ御悩平癒有ル也サテ後ニ妄想《夢歟》ニ我ハ法花ノ深義聴聞シテ本覚ノ宮ニ安住スルヲ思食有ル也

（西教寺正教蔵『法花品々観心抄（(内)法花経品々観心抄見聞）』　9丁ウ）

物語云後鳥羽院御悩アリサマ〳〵御祈祷アレトモ無平癒一然ニ帝王願クハ何ナル明神ノ告ニモ此ノ病ヲ何カ様ニモ治セヨト示シ給ヘト深ク祈念アル時キ夢ノ中ニ白髪ナル翁ナ来テ我レハ是住吉ノ明神也和光同塵シテ遙カニ法花ノ深義ヲ不聞カ一間タ是ヲ聴聞シテ本覚ノ都ヘ帰リ御悩ヲモ忽ニ平癒ナサント告アリ仍テ山門ヨリ大和ノ庄俊範ヲ請シ法花ノ深義ヲ御講アリ是則化城喩品ノ三周ノ声聞カ大通結縁ナル事ヲ講シテ終ニ一切衆生悉ク大通結縁ニシテ即身成仏ナル相ヲ甚深ニ御説法アル時キ帝王即時ニ御平癒アリト云々

（『一乗拾玉抄』化城喩品　影印　p343）

この他、『二帖抄見聞』『日本大師先徳明匠記』などには、俊範所持の血脈により、恵心流を天台宗の正嫡としたという説話もある。

一。立ル二師資相承ノ血脈ヲ一事ハ限ル二本朝ニ一歟将亘二三国一歟

義云。山家ノ内証仏法ノ血脈云。…後嵯峨ノ天皇ノ御宇ニ続キレ絶タルヲ興シレ廃タルヲ。温《タツネ》レ古ヲ知ルレ新ヲ叡慮ニテ御座ス間。諸宗ノ血脈仏法伝来ノ相ヲ尋ネシロシ召ス処ニ。於テ二蓮華王院ニ一天台宗ノ血脈ヲ被タリ二尋出一。…慈覚智証ノ両門。延暦薗城寺ヘ御尋有ケレハ。諸流ノ学匠我モ我モト奉ル二家家ノ血脈ヲ一。何モ不レ叶ハ二叡慮ニ一。于時以テ二大和荘俊範所持ノ

血脈ヲ一奏問被レ申。然ル間彼血脈ヲ召出シ蓮華王院ノ血脈ニ校合玉フニ。一字一点モ不レ違ハ。依レ之杉生ノ一流ヲ可レ為ス二天台ノ正嫡ト一由以テ二顕朝ノ卿ヲ一被レ定メ仰セ畢ヌ。

（『二帖抄見聞』上　天台宗全書9　p164）

以上、俊範が一心三観の祖師と呼ばれ、臨終に日吉社にいとまを申し、摺形木の五百塵点の法門を知り、恵心流甚深の口伝を草し、摩訶止観を理解し、三観四教・法花の深義・内証仏法血脈などを相伝しているという口伝・説話が、鎌倉時代から南北朝時代にかけて発生しているのである。これらの説話を、安居院僧がどれほど知っていたか不明だが、後嵯峨・亀山帝の御前で談義を行う中で、安居院の憲実は、静明ら俊範門下僧の口から、俊範の口伝や説話を聞いた可能性は十分にある。そして、天台宗四箇法門と関係がある俊範の口伝や説話を、安居院僧はおそらく対抗心を持って聞いたはずである。

五　安居院主張の背景（三）　天台宗の嫡流意識

最後にもう一つ、安居院主張の背景として、恵心流（青蓮院門跡）僧の、天台宗の嫡流意識を指摘したいと思う。前記西教寺正教蔵『宗要集聞書』第一冊に、「摺形木の五百塵点」の法門は青蓮院門跡の秘曲であると記されていたが、次の『門葉記』抄も、「青蓮院門跡は、教学の面で檀那流（梶井門跡・梨本門跡）に勝る。」という慈円の気持を表したものである。

コノ勧学講トイフ事ハ此門跡ニツケテ、カクヲコナヒ候ニヨリテ、此門跡ハカク梨下トヲトラズ候ハ、梶井ノ富有ノ対揚ニモ成候ナリ。

（日本古典文学大系86『愚管抄』巻第二　補注二四二所収『門葉記』抄）

このような青蓮院門跡の梶井門跡に対する意識は、次の『吉続記』と『二帖抄』にも見える。文永八年（一二七一）十一月二十二日に、蒙古撃退の祈りとして梶井門跡の澄覚座主が熾盛光法を行おうとしたところ、この法は青蓮院門跡のものだとして、道玄が異議を申し立てるということがあった。

熾盛光法為異国御祈、座主澄覚僧正、於惣持院、自今日可被始行云々、青蓮院僧正被訴申、此法当門跡所行来也、於梨下者、以往雖有例、中絶了、付他門被行者、付冥付顕可失面目、座主猶可勤行者、可解申門跡管領之由、被申入仙洞云々、…青蓮僧正（ママ）道玄、二条前殿御息、付予被申禁裏、

（増補史料大成『吉続記』文永八年十一月二十二日）

また、『二帖抄』は、延慶三年頃に成立した静明の弟子心賀の口伝だが、熾盛光法と十九箱の相承により、青蓮院門跡が天台宗の嫡流であるという意識が記されている。

大熾盛光法ト者青蓮院一流ノ相承ニシテ。梨本ニハ無ニ相承一法也。故ニ青蓮院ハ慈覚大師ノ嫡流ト青蓮院ヨリハ申也。是ノ大法ヲハ青蓮院ニ伝レ之故也。梨本ハ世間ノ資財并ニ本尊ハ雖レ伝レ之。聖教ノ肝心十九箱等ハ青蓮院ニ伝レ之ヲ玉へリ

（『二帖抄』下　天台宗全書9　p152）

梶井門跡に属する安居院僧は、このような青蓮院門跡の教学や嫡流意識に対抗する気持ちを当然持っていたと考えられる。

以上見てきたように、安居院の主張はしなければならない周囲の状況があってなされたことが窺える。つまり、ただの自慢ではなく、唱導の家としての安居院[8]こそが天台宗の嫡流であることを主張する必要があったのである。それ故、安居院僧は「官兵の右手」や「安居院流四ヶ大事」などの他に、おそらく身近にあった[9]「平家ノ物語」を利用し「車中の口決」を主張したと考えられる。

注

(1) 落合博志「鎌倉末期における『平家物語』享受資料の二・三について」『軍記と語り物』(一九九一年三月)。
(2) 福田晃『神道集説話の成立』(一九八四年)第一編。神道大系文学編一『神道集』(一九八八年)解題。畑中栄『澄憲作文大躰』(一九九九年)解題。
(3) 前記、西教寺正教蔵『草木成仏相伝』・神道大系『神道集』解題参照。
(4) 日光天海蔵『故実私聞抄』(天正二年以前舜慶記)は、尊家を尊祐とする。
(5) 牧野和夫「『親快記』(土巨鈔)という窓から」『中世文学』(一九八七年五月)。
(6) 「摺形木の五百塵点」に関する説話は、掲載資料以外に、『法華玄義伊賀抄』一・『一乗拾玉抄』如来寿量品・『法華経鷲林拾葉鈔』寿量品第十六・叡山文庫天海蔵『轍塵抄』寿量品・『法華経直談鈔』寿量品第十六などにもある。
(7) 藤平寛田「中古天台における摺形木譬喩考」『平安仏教学会紀要』(二〇〇七年三月)。
(8) 『元亨釈書』第二十九巻音芸七唱導　参照。
(9) 拙著『比叡山仏教説話研究―序説―』(二〇〇三年)第一章第三節・第四節。

【付記】天台宗典編纂所・國學院大学国文学会・唱導研究会の各位から助言を賜った。また西教寺文庫・叡山文庫・輪王寺宝物殿の各文庫にお世話になった。記して感謝する。

第五章　毘沙門堂と『平家物語』——『文句私物』『草木成仏相伝』から——

一　『法華文句』の談義と毘沙門堂朗鑁

金沢の称名寺に、『法華文句』の談義書である『文句私物』が二種ある。一つは金沢文庫管理38函1の『文句私物』第八～第十で、もう一つは42函3の『文句私物』第七～第九である。前者は、永仁四・五年（一二九六・一二九七）に、下総の国の龍角寺談義所で朗海が談じた本で、後者は前者と同年同所で朗鑁が談じた本である。朗海は朗鑁の弟子[1]で、この時三十から三十一歳[2]である。

朗海の『文句私物』には、証道八相・漁夫の利・霞と霧の証拠・夜印地・市中の升などの談義が見える。一方、朗鑁の『文句私物』には、万行聖人・朗弁僧正・応和の宗論・土御門顕方顕定・野干の変化・漁夫の利などの談義の他に、玄肪や明雲、顕真・成頼・明禅などの談義が見える。

本論は、朗鑁の明雲や顕真に関する談義を中心に、毘沙門堂と『平家物語』の関係を探ろうとするものである。

42函3の『文句私物』第七は、『称名寺聖教目録』に、

外題文句第七私抄　内題文句第七　年代永仁四年（1296）　装丁袋綴　紙数23丁　縦寸22.6　横寸15.4

識語（内題下）永仁四年九月七日始之、

とあるが、表紙と内題は次のとおりである。

文句第七
私物

龍角寺

（重要文化財「称名寺聖教」42函3　称名寺蔵金沢文庫管理『文句私物』第七　表紙）

文句第七　　永仁四年九月七日始之

（重要文化財「称名寺聖教」42函3　称名寺蔵金沢文庫管理『文句私物』第七　1丁ォ）

談義者は、『文句私物』第七と連れの『文句私物』第八や第九の表紙に、「出雲路朗鑁」とあることによって、出雲路すなわち毘沙門堂の朗鑁と推定[3]される。

永仁四年十一月三日始之
下総龍角寺談義処云々

文句第八私物上

出雲路朗鏤

（重要文化財「称名寺聖教」42函3　称名寺蔵金沢文庫管理『文句私物』第八　表紙）

さて、既に牧野和夫氏や高橋秀栄氏によって指摘されていることだが、『文句私物』第七の五丁表には玄肪や明雲の談義が見え、十九丁裏には顕真や成頼の談義がある。

まず、玄肪や明雲の談義を見る。

玄仿(ママ)大師ト云人入唐シテ年モ已ニ経ッ多年ヲ其後帰朝セントスル時唐人云帰朝セスシテ是ニ住ヨト云此ノ人ノ名ノ返テ見レハ返テ亡ハウスト云々終ニ還来シテ内裏ノ庭中ニシテ御イノリノタメニ為行法ヲ其ノコロ有合戦其ノ合戦シケルヤカヒソンテヤラン行イテ此ノ人ノノトニタツ死云々

唐人ノ云シ事カト今ニ至ルマテ物語ニスル也　明雲座主ヲ唐人此ノ人ノ名ヲ相シテ云明ハ明月ニシテ吉カ但シ雲カ覆カ日月ニ不吉也ト云カ相タリケルヤラン平家ノ合戦ノ時明雲モ如房ノ行法シケルカヤ行テ死ヌト云々

終ニ蒙テ勅勘流サレ給ヌ其後ニ召《メシ》返シテ■■（?）

（重要文化財「称名寺聖教」42函3　称名寺蔵金沢文庫管理『文句私物』第七　5丁ォ）

内容は、

入唐した玄肪の名前を唐人が占って、「還亡」に通じるので帰朝しないように勧めたが、それを聞かず帰朝の後合戦の矢が喉に当たり死んだ。また明雲の名前を唐人が占って、「明」すなわち「日月」を雲が覆っているので不吉であるとした。その占いが当たったのだろう、明雲は平家の合戦で矢が当たり死んだ。この座主は、一度流罪にあったがその後召し返された。

というものである。

この談義について、牧野和夫氏は「『平家物語』の世界につらなる可能性」を指摘した[4]。確かに、玄肪の一節は『平家物語』諸本に見える。例えば、「玄肪―明雲」の順に記される『源平盛衰記』には、

此僧正入唐之時唐人其名ヲ難ジテ云玄肪トハ還テ亡ト云音アリ日本ニ帰渡テ必事ニ逢ベキ人也只唐土ニ留給ヘカシト云ケレ共故郷ヲ恋シガリケレバ帰朝シタリケルガ角亡ケルコソ不思議ナレ

（『源平盛衰記』巻第三十　中世の文学　p190）

とある。『出雲寺記』によれば、玄肪は吉備真備とともに出雲寺（御霊神社）に古くから祀られており[5]、毘沙門堂の近所に玄肪伝説があったことは興味深く思われる。

明雲の件も、『平家物語』覚一本や屋代本が巻第二に記す他、『源平盛衰記』の巻第三十四にあり、『徒然草』の第百四十六段にも見える。内容は、天台座主明雲が法住寺合戦で亡くなったことに関連する占いである。

後白川院御登山ノ時少納言入道信西御伴ニ侯ケリ前唐院ノ重宝衆徒存知ナカリケレ共信西才覚吐ナドシタリケリ其次ニ明雲僧正我ニイカナル相カ有ト御尋アリ信西三千ノ貫首一天ノ明匠ニ御座ス上ハ子細不及申ト答フ重タル仰ニ我ニ兵杖ノ相アリヤト尋給ケレバ世俗ノ家ヲ出テ慈悲ノ室ニ入御座ヌ災夭何ノ恐カ有ベキナレ共兵杖ノ相アリヤノ御詞怪ク侍テ是即兵死ノ御相ナラント申タリケルガハタシテ角成給ヒケルコソ哀ナレ或陰陽師ノ申ケルハ一山ノ貫長顕密ノ法燈ニ御座ス上ハ僧家ノ棟梁イミジケレ共御名コソ誤付セ給ヒタリケレ月日ノ文字ヲ並テ下ニ雲ヲ覆ヘリ月日ハ明ニ照ベキヲ雲ニサヘラル、難アリカ、レバコノ災ニモアヒ給フニヤ

（『源平盛衰記』巻第三十四　中世の文学　p140）

次に、顕真や成頼に関する談義を見る。

顕真僧正ト者誰人ソ耶　答毘沙門堂ノヲチ也々々ナカラ師也大原ニ住シ玉ケル此人一也院セン蒙テ顕真座主ト一申也明ノヲ、チヲハ云光頼《ミツヨリ》《ライ》ト一明ノ父ヲハ云サイ正一ト供シヤウ一　（虫）　一分ノ人也此ノ人ノアニノ病ノ時キ云々後日ニ此ノ人ノ子ニ十三四許ノ也ケルカ云々クヱンフクシテハ必ス丈夫ト云也云々法師ニ為ス云々アニ死シヌアトノ事■(?)

此ノ人遁世シテ住スカウヤ二云サイシヤウ入道一ト明ハ此ノ人ノ子也少シテ為タリケルハ法師二是ノ明也本ト入道也持躰此ノ人ノ親子《ヲヤコ》ハ道心者也此ノ人子ヲハ登ス山ヘ一云々　明極メテ道心深キ人也明可シト為《ナル》座主二蒙リ院セン一ヲ也又重ネテセン旨可有ル一事ヲ厭テ遁世シテ毗沙門堂二在マシ〱ケリ極メテ念仏ヲ有相ニ申サレケル也臨終ノ時云ヒツシサルニ声聞乗ノ乗シテ船二来ル一　一モ同シ■(?)ノ人也此ノ人ヲ院ノ使トシテ有セン旨一云々又ハ云ナシ本トモ也終ニ一生カ間カ説経シ給サリケル也云々明非ス説経者二セイ覚非ス学匠二云々

（重要文化財「称名寺聖教」42函3　称名寺蔵金沢文庫管理『文句私物』第七　19丁ゥ～20丁ォ）

この談義は高橋秀栄氏が、仁治三年（一二四二）に七十六歳で没した毘沙門堂明禅に関する資料として紹介し[6]たもので、『平家物語』との関係については特に言及は無い。

内容を見ると、

顕真は、明禅の師であり叔父であること。明禅の父は、高野に遁世した宰相入道（成頼）であること。成頼・明禅親子は道心者であること。明禅は、座主になることを厭い、遁世して毘沙門堂に住んだ有想念仏の人であること。梨本門跡（梶井門跡・三千院門跡）の僧であること。説経はしなかったこと。

などが記されている。ここに見える人物関係は、『草木成仏相伝』や『尊卑分脈』で確かめることができる。

顕真僧正ヲハ大原ニテハ龍泉院京ニテハ安居院山上ニテ円融坊ト申ス大原座主ト申也毘沙門堂流祖師也

（西教寺正教蔵『草木成仏相伝』4丁ォ）

- 顕隆（葉室一流祖）
  - 顕頼
    - 光頼
    - 成頼（母同光頼　又成蓮　承安四正五出〈三十九〉〈法名知成〉　号高野宰相入道　月日於高野遂　大往生〈六十七〉）
      - 明禅（山　法印　碩才道者　遁世　毘沙門堂名人也）
  - 顕能
    - 顕真（三会講師　山　天台座主権僧正　大原問答発起人）
    - 観性（法橋　三鈷寺住侶）

（新訂増補国史大系『尊卑分脈』第二篇　p91～99）

朗鑁は毘沙門堂僧であるから、明雲・顕真・明禅などのことを述べるのは自然なことであるが、殊更に「顕真僧正ト者誰人ツ耶」と顕真を話題にする理由は、『文句私物』五丁表で談じた明雲の死に関連していると考えられる。『平家物語』には見えないが、顕真は明雲の弟子で、法住寺合戦で亡くなった明雲の首を探した僧侶である。『愚管抄』に、

サテ山ノ座主明雲、寺ノ親王八条宮ト云院ノ御子、コレ二人ハウタレ給ヌ。明雲ガ頸ハ西洞院河ニテモトメ

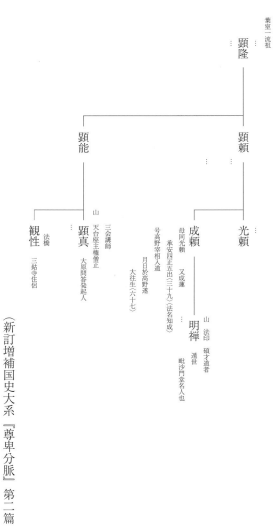

出テ顕真トリテケリ。

（『愚管抄』巻第五　日本古典文学大系86　p259）

と見え、日本古典文学大系の補注には次のような解説がある。

慈円はこの乱の間、法住寺殿にほど近い法性寺にいたようである（玉葉、十九日）。愚管抄の記述はかれ自身の見聞に基づく、と推測される。

（『愚管抄』補注　日本古典文学大系86　p501）

次に明禅の父成頼は、『文句私物』に「道心者」と談じられているが、『平家物語』諸本にも同様に仏道修行者として描かれている。(7)

今はふるき人とては成頼・親範ばかり也。この人々も、「かゝらむ世には、朝につかへ身をたて、大中納言を経ても何かはせん」とて、いまださかむなし人々の、家を出、よをのがれ、民部卿入道親範は大原の霜にともなひ、宰相入道成頼は高野の霧にまじはり、一向後世菩提のいとなみの外は他事なしとぞ聞えし。

（覚一本『平家物語』巻第三「城南之離宮」　日本古典文学大系32　p266）

なかにも高野におはしける宰相入道成頼、か様の事どもをつたへきいて、「すは平家の代はやう〳〵末になりぬるは。いつくしまの大明神の平家の方うどをし給ひけるといふは、そのいはれあり。たゞしそれは沙羯羅龍王の第三の姫宮なれば、女神とこそうけ給はれ。八幡大菩薩の、せつとを頼朝にたばうど仰られけるはことはり也。春日大明神の、其後はわが孫にもたび候へと仰られけるこそ心えね。それも平家ほろび、源氏の世つきなん後、大織冠の御末、執柄家の君達の天下の将軍になり給ふべきか」などぞの給ひける。

このように、『文句私物』の玄昉・明雲・顕真・成頼の談義は『平家物語』と通底しているため、明雲や顕真の談義を行うにあたり、朗鑁の念頭には『平家物語』があったと推定できるが、永仁四年当時下総の龍角寺にどのような『平家物語』があったのか、その『平家物語』は朗鑁が毘沙門堂から龍角寺に運んだのか、などの疑問が涌く。

（覚一本『平家物語』巻第五「物怪之沙汰」日本古典文学大系32　p341）

ここで、毘沙門堂について見ておく。毘沙門堂は桜の下の連歌で有名であるが、『塞驢嘶余』や『山門穴太流受法次第』によると、梨本門跡に属す寺院であり当時は相国寺の東にあった。

一毘沙門堂殿。梶井殿ノ脇門跡ノ今ノ門主。中院也。院家シヤウシヤク院。在二于相国寺ノ東一也。

（『塞驢嘶余』群書類従28　p50）

次法曼院ノ門流ハ。…明雲座主。顕真座主已下ノ御門弟。其中ニモ戒光房静然并阿闍梨政春。此ノ両人ノ法流。山洛ニ盛ニ弘通セリ。梨本御門跡。毘沙門堂ノ一流。霊山ノ僧正。大塔猪ノ熊等。皆ナ彼ノ御門流ナリ。

（『山門穴太流受法次第』鈴木学術財団編大日本仏教全書40　p180）

毘沙門堂建立の経緯は、『平家物語』にも登場する平親範の置文によれば、広隆寺の西にあった平等寺と大原にあった尊重寺と護法寺というそれぞれ平氏ゆかりの寺を、建久六（一一九五）年に出雲路に移し新たに建立した寺であるという。

○二〇八五　平親範置文　○洞院部類記六

条々事

一　平等・尊重・護法寺等事

平等寺葛原親王建立、元在広隆寺西、

其寺焼失之後、於旧跡者、広隆寺領之、円智以彼本尊奉居当寺、

寺領紀伊国石垣庄

尊重寺曩祖平宰相親信卿建立、元在五辻、

其寺顛倒之後旧跡、今者院御領也、円智以彼本仏、奉渡大原、而其後亦建立当寺奉請之、

寺領安芸国吉茂庄　加賀国能美庄

護法寺亡父三位入道範家卿建立、元在伏見里、

禅門知行伏見庄、居住此寺、而平治逆乱出来之後、応保元年壊渡北石蔵、師頼卿息三井寺隆賢闍梨領也、同二年被遂供養、以隆賢補別当職、長寛元年為山門衆徒、一寺被焼払之刻、此寺同為灰燼之間、…多門天像者、円智永万元年付大原縁忍上人、先奉渡来迎院、後年建立一堂於彼山麓奉安之、其後建久六年所移立此出雲地也、

…

已上三寺并諸庄子細如此、抑洒此出雲地境内、建立五間之精舎、安置三所之本尊、以西擬平等寺、以東擬尊重寺、以中擬護法寺、殊以三寺忽為一堂、是則根本中堂之例、仏法繁昌之料也

（『鎌倉遺文古文書編』4　p113）

この毘沙門堂には平親範自身も住んだが、蓮入房湛智も居住し(8)大原魚山の声明を汲む寺院であった。また同じく毘沙門堂に居住した明禅は、法然没後法蓮房信空に会い法然義を絶賛したという。

毗砂門堂の法印明禅は参議成頼卿の息顕宗　檀那の嫡流智海法印の面受密宗は法曼院の正統仙雲法印にうく顕密の棟梁山門の英傑なりしかれとも道心うちにもよほし隠遁のおもひふか、りき初発心の因縁をかたり申されけるは最勝講の聴衆に参たりしとき…隠遁のおもひこの時治定せりとぞ申されける上人の念仏興行大にそねみそしりてつゐに在世の勧化をきかす…其後上人の弟子法蓮房に謁して念仏の法門を談す上人所造の選択集を送られけるを披見の、ち浄土の宗義を得称名の功能をしる信仰のあまり改悔の心をおこし選択集一本を写と、めて双紙の袖に源空上人の選択集は末代念仏行者の目足なりと書付られあまさへ又述懐の抄をしるして上人の義をほめ申されけり

（『法然上人絵伝』巻四一　続日本絵巻大成3　p36～37）

菊地勇次郎氏によれば、明禅没後も毘沙門堂僧は法然義との交渉があったという。[9]

二　覚林坊の『平家物語』

下総で毘沙門堂僧朗鑁が、『平家物語』の明雲に関する談義を行っていた頃、叡山東塔西谷の覚林坊でも『平家物語』の明雲を話題にしていることを見過ごしてはならない。なぜなら、覚林坊は毘沙門堂と深い関係にある坊だからである。以前扱った資料[10]だが再度掲載する。

一法ケ草木成仏事　　　　西谷覚林坊伝

口伝云常ニハアレコレイクラモ拾出之…

…更々不及他見ニ者也
此条ハ三条僧正御坊明雲自リ三条御房被移一切経ノ別処ニ時御門徒一人モ不参会セ于時澄憲法印只一人参シテ同車送リ彼処ニ々処ニ荷負両肩ニ此志不能報謝ルトテ未ルタ授ケ人ニ法門有トテ今此法ケ草木成仏ノ口決被許澄憲秘無相伝門人仍テ彼正流義惣無習伝之ヲ人々不思寄相伝之次記之ヲ云々

（西教寺正教蔵『草木成仏相伝』　1丁ォ）

元弘二年五月一日坊主《覚林坊》御坊御本令写畢云々
書写之次述感懐云此伝誠ニ銘心肝ニ者也平家ノ物語ニ彼時授玉フ一心三観血脈ヲ之由ヲカスウル即此事ナリ官兵右ノ手持経ト草木成仏ノ法門トハ唯在我家安居院人々被申兼テ承及正ク得ル此抄事宿習不思議也…

（西教寺正教蔵『草木成仏相伝』　2丁ゥ）

内容は以下のとおりである。
「法ケ草木成仏事」に関して、覚林坊で次のようなことが話題になった。明雲座主が流された時、門徒のうち澄憲のみが参り荷物を担いだので、明雲はまだ誰にも伝えていない法花草木成仏の口決を授けた。澄憲はこの口伝を秘して誰にも相伝しなかった。（1丁ォ）
元弘二年（一三三二）、覚林坊本『草木成仏相伝』を書写する際、「平家ノ物語」が話題になった。「平家ノ物語」に、明雲座主が澄憲に「一心三観の血脈」を授けたとあるのは、この「草木成仏」の口決のことである。それ故安居院僧は、「官兵の右の手の持経」と「草木成仏の法門」は我が家にのみ伝わっていると自慢しているのである。（2丁ゥ）

この資料から、元弘二年頃覚林坊でも『平家物語』の明雲の逸話が語られていたことが分かるが、覚林坊とはどのような坊であったか。『山家要略記』を見ると、覚林坊には「葛原親王所持の毘沙門天は、毘沙門堂の前身である尊重護国寺の毘沙門天である。」という口伝が伝わっており、義源が覚林坊の禅英に伝えている。

覚林坊五箇条

一伊　伝教大師建二止観院一　口決有之

…

一一　伝教大師与二一品式部卿葛原親王一。有二師弟之約一。

二　三寸毘沙門天王像大師御作親王一期令レ籠二御髻中一給。三　尊重護《コ》国寺毘沙門是也。…

…

右両条自二瀧禅院一以来義源法印相二伝之一。授二覚林坊禅英大僧都房一了

…

已上五箇条。建武二年二月三十日。参二覚林坊一禅英大僧都奉二伝受一了　七箇日潔斎

（『山家要略記』巻三　続天台宗全書神道1　p50）

当時覚林坊にいた禅英は、建武二年（一三三五）成立の『義伝抄』によれば毘沙門堂系の僧である。

禅英僧都ハヒ沙堂ノ余流也

（叡山文庫真如蔵『義伝抄（内大綱口決）』第一冊　72丁ゥ）

このように、鎌倉時代から覚林坊は毘沙門堂と深い関係があり、江戸時代書写の『延暦寺旧記』や『東塔五谷

堂舎並各坊世譜』には毘沙門堂の本坊と記されている。

西谷分　根本中堂之西

…

現坊之数

一覚林坊　号毘沙門堂流ト旦那一流ノ名室也毘沙門堂御門跡之本坊也

（東京大学史料編纂所写無動寺蔵『延暦寺旧記』一　17丁ゥ～18丁ゥ）

覚林坊

檀那流ノ名室号ニス毘沙門堂流一。毘沙門堂御門跡ノ本坊

（『東塔五谷堂舎並各坊世譜』天台宗全書24　p87）

三　毘沙門堂と『平家物語』

以上、『文句私物』第七と『草木成仏相伝』の記事により、十三世紀末から十四世紀初頭にかけて、毘沙門堂僧が関東や延暦寺で『平家物語』の明雲のことを話題にしていることが分かる。この二つの事例から、毘沙門堂僧は各地で『平家物語』の明雲を話題にしていたことが推測できる。関東で作られたという『源平闘諍録』のみに、明雲座主が領地を止められ流罪にされようとした時、山門の大衆が平清盛に助けを求めたという文書が見える(11)が、

延暦寺衆徒等謹言

欲早被執申前座主無指故被配流并被停止門跡相伝私領無謂子細状

右天台円宗弘本朝菩薩大戒興当山来一天四海皆伝座主之法燈五幾七衢悉稟和尚之光因茲賢王聖主只有帰依之儀往古近代全無配流之例然無指科忽蒙流罪豈非円宗魔滅山門没亡耶…弥前座主顕密法将智行賢徳也是故講論莚為証義者資厳重之御願瑜伽壇為阿闍梨奉祈聖朝安穏加之明雲苟祗候鳳闕久擁護龍顔聖主従之受一乗経仙院就之伝菩薩戒則是一朝之国師法皇之和尚也何以人讒達欻蒙厳罰耶又彼私領是自承雲和尚以来門迹相続所知行也慈覚大師雖有其数門徒枝葉繁昌専在梨本而令停止之付佗人者寧非大師之遺流之乱和尚之一門忽失耶縦雖停佗職不可及没収私領矣抑禅定大相国已為一朝之固又是万人之眼也天下之乱山上之愁何無其成敗矣…当山之存亡只在此成敗宜察此趣被執申者三千人涙泉忽乾数百才法燈再挑者歟仍衆徒僉儀之状如件　安元三季　五月十七日

（内閣文庫蔵『源平闘諍録』巻一之下　4丁ゥ～6丁ォ）

傍線のように、明雲座主を賞賛し梨本門跡の繁盛を述べていることから、この文書の利用に関東天台寺院に居た朗鑁のような檀那流(12)僧の関与が考えられはしないか。

毘沙門堂が梶井門跡に属する寺院であり、平氏ゆかりの寺院であること、明禅の父成頼が高野山に入ったこと、毘沙門堂僧が法然没後に法然義に近づいたことなどを考えると、毘沙門堂は大原・高野・法然という三つの宗教的世界に通じており、『平家物語』となんらかの関係があったのではないかと考えられる。

注

（1）高橋秀栄「下総龍角寺の天台僧心慶」『駒沢大学仏教学部研究紀要』（一九九六年三月）p217。
（2）朗海の年齢は、称名寺蔵金沢文庫管理『疏記抄』十の奥書による。
（3）尾上寛仲「関東における中古天台（下）—金沢文庫の資料を中心とする檀那流について—」『金沢文庫研究』（一九六四年五月）p5。高橋秀栄「金沢文庫保管『法華文句第一私見聞』について」『金沢文庫研究紀要』（一九七四年三月）p143。
（4）牧野和夫「「雑々」の世界Ⅰ」『実践国文学』（一九九二年三月）p54。
（5）内閣文庫蔵『出雲寺記』七丁裏～九丁表。
（6）高橋秀栄「毘沙門堂流の学匠たち—智海・明禅の行実をめぐって—」『印度学仏教学研究』（一九八五年三月）p11。
（7）成頼は、建礼門院が大原に入った頃、近くに居た聖とも記される。（長門本『平家物語』巻第二十）
（8）毘沙門堂に親範が居住していたことは、『玉蘂』承久二年五月十七日による。湛智のことは、金沢文庫古文10　p20の『仏説阿弥陀経』奥書や、『弾偽褒真抄』（続天台宗全書法儀1　p466）による。
（9）菊地勇次郎『源空とその門下』（一九八五年）p257。
（10）拙論「安居院流の主張「車中の口決」「官兵の手」と背景」『唱導文学研究』7（二〇〇九年）p60。本書第一部第四章所収。
（11）拙論「『平家物語』の成立圏」『比叡山仏教説話研究—序説—』（二〇〇三年）p53で触れた。
（12）尾上寛仲「関東地域に伝播した檀那流の系統」『印度学仏教学研究』（一九六四年一月）p233。「関東における中古天台（下）—金沢文庫の資料を中心とする檀那流について—」『金沢文庫研究』（一九六四年五月）p5。

【付記】称名寺・西教寺文庫・叡山文庫・唱導研究会の各位にお世話になった。記して謝意を表す。

第六章　称名寺に伝わった『平家物語』周辺資料

――『法華懺法聞書』『頌疏文集見聞』――

一　『法花懺法聞書』の紹介

金沢の称名寺に、『法花懺法聞書』という本があり、平成八年（一九九六）の「テーマ展法華信仰」に出品された。この本は『称名寺聖教目録』に、

年代 鎌倉時代　装丁 綴葉　紙数 35丁　縦寸 13・6　横寸 19・0　識語 （文中）文和四年二月中旬之候、於極楽寺北僧坊五室談之、談会之次以□□願主□□書写之畢、尤以秘蔵□□努々不可及他見［

（『称名寺聖教目録』（一）p40）

と記され、「テーマ展法華信仰」の解説に、

9　法華懺法聞書　　鎌倉時代

法華懺法とは、『法華経』を読誦して自他の六根の罪や汚れを懺悔し、滅罪を願う儀式のことで、智顗が著した『法華三昧懺儀』に基づいて行われる。天台宗ではとくに重要視され、平安時代以後さかんに行われた。本書はその聞書（講義の記録）である。

（金沢文庫編『テーマ展法華信仰』（一九九六年）p53）

と記されている。この解説には触れられていないが、末尾に『平家物語』にも見える師長流罪説話がある。師長

説話は後で考察することにし、『法花懺法聞書』の内容を概観する。
表紙と一丁は、以下のとおりである。一丁表のみ影印を挙げる【図版1】

法花懺□□□
金澤傳

（重要文化財「称名寺聖教」38函5　称名寺蔵金沢文庫管理『法花懺〔法聞書〕』表紙）

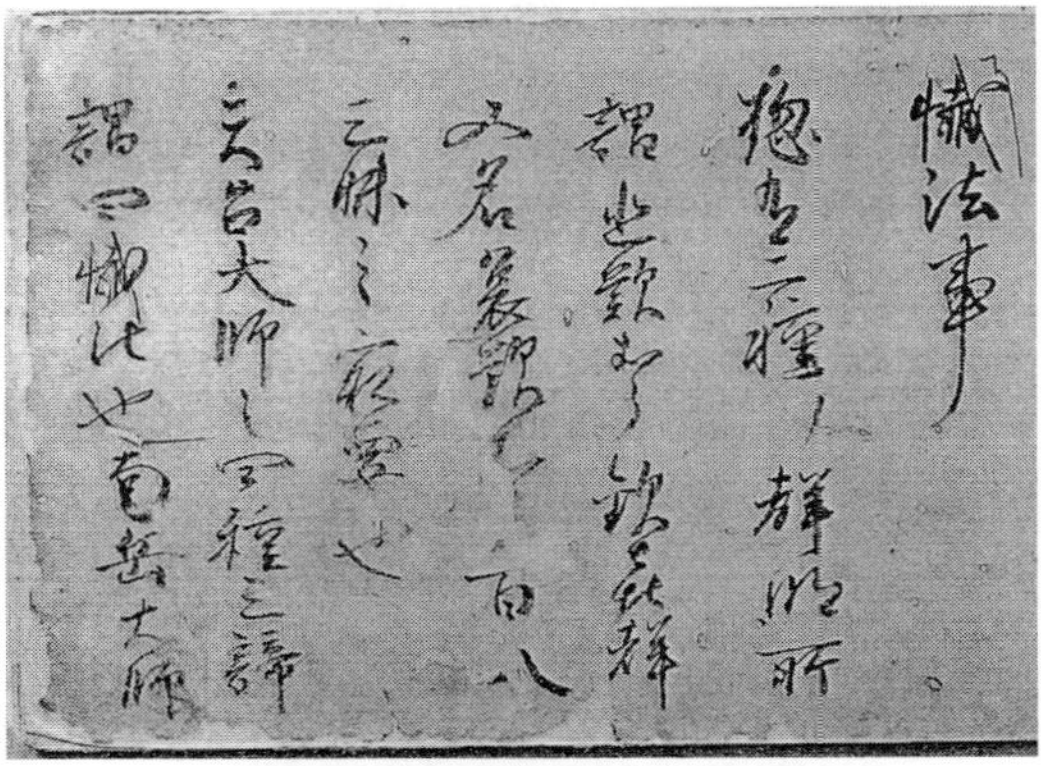

図版１『法花懺法聞書』一丁表

懺法事
惣有二種ノ声明一所謂悲歎声歓喜声又名哀歎声百八三昧之最要也天台大師之四種三諦謂四懺法也南岳大師所
作也妙音院禅定大相国妙音院御房□ム懺法声明者以呂律両音ヲ作之則空仮中之三諦也天台大師御本意也呂為

空律為仮呂律両音和合音則中也…

（重要文化財「称名寺聖教」38函5　称名寺蔵金沢文庫管理『法花懺［法聞書］』1丁ォ〜ゥ）

ここに、妙音院師長の声明は天台宗の教理「空仮中の三諦」を表す、とあって注目される。また、四丁裏や七丁表には、

妙音院故家寛法印ニ唱声明給時重懺悔此句ニ設二難ヲ□《ヲウチ叡山常行堂衆大原来迎院本願》良忍上人奉問

（重要文化財「称名寺聖教」38函5　称名寺蔵金沢文庫管理『法花懺［法聞書］』4丁ゥ）

勧請ノ応化ノ二字ヲ略スル事妙音院殿以家寛法印問于良忍上人ニ云

（重要文化財「称名寺聖教」38函5　称名寺蔵金沢文庫管理『法花懺［法聞書］』7丁ォ）

とあり、師長が良忍や家寛から法花懺法の口伝を受けたことが書かれている。これらのことから、『法花懺法聞書』の成立に、妙音院流の僧や大原の天台僧が関与していることが想定される。

二十七丁裏からは「助音事」が始まるが、「助音事」の終わりの二十八丁表にはやや小さい文字で、『称名寺聖教目録』にあるように、文和四年（一三五五）に極楽寺で写した旨が記され、引き続き五音の起こりが書かれている。【図版2】

連入房専用之懺法ノ廻文ニモ

助音付之御流ニハ用否

随時但自四字付之也

文和四年二月□□□候

於極楽寺北□□□□
請之取□□□□□□□□
畢尤以秘蔵□□
　努々不可□□□□□
五音之ヲコリ□□ヨリ
各ニイタリ…

（重要文化財「称名寺聖教」38函5
称名寺蔵金沢文庫管理『法花懺［法聞書］』28丁オ）

ここに見える極楽寺には、凝然の『声明源流記』によって妙音院流の声明が伝わっていることが分かるため、妙音院流の人々が『法花懺法聞書』を書写し、極楽寺に伝えたと考えられる。

澄円太輔阿闍梨
範真讃仏房。総シテ習フ二一流一ヲ。妙音流ヲ弘ム二中川山寺一ニ。行家流ヲ弘ム二東小田原并菩提山一ニ。
経玄宰相阿闍梨関東ニ弘ム二声明一ヲ
仙観房
円祐房多宝寺長老　円一坊極楽寺

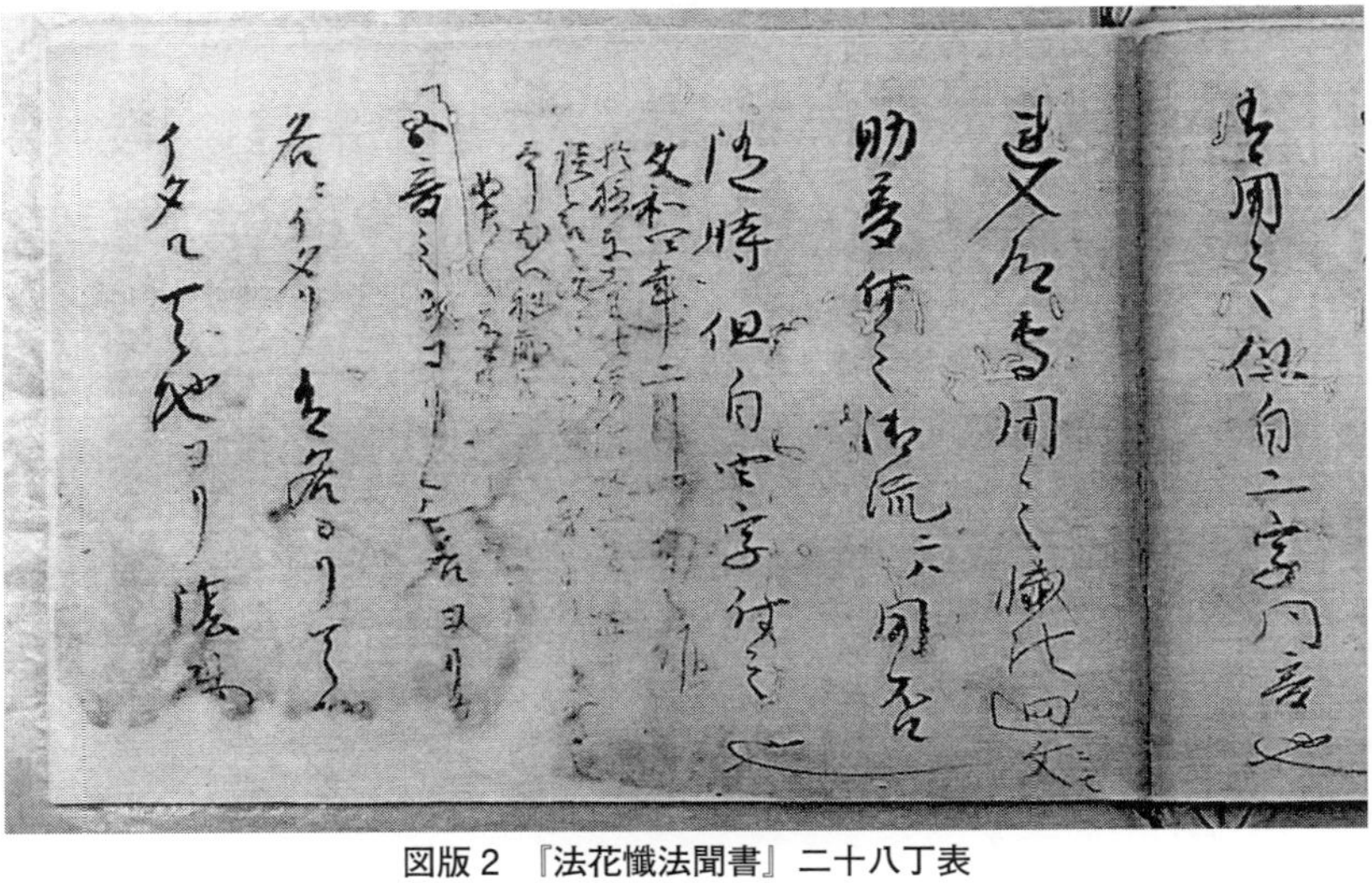

図版２『法花懺法聞書』二十八丁表

明忍房（釼阿）金沢長老
良達房（心慶）
賢空房

（『声明源流記』　続天台宗全書法儀1　p477）

この後は、二十八丁裏から三十一丁表まで「唄匿事」について書かれ、三十一丁裏は白紙となっている。最後に、三十二丁表から三十四丁表にかけて師長流罪説話【図版3-1～5】と、三十四丁裏から三十五丁表に浄蔵の不浄説話が記されている。虫食いや破損が多いが、以下に翻刻する。

太政大臣師長公　法名ハ長円
一太政の大殿ハ尾張国へなかされさせ給ケルニ
去保元々年御年二十にて中納言中将ト申時
父悪左府ノ縁ましますによつて兄弟四人
土佐国ヘ被流罪給云々御兄の□□将兼長
卿モ御弟の左中将隆┐　　┐範長禅師
も皆配所ニシテ失サセ┐
経テ長寛元年六月┐
本位ニ復ス┐
十月前中納言□□権大納言┐
タマフ大納言┐　　┐けれは数ノ外ニ
加リ給ケル大納言┐
山科《シナ》ノ大臣┐

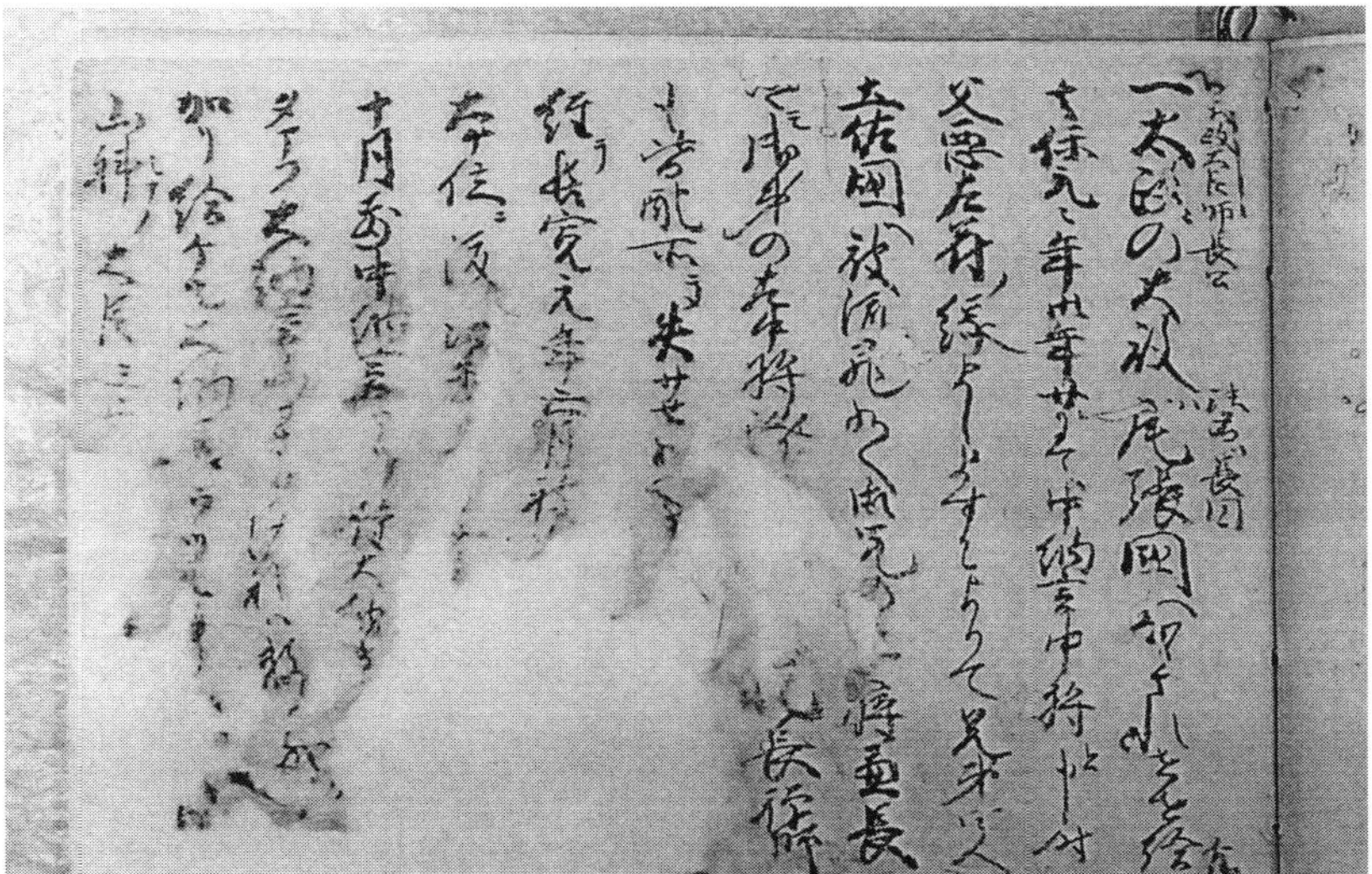

図版 3-1　『法花懺法聞書』三十二丁表

隆家卿ノ外例「
詩歌管絃ノ道ニ達シ才能人勝イヘハ
君も臣も重「　　　「給し「
次第ノ昇「
大臣ニあから「
にて又か丶「
ソ申ける保元の昔「
ウツリ給治承「
国ヘ被遷給フ本より□ミなくして
配所の月を見んと云事ハ心アル
人のねかふ事なれはあえ□事とも
したまはす彼ノ唐の太子賓客
白楽天元和十五年秋九江郡の

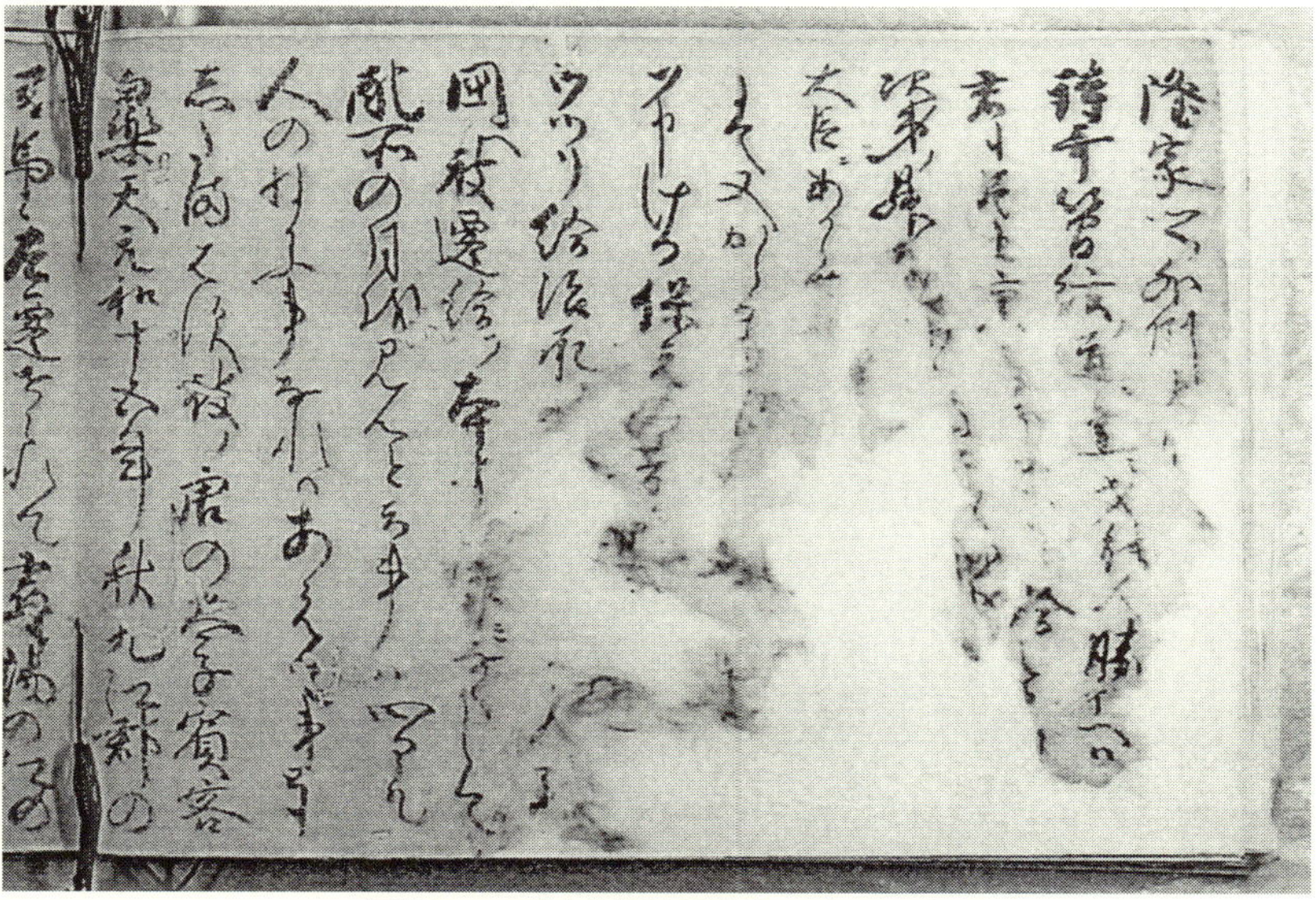

図版 3-2　『法花懺法聞書』三十二丁裏

□馬に左遷せられて尋陽の江の
辺ニさすらひ給ヒけるふるきよしみヲ
思遣てなるみ方しほ路□るかに
遠見シテツネハ浪月ヲのそみ浦吹風
にうそふきつ、□□を弾し
和歌ヲ詠シテな「　」に
日をくら「
の宮熱田「
法楽の「
せサせ給「
俗なれ「
村女漁人「

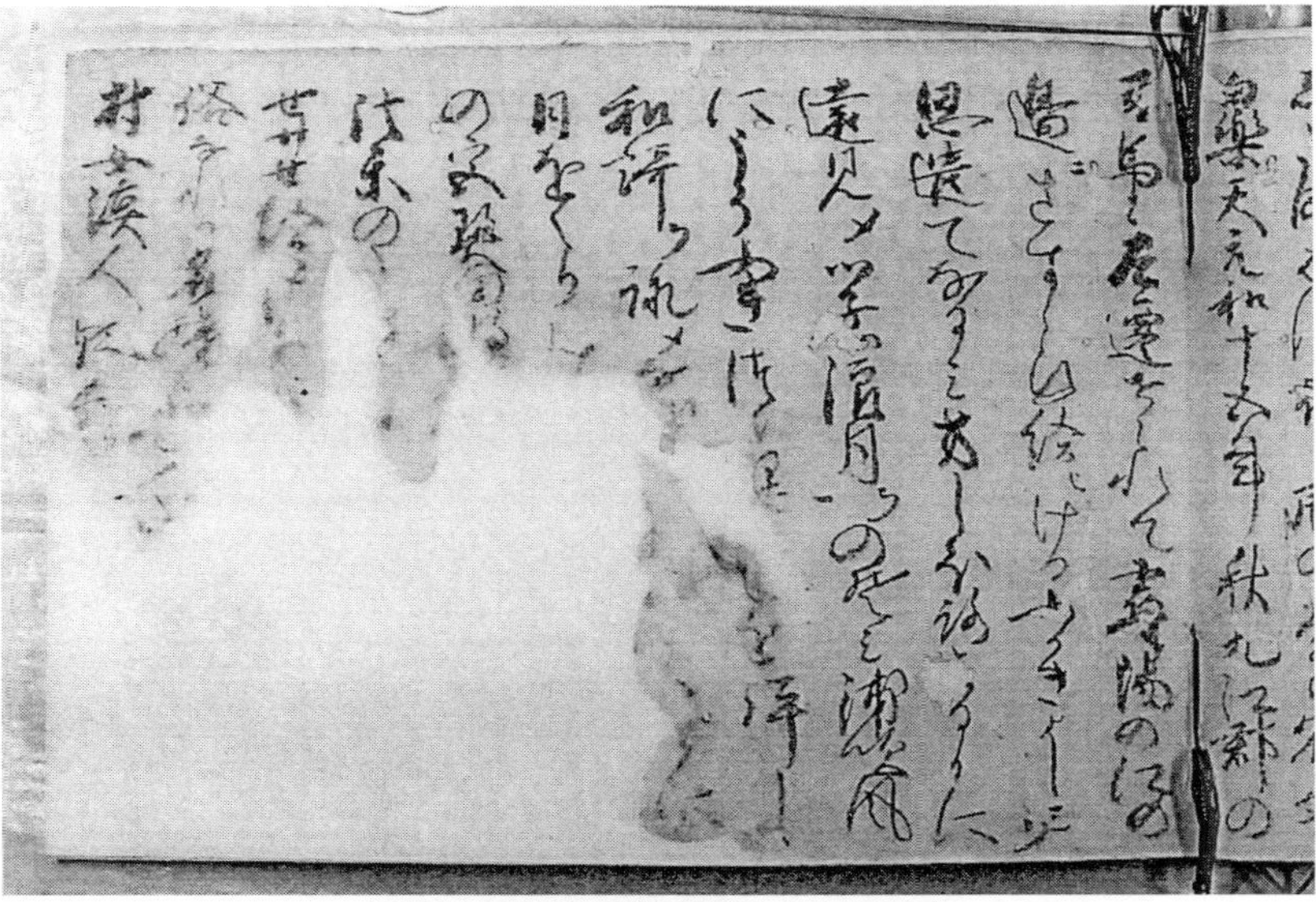

図版 3-3　『法花懺法聞書』三十三丁表

（三十三丁裏冒頭八行分破損）

┃大絃小絃金桂ノアヤ

ツリ大珠小珠ノ玉盤ニ落ルニあひ

にたる調弾数曲ヲツクス夜漏《ロウ》

深更ニ及テ神明感応ニ□へス宝

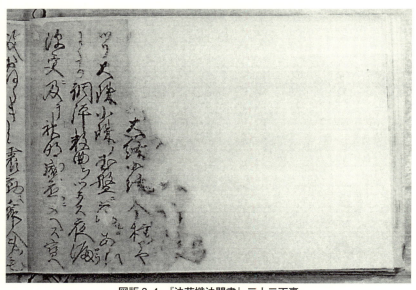

図版 3-4　『法花懺法聞書』三十三丁裏

殿おほきに震動ス衆人身ノ毛
よたちて奇異ノおもひヲなす
おと、は平家カ、ル悪行ヲいたさ
さらましかは今此ノ瑞相ヲおかま
しやとおもひ一
（三十四丁表から裏の合計十四行分破損）

図版 3-5　『法花懺法聞書』三十四丁表

録尤以ヿ
者十二神也云々其名ヿ
如法堂霊異記云抑故浄蔵大師ハ
猶非凡夫一ニ彼伝云大師参住ス
横川ノ如法堂二ニ于時雪深シテ
不能往返一スルニ於礼堂二ニ行小便一ヲ
其前ニ忽焉トシテ光明照曜ス
光中ニ有リ一蓮造人威徳魏々
東帯而立タテリ良久不言
然後示云ヿ

（重要文化財「称名寺聖教」38函5　称名寺蔵金沢文庫管理『法花懺［法聞書］』32丁ォ～35丁ォ）

師長流罪説話は、師長の声明に関係して付け加えられたもので、熱田明神の守護を説いた説話である。また、浄蔵の不浄説話は諸書[1]に見えるが、説話の直前に如法経守護の十二神が記されているため、次の『山門記』のような本文を利用したと考えられる。

一根本如法堂事
…天長十年慈覚大師如法経書写奉請守護神
子日八幡大菩薩　　丑日賀茂大明神　　寅日松尾大明神

卯日稲荷大明神　　辰日平野大明神　　巳日祇園天神
午日春日大明神　　未日住吉大明神　　申日比叡大明神
酉日新羅大明神　　戌日五処大明神　　亥日三尾大明神

已上十二番神

都率先徳覚超権少僧都如法堂霊記曰抑故浄蔵法師世習雖断戒行雖扶持明之功近代飛名聞其徳行猶非凡夫人彼伝云大法師参住横川如法堂于時雪深不能往反於礼堂行小便其前忽焉光明照曜光中有一貴人威徳魏々束帯而立変色瞋目瞻視法師良久不言然後示云大師以此経付属国内有徳明神令守護之今日是賀茂之守護也今行此不浄事欲懲将来而聖人所作為之如何言訖不見云云

（叡山文庫無動寺蔵『山門記』17丁ウ～19丁オ）

師長説話に浄蔵説話が続く理由は、ともに神の守護を説く説話であり、『声明集』にあるように浄蔵が声明の先駆者であることと、『大原流声明血脈』に見えるように、声明の一つである「九条錫杖」の相伝が浄蔵から良忍を経て師長へと伝わっていることなどが考えられる。

夫レ声明ハ者。五明ノ之中ノ其一ナリ也。…小僧家寛随二大原良忍上人一久ク提二携此ノ道一。…真義僧正・浄蔵法師等此ノ道ヲ為レ先云云

于時承安第三之暦月日

（『声明集』序　続天台宗全書法儀1　p1）

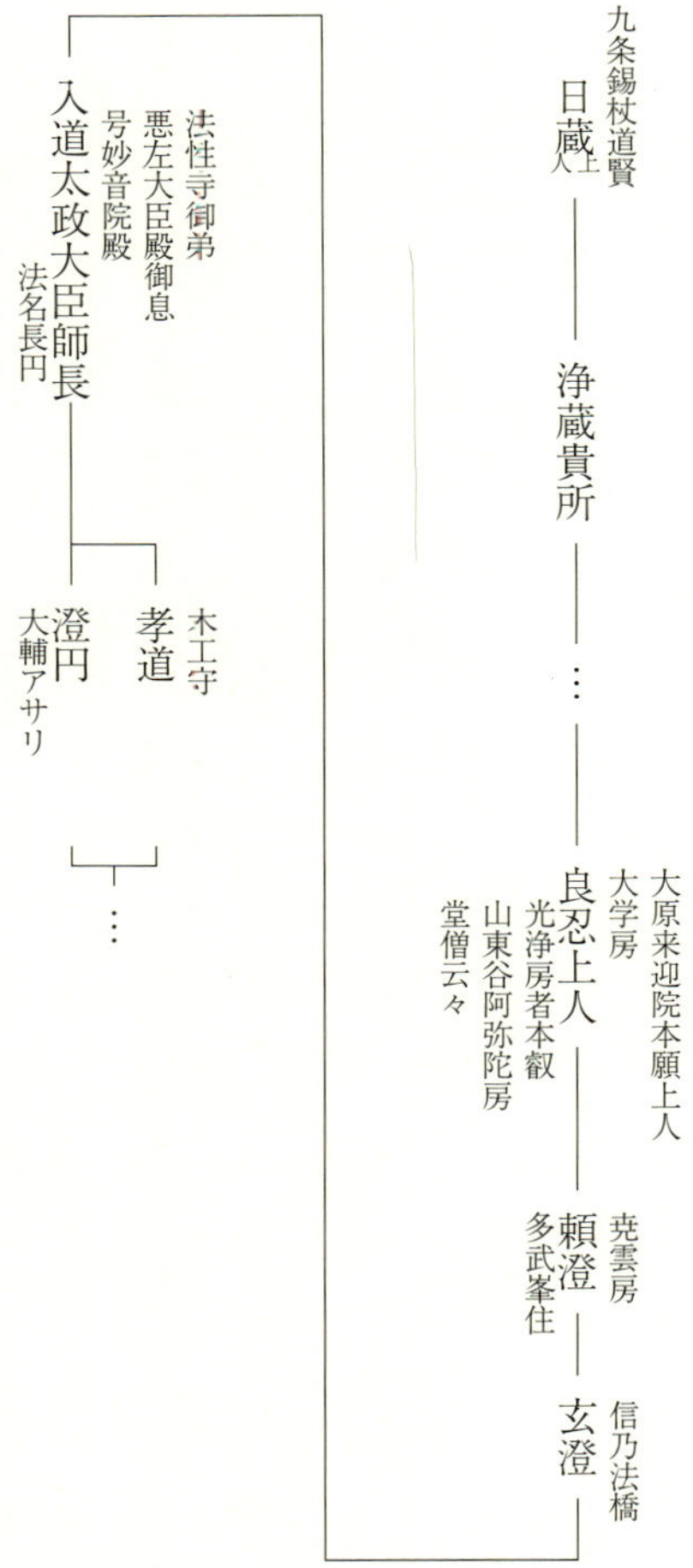

（『大原流声明血脈』　金沢文庫資料全書8　p301）

最終丁には、奥書と思われる文言がわずかに見える。

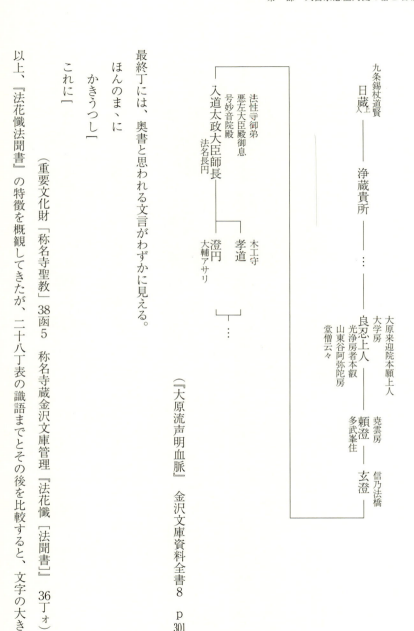

ほんのま丶に

かきうつし［

これに［

（重要文化財「称名寺聖教」38函5　称名寺蔵金沢文庫管理『法花懺［法聞書］』　36丁ォ）

以上、『法花懺法聞書』の特徴を概観してきたが、二十八丁表の識語までとその後を比較すると、文字の大きさや筆勢は異なるが別人の手とは見えないため、『法花懺法聞書』全体の書写年代は、文和四年（一三五五）頃と考えてよいのではないか。仮に別人の手によるものとしても、『法花懺法聞書』の内容と付属の二つの説話は関係が深いため、説話は文和四年からあまり隔たらない南北朝時代に付加されたものと推測される。

二　『法花懺法聞書』の師長流罪説話

さて、『法花懺法聞書』の師長流罪説話は、『源平盛衰記』巻第十二、延慶本『平家物語』第二本、覚一本・百二十句本・屋代本などの巻第三、長門本巻第七など、『平家物語』諸本に見える。南北朝時代といえば、応安年間書写の覚一本『平家物語』が連想されるが、『法花懺法聞書』の師長流罪説話を『平家物語』諸本と比較した結果は、延慶本や長門本から挿話や道行き文を除いた本文に近い。

『法花懺法聞書』の師長流罪説話を延慶本(2)や長門本(3)と対照し、同文箇所に傍線を、異なる箇所に波線を付けてみる。なお、『法花懺法聞書』の本文に便宜上（A）から（F）の記号を付ける。

『法花懺法聞書』

（A）
一太政の大殿《太政大臣師長公法名ハ長円》ハ尾張国へなかされさせ給ケルニ去保元々年御年二十にて中納言中将と申時父悪左府ノ縁ましますによつて兄弟四人土佐国ヘ被流罪給云々御兄の□□将兼長卿モ御弟の左中将隆「」範長禅師も皆配所ニシテ失サセ「経テ長寛元年六月「本位ニ復ス「←

延慶本『平家物語』

太政大臣ハ同十七日都ヲ出給テ尾張国ヘ被流給トソ聞ヘシ此大臣ハ去保元々年七月父宇治悪左府ノ事ニ逢給シ時中納言中将ト申テ御歳十九歳ニテ同八月土佐国エ被流給タリシカ御兄ノ右大将隆長朝臣ハ帰京ヲマタス配所ニテ失セ給ニキ是ハ九年ヲ経テ長寛二年六月二十七日被召返給テ同十月十三日本位ニ補テ永万元年八月十七日正二位ニ叙セラル←

長門本『平家物語』

大政大臣は去ほうけん元年七月に父悪左府のゑんさによて兄弟四人るさいせられ給ひし時中納言中将と申て御とし十九にて同八月にとさの国へなかされ給ひたりしか御あにの右大将かね長卿も御弟左中将たか長朝臣範長禅師も帰洛をまちつけすはい所にてうせ給ひき此大政大臣は九年をへて長くわん二年六月二十七日めし返されて同十月十三日に本位に複して内裏へまいり給ひたりけれは君をはしめまいらせてうんかく卿相をの〳〵いかなる曲をかはい所にてたんし給ひたるらん一曲候は、や（中略）けんしやうらくをひき事はと御たつねありけれは都へ帰てたのしむと申かくなりと大臣申されけれは君をはしめまいらせてかむし申さ

（B）
十月前中納言□□権大納言⌈
タマフ大納言⌈　　⌋けれは数ノ外
ニ加リ給ケル大納言⌈
山科《シナ》ノ大臣⌈
隆家卿ノ外例⌈
←

（C）
詩歌管絃ノ道ニ達シ才能人勝イヘハ
君も臣も重⌈　　⌋給し⌈
次第ノ昇⌈
大臣ニあから⌈
にて又か丶⌈
ソ申ける保元の昔⌈
ウツリ給治承⌈
国ヘ被遷給フ本より□ミなくして配
所の月を見んと云事ハ心アル人の
ねかふ事なれはあえ□事ともした
ますは

仁安元年十一月五日前中納言ヨリ
権大納言ニ移リ給フ折節大納言アカ
サリケレハ数ノ外ニソ加リ給ケル大
納言ノ六人ニナル事是ヨリ始レリ又
前中納言ヨリ大納言ニ移ル事後山科大
臣三守《サンシュ》公宇治大納言隆国《タカクニ》ノ外ハ先例
希也トソ聞ヘシ←
管絃ノ道ニ達シテ才芸人ニ勝テ君モ臣モ重
クシ奉リ給シカハ次第ノ昇進不滞ラ
無程大政大臣ニアカラセ給ヘリシニ
イカナル先世ノ御宿業ニテ又カ丶ル
ウキ目ニ遇給ラムトソ申ケル保元ノ
昔ハ西海土佐国ニ遷リ治承ノ今ハ東関
尾張国へ趣給フ本ヨリ罪ナクシテ
配所ノ月ヲ見ムト云事ハ心有キワノ人ノ
願フ事ナレハ大臣敢テ事トモシ給ハ
ス
←

れけるとかや永まん元年八月十七
日に正二位に叙せらる仁安元年
十一月五日前中納言より権大納言
にうつり給ふ大納言あかさりけれ
はかすの外にそくは丶り給ひける
大納言六人になる事是よりはしま
れり又前中納言にうつる事後山し
なの大臣三守公宇治大納言たかく
に卿の例とそ聞えし先れゐまれな
りとそ申けるくわんけむの道を長
しさいのう人にすくれて君も臣も
をもんし奉給ひしかは次第の昇進
と丶こほらす程なく大政大臣にあ
からせ給へりしにいかなるせん世
の御しゆく業にて又か丶る事にあ
はせ給らんとそ申けるほうけんの
昔は南海とさのくにへうつり治承
のいまは東関おはりのくにへをも
むき給ふもとよりつみなくしては
い所の月をみんといふのは（国会

←

（D）
彼ノ唐の太子賓客白楽天元和十五年
秋九江郡の□馬に左遷せられて尋
陽の江の辺ニさすらひ給ヒけるふる
きよしみヲ思遣てなるみ方しほ路
□るかに遠見シテツネハ浪月ヲのそみ
浦吹風にうそふきつ、□□を弾し
和歌ヲ詠シテな「　　」に日を
くら「
の宮熱田「

←

十六日暁方山階マテ出シ奉ル同
十七日ノ朝暁フカク出給ヘハ合坂山
ニ積ル雪（中略）尾張国井戸田ノ里
ニ着給ヌ彼ノ唐ノ太子賓客白楽天元
和十五年ノ秋九江郡ノ司馬ニ左遷セ
ラレテ尋陽ノ江ノ口リニ馳騁《チチヤウ》《サスラヒ》シ給
ケル古キヨシミヲ思遣テ塩干方塩路
遙ニ遠見シテ常ハ浪月ヲ臨ミ浦風ニ嘯《ウソフキ》
ツ、琵琶ヲ弾シ詩歌ヲ詠シテ等閑ニ日ヲ
送リ給ヘリ或夜当国第三宮熱田ノ社
ニ参詣アリ

←

歳経タル森ノ木間ヨリモリクル月ノ
指入テ綵ノ玉垣色ヲソヘ和光利物ノ庭
ニ引ク示索《シサク》ノ風ニ乱レ何事ニ付テモ神サヒ
タル景気ナリ有人云此宮ト申ハ素

図書館本「いふ事は」心ある人の
ねかふ事なれは大臣あへて事とも
し給はす十一月十七日あかつきふ
かく出給へはあふさか山につもる
雪（中略）おはりのくに井戸田に
つき給ふかの唐の太子ひんかくは
くらく天元和十五年秋のころ九江
郡の司馬にさせんせられ給ひしん
やうの江のほとりにち、うとやす
らひひはを聞給ひけむふるきよし
みをおほしめし出されてなるみか
たしほちはるかに遠見してつねは
浪月をのそみ浦ふく風にうそふき
ひはをたんし詩をえいしなをさり
にあかし暮し給ひけりある夜たう
こく第三の宮あつ田の明神へさん
けいありもりの木の間よりもりく
る月はさし入てあけの玉かき色を
そへわくわうりもつの庭にひくし
めなわ風にみたれなに事につけて

法楽の「 ←
せさせ給「 ←
俗なれ「

盞烏尊是ナリ始メハ出雲国ニ宮造リア
リキ八重立ト云三十一字ノ詠此御時
ヨリ始レリ景行天皇御宇此砌ニ跡ヲ
垂給ヘリト云ヘリ ←
師長神明法楽ノ為ニ琵琶ヲ弾シ給ケル
ニ所元ヨリ無智ノ ←
俗□レハ情ヲシレル人希也邑《イウ》老村女

も神さひたるけいき也此社と申は
すさのおのみこと也（中略）けい
行天皇御宇に此みきりに跡をたれ
給へり（中略）さても一条院御時
大江匡衡たうこくのかみにてこく
むの時大はん若をとけけるくわん
もんに我願すてにまんしぬ任限又
きはまりぬ故郷に帰らんとする期
いくはくならすとかきたりしこそ
あはれにおほえてうらやましくは
おほされけれ大臣大明神ほうらく
のためによひの程はふえをあそは
し更闌人しつまれは風香調の中に
花ふんふくの匂をふくむ流泉の曲
の間には月せいめいの光をますと
いふらうゑいをせさせ給ひてひは
の三きよくをと、のへ給（中略）
かるかゆへに明神も是に幸りんし
仏陀もこれをなう受せりもとより
むちの俗なれはなさけをしれるも

村女漁人｜
（八行分破損）←

（E）
｜大絃小絃金桂ノアヤツリ大珠
小珠ノ玉盤ニ落ルニあひにたる調弾数
曲ヲツクス夜漏《ロウ》深更ニ及テ ←

漁人野叟頭ヲウナタレ耳ヲ峙ト云ト
モ更□清《ク》濁ヲ分チ呂律ヲシレル事ナ□
ケレトモ瓠巴《クワハ》琴ヲ弾セシカハ魚鱗ヲ
トリホトハシリ虞公歌ヲ発《ハツ》セシカハ
梁塵動キウコク物ノ妙ヘナルヲ極ムル
自然ニ感ヲ催ス理ニテ満座涙ヲ押フ其声
嘈々竊々トシテ ←
又錚《シヤウ》々タリ大絃小絃ノ金柱ノアヤツ
リ大珠小珠ノ玉盤ニヲツル《ロ》ニ相似タ
リ調弾スル数曲ヲ尽シ夜漏深更ニ及テ
願ハ今生世俗文字ノ業ト云朗詠ト風香《フカウ》
調《テウ》ノ中ニ花芬複《ホンフク》ノ薫ヲ含《フクミ》流泉ノ曲ノ間ニ
月清明ノ光明ナリト云朗詠トヲ両三
返セラレケルニ ←

のまれなり邑老村女漁人野叟頭を
たれみ、をそはたつといへともさ
らにせいちよくをわかちりつりよ
をしる事なしされともくわは琴を
たんししかは魚りんおとり迸くこ
う歌を発せしかはれうちんうこき
さはくもの、妙をきはむるしせん
のかんをもよほすことはりにてま
ん座涙をささふそのこゑ嘈々せつ
〳〵として又しやう〳〵たり大け
ん小けんのきんけいの操大しゆ小
珠のきよくはんにおつるにあひに
たり調たんすきよくをつくし夜漏
深更に及て
　願以今生世俗文字業狂言綺語
過
　翻為当来世々讃仏乗因転法輪
縁
といふ朗詠を両三返せさせ給ひけ
れは

（F）
神明感応ニ□ヘス宝殿おほきに震動ス衆人身ノ毛よたちて奇異ノ□ひヲなすおと、は平家カ、ル悪行ヲいたささらましかは今此ノ瑞相ヲおかましやとおもひ一

神明感応ニ堪ヘス宝殿大ニ震動ス衆人身毛竪テ奇異ノ思ヲナス大臣ハ平家ノカ、ル悪行ヲ致サ、ラマシカハ今此ノ瑞相ヲヲカマシヤハト且ハ感シ且ハ悦給ケリ

神明かん応にたえすほう殿しんとうす衆人身のけよたちてきゐの思をなす大臣は平家のか、るあく行をいたさすはいま此すいさうをはいせましやはとかつうはかんしかつうは悦給ひけり

まず、『法花懺法聞書』の冒頭（A）部分を見る。『法花懺法聞書』は、師長は尾張の国へ流されたとするが、『平家物語』諸本のうち、尾張の国を冒頭に記すのは延慶本と『源平盛衰記』である。但し『源平盛衰記』は、「妙音院太政大臣師長ハ参河ノ国ヘトハ披露有ケレトモ実ニハ尾張ノ国井戸田ヘ流罪トテ都ヲ出サレ給ケリ」と長い。続いて、『法花懺法聞書』は、師長が土佐の国へ流されたのは二十歳の時とするが、これは十九歳が正しい。さらに、「縁ましますによつて」は、「縁坐」を誤読したものと考えられる。「縁坐」は、延慶本には見えないが長門本にはある。また、『法花懺法聞書』は、土佐の国で兄弟三人が亡くなったことを記しているが、これも延慶本には無く長門本にはある。帰洛の後本位に復したのは、『法花懺法聞書』は長寛元年と記しているが、これは長寛二年の誤写と思われる。以上、冒頭のA部分は長門本により近いが、同文とは言えない。長門本はその後、波線で示したように帰洛後の挿話を記している。

次に（B）部分最後の「隆家」は、『平家物語』諸本では「隆国」となっているが、史実によると『法花懺法聞書』

の誤りと考えられる。

次に（C）部分を見る。最初の「詩歌管絃ノ道ニ達シ才能人勝イヘハ」について見ると、『平家物語』諸本は「詩歌管絃ノ道」ではなく「管絃ノ道」とする。また「才能」は、『平家物語』諸本は「才芸」だが、長門本のみ『法花懺法聞書』と同じ「才能」である。（C）部分の後は、波線で示したように延慶本・長門本とも尾張の国までの道行き文を記している。

次に（D）部分を見る。ここは延慶本・長門本両本とも『法花懺法聞書』に近いが、微妙に異なっており同文とは言えない。並べて示す。

【聞書】尋陽の江の辺ニ1さすらひ給ヒけるふるきよしみヲ2思遣てなるみ方しほ路□るかに遠見シテツネハ浪月ヲのそみ浦吹風に3うそふきつ、□□を弾し4和歌ヲ詠シテ

【延本】尋陽ノ江ノ口リニ1馳蠡《サスラヒ》シ給ケル古キヨシミヲ2思遣テ塩干方塩路遙ニ遠見シテ常ハ浪月ヲ臨ミ浦風ニ3嘯ツ、琵琶ヲ弾シ4詩歌ヲ詠シテ

【長本】しんやうの江のほとりにち、うと1やすらひはを聞給ひけむふるきよしみを2おほしめし出されてなるみかたしほちはるかに遠見してつねは浪月をのそみ浦ふく風に3うそふきひはをたんし4詩をえいし

『法花懺法聞書』の二重傍線1の「さすらひ」は、延慶本は同じだが長門本は「やすらひはを聞」と異なっている。2の「思遣てなるみ方」は、延慶本は「思遣テ塩干方」と前半は同じだが後半が異なる。長門本は「おほしめし出されてなるみかた」と、前半は異なり後半が一致する。3の「うそふきつ、」は、延慶本は同じだが長門本は「うそふき」のみである。4の「和歌ヲ詠シテ」は、延慶本は「詩歌ヲ詠シテ」とあり、長門本は「詩をえいし」と両

本異なっている。（D）のこの後は、波線で示したように、延慶本長門本両本とも熱田神宮の縁起などを記しているが、長門本はそれに続き、大江匡衡の事や師長の朗詠や演奏の様子なども加えている。

次に（E）部分は、延慶本長門本とも『法花懺法聞書』の本文とほぼ一致している。この後は、延慶本長門本とも波線で示したように朗詠が記されている。

最後に（F）部分は、延慶本長門本とも『法花懺法聞書』の本文に近いが、「平家ノカヽル悪行ヲ致サヽラマシカハ今此ノ瑞相ヲヲカマシヤ」の部分は、延慶本が長門本より近い。

以上、『法花懺法聞書』の師長流罪説話は、数カ所に誤りがあり、かならずしも良い本文とは言えない。しかし、全体的に見ると、延慶本や長門本から挿話や道行き文を除いた本文に似ている。とりわけ、（A）部分の「縁坐」や「兄弟三人の死」、（C）部分の「才能」がそれぞれ長門本と一致しているため、比較的長門本に近い感がある。『法花懺法聞書』の師長説話は、延慶本や長門本のような本文を抄出して作られたのか、逆に延慶本や長門本の編者が『法花懺法聞書』のような説話を参考にして、それに挿話や道行き文を加筆したのか判然としない。しかし、前記のように『法花懺法聞書』の成立に、妙音院流の僧や大原の天台僧が関与していることが想定されることと、『法花懺法聞書』の本文に延慶本や長門本と一致しない箇所があることを考えると、『法花懺法聞書』に見えるような師長流罪説話が既に大原周辺に存在していて、それを延慶本や長門本の編者が利用した可能性が高い。いずれにしても『法花懺法聞書』の師長説話は、『平家物語』となんらかの関係があると思われる興味深い資料と言える。

三　『頌疏文集見聞』

称名寺蔵『頌疏文集見聞』は、『称名寺聖教目録』に、

【外題】頌疏文集見聞自第一至十八　【内題】文集見聞　第一、（以下）第二、第三処、第四処、第五処、第六処、第七処、第九処、第十処、第十一処、第十（二）処、第十三処、第十四処、第十五処、第十六処、第十七処、第十八処
【年代】弘安9年（1286）　【装丁】袋綴　【紙数】54丁　【縦寸】26.5　【横寸】19.2　【識語】（尾）弘安九年十二月十七日、桑門隠士寂意（花押）

とあって、弘安九年（一二八六）に天台僧とおぼしき寂意が書写した『倶舎論頌疏』の注釈書である。表紙と奥書は、以下のとおりである。

> 六済　　　　　　五帖之内□
> 頌疏文集見聞　自第一至十八
> 　　　　　　　　沙門寂意（花）

（重要文化財「称名寺聖教」44函7　称名寺蔵金沢文庫管理『頌疏文集見聞』表紙）

弘安九年十二月十七日

桑門隠士寂意（花）

（重要文化財「称名寺聖教」44函7　称名寺蔵金沢文庫管理『頌疏文集見聞』51丁ウ）

『平家物語』とは直接の関係はないが、この本に「信救ノ書タル重忠ノ合戦」と見える箇所がある。

物語云信救ノ書タル重忠ノ合戦ニカシワハラ心替シタリトテ又此後モ一同□□□ク

思佑人々異ナレト書テ火ハ上《ス、》テ上《カミ》サマヘ上《ノホ》テ上《ノホ》ル水ハ下《シリソ》イテ下《シモ》ヘ下《オツ》ルナリノ□

相違法ト云也

（重要文化財「称名寺聖教」44函7　称名寺蔵金沢文庫管理『頌疏文集見聞』19丁オ）

信救（大夫房覚明）が書いた「重忠の合戦記録」に、柏原が心変わりしたことが記されていると云うのである。『吾妻鏡』を見ると、畠山重忠に柏原太郎が従うのは、文治五年（一一八九）七月から九月の藤原泰衡の征伐（奥州合戦）においてであるが、柏原太郎の心変わりは記されていない。

○十九日丁丑。巳剋。二品為レ征二伐奥州泰衡一発向給。…御進発儀。先陣畠山次郎重忠也。先疋夫八十人在二馬前一。…次従軍五騎。所謂長野三郎重清。大串小次郎。本田次郎。榛澤六郎。柏原太郎等是也。凡鎌倉出御勢一千騎也。

（新訂増補国史大系『吾妻鏡』文治五年七月十九日）

『義経記』の巻末も泰衡の征伐であるが、これにも柏原は見えない。泰衡は、父秀衡の遺言に反し源義経を討った人である。信救は、秀衡が神像を、義経が利剣を箱根神社に奉納したことを記しているので、泰衡の征伐には関心を持っていたに違いない。

次奥州住侶藤原秀衡緬二仰禄山神力一、而以レ銅奉レ鋳二神像一、故及二武威於九夷外一矣、又源義経西征之日、奉レ納二利釼于玉扉一名二薄緑一、併施二策略于天下一、動二雄名于古今一、…

建久二年七月二十五日　　別当行実

南都興福寺住侶信救誌焉

（『筥根山縁起并序』　神道大系神社編21　p262）

柏原太郎の心変わりとは何か。合戦内容は不明ながら、『頌疏文集見聞』の一節から、信救が「奥州合戦記」を書いたことが推測され、『兵範記』紙背文書[4]の『畠山物語』が連想される。

注

（1）浄蔵の不浄説話は、『叡岳要記』・『門葉記』・『拾遺往生伝』・『元亨釈書』・称名寺蔵『如法経手記』・東寺観智院蔵『山門』に見える。

（2）延慶本『平家物語』は、大東急記念文庫蔵の影印を使用。

（3）長門本『平家物語』は、岡山大学本を使用。一部国会図書館本を参照。

（4）『鎌倉遺文古文書編』8　五五九五号文書。

【付記】　称名寺・金沢文庫・叡山文庫・唱導研究会の各位にお世話になった。記して謝意を表す。

第七章　西教寺正教蔵『授記品談義鈔』紹介

――『轍塵抄』の影響など――

一　書誌・作者

西教寺正教蔵『授記品談義鈔』を紹介する。正教蔵番号「番外／一番箱／一六／三五三八」。四目袋綴じ写本一冊。縦一五.〇糎、横二〇.九糎。横本。

表紙は破損剥落しているが、見返しに当たる紙は残っている。裏表紙は枯色で残存、ただし裏表紙と見返し紙が剥離している。

本文は六十八丁裏で中断、その後に遊び紙六丁あり。文体は漢字片仮名交じり。室町時代の話し言葉が目立ち、走り書きで聞書の体をなし、同筆による異本注記あり。

表紙見返しに当たる紙を扉として使用し、後人が朱書きで扉書きを認めている。

（右肩）

番外

一番箱

（中央上部）

授記品

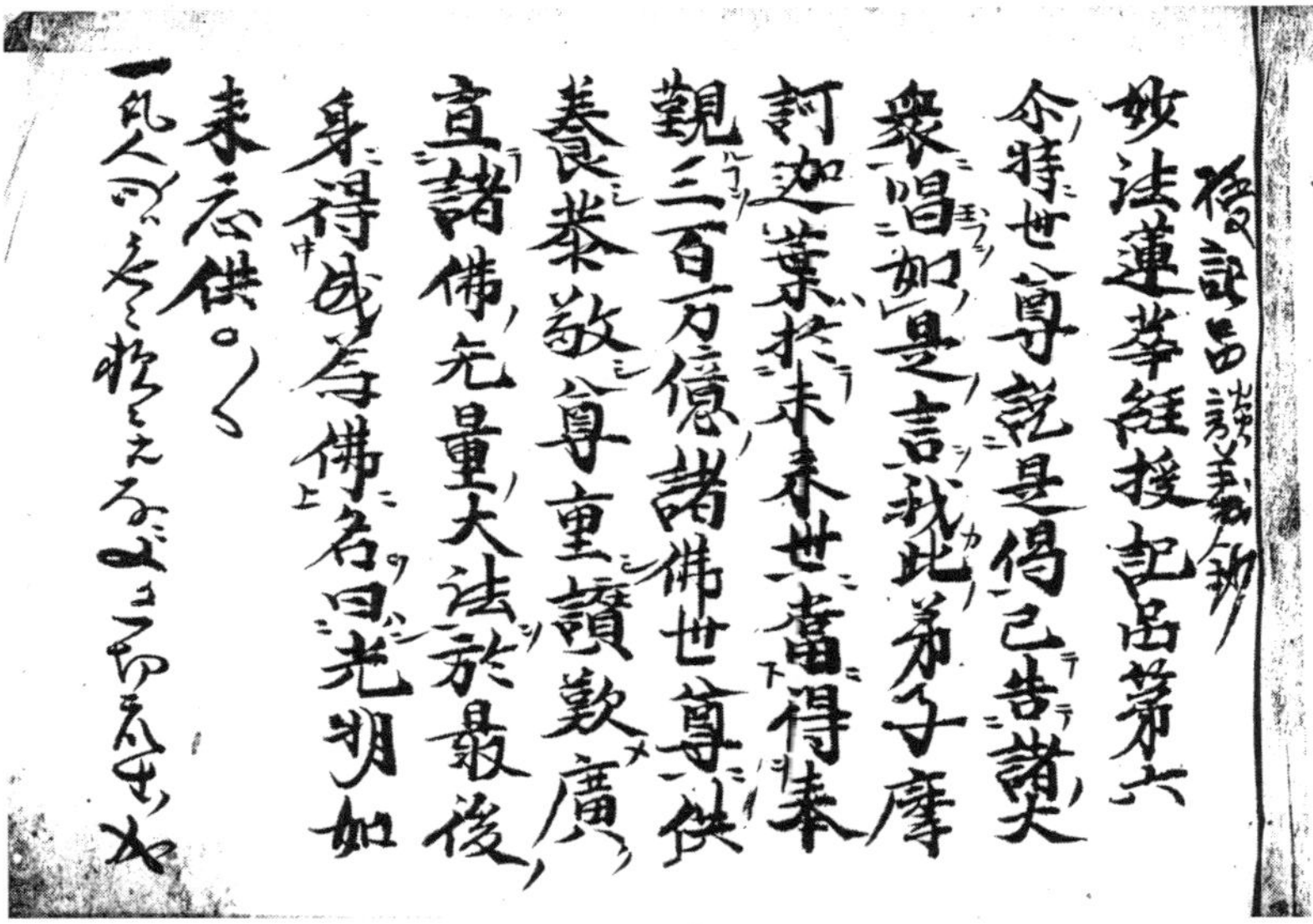
授記品談義鈔
妙法蓮華経授記品第六
爾時世尊説是偈已告諸大
衆唱如是言我此弟子摩
訶迦葉於未来世当得奉
覲三百万億諸佛世尊供
養恭敬尊重讃歎廣
宣諸佛无量大法於最後
身得成為佛名曰光明如
来応供。く

図版

談義鈔

内題は「授記品談義鈔」とあるが【図版】、『法花経』授記品に続き、普門品・提婆品・勧持品・涌出品・勧発品の六品の談義を記したものである。この本は、廣田哲通氏が、「『轍塵抄』とその周辺」『中世文学』（一九八五年五月）で初めて言及され[1]、『説話の講座』三（一九九三年）で、「内容は割合簡略で、説話・和歌もそれ程多くは含まれていない」とされたが、一五〇〇年代後半の、関東における『法花経』直談の様態がよく分かる興味深い書である。

談義の内訳は以下のとおり。

1丁ォ～15丁ォ授記品、15丁ォ～22丁ゥ普門品、
22丁ゥ～38丁ゥ提婆品、38丁ゥ～44丁ゥ勧持品、
44丁ゥ～55丁ゥ涌出品、55丁ゥ～68丁ゥ勧発品、

作者は、本文中に次のように見え、

一第二雄海法印説談ト申ハ…（22丁ゥ）
一第四下　行運法印…（38丁ゥ）

一第五之下行運涌出品…（44丁ゥ）

第六　勧発品　雄海法印御作（55丁ゥ）

提婆品と勧発品が雄海、勧持品と涌出品が行運と分かるが、授記品と普門品の作者は未詳である。

雄海は『国書人名辞典』によると、十六世紀後半に活躍した天台宗の僧侶で、常陸国逢善寺の学頭であり、『逢善寺文書』によれば、雄海は、天文二十四年（一五五五）六月から逢善寺に住み、次の学頭定珍が三十七歳の年元亀元年（一五七〇）に遷化している。

一第十四代雄海法印、当寺別当ヨリ、天文二十四年乙卯六月二十日、当寺移住…

一第十五代定珍法印、…三十七ノ年雄海之遷化申シ登セラレ、治英并寺家門中ヨリ召請ノ間、六月十八日山門ヲ立テ、七月八日ニ着寺シ二十二日ニ学頭職ヲ領掌シ

（『逢善寺文書』　茨城県史料中世編Ⅰ　p489）

一方、行運は、上総国三途台長福寺の学頭で[2]、『天台灌頂玄旨』に血脈が見える。

…傳教大師慈覚大師慈叡惟尚承誓　理仙慈恵大師覚運旦那贈僧正　遍救静慮院…定厳法印静什阿闍梨　什覚覚海覚耀高尊

慶海行弁行海行運実全舜慶恵賢

（西教寺正教蔵『天台灌頂玄旨』第二冊　3丁ゥ）

ここに見える什覚は、後で触れるが、『綱目鈔』を著している。また、行運は右記逢善寺学頭定珍と交流があり、天正十年（一五八二）頃『止観坐禅義注』を著して定珍に添削を乞うている。

止観坐禅義注終　天正十暦玄黙敦牂余歳月二十四日有門弟子暇日来偶然相談々之次自懐中取出一巻之書…

余自注不才再三辞謝然而脾望転不休依難黙止私注之而贈逢善教寺珍公以乞添削者也…（以下別筆）
上総国台長福寺行運法印註之玄妙〳〵
逢善寺第十五世
遂果定珍（花）
（叡山文庫真如蔵『止観坐禅義注』奥書）

二　談義の年代・対象

談義の年代に関する記述を、本文の中から探すと、

予（行運）年智共ニ若輩ナルニ今此ノ一座ノ解説ヲ御所望ハ中々覚外ノ至リ数ケ度雖ニ辞退一スト頻ニ御懇望絶テ不レ及レ辞ルニ解キ二御経ノ紐ヲ一致二訓読一事云レ彼ト云レ此其ノ通不レ存テ候（44丁ウ～45丁オ）

譬ハ輝虎ホトノ弓取ハ無ケレトモ出テ二他国ニ一取レハ二弓矢ヲ一有テ二傍ニ敵軍又本国ヲ伐ッ故ニ他国ノ張陣得ナラヌ事テ候（48丁オ）

とあり、行運が涌出品の談義を行ったのは若輩の頃であることが分かるが、「輝虎」とは『国史大辞典』を見ると、上杉謙信の永禄五年以後の名前である。従って、この『法花経』談義がどの品もほぼ同時期になされたとするならば、それは上杉謙信が輝虎と称する永禄五年（一五六二）以後、雄海が遷化する元亀元年（一五七〇）以前の

ことになる。

談義の相手は、寺僧の他、農業に関する言葉があるところから、地方の有力地主や農民が考えられる。

加様ニ申候ヘハ若又無分別ノ御俗《ソク》方ハナトハサテハ余《ヨ》経余佛ハイラヌナト、思召ス方モ御座候ズ（14丁ゥ）

譬ハ今時分方々ノ耕作ヲ被成ニ上ノ善ハワセノ如ク中ハナカテノ如下ハヲクノ如シ也（65丁ォ）

また、『授記品談義鈔』には、説話引用の目的が三箇所にわたって明記されており、談義の特徴がよく表れている。引用説話の中には、当時流行していた幸若舞『景清』『小袖曽我』もある。

サレハ依レテハ之アワレナル物語《タリ》カヲリヤル眠リヲ覚(3)テ御聴聞被成候ヘ（13丁ゥ）

道俗ノ愚人悠々トシテ生死ノ理モ不知迷々トシテ生後ノ行クタテモ不レ弁ヘ故ニ彼ノ道俗男女共ヲ教化セン為ニ世間ノ雑談ニ寄テ仏法ノ路ヲ教ル事テ候（22丁ゥ）

我カ耳ヨリノ仏法ヲ下賤カ心寄リニ存ル故ニ真実ノ妙理ヲハ先ッ取置テ因縁物語ナト申テ候（23丁ォ）

サテ我朝ニ於テハ悪七兵衛カケキヨクヒヲ切リトモ(マヽ)ノ御前ニ出シケレハカケキヨカクビニ非ス清水ノ観音ノ御クビニテ御座候故ニカケキヨモ御免許ヲ蒙リ候何レ御旁《カタ》々ノ御存知ノ前テ候（20丁ゥ）

三　和歌・説話

本文中に見える和歌、二十九首を列挙する。古歌も見えるが、当時の直談・談義に使われた歌も多い。

マダキカヌ人ノタメニハホト、キス幾度聞クモ初ツネナリケリ（3丁ゥ）

鳥邊野ニアラソフ犬ノコヘキケハカネテウキ身ノヲキ処ナシ（8丁ウ・31丁ウ）

目ヲトメテ見ネハコトアレヨ中ノハナミタノホカノ事ハモナシ（8丁ウ）

露ヲナトアダナル物ト思フラン我カ身草木ヲカヌハカリヲ（9丁オ）

仏ハ何ヲイワマノコケムシロ只タ慈悲心ニシク物ハナシ（10丁ウ）

ワケ登ル麓ノ道ハ多ケレトヲ雲井ノ月ヲコソ見レ（11丁ウ）

ヲリタチテタノムトナレハアス川フチノ瀬ト成物トコソヒケ（18丁オ）

草木仏ニ成ルト聞ク時ハ心アル身ノタノモシキ哉（モモ）

鷲ノ山八年ノ法ヲイカニシテ此花ニシモタトヘソメケン（25丁オ）

娑婆ニハウラヤマレヌル身ナレトモカクナリハツル末イカナラン（29丁ウ）

蓮ハノ濁リニソマヌ心モテ何カハ露ヲ玉トアサムク（29丁ウ）

イカハカリ後生ヲ願ヒ玉ヘトハ我コソ常ニヽツル物ヲ（30丁ウ）

皆人ノシリカラニシテシラヌカナ必スシヌルハカレアリト（ママ）（32丁ウ）

コレヤコノマシロノタカニヱコハレテ鳩ニハカリ身ヲカケシ人（33丁オ）

罪深キ女ナレトモ此経ヲ持テル人ハ佛ニソナル（37丁ウ）

古歌ニ月ハ入ルト○（41丁オ）

黒皮ノ鎧ニ似タル黒衣信施ノトカリヤ裏ナカヽセソ（41丁ウ）

タラチネハ色髪ナカラ如何ナレハ子ノ眉白キ人トナルラン（55丁オ）

萌出ル墅邊ハサナカラ緑リニテソノユカリトモシラヌ若草（55丁ォ）
イカニシ初（ママ）音ハ若鶯ノ深キ墅山ノ春ヲ告クラン（55丁ゥ）
ナレ〳〵テ泪ノ雨ヤクモルラン帰ルトモナキ鶯ノ深山路（56丁ォ）
年月ヲチキリシ中モ今ハハヤソノハテ〳〵ノサソナクルシモ（56丁ォ）
年月ノソノ言葉ヲ忘スハ我ト同ク手（ママ）ノ山コへ（56丁ゥ）
母ニウキ人ノ心ニ哀ミモハテハタフサノ山トコソナレ（62丁ォ）
春ウヘテ秋ニ取ル身ヲ見ル時ハ我レカラ末ヲヲモイコソヤレ（65丁ゥ）
ツミ失ヲ造リヲキタル程ミヱテサウツノ川ニ死出山路ヲ（66丁ゥ）
皆ナ人ヲ渡シハテントセシ程ニ我カ身ハ元ノマヽノツキハシ（67丁ォ）
風吹ハヲキツシラナミノ古事ノ事（67丁ゥ）
念佛ヲハ野ニモ山ニモ申ヲケ乱ニモアワスヌスマレモセス（68丁ォ）

また、本文中には長短三十ちかくの説話が見られる。主な説話を、同話・類話とともに表にする。管見にして同話・類話を見つけ出せない説話もあるが、同話・類話を見ると、概ね『法花経』直談に使用された説話が多いことから、『授記品談義鈔』は当時の『法花経』注釈の影響下に成立していると言えよう。

丁数	説話	同話・類話
5丁ォ～7丁ォ	迦葉尊者は、父母が畢鉢羅樹に祈り得し子。	『法華文句』一下、『法華経鷲林拾葉鈔』二、『法華経直談鈔』一、

7丁オ～8丁オ	迦葉尊者、身体から光を放つ事。寡婦己の髪を売り、古びた堂塔を薄打とともに修理する。	『法華文句』一下、『宝物集』五、『一乗拾玉抄』一、『法華経鷲林拾葉鈔』二、『法華経直談鈔』一、『直談因縁集』一、
17丁ウ	唐の法力、「南無観世音菩薩」と唱え野火の難を免る。	『観音応験記』、『観音義疏』上、『続高僧伝』二十五、『法苑珠林』十七、『法華経鷲林拾葉鈔』二十三、『轍塵抄』普門品、『法華経直談鈔』十本、
18丁ウ	唐の道慶、「南無観世音菩薩」と唱え水難を免る。	『観音応験記』、『観音義疏』上、『一乗拾玉抄』八、『法華経鷲林拾葉鈔』二十三、『轍塵抄』普門品、『法華経直談鈔』十本、『愚迷教訓抄』普門品、
19丁オ～ウ	天竺から船出した百余人、鬼の国に流され、観音を念じ無事扶桑国に着く。	『観音応験記』、『観音義疏』上、『法華経鷲林拾葉鈔』二十三、『轍塵抄』普門品、『法華経直談鈔』十本、『第七局不軽品』観音品、
20丁オ～ウ	観音を髪の中に入れたる人、死罪に行わるる時刀杖段々に折れ、死罪を逃る。	『観音応験記』、『観音義疏』上、『法華経鷲林拾葉鈔』二十三、『轍塵抄』普門品、『法華経直談鈔』十本、『第七局不軽品』観音品、『愚迷教訓抄』普門品、
20丁ウ	景清の首を切れども、景清の首にあらず。清水観音の首にて、景清御免を蒙る。	舞の本『景清』、『第七局不軽品』観音品、謡曲『盛久』、

25丁ウ	肥前国の鬼太郎、生れんとする時、衆生皆火の車に乗る夢を見る。	『法華経鷲林拾葉鈔』十五、『法華経直談鈔』七本、
28丁オ～29丁オ	日向国の長者、鉢開きに施しをせず、死後三途の大河に苦しむ。	
29丁オ～ウ	唐の周茂叔、愛蓮の頌を作る。※1	『古文真宝（後集）』二、『轍塵抄』序品、
30丁オ～ウ	大和国の長者常に名利に耽り、下人は後生を念ず。死後、下人は蓮花に生じ、長者は地獄に堕つ。	
32丁ウ～33丁ウ	釈尊、王宮を出でて山に入り、檀波羅密を行う。梵天帝釈は鷹と鳩になり、釈尊の行を試む。※2	『大智度論』四、『三宝絵』上、『金言類聚抄』二十二、『法花解證抄』分別功徳品、『三国伝記』九、『助顕唱導文集』、『菩薩六ハラ蜜因縁』、『法華経直談鈔』二末、『愚迷教訓抄』分別功徳品、『綱目鈔私』、『秤の本地』、
33丁ウ～34丁オ	四知。楊震、王密の見つけし金を「汝知る、我れ知る、天知る、地知る。」と言い、受け取らず。	『後漢書』四十四、『蒙求和歌』十、『宝物集』一、『十訓抄』中、『玉塵抄』八、
35丁ウ～36丁オ	唐の栄世、母を養わんために子を殺さんとして穴を掘り、金を一万両掘り出す。	『蒙求』中、『孝子伝』、『注好選』上、『慈元抄』上「唐に郭巨といふ者有き。…」

37丁ウ	伊勢国藤平太郎の娘、業平を恋い蛇身になる。	
42丁オ〜ウ	宋の法智師、生身の普賢を祈る。老僧の勧めで大山の巌から飛び、生身の普賢を拝す。※3	『法華経直談鈔』七本、
45丁ウ〜46丁オ	阿闍世王、万灯を灯し仏を供養す。一人の貧女、髪を切り一灯を灯す。大風にも貧女の火は消えず。	『阿闍世王受決経』、『法苑珠林』三十五、『三宝絵』下、『宝物集』六、『私聚百因縁集』三、『古事因縁集』上、『曽我物語』十一、
49丁オ〜51丁ウ	万済国の陳度孝、父母のために出国。途中、雪中に三人の子を捨てるが、弥陀三尊子供を助く。	
55丁オ〜ウ	「父少而子老事」につき三首の歌。「タラチネハ…」「萌出ル…」「イカニシ…」※4	『轍塵抄』涌出品、『法花譯和集』、『金葉和歌集』、『拾遺風体和歌集』、『拾遺愚草』、『法華和語記』、
56丁オ〜ウ	都五条に懇ろな二人あり。一人病死す。残りし一人の歌に、死せる人の夢に現れ返歌す。	

58丁ウ～59丁ウ	大唐に兄弟あり。近所に説談あり。兄は行き弟は行かず。兄は帰りに金を見つけ、弟の家には落雷す。	
59丁ウ～61丁オ	武蔵国足立郷有徳の者、観音に子を祈る。慳貪放逸にして、六根不具なる者を生む。	
61丁オ	蝉丸は延喜帝の御子。犬の眼を抜き、今世に盲目に生まる。	
61丁ウ～62丁オ	天竺のバラモン、千人斬り。一人足らずとて母を殺さんとする時、大地破れ地獄へ落ちんとす。	舞の本『小袖曽我』、『因縁抄』第二四話、『曽我物語』七、
63丁ウ～64丁オ	ある者、熱田に参籠し慈悲の二字を受く。ある夜鳶を助け、山伏からお礼に金百両を受く。	
64丁オ～ウ	宇治の草紙に、罪人と鬼の問答あり。	
67丁オ～ウ	遠江掛川のばくち打ち、親を売り礫になる。親、子を不憫に思い無実を申す。	

68丁オ～ウ	伊勢国言阿弥、死後弟子の夢に現れ、阿弥陀と共にあり、少しも苦無く飛行自在なることを言う。

四　『轍塵抄』・『綱目鈔私』・『法華経直談鈔』との関係

右の表中、※印1～4の説話は、興味深い側面を持っているため少々詳しく見ておきたい。

まず※1の、愛蓮の頌については、大永六年（一五二六）に成立した実海の『轍塵抄』に同様の記述がある。『古文真宝（後集）』・『轍塵抄』・『授記品談義鈔』を対照表にし、『轍塵抄』と『授記品談義鈔』の同文関係に傍線を、『授記品談義鈔』の独自本文に波線を付す。

『古文真宝（後集）』	『轍塵抄』序品	『授記品談義鈔』提婆品
愛蓮説　周茂叔 水陸草木之花、可愛者甚蕃。晋陶淵明独愛菊。自李唐来、世人甚愛牡丹。予独愛蓮之出淤泥而不染。濯清漣而不妖、中通外直、不蔓不枝、	一唐ニ周茂叔《シウモシユク》ト云儒者有レ之又ハ云フ二濂渓《レンケイ》先生ト一此人蓮ニ有ト二君子ノ徳一云テ甚タ愛ス二此ノ花ヲ一書タリ二愛蓮ノ説ヲ一其ノ文ニ云水陸草木ノ花ナ可キレ愛ス者ノ甚タ蕃《シケ》シ晋ノ陶淵明独リ愛スレ菊ヲ自リ二李《リ》唐一来タ世人甚タ愛ス二牡丹ヲ一予独リ愛ス下蓮ノ之	去レハ唐ニ周茂叔《シウモシク》ト云儒者カ蓮ニ君子ノ徳有リト云テ常ニ愛セリ去程《イツ》ニ愛蓮ノ頌ヲ造リ予謂ラク菊ハ花ノ陰逸タル者也牡丹ハ花ノ富キナル者也蓮ハ花ノ君子タル者也ト候何トテ蓮カ花ノ君子ナルソト云ニ淤泥不染ノ徳ナル故ニ何ナル不浄ノ水

香遠益清、亭亭清植、可遠観而不可褻翫焉。予謂、菊花之隠逸者也、牡丹花之富貴者也、蓮花之君子者也。噫、菊之愛、陶後鮮有聞。蓮之愛、同予者何人。牡丹之愛、宜乎衆矣。
（『古文真宝（後集）』二　新釈漢文大系16　P84）

出テ二淤泥一ヲ而モ不レ染ルヲ上濯《アラワレテ》二清漣《レン》一而不レ妖《ヨウナラ》中カ通リ外直ニシテ不レ蔓《マン》スアラ不レ枝アラ香遠クシテ益《マス〳〵》清シ亭《テイ》々トシテ清ク植《ウヱ》可二クシテ遠ク観ツ而不レ可二カラ褻《ナレ》翫フ一焉予謂ヘラク菊ハ花ノ之隠逸《インイツ》タル者也牡丹ハ花ノ之富貴ナル者也蓮ハ花ノ之君子ナル者ノ也噫《イヽ》菊ノ之愛セラル、事陶カ後チ鮮《スクナ》シレ有ルレ事聞ク事蓮ノ之愛セラル、事同キレ予ニ者ノ何ン人ソヤ牡丹之愛ラル、事宜《ウヘ》ナルカナ衆《ヲヽキ》事矣
（日光天海蔵『轍塵抄』第一冊　21丁オ〜ウ）

ナレトモ蓮タニ生レハ清浄ニ成ルテ候君子ヲハ何イヤシキカ有ント云テ君子ハイツクニ居ルトモイヤシキ有ン埴生ノ小屋モ内リト成ル如テ候去ル程ニ蓮ケカ全体君子ノ如クナル故ニ花ノ君子《クン》ト申也去レハ後京摂政ノ大政大臣ノ御歌ニ鷲ノ山八年ノ法ヲイカニシテ此ノ花ニシモタトヘソメケン又タ有ル歌ニハ蓮ハノ濁リニソマヌ心モテ何カハ露ヲ玉トアサムクト被レ読テ候
（『授記品談義鈔』29丁オ〜ウ）

『轍塵抄』は、冒頭の傍線部分の後、「其ノ文ニ云」として周茂叔の『愛蓮説』の本文を忠実に引用している。一方、『授記品談義鈔』は、『轍塵抄』の傍線部分を引用し、傍線部分最後の「蓮ハ花ノ之君子ナル者ノ也」について、「何トテ蓮カ花ノ君子ナルソト云ニ」と説き始め、終わりに「去レハ…」として二首の和歌を記している。二首目の「蓮ハノ濁リニソマヌ…」の歌は、『古今和歌集』のほかに、『法華経鷲林拾葉鈔』『法華経直談鈔』にもあり、それらを見て引用したのだろうが、「鷲ノ山八年ノ法ヲ…」の歌は、何を見て引用したのだろうか。実はこれも、『轍塵抄』を見たと考えられる。愛蓮説が記される『轍塵抄』第一冊序品の二丁裏に、

妙法蓮花経ノ題ヲ　　　　後京極摂政

鷲ノ山八年ノ法ヲイカニシテ此花ニシモタトヘ初ケン

とあるからである。そもそも『轍塵抄』の著者実海は、この歌を後京極摂政大政大臣良経（九条良経）の歌と考えていたようで、『法花譯和集』にも「後京極」とある。

妙法蓮花《めうほうれんげ》のこゝろを　　後京極

わしの山八年ののりをいかにしてこの花にしもたとへそめけむ

（国文学研究資料館蔵　承応二年刊『法花譯和集』第一冊序品　5丁ウ）

しかし、この「鷲ノ山八年ノ法ヲ…」の歌は、『轍塵抄』や『法花譯和集』が云う後京極摂政大政大臣良経の歌ではなく、慈円の歌である。

妙法蓮花を　右

九二　わしの山やとせの法をいかにしてこの花にしもたとへそめけん

（新編国歌大観『慈鎮和尚自歌合』）

一〇三五　わしの山八歳ののりをいかにしてこの花にしもたとへおきけむ

（新編国歌大観『拾玉集』）

このあたりからも、『授記品談義鈔』と『轍塵抄』とは関係が深いことが分かる。

次に※2の、釈尊の檀波羅密の修行は有名な説話であるが、『授記品談義鈔』はこの説話の後に、「コレヤコノマシロノタカニ…」という、他本にはほとんど見られない歌を記している。ところが、雄海に続く逢善寺弟十五代学頭定珍の『綱目鈔私』には、この歌が見えているのである。

『授記品談義鈔』提婆品

サレハ今日ノ尺昔シ旦ハラ密行ヲ成シ下フ時キ成テ二戸毘王一ト代レテ鳩ニ施二ス身ヲ鷹一ニ是即尺尊ノ旦ハラ密ノ行ヲ試ミン為ニ梵天帝尺ノ両人独リハ鷹ト成リヒトリハ鳩ト成リ鳩カ鷹ニヲツカケラレ鳩カ尺尊ノ御ヒサノ下ニニケ陰ル、テ候其時分ハ世モ上劫ナル故ニ鳥類モ物ヲ云テ候鳩カ云ク我ヲタスケタマヘ云尺尊ヒサノ下ニ陰シ下フテ候鷹来リ爰ニ鳩来レリ今日ノ我カ食也是ヘタヒタマヘト云尺尊無ト答重テ鷹カ云ク必ス可レシ有ルタヒ給ヘ若シ玉ハズハ今日餓死セン失カハ同シ事ト申ハ無クレ■(?)尺尊モ身ノ肉ヲソギ鳩ヲハカリニカケ鳩ホト身ヲソキ玉フ也鳩カ不思義ノ物ナル故ニ身ノ惣肉ヲソキツ、鳩ノハカリニ合セケレハ鳩鷹梵天帝《タイ》尺ト顕レ旦ハラ密ノ行成就也ト稱歎セリ此ノ事ヲ歌ニ

コレヤコノマシロノタカニヱヲコハレテ鳩ノハカリニ身ヲカケシ人トヨミ給也

（『授記品談義鈔』32丁ウ～33丁ウ）

『綱目鈔私』

一尺迦菩薩尸ヒ王ノ時キ梵天帝尺又ハ鳩ハ帝尺鷹ハ（ママ）羯ラ此ノ二人化シテ旦ハラ蜜ノ行ヲハカリミル是分満也サカノ尺迦堂ニシテ和泉式部トカヤ（ママ）

コレヤコノマシコノ鷹ノヱヲコワレハトノハカリニミヲカケシ人云々

（叡山文庫真如蔵『綱目鈔私』第二冊　18丁ウ）

『綱目鈔私』は、前記『天台灌頂玄旨』に見える上総国三途台長福寺の学頭什覚の『綱目鈔』に、定珍が天正二年（一五七四）に注を施したものであるが、什覚の『綱目鈔』には「コレヤコノ…」の歌は無いことから、定珍が雄海からこの歌を伝受して記したか、あるいは『授記品談義鈔』を見て『綱目鈔私』に記した可能性がある。

次に※3の、宋の僧が生身の普賢菩薩を拝した説話は行運の談義であるが、栄心の『法華経直談鈔』勧持品に同話がある。

『法華経直談鈔』勧持品

サレハ物語二云大唐ノ宋ノ代ニ有リ二法智法師ト一云者ノ此師昼夜不断ニ読二誦シ法花経ヲ一可トレ奉レ拝シ二生身ノ普賢菩薩ヲ一祈誓スル也或時何クトモ不知ラ老僧一人来リ生身ノ普賢ヲ拝度ク候ハ、付テレ我ニ来レト云ヘリサラハトテ付テレ跡ニ行クニ大山ノ奥ヘ連テ行キ十丈余リ有ル岩尾ニ登リ夫ヨリ下ヘ飛ヘト云ヘリ彼法師二云様此岩尾ノ上ヨリ飛フナラハ不可有命一云也老僧ノ云勧持品ニハ不惜身命ト云ヘリ汝チ不レ捨二身命ヲ一者生身ノ普賢菩薩ヲハ不可拝見ス一云ヘリ其時彼法師ケニモト得レ心閉テ二眼ヲ捨身命ヲ一飛フ時キ蓮花開キ両ノ足ヲ受ケ留メケリ開レ眼ヲ見レハ其処則チ浄土ニシテ奉レ拝シ二生身ノ普賢

『授記品談義鈔』勧持品

去程ニ為ニハ二仏法ノ一不ント惜身命ヲモ一付テ申ニ物語リカ御リヤル大唐ノ宋ノ代ニ有テ二法智師ト云人ノ一此法師昼夜不断ニ読二誦法ケ経ヲ一願ハ依テ二此功徳ニ一可レ奉レ拝二生身普賢ヲ一常々祈誓被申或時何トモ不レ知老僧一人来テ云生身ノ普賢ヲ拝シ度ク被ハレ思付テレ我ニイサヲリヤレト被申サテハトテ付レ跡行ニ大山ノ奥連テ行キ十丈余リ有ルカ、タル岩尾ニヲイノボセ夫ヨリ下ヘ飛ヘト被ルレ、申彼法師申ス様ハ此岩尾ヨリ飛申ナラハ不レ可命云也彼老僧勧持品ニハ不惜身命ト説フ下汝チ身命ヲ不ンハレ捨生身普賢菩薩ヲハ拝シ不可申ス一云時彼ノ法師ケモ

菩薩ヲ一也 （疎竹本『法華経直談鈔』巻第五　47丁オ）	ト得心閉レ眼ヲ捨身命ヲ一飛フ時蓮花開テ両足ヲ受留ム開レテ眼ヲ見下ヘハ其処則浄土ニシテ奉拝ニシ生身普賢ヲ一被レ書候 （『授記品談義鈔』42丁オ～ウ）

両本を見て明らかなとおり、行運は『法華経直談鈔』を殆ど忠実に引用している。この箇所は『法華経直談鈔』諸本同文であるが、行運が使った本は疎竹本である。なぜなら、行運が上総国三途台長福寺の学頭であった頃、疎竹本『法華経直談鈔』が手元にあったためである。疎竹本『法華経直談鈔』の奥書を見ると、天正五年（一五七七）九月に三途台長福寺で書写されているのである。

関東上総国長南三途台談所堪忍之時分此不思儀之機縁本殊旦那兵衛丞帋飯供合力即書写畢…

天正五菊月二十七日於宿房滝泉坊写畢

（疎竹本『法華経直談鈔』第八冊　奥書）

最後に※4の、「父少而子老事」について、行運は「タラチネハ色髪ナカラ…」「萌出ル墅邊ハサナカラ…」「イカニシ初音ハ若…」という三首の歌を引用している。この三首は、実海の『轍塵抄』や『法花譯和集』に見えるが、行運が使ったのは『轍塵抄』のようである。

『轍塵抄』涌出品	**『授記品談義鈔』涌出品**
父少而子老　権僧正永縁	父少而子老事　権僧正永縁詠タラチネハ色髪ナカラ如

タラチネハ色髪ナカライカナレハ子ハ眉白キ人ト成ラン萌出ル墅邊ハサナカラ緑ニテ其ユカリトモ知ヌ若草　宗尊親王家督
イカニシテ初音ハ若キ鶯ノ深キ墅山ノ春ヲ告ケン
定家卿
（叡山文庫天海蔵『轍塵抄』第五冊　55丁ウ）

何ナレハ子ハ眉白キ人トナルラン萌出ル墅邊ハサナカラ緑リニテソノユカリトモシラヌ若草
親王家小
イカニシ初音ハ若鶯ノ深キ墅山ノ春ヲ告クラン
定家
（『授記品談義鈔』55丁オ～ウ）

両本には若干の異同が見られるが、作者も歌も同じで順序も同じである。

一方、『法花譯和集』は、歌の順序が次のようになっている。

たらちねハ色髪なからいかなれハ子の眉しろき人となるらん
権僧正永縁
たらちねを和かの浦半と三嶋えや子ハ又老の浪をかけける
前大僧正慈鎮
もえ出る墅へハさなから緑にてそのゆかり共しらぬわか草
宗尊親王家小督
いかにして初音ハわかき鶯のふかき墅山の春をつけけん
定家
（国文学研究資料館蔵　承応二年刊『法花譯和集』第三冊涌出品　29丁ウ～31丁オ）

このように『法花譯和集』は、永縁と宗尊親王家小督の歌の間に、慈円の歌「たらちねを和かの浦半と…」を記していて、『授記品談義鈔』の歌の順序と異なっている。

『轍塵抄』は関東天台に広く分布し、天正の頃、月山寺や千妙寺で書写されているが、『逢善寺常什物記』や『科註抄愚聞記』を見ると、逢善寺にも『轍塵抄』があり、定珍がこれを読んでいたことが窺える。定珍と交流のあった行運も、当然『轍塵抄』を見ていただろう。

以上、『授記品談義鈔』は、中世末関東天台の檀那流僧が行った『法花経』の談義書であるが、先行の『法花経』直談の影響が見られたり、直談の対象を地主・農民にまで広げている様子が分かり興味深い書と言える。

注

（1）廣田哲通『中世法華経注釈書の研究』（一九九三年）第二章第一節所収。

（2）尾上寛仲「関東における中古天台（下）」『金沢文庫研究』（一九六四年五月）p5。

（3）昔から談義の聴衆はよく居眠りをするようで、謡曲『自然居士』に、「ひと年今《とせ》のごとく説法《せツぽお》おん述《の》べ候ひし時、いで聴衆《ちよおジュ》の眠《ねむ》り覚《さ》まさんと、高座《こおざ》の上《うえ》にてひとさしおん舞《ま》ひありし」とあり、『醒睡笑』に、「はれがましく並み居たる座敷にて、ひたものねぶる者あり。そばに居たる人、笑止に、膝を突き、起こしたれば、目をする片手に、やれやれ、談議の座敷かとおもうたよ。」と見える。

【付記】西教寺文庫をはじめ、叡山文庫・輪王寺宝物殿・国文学研究資料館・天台宗典編纂所にお世話になった。記して謝意を表す。

第二部　『法花経』による往生説話

第一章　南北朝期の『法花経』による往生説話

——日光天海蔵『見聞随身鈔』所引『法花伝』「或記」を中心に——

一　『見聞随身鈔』の著者と成立年

日光天海蔵に、『見聞随身鈔』という本がある。『国書総目録』は、この本を『法相宗名目随身鈔』の一本とするが誤りで、『法花経』の注釈書である。全八巻だが、巻第三は欠けている。著者と成立年は巻第八の奥に、

　已上百条三国ノ法花奇特如形記畢…永享五年九月廿一日法花経一部料見八巻注畢雖依天台文句十巻吉蔵義疏十二巻法花論一巻等㆒注之㆒…尾州真福寺寳生院住持政祝六十六云云…

とあるように、政祝という僧が、智顗の『法華文句』、吉蔵の『法華義疏』、世親の『法華論』に依り、永享五年（一四三三）に記したものである。

政祝は真福寺の第四世で、『法相宗名目随身鈔』という法相宗の教学要目を簡単に記した著作もあるが、開山能信以来の真言諸法流を統合せんとした人である[1]。著作の一部を見ても[2]、主に弘法大師や高野山、真言諸流の教学や修法を研究した人であることが分かる。しかし、政祝自身やその著作、中世真言圏における彼の位置などについては今後の研究に俟つことにし、ここでは『見聞随身鈔』に引用された説話を検討する。

二　『見聞随身鈔』引用の『法花伝』

『見聞随身鈔』巻第八の後半に、「法花経ノ三国奇特集之」として説話を百話引用する。内訳は、唐の僧詳撰『法華伝記』から七十六話、「我記」一話、「或記」三話、鎮源の『大日本国法華経験記』下巻から二十話である。引用された『法華伝記』『大日本国法華経験記』の本文は、元の本文を簡略化したものであるが、部分的な増補がある。

閲覧に際しては、輪王寺の許可を得て写真本を見たが、各説話の標題の上に通し番号が付いていて、第一話から第二十話までがインドの説話、第二十一話から第八十話が中国の説話と分類されている。第八十一話以降の『大日本国法華経験記』については、別稿(3)を用意する。

初めに、引用された『法華伝記』のうち、短い説話を二話紹介する。波線部分は、『見聞随身鈔』の独自本文である。

大正新脩大蔵経『法華伝記』

天竺于闐国瞿摩帝寺沙弥十

于闐国有僧伽藍。名瞿摩帝。是大乗寺。三千僧居。揵搥而食。時有駈使沙弥。年十六。亦有尼乾子。善占相。見此沙弥云。汝年十六。余命只一年。雖捨衣鉢。不可延寿。沙弥悲愁。上座愍之。為後世善。教法華経。

『見聞随身鈔』所引『法花伝』

二天竺ノ于填《ウテン》国ノ沙弥ノ事

法花伝第七云于填国ニ有僧伽藍一名二瞿《ク》摩帝寺一ト是レ大乗ノ寺ナリ三千僧居ス有駈使《キウシ》ノ沙弥一相人占《ウラナ》テ此沙弥ヲ一云此沙弥年十六歳ナリ余命只一年ナリ雖捨衣鉢ヲ一不スト云可延寿一沙弥悲愁ス上座ノ僧哀愍之一為ニ後世ノ善ノ一教法花経沙弥

沙弥根鈍。不識文字。上座一部之中最。方便寿量二品授之。沙弥専心転読。尼乾子後見沙弥。生希有心。問汝修何功徳。答吾纔読経一両品。尼乾歎曰。大乗之力不可思議。転十七歳寿。成七十年。乃出家投寺。読摩訶衍経出西国伝

（巻第七）

根鈍ノ故唯教方便寿量ノ二品一ヲ沙弥専心ニ読誦ス後日ニ相人見此沙弥一ヲ驚テ言ク問汝修テ何ナル功徳一ヲ有延寿相一耶ト沙弥答読ト云法花両品一ヲ相人歎テ二云大乗力不可思議也転十七ノ寿一ヲ成七十年一ヲ乃出家授戒シ偏ニ読誦法花七十ニシテ往生兜率天ニ云云

長安県老女十三

長安県有一老女。不知姓名。此女盲聾瘖瘂。為人軽賤。時於大寺講新法華。玄孫牽手向大寺。女雖到大寺。以盲聾故不見不聞。玄孫執女二手而合。向講肆方。女内心存念。合掌而礼。後経三月忽暴卒。玄孫欲行葬。老女尚暖。至夜三更。発声呼玄孫。聞者謂妖鬼生大恐。敢不応至。明日見起居。両眼倶明。語如常人。流涙悲起。玄孫問。誰鬼魅。答曰。吾非妖鬼。初死之時。見冥官駆向王所。王従座下。合掌向妾。汝大功徳人。以合掌供養法華経。業障消尽。諸根復本。尚有余命。早

三十一大唐長安城ノ盲聾瘂女ノ事

法花伝第十云昔長安城有一ノ老女一人軽賤シテ名盲聾《メシイミヽシイ》瘂《ヲシ》女一ト於大寺一ニ講法花経一ヲ玄孫《ヤシワコ》引手一向大寺一ニ老女雖到大寺一ニ以盲聾一故不見不聞一玄孫執《ト》テ老女ノ二手一ヲ而合セ心テ向フ二講読法花向一ニ老女心向《ムカヘル》供養ノ道場一ニ耶思フマテ也得礼シテ後三月アテ死ス三日アテ蘇生シテ云←

閻魔冥官冥衆従座下テ礼老女一ヲ云汝大功徳人ナリ向法花一ニ至合掌供養一ヲ故蘇生ノ後見レハ目耳皆開ケ始物語《モノイフ》故人民雲

還人間。示法華功力。即出少路。神入本身。眼耳平復。能言如此。経半日已飲食如例。女与玄孫往詣大寺。説其因縁。見者感喜。女捨居処。以供養経。不知卒時出園記
（巻第十）

集皆人信法花一老女出家シ帰法花一至供養一八十有余ニシテ往生兜天一云云

『見聞随身鈔』が引く『法花伝』の第二話「天竺ノ于填国ノ沙弥ノ事」の内容は、上段の『法華伝記』を見ると、瞿摩帝寺の沙弥が相人の尼に占ってもらったところ、余命一年と分かり、寺の僧達が哀れんでこの沙弥に『法華経』の方便品と寿量品を授ける。沙弥は専らこの二品を読誦し、それにより寿命を七十歳まで延ばしたという説話で、終わりに、沙弥は出家し『摩訶衍経』（『華厳経』や『法花経』などの大乗経典）を読んだとしている。

一方、下段の『見聞随身鈔』は、話末を波線部のように、沙弥は出家後『法花経』のみを読誦し、七十歳で兜率天に往生したと改訂している。

次の第三十一話「大唐長安城ノ盲聾瘂女ノ事」の内容は、上段の『法華伝記』を見ると、長安に目と耳が不自由な老女がいたが、ある日やしゃごに手を引かれ、大きな寺の法華講に出向き合掌したことにより、死後蘇生し目と耳も治った。老女は寺に詣で、このことを話したところ見る者は感歎し喜んだ。その後老女は『法華経』を供養したが、没年は不明であるという内容である。

一方、下段の『見聞随身鈔』は、『法華伝記』の途中を省略し、話末を波線部のように、老女のもとに人民が

雲のごとくに集まり、皆『法花経』を信じ、老女は出家し八十余歳で兜率天に往生したと改訂している。

この二話以外の『見聞随身鈔』を見ても、おおむね『法華伝記』の本文を簡略にした上で、話末に『法花経』故に、忉利天・都率天・金色世界・安養浄土・十方浄土・霊山浄土などに往生したことを付け加えている。中には、「一国の道俗が皆余行を捨てて『法花経』のみを読誦した。」とか、「一国の皆人が『法花経』に帰依した。」と記す説話もある。このような『法花経』による往生説話の数は、僧詳撰の『法華伝記』が七十六話中二十一話程度であるのに対して、『見聞随身鈔』が引く『法花伝』は五十六話と非常に多くなっている。

三　『見聞随身鈔』引用の「我記」「或記」

次に、『見聞随身鈔』が引く第十七話から第二十話の四話は、『法華伝記』を引かず、「我記」や「或記」として、女人や畜類の説話を記している。表中の波線部分は、「或記」の独自本文である。

『見聞随身鈔』の「我記」「或記」	十七天竺栴檀香女ノ事 我記云如来在世時波斯匿王行幸ノ途中ニシテ容顔美麗ノ女人ニ値《アフ》王見之一向《ムカヘ》取テ王宮一ニ令金牀ニ居一八万ノ后妃菜女ノ中ニ第一也故王深愛之一ヲ経一月一ヲ女人ノ言ク国王ハ治天
出典・類話	波斯匿王御幸ノ時容顔美麗ノ女人有リ王見之一向二取テ王宮一ニ令居一八万ノ夫人中ニ容吉夫人也トテ王愛之一女云国王ハ政天下一福徳任心一ニ給ヘリ雖然香シク無シ我カ夫ハ擬

下ヲ福徳任トモ心身無香《カウハシ事》我カ夫トハ身口香シテ四十里ノ内ニ薫ス此レハ先世ニ聞法花等故也ト云テ飛去リヌ波斯匿王信外道誹仏時王恥《ハチ》テ女人言ヲ其後ニ詣祇薗寺聞法花得道云云是以女人引法花経第七巻ノ若有人聞是薬王菩薩本事品能随喜讃善者ノ是人ト現世ニ口中ヨリ常出青蓮花香ヲ身毛孔中ヨリ常出牛頭栴檀之香ヲ令聞王ニ云云女人一月間如経説口ヨリ出青蓮香毛孔ヨリ出牛頭栴檀香々満一天王宮ニ云云

スルニ来ニ我家ニ四十里ノ内ニ香キ気《イキ》アリ其気《イキ》ノ香コトハ先世ニ勧メテ人ヲ令聴聞法花経ヲ功徳故今生得気香報也←

若有人聞是薬王菩薩本事品能随喜讃善者是人現世口中常出青蓮華香身毛孔中常出牛頭栴檀之香

（『説経才学抄』五下　41丁ウ）

十八天竺倶生長者カ瘂《ヲシ》子ノ事

或記云天竺ノ倶生長者無子故申仏神ニ生一ノ男子ヲ此ノ子瘂《ヲシ》也至五歳ニ不物語《ノイワ》←

医師来テ言懐妊女ノ三月ニナル腹《ハラ》ノ内ノ子ヲトテ用薬ニ可言物ヲ云云而ル間尋家中ノ懐妊ノ女ヲ集ニ或五月或四月ト云テ無三月

唐ニ一人長者アリ具生長者歟無子事ヲ歎テ神仏ニ申ス年闌齢傾テ一人男子ヲ生ヘリキ大方悦コト無限然ニ此子瘂《ヲシ》ニシテ不言《モノイ》ハ少ナケレハコソ有レ今暫モ有ラハ言ハムスラムト待程ニ七歳ニモ成リヌ猶不言其時長者此子ニ物言《モノイハ》スル有医師者来テ可治禄ハ依ルト請触フレケレハ国中ニ医師集テ見テ不トテ叶皆帰了其時長者歎テ云無子果報ナラハ無クハ一向思ヒ切リテ止ナム中〳〵無ニハ勝リテ歎ク事ヨト悲ム処ニ一人医師来テ言ク治テム安キ事也但シ薬リヲ尋給ヘ云其薬ハ懐妊シテ

ト云女人一←
或時女人来テ言我三月ト云即易《カエ》テ金銭五百一ニ云殺一セト即金
銭五百渡女人一ニ時女人ノ言我レニ得《エサセ》ヨト云七日ノ暇《イトマ》一ヲ長者愍
テ女人一与暇一ヲ女人ノ言我八十ノ老母ヲ持《モテ》リ一期無程一金銭
四百ヲ預《アツケ》テ長者一ニ為老母一期食一残一連ハ為老母ノ逆修ノ
一七日間毎日ニ請僧ヲ令二誦法花経一ヲ←
母聞之一仰天伏地一歎無限一見之一第七日ノ導師慈悲第一
比丘故法花経ノ此経則為閻浮提人病之良薬一若人有病
得聞是経一病即消滅不老不死ノ文ヲ教彼女人一ニ々々七日
殺期ノ時ニ至長者家一ニ←
唱テ此文一ヲ瘂子ノ耳令聞之一瘂子即時ニ口チ学《マネ》ヲシテ物ノ謂《イヽ》始

三月ニ成ル腹中ニ亦女子ノ肉ヲ取リテ和シテ可飲一長者家
中ノ懐妊女ヲ二三十人召集テ問給ヘハ或ハ五月或ハ四月
或二月ナムト答テ一人モ当三月一ニ云者無シサラハトテ国
中ニ触尋ヌルニ大方無シ或貧女此事ヲ聞テ我懐テ三月也
我身ヲ売ラムト申此女人ハ八十ニ成ル母親ヲ一人持タリケ
ルヲ養ヒカネテ身直ヲ奉母一一期スコサムト思ヒテ申也但
シ懐メル子女子ナラハ可売一其ヲ見ル様ハ先ニ歩セテ後《ウシロ》ニテ俄ニ
呼ヒ返ス時右ヘ見返ルハ呼返時如右一女子ナリト○云々女子ナル間直物
約束シ畢テ七日暇ヲ乞テ金銭五百文ヲ得テ以テハ百文一為
母一逆修ヲ営ミ四百文ヲハ母一期ノ衣食料ニ長者ニ預置テ逆
修ヲ営コト七ケ日也毎日一部法花経母此事ヲ聞テ大方歎悲スル事
無限一結願《クワン》ノ導師此事ヲ聞テ涙流シテ教ヘテ云此経則為閻
浮提人病之良薬若人有病得聞是経病即消滅不老不死此
文ヲ此長者病子ニ令誦聞云サテ七日過キヌレハ逆修ノ
ナコリト母ナコリハ惜ケレトモ約束ヲチカヘシト長者
ノ許ニ行向テ病子ニアヒテ高声ニ此文ヲ誦聞ス此子俄ニ此ノ

ムル間長者悦無限貧女カ依母孝ニ瘂子々ノ父母貧女及母一期唱彼法花文五人同時往生兜率天云々

十九酔象不害人ヲ事

或記云昔天竺ノ摩竭陀国ノ阿闍世王飼《カイ》テ酔象ヲ敵スル者ノ及不善ノ者犯罪ノ者ヲ放象ヲ令踏殺《フミコロサ》シ此レ国中第一ノ宝也隣国ノ敵人等聞之不来或時焼ヌ厩《ウマヤ》造作ノ間象ヲ繋《ツナク》僧坊ニ傍ニ衆僧通夜《ヨモスカラ》誦法花経ヲ象聞之頭ヲ低《ウナ》タル不食草時ニ犯罪人数十人有之放ニ象ヲ々舐《ネム》テ犯罪ノ人ノ踵《キヒス》ヲ敢一人ヲモ不害王驚ク大臣ノ云ク此レハ坊中寺辺ノ故不《ス》ト害云々明日還厩ニ如本人ヲ踏殺雖然終象非本ノコトクニ終死去シテ生兜率天ニ王夢ニ我一度依法花聞生天云々王大

口マネヲシテ物ヲ言始ム長者悦コト無限事体ヲ問給ヘハ上件逆修次第ヲ語リテ我一人ヨリ外ニ又無子カクナリテ後母後生訪子無キ間如此仕候ト云々病子能言間腹中子無用ナレハ身直ト暇トヲ取ラセテ返了其後モ哀ミ顧養ケル也逆修善根ハ現当二世ノ悉地成就スル事也

（『説経才学抄』五下　87丁ウ）

大王ノ酔象舐踵ヲ不害第八

昔大王天下国ノ中ニ有不善犯人酔象放任。即大象赤目開口踏殺犯人不生一人。因之為国ノ一財也。隣国之敵人聞之ヲ輙不来。即象厩為火所焼也。暫造厩之程繋僧房ノ辺経一夜。房主誦法花経。象聞之。即其明日禁数十人犯者酔象将来放任。象伏シ毘ムテ揺ハ尾舐犯人踵一人不害。王大驚奇云吾所尊是汝也。依汝国内犯人少シ。隣敵モ不来。若此象如是何有怙ノミカ哉。即智臣奏テ云今夜在僧房ノ辺故発□□心也。復遣テ屠辺ニ経一夜可誡。

臣等同三千人出家皆信法花一往生云云	二十五百羅漢往因ノ事 或記云天竺二ニ正法時或僧坊ノ天井ニ有五百老鼠一常ニ聞法花経一ヲ依之二五百老鼠皆生忉利天一ニ々ノ寿尽値舎利弗証阿羅漢果一遂慈尊出世ノ時ニハ証大果一得無生忍一分身ヲ十方ニ施仏事一利ント衆生一ヲ云云此レハ大乗ノ結縁也依何含（ママ）経ノ説一ニ昔南天竺二ノ南ノ浜《ハマ》ニ有漁《スナトリノ》里海人（後半省略）
時如上件其明日向犯人噛《カミ》牙ヲ開テ口ヲ疾来テ如員踏ミ殺。況人心乎。 （『注好選』下　新日本古典文学大系31　p433）	五百老鼠得羅漢果第六 正法ノ時ニ僧在房ニ。常誦法花経ヲ。房ノ天井ニ有五百老鼠。日々ニ聞経数年也。時ニ為六十ノ狸《イタチ》ノ一夜ニ悉所食也。乍五百生忉利天。々寿尽□舎利弗証阿羅漢果遂不堕悪道ノ苦。慈尊出世ノ時ニ証大果□無生忍分身シテ而施作仏事ヲ利益ヘシ衆生ヲ。何況有人生信ヲ聞此ノ経ヲ更後果成道ヲ無疑。又外典ノ抱朴子カ曰ク白鼠ハ（後半省略） （『注好選』下　新日本古典文学大系31　p432）

第十七話「天竺栴檀香女ノ事」は「我記云」とあり、政祝自らが記したのだろう。内容は、波斯匿王が御幸の時に見つけた美女に、自分の体に香りが無いと諫められ、恥じて祇薗寺に詣で『法花経』を聞いたという説話で、『法花経』薬王菩薩本事品の、「もし人がこの薬王菩薩本事品を聞き随喜すれば、体から青蓮華や牛頭栴檀の香が出る。」という経文に関する説話であるが、『法花経』による往生ということは見えていない。この説話は、下段の『説経才学抄』を一部増補した説話と考えられるが、南北朝期の古い目録によると、当時真福寺の経蔵には『説

経才学抄』があり、政祝が読んでいたことが窺える。

次の第十八話から第二十話は、「或記云」とある。第十八話「天竺倶生長者ヵ瘂子ノ事」の内容は、下段の『説経才学抄』を見ると、倶生長者の子は話すことが出来なかったが、ある医師が懐妊三月になる胎児を薬にせよと言う。そこで国中を探すと、懐妊三月の貧女が現れる。貧女は金銭五百文で身を売り、老母のために逆修を営む。訳を知った結願の導師は涙を流し、『法花経』薬王菩薩本事品の、「もし病人がこの経を聞けば、病はただちに消滅して不老不死ならん。」という経文を教える。それを長者の子に聞かせたところ、直ちに病が治る。このように逆修の善根は、現世と来世において功徳が表れるのだという説話である。一方、上段の「或記」は、『説経才学抄』の途中を省略し、話末を波線部のように、貧女等五人が同時に兜率天に往生したと改訂している。

次の第十九話「酔象不害人ヲ事」の内容は、下段の『注好選』を見ると、ある大王が酔象に犯罪者を踏み殺させていたが、ある日象を僧房のそばに繋いだところ、僧の誦す『法花経』を聞いたため、次の日は犯罪者の踵を舐めるだけであった。そこで今度は屠殺場の近くに繋いだところ、元のように踏み殺すようになったという内容である。一方、上段の「或記」は、『注好選』の後半を省略し、波線部のように『法花経』を聞いて項垂れた象は死後兜率天に生まれ、夢でこれを知った王を始め三千人が出家し、『法花経』を信じ往生したと改訂している。

次の第二十話「五百羅漢往因ノ事」は、下段の『注好選』と同内容で、僧房の天井にいた鼠が、『法花経』読誦の声を聞き忉利天に生まれたという説話で、特に改訂はされていない。

以上、『見聞随身鈔』の引く『法花伝』や「或記」を見ると、概ね出典の本文を簡略にするとともに感動的な説話にし、話末に『法花経』の功徳や『法花経』による往生を付け加えている。これは明らかに『法花経』を賞揚する立場で記したものであり、しかも聴衆に『法花経』信仰を勧めようと意識した改訂であると言える。このように改訂したのは誰か分からないが、『見聞随身鈔』の著者政祝は、『大日如来経』や『金剛頂経』を根本聖典とする真言僧であり、弘法大師や真言諸流を学ぶ僧であるため、改訂作者とは考えにくい。政祝が『見聞随身鈔』を作った永享五年以前に、既にこのように改訂された往生説話が存在しており、政祝はそれを引用したと考えられる。

四　南北朝期の『法花経』による往生説話

永享以前の、右記のような『法花経』による往生説話は、どのような環境に存在していたのだろうか。それを考える時、『見聞随身鈔』と同じ頃に成立した『三国伝記』が参考になる。『三国伝記』にも、『法花経』による往生説話が、巻第二の第八話を始め二十三話[4]あるが、それらには『見聞随身鈔』の引く説話と同様の改訂が見られるのである。ここでは、巻第八の二話を挙げる。

『三国伝記』	出典・類話
第二十　法与比丘生二兜率天ニ一事　明二法花聴聞ノ功徳ヲ一事 漢言、広州ニ、法与トト云僧有リキ。天下第一ノ悪人也。	広州法誉八 広州法誉。其性麁悪。無悪不造。其人命終。至閻羅王

形躰ハ似タレドモ二比丘一ニ、所行ハ劣レリ二塵俗一ニ。三宝ノ化導ヲバ違テ、五欲ノ境界ニ着セリ。而ニ運命尽テ炎魔法王ノ庁ニ到ル。爾ノ時、炎王冥官ニ勅シ法与ガ所作ノ業ヲ令むレ勘へ。爰ニ、車三両ニ札ヲ積《ツミ》王ノ前ニ牽《ヒキ》来レリ。次第ニ勘ルニレ之ヲ、悉ク悪業ヲ注セル札ノミアリ。重テ委ク尋ルニレ之ヲ、一ノ旧キ札ノ片端《カタハシ》ニ云、「法花経を講ずル所ニ至テ一座の聴聞ヲ致ス」一ト録シケリ。仍テ冥官奏スルニレ王ニ、「法与ハ大善根ノ者也一ト定て、是ヲ免シ了ヌ。←

依テレ之ニ法与生二兜率天一ニ。実トニ邪見聴聞ノ法与尚ヲ如レ此。況ヤ信伏読誦ノ比丘ハ必ズ生ン二安養世界一ニ者也。サレバ昔ノ不軽大士ハ唱テ二二十四字一ヲ、能化所化倶ニ一実円頓ノ悟ヲ開キ、今ノ尊重ノ持者ハ一部八軸ヲ受テ、自力他力同く二世の願望を満ん事不レ可レ廻レ踵《クビス》ヲ也。「南無妙法蓮花経」一ト可レ唱レ之ヲ。

庁。王勅録官。撿此人所造之罪福札。録官勅馬頭牛頭大力羅刹婆将来其札。爾時六人。従座而起。向東北方。行入大鉄扉蔵。取出鉄札。積満三車。六人力卒竭力牽引。而来至庁前。王使諸録史官撿挍。唯在記録悪。無記善札。諸録史白王言。全無記善。王瞋恚曰。汝最悪入宝山虚手帰。告録史曰。三車札尽不。史言。二車既尽一。車将尽。王言。更細求挍。即如王勅更細撿挍。中古小札之端。録付一善。所謂法誉往詣僧伽藍。説法華経。暫時聴聞講説。如札白王。王言。善哉法誉有大功徳。五十随喜之功徳。尚勝二乗之極聖。況初会聴聞。豈無滅罪。既依聞法華経故。罪即除滅。此人可生天堂。乃放還人間。王更勅吏。悪業雖無量。不如一善。何不賞其一善。汝等将可焼悪録札。即如王勅。焼記悪札。法誉矚目而坐。生希奇念。蒙放恩活。対親属説此因縁悔謝矣

（『法華伝記』巻第九　大正新脩大蔵経51　p89）

（『三国伝記』巻第八　中世の文学　p107）

第二十二　悪毒王愛牛事　明二妙法蓮華経ノ勝利一ヲ也

梵曰、天竺亀滋国ニ、悪毒王ト云悪王アリ。仏在世也ケレドモ、仏所ヘハ不レ詣。…彼ノ王ハ牛ヲ愛シテ飼《カフ》由ヲ被レ申。其時、仏ノ言ハク、「舎利弗ハ牛ニナリ、目蓮ハ牛飼ニナリ、迦葉ハ牛主ニナリテ、行テ利益スベシ」ト曰フ。…王重テ曰ク、「抑《ソモソモ》牛主ノ名ヲバ何ト云ゾ」。答テ云ク、「妙法ト申スナリ」ト奏ス。「サテ牛飼ノ名ハ、如何ニ」ト問給フニ、「蓮花ト申ス」ト云。「サテ牛ニハ名ハ無キカ」ト云フ。「経ト申也」ト奏ス。其ノ後、王鎮《とこしなへ》ニ牛ヲ見給ハデハ叶ヌ事ナレバ、「妙法蓮花経ヲ索テ参れ」ト常ニ言ヒ給ケリ。然ニ、大王忽ニ死給フ。…炎魔法王重テ曰ヒケルハ、「此人ノ札ヲ見ヨ。…自然ニ『妙法蓮花経』ト云大乗経ノ妙ナル五字ヲ鎮ヘニ唱ヘタリシ結縁アリ。是ヲ以テ大善トス。…次ノ生ニ仏果ヲ成ズベシ」トテ、閻浮ニ返シ給ケリ。七日ト云ニ蘇生シテ、速ニ仏所ニ詣テ、罪業ヲ懺悔シ、法華修

乃往過去に、魔滅するがゆへに、名づけて悪毒王と云。仏在世の事なり。仏、すくはんとおぼしけれども、仏教をもちひざりければ、ちから及びたまはで、…悪毒王、牛をこのみてかふ事、又他事なし。仏の、この事をかゞみて、迦葉をば牛となし、舎利弗をば牛の主となし、目連をば牛飼になして、牛の名をば妙法とつけ、牛主の名をば蓮花とつけ、牛飼の名をば経とつけて、牛主、毒王に牛を奉る。毒王大によろこびて、牛を寵愛する間、心にもあらず、牛・牛主・牛飼の名をよぶ程に、妙法蓮花経の五字をとなふ。毒王、今生の縁つきて、炎魔王宮にひざまづく。…炎魔大王是をみて、「無量無数劫にもあひ奉る事かたき妙法蓮花経の名号をとなへ奉る人なり」とて、玉の冠をかたぶけておがみたまへりとこそ侍るめれ。

行ノ身ト成テ、遂ニ都率ノ内院ニゾ生ケル云云。
（『三国伝記』巻第八　中世の文学　P110）

（『宝物集』七　新日本古典文学大系40　P324）

第二十話「法与比丘生二兜率天一事」の説話は、『法華伝記』巻第九に見える。内容は、下段の『法華伝記』によると、性麁悪にして悪のみを為した法誉が閻魔の庁に赴いた。生前の善根は一もなかったが、『法華経』の講説を聴聞したという唯一の善により、罪が消え蘇生することができたという内容である。ところが、上段の『三国伝記』は、『法華伝記』の後半を簡略にし、話末を波線部のように、蘇生の後法与は兜率天に生まれたこと、邪見の者でも『法花経』聴聞の功徳は大きいこと、信心深い僧が読誦すれば安養世界に生まれることなどを付け加えている。これは、明らかに聴衆を意識した改訂といえる。

次の第二十二話「悪毒王愛牛事」の説話は、出典未詳ながら類話が『宝物集』にある。『宝物集』の概略は、悪毒王が仏の計らいで「妙法・蓮花・経」と唱えたことにより、死後蘇生することができたというものであるが、上段の『三国伝記』では、話末に波線部のように、悪毒王は蘇生後仏所に詣で修行し、最後には都率天に生まれたということを付け加えている。

ここに挙げた以外の『三国伝記』の往生説話も、『見聞随身鈔』の説話と同じく、『法花経』の功徳や往生を強調している。『三国伝記』の編者天台僧玄棟の周辺には、このような往生説話が確かに存在していたのであり、前記『見聞随身鈔』所引説話も天台僧周辺にあったと考えられる。天台僧は、法会での説経や『法花経』の直談において、『法花経』による往生説話を利用し[5]広めていたのではないか。『見聞随身鈔』が成立した頃、『法花経』

の直談を行っていた鎮増は、「先師が都率安養浄土にいて、自分の行った直談を照覧納受するだろう。」と述べている[6]。当時の天台僧の意識には、都率往生という考えが一般的にあったのではないか。たぶん鎮増も、『法花経』による往生説話を引きながら、『法花経』直談を行っていたのだろう。

以上、『見聞随身鈔』所引説話を手がかりに、南北朝期に『法花経』による往生説話が流布していたことと、往生説話への改訂に天台僧が関わっていることを推定した。『法花経』による往生説話は、既に『法華伝記』『日本往生極楽記』『大日本法華経験記』『今昔物語集』などに見えるが、それ以外の『法花経』利益説話も、南北朝期に往生説話として改訂されていることは、『法花経』説話享受史上興味深いことである。

注

（1）『今、開かれる文庫《ふみくら》の魅力』（二〇〇五年）p15。阿部泰郎解説。

（2）政祝の著作は、『大師御作目録』『弘法大師伝』『高野山勧発信心集（高野山記）』『四度次第肝心鈔』『四度口決条目』『諸流灌頂秘蔵鈔』『真言宗事相目録』など。

（3）拙論「南北朝期の『日本法花験記』―日光天海蔵『見聞随身鈔』所引説話を中心に―」『仏教文学』（二〇一〇年三月）。本書第二部第二章所収。

（4）『三国伝記』の『法花経』による往生説話は、巻二8・26・30、巻三11、巻四11、巻五11・14・27、巻六14、巻七8・20・24、巻八12・20・22・23・28、巻九23・24、巻十22、巻十一3、巻十二20・25。

（5）田嶋一夫は、「唱導の場では往生伝が重要かつ効果的な資料として用いられていた」とする（『中世文学の回廊』二〇〇八年）。なお『見聞随身鈔』所引『日本法花験記』の改訂説話が、中世後期の天台宗論義書に見えるが、別稿『仏教文学』（二〇一〇年三月）に譲る。本書第二部第二章所収。

（6）『鎮増私聞書』嘉吉三年条。

【付記】　輪王寺宝物殿・天台宗典編纂所の各位に御礼を申し上げる。

第二章　南北朝期の『日本法花験記』

——日光天海蔵『見聞随身鈔』所引説話を中心に——

一　『見聞随身鈔』所引『日本法花験記』

日光天海蔵に、『法花経』の注釈書『見聞随身鈔』全八巻（巻第三欠）がある。この本は、真福寺の第四世政祝が、永享五年（一四三三）に記したものであるが、政祝は、主に弘法大師や高野山を始めとする真言諸流の教学や修法を研究した人である。

『見聞随身鈔』の内容は、『法花経』巻第一の序品から巻第八の普賢菩薩勧発品までの注釈と、その後の「法花経ノ三国奇特集之」とする百の説話から成る。説話百話の内訳は、唐僧詳撰『法華伝記』から七十六話、「我記」一話、「或記」三話、鎮源撰『大日本国法華経験記』下巻から二十話である。引用された『法華伝記』[1]と『大日本国法華経験記』は、両書とも元の本文を分かりやすく簡略化したものであるが、部分的な改訂がある。ここでは引用された『大日本国法華経験記』を中心に考察し、中世後半期における『大日本国法華経験記』の享受を考えたい。

引用された『大日本国法華経験記』説話の標題には、通し番号八十一から一百が付いている。[2]これらの説話を、真福寺蔵建武三年抄出書写『日本法花験記』や、享保二年刊本『大日本国法華経験記』と対照する[3]と以下のとおりである。

『見聞随身鈔』	真福寺蔵本	享保二年刊本	『見聞随身鈔』	真福寺蔵本	享保二年刊本
第八十一話	×	第八十一話	第九十一話	×	第九十七話
第八十二話	×	第百二十六話	第九十二話	第十六話	第百八話
第八十三話	第二十四話	第百二十五話	第九十三話	第二十二話	第百二十三話
第八十四話	×	第八十九話	第九十四話	×	第百二十七話
第八十五話	×	第百九話	第九十五話	第二十一話	第百十八話
第八十六話	×	第九十四話	第九十六話	×	第百十九話
第八十七話	×	第百二十九話	第九十七話	第十四話	第百二話
第八十八話	×	第百二十八話	第九十八話	×	第百三話
第八十九話	×	第九十三話	第九十九話	×	第百四話
第九十話	×	第百六話	第百話	×	第八十七話

こうして見ると、三本に共通する説話が五話あるが、ここでは三話の本文を比較したい。便宜上、『見聞随身鈔』に引用された『大日本国法華経験記』の独自本文に傍線を付ける。

『見聞随身鈔』	真福寺蔵本	享保二年刊本
八十三日本信濃国司	（第24）為畜類書経事	第百二十五　信乃国蛇鼠

頓写ノ事
法花験記下云信濃ノ国司上京ノ時途
中ニ有三尺計ノ虵一随前後ニ顕隠シテ上《ノホル》
国司ノ云此レハ信濃ノ神カ若霊気カ不
審ナリト云人々為殺《スルヲコロサント》一国司留《トヽム》此ヲ一々虵
夢中ニ告国司ニ二云吾カ年来ノ怨敵ノ男
籠《コモレリ》二御唐櫃ノ底ニ一給ラハ即還ランヤト云
夢覚テ朝《アシタ》ニ令レ見ルニ二唐櫃ノ底ヲ一有老鼠
一疋一老鼠ハ怖タル虵一形ナリ虵ハ挙頭ヲ一
悦タル形ナリ如此一互ニ殺食スル事五百生
也国司大慈悲ノ人ニテ為ニレ止《ヤメ》ン二虵鼠ノ
互食ヲ一相原《スワラ》ト云処ニテ三日逗留シテ虵鼠
ヲ各入器物ニ一覆蓋ヲ一請衆僧ヲ一書法花頓
写一部ヲ一廻向ス其夜ノ夢ニ天人来テ告
国司ニ云吾レ等二人生々世々ニ互ニ害
シ々サル、罪依法花頓写ノ功徳ニ一消滅シ

信濃国長官某一任事終テ即以上京
途中ニ有一虵一長三尺許ナリ守ト倶ニ到
来件虵夜宿シ御衣櫃下昼立前後一来
人々奇□事由ヲ申守一或人白シテ言可
殺此虵ヲ一守即制止シテ不令殺虵一守発
祈詞ヲ一若信濃ノ神歟若霊気ノ生祟リヲ一
歟付人一宣説シ夢中ニ示現セヨ其夜守
ノ夢ニ着斑水干一男跪守前ニ二云年来怨
敵ノ男籠居タリ衣櫃中ニ一為害彼男ヲ一日
来副来レリ若得ハ得彼男一従此一罷還
守夢覚了則知虵所告ヲ一明朝ニ見ルニ衣
櫃之底有老鼠一怖畏ノ形居タリ人々申
云此鼠ヲ放捨守有慈心一若捨此鼠一
為虵一所呑一故不可放一守為救虵鼠一
忽於一日ノ裏書法華経開講供養ス其
夜夢中ニ二男着テ於鮮白妙衣一形皃

信濃長官某。一任事終。即以上
京。途中有蛇。長三尺計。守倶到
来。件蛇夜宿御衣櫃下。昼立前後
来。人々奇念。事由申守。或人白
云。可殺此蛇。守即制止不令殺蛇。
守発祈詞。若信濃神歟。若霊鬼祟
歟。付人宣説。夢中示現。其夜守夢。
着斑水干男。跪居前言。年来怨敵
男。籠居衣櫃中。為害彼男。日者
副来。若得彼男。従此罷還。守夢
覚畢。則知蛇所告。明朝見衣櫃。
之底有老鼠。怖畏形屈居。人々申
云。此鼠放捨。守有慈心。若捨此鼠。
為蛇所呑。故不可放。守為救蛇鼠。
忽於一日内。書写法華経。開講供養。
其夜夢中。二男着於鮮白妙衣。形

テ生第四天ニ国司三年過テ生シ同天ニ給ヘシ其時為報恩ノ下来シテ御支トモ申ヘシト云昇シテ天ニ後ニ器物ヲ見レハ両畜同死云云

九十二日本美作国取鉄男ノ事

法花験記下云美作国《ミマサカ》ニ有取鉄山阿部《アヘノ》天皇御代ニ国司召民十人ヲ掘《ホル》山ヲ々崩《クツレ》テ死セントスル時九人ハ早ク走《ハシリ》出テ一人ハ遅《ヲソ》ク出故ニ穴中ニ死国司深嘆之妻子仰天伏地ニ愁嘆ス大山崩ヌレハ無力妻女為亡夫ノ四十九日ニ地蔵ヲ奉供誦法花経穴中広三尺計高サ五尺計空隙《キャク》《ヒマ》ノ有之此男未死去此

端正シテ敬啓守ニ言ク我等生々ニ結怨敵ノ心ヲ世々互以殺害ス今依貴善根免我等罪報可生忉利天ニ此広大ノ恩生々世々不可報尽作是言二人昇天有妙音楽満虚空夢覚テ明朝ニ蛇鼠共死タリ矣見聞人発道心矣

(第16)法華経書写願事兼四十九日事

美作国莫多郡ニ有採鉄山帝姫阿部ノ天皇ノ御代国司召シテ民十人令登此山入テ穴掘鉄時ニ山穴ノ口忽然ニ崩塞ヌ入穴人々驚恐テ競出ルニ九人ハ僅ニ出ヌ一人遅ク出テ、山穴崩合ヒヌ国司上下嘆吟此人妻子侘《ワヒ》悲テ図写仏経ヲ奉修四十九日法事ヲ畢此人数日蟄居テ山穴作是念言我等先年申書写法華経ヲ願ヲ而未果際忽ニ遭□リ

貌端正。敬啓守言。我等生々。結怨敵心殺害。今依貴善根。免我等罪報。可生忉利天。此広大恩。生生世々。可奉報尽。作此言已。二人昇天。有妙音楽。満虚空界。夢覚明朝。蛇鼠倶死矣。

第百八　美作国採鉄男

美作国莫多郡有採鉄山。帝姫阿倍天皇御代。国司召民十人。令登此山入穴掘鉄。時山穴口忽然崩塞。入穴人驚恐競出。九人僅出。一人遅出。山穴崩合。国司上下嘆怜。此人妻子侘悲。図写仏経。奉修四十九日法事已竟。此人数日蟄居山穴。作是念言。我於先年発申書写法華経願。而未果之際。遭此難。

人居穴ニ不断ニ作此ノ念ヲ吾為父母ノ
有法花書写願一未果《ハタ、》一受此難ヲ深愁
涙ス一七日ノ後ニ穴ノ東ヨリ足一通《トウル》程
穴出来レリ光少見其ノ遠一里余ト覚ユ
一人沙門来日々ニ与飯一云汝カ妻中
陰ノ間吾レニ供スル飯云云中陰ノ満ニ山
崩ノ上為立率都婆ヲ妻親類等此ノ下
ニ有ル大叫声穴中ニテ聞之穴中ニシテ大
叫上ノ人々蚊《カノ》声程ニシテ聞《キコ》ユ怪シミ近聞
之一未死一有穴ニ披露スル間国司集人一
百八十日ニ堀出ス眉髪等成白一三十
有余ノ人百余歳ニ見ユ法花誦力及大
願力故継命一穴出後出家シ名大願比
丘為父母一書法花一部一我レモ兜率ニ
往生云云

此難一若免此難一命存者必当書写之
仏一被《ツフサニ》念間穴口之隙指刺許開通シテ
日光僅来照ス有一ノ小僧一従隙一入来
テ饌膳一令食一即相語云汝妻子修シテ
四十九日一施与ス我レニ食ヲ是故一時
来令食汝一也須臾且待可相助汝ヲ作
是語一已自隙一出去ヌ…近隣ノ人三十
余人為斬リ取葛一入レハ奥山ニ間往ク此
穴ニ時穴底人見山人ノ影ヲ叫喚扶我一
山人髣髴《ホノカニ》聞事如蚊音一諸人聞怪テ石ニ
付葛一落シ入底人引動明知籠付葛一
縄落□入底人乗居籠一上人集引挙テ
即将送祖宅ニ…決定シテ当死ヌ希有生
タル事カ是法華経ノ大願威力ナリ随喜讃
嘆シテ皆発ス道心一書写受持読誦ス法
華経一矣出霊異記一之

若免此難身命存者。必当書写。作
祈念間。穴口之隙。指刺計開通。
日光僅来照。有一小僧。従隙入
来。饌膳令食。即相語云。汝妻子
修四十九日。施与我食。是故持来
令食汝也。須臾且待。可相助汝。
作是語已。自隙出去。…時近隣人
四十余人。為断取葛。入奥山間。
往此穴時。穴底人見山人影。叫喚
扶我。山人髣髴如聞蚊音。諸人怪
石付葛落入。底人引動。明知有人。
即諸葛造籠。付葛縄落入。底人乗
居籠。上人集引挙。即将送祖宅。
…決定当死人。希有出不死事。是
法華経大願威力。随喜讃嘆。皆発
道心。書持読誦妙法華経矣。出霊異記。

九十七日本左近中将雅通事

法花験記下云左近中将源朝臣雅通《ヨシトウハ》右小弁入道ノ第一ノ男子也一生以鷹犬ヲ一為能ト一邪見放逸也雖然ニ信法花ヲ一不断ニ誦提婆品ノ浄心信敬不生疑惑者不堕地獄餓鬼畜生々十方仏前ノ文一臨終ノ時モ誦此文一死去ス遺言ニモ仏事ニハ唯読メト云キ提婆品ヲ一順シテ世間ニ一雖殺生等ヲ一内心帰仏法ニ一故臨終ノ日中将ノ殿中ニ現五色ノ雲一五色ノ光明放不レ見ニ互ニ人相ヲ一邪見ノ人ソラ尒ナリ況唯善ノ人ヲヤ皆人帰法花一云云

提婆品（第14）　又兼懺悔

左近中将源朝臣雅通右小弁入道第一男也心操正直ニシテ雖離諂誑被牽世塵ヲ一多作悪業一交テ春林一逍遙シテ翫狩士一間多ク殺山ノ蹄ヲ一望秋野一遊戯シテ興スル鷹鸇処又害野ノ翅ヲ一…而自小《ワカヽ》シ日ニ持ス法華経ヲ一其中ニ提婆品ヲ深ク銘心府ニ一毎日ニ誦事十二十返品中ノ要句以浄心信敬不生疑惑者不堕地獄餓鬼畜生生十方仏前所生之処常聞此経若生人天中受勝妙楽若在仏前蓮花化生之文ヲ一為朝暮口実一乃至最後病患之時常ニ口ニ誦提婆品ヲ一入滅之遺言ニ唱浄心信敬之文一従是以外ニ更無余言一入滅矣彼（皮）聖有師檀契一臨初夜時一乍居仏前一夢見ル五色之雲

第百二　左近中将源雅通

左近中将源雅通。右小弁入道第一男也。心操正直。雖離諂諛。被牽世塵。多作悪業。交春林逍遙被翫狩士間。多殺山蹄。望秋野遊戯興鷹鶴処。又害野翅。…而自少日持法華経。其中提婆品不生疑惑者。不堕地獄。餓鬼畜生。乃至蓮華化生之文。為朝暮口実。乃至最後病患之時。啻誦提婆品。入滅之遺言。唱浄心信敬之文。従是以外。更無余言入滅矣。彼（皮）聖有師檀契。臨初夜時。乍居仏前夢見。五色之雲聳下。隠中将寝殿。光明赫奕。異香氛氳。…

	聳下テ隠中将寝殿一光明赫奕トシテ異 香氛氳タリ…

『見聞随身鈔』の引く第八十三話は、信濃国の国司が上京の途中、蛇と鼠が生々世々に殺害し合う罪報に苦しんでいることを知り、『法花経』を書写廻向し二匹を救うという説話である。この説話は、国司が三日逗留して『法花経』を書写廻向した場所を「椙原」と具体的に示し、話末の、蛇と鼠が『法花経』書写の功徳により第四天（兜率天）に生まれたということに加えて、国司も第四天に生まれることを記している。

第九十二話は、美作国の鉄を取る山で生き埋めになった男が、『法花経』書写の願により助かったという説話である。他本が、死んだ夫のために仏経を図写するのに対し、『見聞随身鈔』の説話は、地蔵菩薩を供養し『法花経』を誦したと記し、生き埋めになった夫に一人の沙門が来て食事を与えることの伏線としている。また他本が、近隣の人々が葛を取りに来て、たまたま生きている夫を見つけたと記すのに対し、『見聞随身鈔』の説話は、中陰が満ち山に卒塔婆を建てようとして妻や親族が山に来て夫を見つけた、と感動的な説話にしている。さらに話末に、夫は救出された後出家し、父母のために『法花経』を書写し、自らも兜率天に往生したということを付け加えている。

第九十七話は、邪見放逸の源雅通が、提婆品の経文を誦して往生したという説話である。『見聞随身鈔』の説話は、後半の藤原道雅説話を省略し、話末に、皆人が邪見の人でも往生できるということを聞いて『法花経』に帰依したとしている。

このように、真福寺蔵本と享保二年刊本は本文がよく似ているが、『見聞随身鈔』の説話は、他本を基にしながら内容を簡潔にし、部分的に変えたり、話末に『法花経』による往生譚や『法花経』信仰譚を付け加えている。この傾向は、『見聞随身鈔』に引用された他の説話についても言える傾向である。他の説話十七話について、首尾を取り出してみると以下のとおりである。右の表と同じく、独自本文に傍線を付ける。

八十一日本越後ノ神融法師事

日本法花験記下云神融法師ハ…此寺ノ方一里内ニ雷神不来一神融ハ景雲年中ニ往霊山ニ一云云

八十二日本越後乙寺ノ道心沙門ノ事

法花験記下云越後ノ国乙寺ノ道心沙門ハ…道心沙門ハ経供養日兜率天往生云云

八十四日本越中ノ海蓮法師ノ事

法花験記下云越中ノ海蓮法師ハ…此法師天徳元年往生云云

八十五日本加賀国翁和尚事

法花験記下云翁《ヲウ》和尚ハ加賀国人也…乍生往虚空ニ一云云

八十六日本美濃国ノ薬延沙弥ノ事

法花験記下云薬延沙弥ハ美濃国人也…従西来紫雲一々中有声一云薬延沙弥今日往日往生哀平(承平)年中往生云云

八十七日本紀伊国ノ悪女成蚰一トノ事

法花験記下云紀伊国牟婁ノ郡ニ有悪女一…女人ハ生忉利天一法師ハ昇ルト云兜率天一ニ老僧出見レハ虚空ヲ一白雲中ニ有二一人ノ天子見ムト云云

八十八日本摂津国ノ道師ノ事

法花験記下云昔天王寺ノ道公法師…遙ルニ見ユル程ノ時ヨリ船上ニ顕菩薩身一放光明一妓楽歌詠シテ遙空昇云云聞者皆発心云云

八十九日本金峯山ノ転乗法師ノ事

法花験記下云転乗法師ハ…壽祥（嘉承）二年ニ白雲空中ヨリ来乗此一往生兜率天ニ云云

九十日本伊賀国源大夫カ事

法花験記下云伊賀国山田郡ニ有源大夫ト云者一…源大夫沙門ヲ引導師トシテ如人一葬送畢後沙門不見一此レハ薬王菩薩也云云母夢依法花及引導師功力一ニ捨畜生身一生兜率天一云云母深孝ノ子ナレハ八十有余ニシテ乗紫雲一往生西方一云云

九十一日本長門ノ国ノ阿武大夫カ事

法花験記下云長門国ノ阿武大夫入道…出家シテ持誦法花一往生兜率天云云天子ハ普賢菩薩云云

九十三日本山城国久世郡善女ノ事

法花験記下云山城国久世郡ノ平丈夫有大慈女子一…虵埋地一其上立塔一誦提婆品一廻向故虵モ女人父母蟹蝦蟆同時往生スト国中ノ人民夢見之一実平等大会法花云云

九十四日本山城国朱雀ノ女人ノ事

法花験記下云昔京ノ朱雀《シユシヤク》ノ大路《ヲフチ》ヲ町人《マチウト》日暮遇《クレニアフ》天下一ノ美女一ニ…遇善男一ニ得生兜率一男ノ思ハク野干スラ既ニ如此一況人間ヲヤ発心云ハレテ善心比丘一ト一生誦法花一八十有余音楽空中ニ響兜率天往生云云

九十五日本加賀前司ノ女子ノ事

法花験記下云藤原氏加賀前司兼《カネ》澄朝臣ノ第一女子ハ信法花一不断誦之一…吾レハ尺迦也善女今一度帰娑婆ニ一法花八巻ニ加ヘハ読無量義経普賢経ヲ早ク可シト生此土一蘇生後加開結二巻十巻毎日誦之終九十有余ニテ乍生霊山一々々ヨリ三日前ニ指光一人皆見之一帰法花霊山往生日本殊更ニ加開結二経一此時ヨリ新也云云

九十六日本左馬寮ノ第二女子ノ事

法花験記上(ママ)云左馬ノ寮権《カミ》助紀《キ》ノ延昌《ノフマサ》カ朝臣ノ第二ノ女子ハ…天人下来引手雲中ニ一三日マテ異香室内ニ薫ス諸人見之一帰法花云云

九十八日本右近小将義孝ノ事

法花験記下云右近小将藤原義孝ハ大政大臣謙徳公ノ第一男子也…詠シテ詩ヲ一云昔ハ契リシテ蓬莱宮ニ一褒《モテアソヒ》月ヲ一今ハ遊極楽界ニ一中《アタル》風ニ一云云

九十九日本越中前司仲遠ノ事

法花伝(ママ)下云越中前司藤原仲遠ハ天性不好悪…束帯ニシテ昇空中ニ一雲中音楽京中皆聞時一万余人出家皆帰法花云云

一百日本安房守ノ第三ノ男子ノ事

法花伝(ママ)験記下云信誓阿闍梨ハ…夢ニ来普賢一進《スヽム》法花一父母入死門一流涙一誦法花一父母往生西方上品一阿闍梨長久四年ニ七十有余ニシテ往生兜率天一云云

以上が残りの十七話だが、このうち十二話に往生譚を付加している。往生譚を付け加えない第八十七話・第八十八話・第九十一話・第九十六話・第九十八話の五話は、もともと往生譚である。ただ第九十一話では、「往生」とともに地獄で助けてくれたのは普賢菩薩だったということが言いたかったのであろうし、第九十六話では、人々が『法花経』に帰依したということが大きな目的であっただろう。また第九十八話は、聴衆が聞いてすぐ分かるように詩句を書き改めたのではないか。(4)

このように改訂された説話は、明らかに『法花経』を賞揚する立場で記されたものであり、しかも聴衆に『法花経』信仰を勧めることを意識した改訂と言える。改訂した作者は未詳であるが、『見聞随身鈔』の著者政祝は、真言諸流の教相事相を学ぶ僧であるため、作者とは考えにくい。永享以前に、既にこのような改訂された説話が存在していて、(5)政祝はそれを引用したのだろう。『大日本法華経験記』説話に手を加えたのはおそらく天台僧で、法会での説経や、『法花経』直談などで利用していたのではないか。

二　改訂説話の利用

永享以前、往生説話に改訂された『大日本法華経験記』があり、それを天台僧が利用していた根拠として、時代は下るが一・二の資料を挙げたい。

天台宗の論義書に、『定賢問答』という典籍がある。作者や成立年は不明だが、『玄旨五箇血脈』に、

師仰云代々先哲雖禁筆端納胸中悲将来之継絶制両箇之図穴賢不出常行堂内可聞口決

天文十六年五月一日

法印定賢授賢永

（叡山文庫真如蔵『玄旨五箇血脈』奥書）

と、天文十六年（一五四七）に、定賢が賢永に玄旨帰命壇に関する血脈を授けているので、『定賢問答』も一五〇〇年代後半に成立したものと考えられる。この『定賢問答』に「夢中実因実果之事」という算題があり、『大日本法華経験記』の説話「道成寺ノ僧夢ノ事」と「源太夫カ帰依僧ノ夢ノ事」が取り上げられている。「道成寺」の説話は、「一河内ノ国道成寺ノ僧夢ノ事日本法花験記下云」と、標題と出典だけが記され本文は記されていないが、「源太夫カ帰依僧ノ夢ノ事」は本文が引用してある。以下に、『定賢問答』・『見聞随身鈔』・享保二年刊本の該当説話を対照し、『定賢問答』と同文箇所に傍線を付す。

『定賢問答』	一伊賀国山田郡源太夫カ帰依僧ノ夢ノ事験記ノ下云源太夫迎テ二母ノ第三年忌ヲ一追善ニ為ニ講ン法ケヲ一請善知識ノ沙門其ノ対夜ニ沙門夢ニ見黄牛ヲ一々々ノ言ハク吾レハ此ノ家主母也明日為ニレ我云レ講ント二法花ヲ一難レシ有願ハ沙門ノ高座
『見聞随身鈔』	九十日本伊賀国源大夫カ事 法花験記下云伊賀国山田郡ニ有源大夫ト云者一為母ノ第三年ノ追善一ノ為ニ四奉三請法花ノ持者ヲ一出テ、路通ニ一待時ニ遇乞食沙門ニ一善知識ト思テ請スル二法花講師ニ一領状シテ即同道シテ行家ニ一宿スル夜沙門夢ニ見黄牛ニ一々々ノ言ク吾レハ此ノ家主ノ母也明日当第三年ニ一仍沙門為我カ一法花
享保二年刊本	第百六　伊賀国報恩善男 高橋連東人。伊賀国山田郡噉代郷人矣。家室大富。財宝豊稔。為死悲母。書写法華。供養恭敬。請講師時告請使云。出宅行時。最初遇師。為有縁師。可修此善。時使者随施主之命。最初値遇同郡里内乞食沙門。…乞者夢見。黄斑牝牛語沙門言。我家主母。此家有多牛。其中黄斑牛是我也。先生時竊盗子物。是故今受牛身債報。

ノ前ニ為二レ吾敷レ座給ヘ吾
行座シテ聴二聞ント法花一
ヲ云々夢覚テ語ル家主ニ一々々
流レ涙無レ限至テ供養ノ
時ニ一如夢ノ告一ノ高座ノ前ニ
敷ク座説法ノ中程ニ源太
夫カ厩ノ黄牛来テ座ス見聞
ノ人驚シテ耳目一源太夫
起テレ座三度礼シレ牛々帰テ
厩ニ一其ノ夜半ニ死畢

（叡山文庫寿量院蔵『定賢問答』第二冊　20丁ウ）

講説難シ有沙門登高坐ノ時ニ前ニ為ニ吾一
敷坐ヲ一給ヘ吾レ行坐テ聴聞セント云キ法花ヲ一
夢覚語家主ニ一々々流涙ヲ一無限一至供養
時ニ一如夢前ニ敷坐ヲ一説法中程ニ源大夫カ
厩《ウマヤ》ノ黄牛来坐ニ着ス見聞人耳目ヲ驚ス牛
流涙一云吾レハ源大夫カ母也源大夫カ幼
少ノ時キ人得《エサス》二此ノ子ニ銭ヲ一少分吾レ盗《ヌスミ》
シ罪ノ故成牛ト一三年仕《ツカワ》レヌト云家主聴聞ノ
人々一同ニ挙音一大叫《サケ》ヒキ源大夫立テ牛
ヲ三度礼ス牛厩ニ還其ノ夜半ニ牛死ス源大
夫沙門ヲ引導師トシテ如人一葬送畢…

（『見聞随身鈔』巻第八　59丁オ）

明日為我講説大乗。講師汝也。是故来告。
欲知虚実。講莚堂内為我敷座。我当来坐。
夢覚内心奇念。臨於当日。…唯去夜夢語
申施主。説上件夢。檀越大驚。為牛敷座。
家有黄斑牝牛。起立歩来堂内。此座跪伏。
願主大啼泣。実是祖。更我不知。辱奉駈使。
我心愚頑不知此事也。今依経力講師威力。
始知此縁。今日已後。更不奉駈。殊加労養。
奉酬恩徳。牛聞此事。流涙悲泣。講莚畢時。
此牛則死。…

（『大日本国法華経験記』　日本思想大系7　p558）

三本を比べると、『定賢問答』と『見聞随身鈔』の説話は、刊本と違って主人公が「源大夫」(6) となっており、本文を見ても刊本と同文箇所が少なく、直接の関係は薄いようである。一方、『定賢問答』の説話は、夢を中心とした記述であるため、『見聞随身鈔』説話より簡略になっているが、『定賢問答』の説話と『見聞随身鈔』の説話は同文箇所が多く、明らかに元の本文が同一と考えられる。さらにこの『定賢問答』の説話は、西教寺正教蔵

『雑教部』（明暦二年写）という論義書にも、ほぼ同文で見えているのである。ここから考えられることは、中世後半期において、『見聞随身鈔』に引用されたような往生説話がある程度流布しており、天台僧が利用していたということである。『定賢問答』や『雑教部』の著者が、『見聞随身鈔』を見た可能性は皆無ではないが、『定賢問答』や『雑教部』の成立以前から、天台宗では「夢中実因実果」という算題の説明に、本朝の例として「道成寺の僧夢の事」や「源大夫が帰依僧の夢の事」の説話を引用していたのではないか。[7]

以上、『大日本法華経験記』の改訂された説話について述べた。改訂された説話が一つの本にまとめられていたとは考えにくく、必要に応じて各説話が利用されていたのではないかと思われる。しかし、本来往生説話ではない説話を、なぜ往生説話に変える必要があったのか。そしてそれは、いつ頃から始まったのか。今後、解明されなければならない問題である。

注

（1）引用された『法華伝記』については、『中世文学』（二〇〇九年六月）の拙論、「南北朝期の『法花経』による往生説話」を御覧いただきたい。本書第二部第一章収録。

（2）『見聞随身鈔』が引く『大日本法華経験記』の説話配列は、地名を基準としているようである。すなわち、越後→信濃→越中→加賀→美濃→紀伊→大和→伊賀→長門→美作→山城→丹波という順である。

（3）建武三年抄出本は、真福寺善本叢刊第二期6所収。享保二年刊本は、日本思想大系7所収。

（4）本来の詩句の形は、「昔契蓬莱宮裏月今遊極楽界中風」であって、天理図書館蔵応徳三年写『日本往生極楽記』・東大寺図書館蔵嘉禎二年写『大宋高僧伝指示抄』・宮内庁書陵部蔵一巻本『宝物集』などに見える。

（5）注（1）の拙論で、『見聞随身鈔』所引『法華伝記』・「或記」・『三国伝記』に、往生説話に改訂された説話があることを述べた。
（6）『日本霊異記』『三宝絵』では「高橋連東人」であり、『今昔物語集』では「高橋ノ東人」である。
（7）もっとも、鎌倉時代静明の撰とされる『天台宗論義百題自在房』に、「夢中実因実果のこと」という算題が見えるが、「道成寺の僧夢の事」や「源大夫が帰依僧の夢の事」の説話は見えない。

【付記】仏教文学会・輪王寺宝物殿・叡山文庫・西教寺文庫・天台宗典編纂所の各位に御礼を申し上げる。

第三章　『法花経』利益説話から往生説話へ
――安居院流の唱導――

一　『法花経』による往生説話の問題点

『日本往生極楽記』以降の往生伝の説話は、全てが往生説話ではなく現世利益説話が多いが、往生説話に絞って見ると、往生の契機は【表】のように、平安時代から鎌倉時代初期にかけては阿弥陀信仰による念仏往生が多い。一方、『法花経』の聴聞・読誦・書写による往生（都率天や忉利天への転生を含む）説話は、中国唐時代の『法華伝記』や『弘賛法華伝』などにあり、日本でも平安時代後期から末期にかけての『大日本国法華経験記』や『探要法花験記』にある。特に『探要法花験記』は往生説話を多く載せているが、中味は、『法華伝記』と『大日本国法華経験記』の引用である。

ところが、十五世紀前半成立の『三国伝記』や、日光天海蔵『見聞随身鈔』が引く「法花経ノ三国奇特」説話を見ると、『法花経』利益説話の最後に往生を付け加えて、往生説話へと改訂している例があり、その結果『見聞随身鈔』所引説話の八四％が往生説話となっている。このような『三国伝記』や『見聞随身鈔』については、以前述べたことがあるが[1]、ここから生じる疑問は、『法花経』利益説話に往生を付加したのは誰かということである。

【表】法華伝・往生伝中の契機別往生

成立年代	書名（収録話数）	法花経による往生	法花経と念仏による往生	念仏による往生
八世紀中頃	法華伝記（二〇〇話）	二六％	一％	〇％
九〇〇年頃	弘賛法華伝（一六九話）	一七％	〇％	〇％
九八五年	日本往生極楽記（四二話）	七％	七％	三三％
一〇四四年頃	大日本国法華経験記（一二九話）	三八％	八％	〇％
一一〇一年以後	続本朝往生伝（四二話）	五％	二％	三六％
一一一一年以後	拾遺往生伝（九三話）	一五％	三〇％	一九％
一一三九年以前	後拾遺往生伝（七五話）	七％	一九％	二八％
一一三九年以後	三外往生記（五〇話）	八％	二〇％	五八％
一一五一年	本朝新修往生伝（四一話）	二％	一二％	四六％
一一五五年	探要法花験記（八六話）	五〇％	七％	〇％
一一八八年以後	高野山往生伝（三八話）	〇％	五％	一八％
一二一七年	三井往生伝　上（二四話）	一％	〇％	二五％
一二七八年以前	念仏往生伝（一七話）	〇％	〇％	七六％
一四四八年	見聞随身鈔（一〇〇話）	八四％	〇％	〇％

二　『法花経』説話改訂の始まり

『三国伝記』や『見聞随身鈔』に見られる『法花経』往生説話への改訂は、調査の結果、鎌倉時代の説草に遡ることが判明した。以下に例を挙げる。

始めに、虞林通説話を挙げる。【例一】

法華伝記	唐洛州虞林通十五 貞観三年。虞林通発心。 欲誦法華。…遂因患致 死。忽有六人冥官。前 後圍繞。至大城門。傍 見有一僧自云。吾是薬 王也。汝誦経願。不称 其意頓致死。即可誦一 偈。教其文曰。毎自作 是念以何令衆生得入無
法花釈	法花伝四云唐ノ洛州ニ虞林通ト 云モノアリ貞観ノ三年ニ忽ニ発シテ願、 ヲ欲フ通利セント法花ノ一部ヲ…受 病已テ□□シテ将ニ□シテ鬼□□至 ヌ炎魔ノ庁一ニ大城ノ門ノ側ニ有一 人僧教テ云ク我是薬王菩薩ナリ 汝誦ニ法花経願未遂□□即可レト テ誦一偈ヲ教テ曰ク毎自作是念云 云人若シ誦□此ノ一偈一ヲ即自《アタル》誦ス 二一部ヲ云々時キニ林通於テ庁庭一ニ
三国伝記	第十四　唐ノ倫通事　明二 法花読誦之要枢ヲ一也 漢言、大唐ニ倫通ト云フ俗ア リ。曽テ「妙法蓮花経ハ、一切 衆生皆成仏之要路、三乗五性 入一乗之真門ナリ」ト聞テ、 一生ノ間可レシト奉レ読《ヨミ》二此経ヲ一云フ 心願ヲ発シナガラ、世俗ノ事 ニ障《サヘ》ラレテ其ノ願ヲ不レ遂《トゲ》。不 幸短命ニシテ死シ、則チ鉄門ニ到ル。
見聞随身鈔	六十大唐 洛州ノ林通法師ノ事 法花伝第五云林通法 師ハ貞観三年ニ発心 不断誦法花至ルトキ死 門ニ一忽ニ有官人六人一 来テ前後左右ニ囲繞シ テ大城ニ趣時傍ニ有一 人ノ僧一自ラ云ク吾レハ 此レ薬王菩薩也汝誦

上道速成就仏身。…遂入城中見王。王曰。其偈如何。林誦之声所及処。受苦之人。皆得解脱。十八地獄。変作華池。王曰。止止不須復誦。早還人間。即経二日方蘇。説此因縁。祥親所見聞也（『法華伝記』六　大正新脩大蔵経51　p75）	誦スルニ此一偈ヲ声ノ所ノ及衆生皆得解脱一ヲ…炎王止々《ヤミネ〳〵》不須復タ誦ニ之一早可レトテ帰人間ニ一経テ二日一蘇テ説ク此ノ因縁一云々然者昔ノ虞林通纔ニ誦セシ一偈一尚ヲ施ニス霊験ヲ於炎王ノ之庁庭一ニ今講□□一部一ヲ不レ玉ハサランヤ遂得脱於弥陀之浄刹一ニ哉彼レハ暫ク帰サル南浮ノ之花下ニ此レハ実ニ生シ玉フ西《ニシ》土ノ之蓮ス中カニ一（『重要文化財「称名寺聖教」』287函14―6　称名寺蔵　金沢文庫管理『法花釈（㊕法花第六巻釈）』13丁ウ）	時に一人ノ僧有テ倫通ニ告テ言ク、我ハ是薬王菩薩也。…汝ニ一偈ヲ教ヘテ奈洛ノ苦ヲ可レトテ救、『毎自作是念　以何令衆生　得入無上道　速成就仏身』一ト授《サヅケ》給フ。倫通口実トシテ焔羅《ラ》獄中ニ到ルニ、息諍王座ヲ立テ礼拝シ、倫通ヲ娑婆ニ帰ヘサル。獄舎ノ幾許《ソコバク》ノ罪人等、此ノ文ヲ唱ルヲ聞テ、忽ニ離苦得楽シテ天ニ生ジテ輪廻ノ業ヲ得脱セリ。（『三国伝記』巻第六　中世の文学　p329）	レトモ法花ヲ一不称《カナワ》其意一頓致死門一教一偈ヲ一云毎自作是念以何令衆生得入無上道速成就仏身一ト…林通誦レハ此偈ヲ一声ノ所処ノ受苦ノ人皆得解脱一…王ノ云止々不須説一ト早ク還サル人間ニ一即二日ニ方蘇生終往生云々（日光天海蔵『見聞随身鈔』八　48丁オ）

『法華伝記』の内容は、虞林通が発心し『法華経』を読誦しようとしたが、まもなく病死した。閻魔庁に行く途中で、薬王菩薩に『法華経』寿量品の偈を教えられ、それを閻魔王の前で誦したため、地獄で苦しんでいる人が得脱し、

林通も二日後に蘇生したという内容である。『探要法花験記』は『法華伝記』と同内容だが、鎌倉時代の『法花釈』は、『法華伝記』の内容に、『法花経』一部の講説を聴く者は必ず阿弥陀仏の浄土に生まれることを付加している。(2)『三国伝記』は、話末に地獄の罪人が林通の誦偈により天に生じたことを明記し、『見聞随身鈔』は、話末に林通が蘇生後往生したことを付加している。

このように、『法花経』の利益説話が、鎌倉時代の説草において往生説話に改訂されているが、このような例は他にも見ることができる。

次に、巌敬説話を挙げる。【例二】

法華伝記

隋揚州巌敬十二

巌敬揚州人。家富無子息。偏帰正法。読法華経為業。後生男子。三歳熱病眼闇。巌教寿量品。少不能持。纔誦題目。…乱静賊去三年方還。屋舎破壊。梁柱散在。下有微音。即憶知盲児。披穴肥膚円満。両眼復明。悲喜問因縁。児曰。吾持法

法花経尺

又隋ノ揚州ニ有リ巌敬ト云人㆒家富テ無シ子㆒偏仰テ仏法㆒誦ス法花経ヲ㆒為身ノ業ト㆒後時ニ生男子㆒適得之㆒貴重スル事無極㆒其子至三歳㆒熱病更発シテ両眼忽暗クレヌ巌敬悲歎シテ教ルニ寿量品㆒幼稚無識不ス能誦持スル事㆒纔誦題目㆒経三年㆒後児ノ眼開テ身肥身心倶歓喜ス父問因縁㆒児答云ク吾持寿量品題㆒故ニ

見聞随身鈔

四十大唐揚州ノ巌敬ノ事

法花伝第七云巌敬ハ揚州人也家富無子㆒偏ニ帰正法ニ㆒読法花経為業㆒後生男子㆒三歳ニシテ熱病シ眼盲暗《ソラ》ニ巌敬教㆓寿量品㆒少ニシテ不能持㆒纔誦題目㆒…三年アテ還家ニ㆒舎破レ梁柱散在下㆒有微音㆒即知盲児ト㆒披穴㆒見肥《コエ》満

華寿量品題。有一人乗白象来放光。教句逗初読一品得明。助畢一部。後更不見所去。厳生希有念。令誦経甚通利。如多年受持。予親所聞也 （『法華伝記』七　大正新脩大蔵経51　p79）	有一人菩薩一乗白馬一而放テ光ヲ一照ス我ヲ一教句逗一初読一品一忽得眼明二一部畢後更不知所去一父聞テ此由ヲ一生希有念ヲ一歓喜涙不留一如盛雨一弥仰妙法一遂往生一浄土云云 （重要文化財「称名寺聖教」319函2—11　称名寺蔵金沢文庫管理『法花経尺』13丁オ） （重要文化財「称名寺聖教」336函34—5『法華経尺』17丁オ）	眼復明ナリ悲喜シテ問因縁一児ノ云吾持ニス法花経寿量品ノ題ニ一人乗白象一来放光一教句逗一初ノ読ムトキ一品ヲ一得明眼一畢一部後更不見所去一巌敬生希有念一令教法花ヲ一甚通利如多年受持一終父母子三人往生云云 （日光天海蔵『見聞随身鈔』八　42丁オ）

『法華伝記』の内容は、厳敬が、熱病で盲目になった息子に『法華経』寿量品の題目を教えた。息子は、その題目を唱えた功徳により目が開いた。それを聞いた厳敬は、ますます『法華経』を信じ受持したという内容である。鎌倉時代の[3]『法花経尺』などは、話末に「ついに浄土に往生す」と厳敬の往生を付加している。『見聞随身鈔』は、『法花経尺』の往生を進めて、親子三人が往生したとしている。

次に、大原の小女説話を挙げる。【例三】

法華伝記

大原小女十四

大原有小女。父母遭苦而亡。漸発人情。恋慕父母。従尼真妙。受薬王品。昼夜転読。祈念父母。夢有一沙門云。汝読法華一品。乗此善因。父母生浄土。乃出家勤行精進。受持一部見在矣

（『法華伝記』七　大正新脩大蔵経51　p79）

花文集

法花ノ験記ニ云ク唐ノ大原ニ有リキ小女其ノ父母遭テ苦ニ而モ亡セリ小女恋慕シテ父母ヲ従テ尼真妙ニ受薬王ノ一品ヲ昼夜ニ転誦シテ祈念シキ父母ノ後世ヲ夢ニ有テ一人ノ沙門告テ小女ニ曰ク読ヨム法花ノ一品ヲ乗テ此善因ニ汝カ父母往生セリ極楽世界ヘ吾レハ是レ薬王菩薩也云々少女夢覚已テ弥ヨ生テ信ヲ即読テ法花一部ヲ同ク生タリト極楽ヘ矣

（真福寺善本叢刊二『花文集』四　19丁ウ）

（東大寺図書館蔵113−258−1）

法華経釈

法花験記云唐ノ大原ニ有リ少女人其ノ父母遭テ苦ニ而亡セリ少女恋慕シテ父母ヲ従テ尼真妙ニ受テ薬王ノ一品ヲ昼夜ニ転読シテ祈念ス父母ノ後世ヲ夢ニ一人菩薩来告テ云ク汝父母已往生セリ極楽世界ニ吾ハ是レ薬王菩薩也文少女夢覚已テ弥ヨ生信心ヲ即読テ法花一部ヲ同ク生セリ極楽ニ文

（重要文化財「称名寺聖教」270函19−5　称名寺蔵金沢文庫管理『法華経釈』8丁ウ）

（重要文化財「称名寺聖教」

見聞随身鈔

八十大唐

太原ノ少女ノ事

法花伝第七云太原ニ有少女一度ニ死去ス漸発人情恋慕父母従真妙尼ニ受薬王品昼夜誦祈父母得道ヲ夢有沙門云汝誦法花一品功徳ニ父母生西方浄土ニ我レハ是レ薬王菩薩也云々仍出家誦一部号発心比丘尼往生云々

（日光天海蔵『見聞随身鈔』八　54丁ウ）

『法花経巻釈』	43丁ォ)
336函34-11　『法華経尺』	11丁ォ)

『法華伝記』の内容は、父母を亡くした少女が『法華経』薬王品を読み、その善因により父母が浄土に生まれたという内容である。文永七年（一二七〇）写の『花文集』や、東大寺の宗性（一二〇二〜一二七八）が写した『法花経巻釈』は、『法華伝記』の内容に、父母の往生を知った少女はいよいよ信心を起こし、『法花経』を読み極楽に生まれたことを付け加えている。鎌倉時代[4]の『法華経釈』も、『花文集』と同内容で、文言も似ていることから『花文集』と関係が深いことが分かる。『見聞随身鈔』は、少女の出家を付け加えているが、基本的には『花文集』や『法華経釈』と同じように少女が往生したことを述べている。

次に、遺龍説話を挙げる。【例四】

法華伝記	法華百座聞書抄	法華経釈	見聞随身鈔
并州李遺龍六 李遺龍者并州人。其家 書業相継究微。龍父 名曰烏龍。偏重此土 道経。不信仏経。…	昔シ、其ノ国ニヒトリノ破戒ムサム ノ人「 」子アリ。其ノ名ヲ為 陵《トイ》ヘリ。父ノ遠陵死□トキニ、遺言「 」後ニユメ〳〵仏	并州ニ有一人ノ能書名ヲハ曰 烏龍《ウリヨウ》ト偏ニ重リ此土ノ漢道経一ヲ敢 テ不信仏教一ヲ…父臨終ノ時向 テ子ニ遺龍ニ遺言スル様ハ汝努 力々々我カ無ラム跡《アト》ニ不可書	六十六 大唐并州李遺龍カ事 法花伝第八云李《リイ》遺龍 ハ并州人也其家書業 ヲ相継ス究微一ヲ龍カ父

語遺龍曰。若汝吾子。不可信仏経。信而犯者。災横不少。即吐血而卒。後并州司馬。発心貞固。偏重法華。如法欲写其経無能書。…贖以金玉。龍遂立題目。悔責父遺嘱。入夜不覚。一日一夜。次夜夢。百千天人。圍遶大威徳天。…答我是汝父烏龍。先生愚気不信仏経。堕大地獄。…爾時地獄火滅。変為涼池。我及衆生。捨身生第四天。

法ノ名字ヲトナフル事ナカレ。又経論ヲ書写スル事ナカレ。唯外道ノ法ヲノミヒロムヘキヨシヲイヒテ父死ヌ。…為陵ムカス国ニ一人ノ司馬テナリ来レリ。此人、道心アルケル(ママ)モノニテ、法花経ヲ書ムトテ…財ヲナクシテ、為陵シフ〱ニ法花経ノ文字六十四字ヲカキサシテネタル夜ノユメニ、父ノ遠陵カヲチタル地獄ノウヘニ、タチマチニ六十四ノ仏、雲ニノリテ来テ遠陵ヲムカフルニ、地獄タチマチニ変シテムトレト(ママ)ムマレタル人ミナ天ニムマレヌ。…遠陵カ子、為陵トイフモノ、娑婆世界ニシテステニ六十四字法花経ヲカキハシメタリ。シカレハ、カレカ功徳ニヨリ、父子ハヲナシモ

仏教ヲ一設ヒ賜トモ金玉ヲ一汝慎テ勿レ書コト仏教ヲ一而間父命終ノ後其国ニ有勢ノ人発心シテ書写ントテ法花経ヲ一為書外題ヲ一求能書ヲ一間…兼贈《進イ》テ金玉ヲ一遂ニ令書八軸ノ題ヲ一畢ヌ…其夜夢ノ中ニ有百千ノ天衆一囲繞シテ大威徳天ヲ一来往セリ…答テ言ク我是汝父ノ烏龍也依テ先邪見放逸ニ一堕大地獄ニ一…時ニ地獄猛火変シテ為清涼池ト一罪業ノ報転シテ我及ヒ所有ノ衆生皆生第四兜率天ニ一所言六十四仏者即汝カ所書一法花八軸ノ外題名ノ文字也…遺龍流涙ヲ一悔テ罪過ヲ一而語タル余人ニ一聞者

ヲ云烏龍ト一不信仏法一…告子ニ一云若遺龍吾カ子ナラハ不可信仏経一即吐《ハイ》テ血ヲ一死去ス遺龍信父ノ言ヲ一不信仏経而并州ノ々主司馬信ニ法花ヲ一欲スルニ三写ニ如法ニ々花ヲ一…以金玉ヲ一龍遂《ツイ》ニ立経題ヲ一其夜夢ニ百千人ノ天子圍遶シテ大威徳ノ天一ヲ遺龍カ父ノ烏龍也吾レ先生ニ大愚癡ニシテ不信仏法ヲ一故堕大地獄ニ一…其時地獄火滅成池一我及衆生離苦

…汝造題目六十四字。一一之字。現化仏身。説偈救苦。…龍夢覚。流涙悔過。…龍家書業。相伝至于今矣。州内或毎字礼供。而毎日書。或行別讃詠。而毎日写者蓋多云云新録 （『法華伝記』八　大正新脩大正蔵51　p83） （叡山文庫天海蔵『法華日蓮書注』十三　15丁ウ）
ノナレハ、今天ニウマル、ナリ。又受苦衆生モ、今、仏ヲ見タテマツルニヨリテ、コト〳〵ク天ニハウマル、ナリ。コノ六十四ノ仏ハスナハチカレカ書ルトコロノ法花経ノ文字コレナリ…父ノヨロコフトミテオトロキヌ。為陵、信心ヲイタシテ、コノ法花経ヲカキテ、司馬ニコノヨシヲカタル。…人ニス、メラレテ法花経六十四字ヲカキシ一々ノ文字、皆仏トナリテ、光ヲハナチタマヒケリ。 （『法華百座聞書抄総索引』p39） （『十訓抄』中　六ノ二十七、『私聚百因縁集』六　十七）
歓喜シテ修行スル法花ヲ輩ラ是多シ其後遺龍昼夜ニ書写シテ法花経ヲ為身ノ業ト遂ニ往生浄土ニ然ニ不意ナラ書ケル外題ヲ其ノ功ソラ尚如是況自発心シテ受持読誦シ解説書写セム功徳ヲヤ故ニ法花経ノ一々ノ文字ハ早クサリケ無シテ併ラ仏ニ御坐ケルナリ （重要文化財「称名寺聖教」270函19-6　称名寺蔵金沢文庫管理『法華経釈』8丁オ） （重要文化財「称名寺聖教」319函2-18『法花経尺』1丁ウ、336函34-12『法華経尺』10丁ウ）
生第四天ニ此レハ汝カ書題目六十四字一々ノ字現化仏身ト説偈ト給我レ与汝身一ノ血肉分ナリ同生ヘシト第四天云々聞此説皆一字一礼ノ金字法花ノ願今ニ不絶云々 （日光天海蔵『見聞随身鈔』八　50丁オ）

『法華伝記』の内容は、能書家遺龍が、父の「仏経を信じてはならぬ」という遺命に背き『法華経』の題目を書いたが、その功徳により不信の亡父は都率天に生まれた。それを知った遺龍は、その後経典書写を家業としたという内容である。天仁三年（一一一〇）二月に行われた『法華百座聞書抄』や、十三世紀中頃の『十訓抄』『私聚百因縁集』は、それぞれ表現は違うが基本的に『法華伝記』と同内容である。ところが、鎌倉時代(5)の『法華経釈』は、亡父が都率天に生まれたことを知った遺龍は、『法花経』書写に励み、最後には浄土に往生したとしている。『見聞随身鈔』も、遺龍が都率天に生まれるだろうことを亡父が告げている。なお、日蓮（一二二二～一二八二）没後成立の『法華日蓮書注』は、『法華伝記』をそのまま引用するのみで遺龍の往生は記さない。

次に、仏法不信男の説話を挙げる。【例五】

法華伝記	法華百座聞書抄	法華経品釈	見聞随身鈔
満州虞県不信男 十一 満州虞県有一男。失 姓名。偏事神道。不 信仏法。…或時依私 要。往詣仁寿寺僧道 如所。在門外謂。如	昔シ、仏法ニ信ヲイタサス破戒ナルモ ノアリキ。ソノ名ヲ不信ノ男トイヒキ。 …此ノ不信ノ男、ツカウヘキコトア リテ、ナニカコノ道如禅師トイフモ ノ、モトニユキテ「コカネノセニハ ヘラハ、マウシウケム」トイヒケル ニ、道如「セニハシカハヘルモノナ	荊《ケイ》州ニ有一ノ寺一名仁寿寺一 ト有僧一名道如一ト…件道如ハ毎 日ノ所作ニテ書写シケリ法花経ヲ一 其時ニ有一人男邪見第一也 …然間此男当テ□□銭至要也 仍テ件男為ニ得カ金銭ヲ至道如 之所一ニ具ニ述其心一ヲ道如其時	六十 八大唐満州不信ノ 男ノ事 法花伝第八云満州 ニ有一ノ不信ノ男一 …或時依私用一 ニ至二仁寿寺ノ道如

有私用。将貸銭三千文。如曰。銭在寺庫。不可惜之。但吾依檀主請。造法華経。至方便品初行終。尚未書一字。硯水既乾。公為吾弁水畢。…良久取水与之而去。…吾悶絶入死門。…于時空中忽在異光。照吾頂。王撿始末。知是法華方便品初行終一字。取水令写。故文字現仏身来助。問此誰光。答我是方便品文字。法華文字。

リ。法花経ノ方便品ヲカキタテマツルニ、最初ノ一行ヲカキハテムトスルニ、ス、リノ水ナムウセニテハヘル。コノス、リノ水ヲイレテタマヘ。コノヒト文字カキヲヘテ、セニハトラセム」トイヒケレハ、コノオトコ、イトヤ、マシクオホエケレトセニカ大事ナリケレハ、ス、リノ水ヲイレテ一字ヲカ、セツ。ナヲイマ〳〵シクオホエテクチス、カムトヤオモヒケム。ハシリカヘルミチニ、イクハクモユカスシテ、シニイリヌ。…ソラヨリ、クモニノリテ、光ヲハナテル仏、来リタマヒテ「コノ男ハ功徳アルモノナリ。我ニユルセ」トコヒウケタマフ。…仏ノノタマフヤウ「法花経ノ方便品

毎日ノ所作ノ法花経ヲ書写スル間タ硯水已乾書ニ一字一ヲ不足一ラ仍男乞ニ硯ノ水一ヲ男愁《ナマシキ》ニ取テ水一ヲ与之一ヲ時男年来モナラハヌ心地ニ己耳ニ聞法花経一ト云ツル声一ヲ眼ニウルワシウ僧ノ形ヲ見ツル在淺猿事也ト思テ走リ行テ遙ナル河ノ淵一ニ即漱《スヽ》キ耳一ヲ洗フ眼一ヲ而間件男蒙テ冥ノ責一ヲ俄ニ悶絶シテ至炎魔ノ庁一ニ…爾時ニ不測威徳巍々トシテ相好荘厳実ニ殊勝御坐ス仏出来テ言様ハ此男ハ我大檀越ヲ也設ヒ有トモ何ナル罪咎《トカ》一ヲ於今度一ニ者必ス我助救ト思ニ仍我今故来云云…仏答給様ハ汝覚哉如何我是道如比丘カ奉書《カキ》

法師ノ所一ニ借《カル》二銭三千文一ヲ銭ハ有寺庫一待二テト云キ法花ノ方便品ノ初ノ行ノ終一ハランヲ忿《イソキ》書経一ヲ時終ノ一字未書一硯水尽道如指出スニ硯一ヲ吾レ不レトモ信仏法一不《ス》ンハ与硯水一ヲ可闕私用一不祥ナカラ入テ硯水一ヲ与法師一ニ自要満シ返テ不慮僻《タヲ》レテ地一ニ悶絶至閻王宮一…時空中ニ有音一云此ノ男ハ汲《クミ》タル方便品ノ初行ノ終ノ硯水

一一皆是仏也。此男帰我故来救。…即示帰路得還活。即出家捨家。写経一十六部。巡礼名山。不知所終

（『法華伝記』八　大正新脩大正蔵51　p86）

一字ヲカクス、リノ水ヲクハヘタルモノナリ。ワレスナハチ、ソノ最初ノクタリノ、ハテノ仏文字ナリ」トノタマフニ、エムマ王、スナハチ座ヨリオリテ、ヲカミテ、トク人界ニカヘリテ、イヨ〱功徳ヲツクルヘキヨシヲイヒテカヘシテ、不信男ヨミカヘリテ、コノコトヲオモフニ、カナシクオホエケレハ、出家シテ仏法ヲ修行シタリ、トヤマウシテ侯ラム。方便品ノ一字ヲカキシス、リノ水ヲクハヘタルタニモ、仏サコソ利益シタマヒケレ。マシテ、ヨキリナキ御心ニ、開講演説ノ御心ヲヤ。

（『法華百座聞書抄総索引』　p42）

法花経ノ方便品ノ初ノ行ノ仏ノ一字也…故今来テ助ク汝ヲ㆒早還テ人間ヘ㆒深敬三宝ヲ㆒殊ニ奉崇妙法ヲ㆒云云件男二度還生路ニ㆒流涙ヲ㆒語ル此事ヲ㆒見聞キ、シ此事ヲ㆒人悉ク発シテ菩提心ヲ㆒奉ツリキ帰シ法花経ニ㆒其後彼男改テ先邪見ヲ㆒忽ニ趣キ仏道ニ㆒偏ニ修行シテ妙法ヲ㆒遂往生浄土ヘ云々

（重要文化財「称名寺聖教」38函6-1　称名寺蔵金沢文庫管理『法華経品釈』33丁オ）

（大谷大学図書館蔵『妙法蓮華経釈』30丁オ『中世文学の諸相とその時代』所収）

善人ナリ今一度娑婆ヘ反セト云…即法花文字一々ノ字即一々ノ化仏也ト云王驚返娑婆ニ㆒返後出家シ妙照比丘ト成テ法花六十六部書写シテ大唐ノ名山巡礼シテ終生兜率天㆒云云

（日光天海蔵『見聞随身鈔』八　51丁オ）

『法華伝記』の内容は、仏法不信の男が寺にお金を借りに行き、たまたま『法華経』書写のための硯水を汲んだ功徳により、地獄から蘇生できた。男はその後出家し、六十六部の写経を行ったという内容である。『法華百座聞書抄』も、『法華伝記』と同様の内容であるが、鎌倉時代(6)の『法華経品釈』や永享十二年（一四四〇）写の『妙法蓮華経釈』は、男は邪見を改め出家し、『法花経』を読み最後には浄土に往生したと記している。『見聞随身鈔』は、『法華経品釈』と同様に、男は出家後写経を行い兜率天に生まれたとしている。

次に、法誉説話を挙げる。【例六】

法華伝記	法花経尺	三国伝記	見聞随身鈔
広州法誉八 広州法誉。其性麁悪。無悪不造。其人命終。至閻羅王庁。王勅録官。撿此人所造之罪福札。…唯在記録悪。無記善札。…王言。更細求挍。即如王勅更細撿挍。中古小札之端。録付一善。所謂法誉往詣	広州ニ有キ比丘一名法与ト一天下第一ノ悪人也…運命早ク尽テ忽ニ被レヌ召炎魔ノ庁一ヘ王勅シテ冥官一ニ令勘ヘ法与カ所作ノ業一ヲ…悉有テ注セル悪業一ヲ札《フタ》一ノミ更ニ不リキ見善業ノ札ハ重テ委尋ネ求ニ一ノ旧キ札ノカタハシニ至テ誦スル法花経一ヲ処一聴聞セリ一座一ヲ録シ付タリ仍冥官奏王一ニ々	第二十　法与比丘生二兜率天一ニ事　明ニ法花聴聞ノ功徳一ヲ事 漢言、広州ニ、法与ト一云僧有リキ。天下第一ノ悪人也。…而ニ運命尽テ炎魔法王ノ庁ニ到ル。爾ノ時、炎王冥官ニ勅シ法与ガ所作ノ業ヲ令《む》レ勘へ。…悉ク悪業ヲ注セル札ノミアリ。重テ委ク尋レルニ之ヲ、一ノ旧キ札ノ片端《カタハシ》ニ云、「法花	三十六 大唐ノ広州ノ法誉カ悪業ノ事 法花伝第七云広州法誉其性麁悪ニシテ造悪業ノ人也命終シテ至閻魔王宮一ニ王此人罪業ヲ撿《シルシ》タル札ヲ集ルニ…無一善一皆悪業ノ札

僧伽藍。説法華経。暫時聴聞講説。如札白王。王言。善哉法誉有大功徳。五十随喜之功徳。尚勝二乗之極聖。況初会聴聞。豈無滅罪。既依聞法華経故。罪即除滅。此人可生天堂。乃放還人間。王更勅吏。悪業雖無量。不如一善。何不賞其一善。汝等将可焼悪録札。即如王勅。焼記悪札。法誉矚目而坐。生希奇念。蒙放恩活。対親属説此因縁悔謝矣

（『法華伝記』九　大正新

即大善根者也ト定テ免ス事之ヲ一畢ヌ仍法与生レヌ都率天ニ一現証如此一誰不至信心ヲ一所以昔ハ〇（「不軽ハ唱皆当作」『法華経釈』）唱テ二十四字ヲ一能化所化倶ニ開キ一実ノ悟ヲ一今ノ我等崇ム六万余ノ字ヲ一自身他身円満テム二世望ヲ一邪見ノ法与ハ一座ノ聴聞ナリ正見ノ我等ハ数座ノ随喜ナリ彼レ已ニ得タリ都率ノ往生ヲ一此豈感悪趣ノ果報ヲ一耶当品三門大略如此一云云

（重要文化財「称名寺聖教」319函2-14　称名寺蔵金沢文庫管理『法花経尺』12丁ゥ）

（重要文化財「称名寺聖教」

経を講ずル所ニ至テ一座の聴聞ヲ致ス」ト録シケリ。仍テ冥官奏スルニレ王ニ、「法与ハ大善根ノ者也」ト定て、是ヲ免シ了ヌ。依テレ之ニ法与生ニ兜率天一ニ。実ニ邪見聴聞ノ法与尚ヲ如レ此。況ヤ信伏読誦ノ比丘ハ必ズ生ンニ安養世界一ニ者也。サレバ昔ノ不軽大士ハ唱テ二十四字ヲ一、能化所化倶ニ一実円頓ノ悟ヲ開キ、今ノ尊重ノ持者ハ一部八軸ヲ受テ、自力他力同く二世の願望を満ん事不レ可レ廻レ踵《クビス》ヲ也。「南無妙法蓮花経」ト可レ唱レ之ヲ。

（『三国伝記』巻第八　中世の文学 p107）

也第三車ノ札尽時有一善札一法誉往或伽藍ニ一説ヲ法花経一生涯《カイ》間ニ一度聞之一去リヌ閻王歎之法花五十展転ノ功徳尚《ナヲ》勝タリ二乗極聖ニ一況直ニ初会ニ聴聞セン功徳ヲヤ三車ノ罪業札不ストテシカ直善ノ札ニ一三車ノ悪業ノ札ヲ皆焼テ一善札ノミ残之ニ一蘇生ノ後出家法花ノ持者トナテ往生云云

（日光天海蔵『見聞随身鈔』八　41丁オ）

脩大正蔵51　p89）
122函13『法華経釈』8丁ゥ）

『法華伝記』の内容は、悪事のみを行った法誉が死後閻魔王庁に行き、生前の罪福を調べられた。三台の車に満載された札は全て悪事のみが記された札で、善が記された札は一枚も無かった。しかし古い札の端に、お寺で『法華経』の講説をしばらく聴聞したということが記されていた。閻魔はこれを賞賛し、「罪は消え天に生まれるだろう。」と言って人間界に還した。蘇生後、法誉はこの因縁を親族に話し懺悔したという内容である。ところが、鎌倉時代の[7]『法花経尺』などは、『法華伝記』にある閻魔王の、「この人天堂に生まるべし。」を進めて、「法与は都率天に生まれぬ。」と明記している。さらに、邪見の法与すら都率天に生まれたのだから、正見の我らは必ず往生できるということも付け加えている。『三国伝記』は、『法花経尺』とほぼ同内容であるが、最後に「南無妙法蓮花経」と唱えることを勧めている。『見聞随身鈔』は、説話全体を簡略にしているが、『法花経尺』と同様に、法誉は蘇生の後出家して『法花経』の持者となり、往生したとしている。

なお、『三国伝記』の文言は全体的に『法花経尺』と似ているが、特に波線部「昔ノ不軽大士ハ唱二テ二十四字ヲ一、能化所化倶ニ一実円頓ノ悟ヲ開キ、今ノ尊重ノ持者ハ一部八軸ヲ受テ、自力他力同く二世の願望を満ん」とほぼ同文が『法花経尺』などに見えるため、『三国伝記』のこの説話は、説草と近い関係にあることが分かる。「説経僧の手控えが説話文学を生む有力な地盤[8]」の好例と言えよう。

もう一つ、恵道説話を挙げる。【例七】

三宝感応要略録

第六十四書写法花経満八部必有救苦感応出経伝

宋瓦官寺沙門恵道予州人。釈恵果同母之弟也。生不修行業。…後遇疾而死。三日蘇云。吾冥官被駈。向幽遠路。有沙門謂道曰。王若推問。応作是言。我昔有造法花八部願。数授此言已。忽然不見。即至王所。王問。修何功徳。答吾有造法華経八部願。王咲曰。既云有願。若造法花及八部者。必脱八獄。依此一言。還放人間。説此因縁。捨所有造八部。其経見在矣

（『三宝感応要略録』中　大正新

法華経釈

唐ニ有瓦官寺ノ恵道ト申人預州ノ人也一生不修行業ヲ一…遇テ疾ニ一而死セリ三日ト云ニ蘇《カヘ》リテ泣々語テ弟子ニ一言ク吾冥官ニ被レテ駈一向幽冥路ニ一有一人沙門教云ク汝チ往炎魔ノ庁ニ一時若推問セ応作此言ヲ我昔有書写セント法花経ヲ一云願如是ト一教已テ忽ニ不見一然シテ至シメ王ノ所ニ一王問云汝修何善ヲカ一答テ云有造法花経ヲ一云願ヲ一爾時ニ王微咲シテ曰既云有願一必可免地獄ノ報ヲ大乗力不思議也誓願ノ功用不虚一□即放捨テ悪道ヲ二度還生路ニ一捨所有ノ財ヲ一造法花経八部ヲ一終生浄土ニ一願力実ニ不虚一誰不信之一耶文

（重要文化財「称名寺聖教」270函

三国伝記

第二十三　沙門恵道造ニ八部法華ヲ一因縁ノ事

漢言、宋ノ瓦官寺の沙門恵道ト云ハ予州ノ人、釈ノ恵果と同母ノ弟也。一生不レ修ニ行業ヲ一、…然ニ遇レ疾而死ス。三日ニ蘇生シテ云、「吾冥官ニ被レ駈向ニ幽遠ニ一。道ニ有ニ沙門一、何カナル事ニカ有リケン、謂テ恵道ニ一云ク、『炎王若シ推問有ラバ、応レ作ニ是言ヲ一、「我、昔、有下と造ント法華八部ヲ一云願上」可レと答フ』教ふ。沙門此言ヲ授ケ已テ、忽然トシテ不レ見。道即《ち》至ルニ大王ノ所ニ一、王問給ハク、『汝何ナル功徳ヲカ修シタル。』答、『吾造ラント云ニ法華八部ヲ一有リト願』云フ。大王微咲シテ曰ク、『既ニ云レ有リト願。若シ造こと法花経ヲ一及ニ八部ニ一者バ、必ズ脱ン八獄ヲ一。』依ル此一言ニ一

脩大正蔵51 p846） （『今昔物語集』七―二二 新日本古典文学大系34 p128、『法華伝記』八 大正新脩大蔵経51 p83）	19―1 称名寺蔵金沢文庫管理『法華経釈』8丁ゥ） （重要文化財「称名寺聖教」319函2―9『法花経尺』8丁ォ、336函34―3『法華経尺』10丁ォ）	故ニ、還二人間ニ一。」説二此ノ因縁ヲ一、捨テ二所有ノ財宝ヲ一、書二写シ八部ノ法華ヲ一、遂ニ免レ二奈落ノ業ヲ一、生ず二安楽世界ニ一。紺瑠璃ノ天地清ク瑩テ、満月ノ尊容並べレ光ヲ、紫磨黄金ノ〔宝〕縄麗ク曳テ、衆星ノ聖者連タリレ姿ヲ矣。 （『三国伝記』巻第八 中世の文学 p112）

『三宝感応要略録』の内容は、恵道という修行をしない僧が死に、三日後に蘇生して言った。「暗い道を行くと一人の僧がいて、自分に『閻魔王に会ったら、自分は『法花経』を作る願があると言え。』と教えた。」この一言によって蘇生した恵道は、衣鉢を捨て『法花経』を作ったという内容で、『今昔物語集』がこの説話を取り入れている。ところが、鎌倉時代(9)の『法華経釈』などは、蘇生の後恵道が『法花経』を作り浄土に生まれたことを付け加えている。『三国伝記』も、『法華経釈』と同様に、恵道が安楽世界に生まれたと記している。

三 『法花経』説話の改訂者

以上、往生説話への改訂例を七例ばかり見たのであるが、これらの例により、『三国伝記』や『見聞随身鈔』に見られる『法花経』往生説話への改訂は、鎌倉時代の説草に遡ることが確認できた。しかし次の問題として、これらの説草は誰の改訂かを考えなければならない。

【例三】と【例四】に挙げた『法華経釈』（270函19）は、内題に、

薬王品　　　澄憲

…

（重要文化財「称名寺聖教」270函19－5　称名寺蔵金沢文庫管理『法華経釈』見返）

などとあるため、これと同じ説話を持つ異本、『法華経尺』（336函34）や、『法花経尺』（319函2）も、一応澄憲と考えられる。金沢文庫編『五寸四方の文学世界』も、【例二】から【例七】に挙げた『法花経尺』『法華経釈』『法華経品釈』などを、それぞれ澄憲作としている。また、【例三】の『花文集』を、大島薫氏は、「安居院澄憲（一一二六～一二〇三）が草した「法華経品釈」である。[10]」とし、【例五】の大谷大学図書館蔵『妙法蓮華経釈』は、奥書に「澄憲法印御草案」とあるため、村上美登志氏は「安居院流の釈澄憲が撰述してあったものと見てよいであろう。[11]」とする。

しかし、これらの説草をそのまま澄憲作と考えてよいだろうか。冒頭で述べたとおり、久寿二年（一一五五）に成立した『探要法花験記』は、『法花経』による往生説話を多く取り入れているが、その往生説話は『法華伝記』と『大日本国法華経験記』の引用であり、往生が付加された説話ではない。また澄憲（あるいは聖覚）は、『鳳光抄』に【例四】で挙げた遺龍説話を利用しているが、遺龍の往生は記していない。

大外記師重八講亡父師久十三年遠忌

開講…并州遺龍説云首題㆑烏龍夢中示㆑聞法花経決定成菩提記㆑先跡已不空巨益何云不題㆑彼只写キ一部八巻

妙文一…

（『鳳光抄最勝』安居院唱導集　上　p367）

これらの理由から、『探要法花験記』とほぼ同時代の澄憲が、『法花経』利益説話に往生を付加したと考えるのは、時代的に早すぎる感がある。往生の付加は、もう少し時代が下るのではないか。それを考える上で、参考になる資料がある。『藤原広足縁懐妊妻死別炎王宮訴夫事 夫妻事』という説草である。

日本霊異記

閻羅《えむら》王《わう》奇《あや》しき表《しるし》を示《あらは》し人を勧《すす》めて善《よきこと》を修《おこな》はしむる縁《ことのもと》　第九

藤原朝臣広足《ふぢはらのあそみひろたり》は、帝姫阿倍《ていきあべ》天皇の御代《みよ》に倏《たちまち》に病身《やまひ》に嬰《かか》り、…死にたるなりと訂瞻《はかりみ》て、従者《ともひと》悚怖《おそ》る。…親属《やから》聞《き》きて喪殯《はぶり》の物を備《まう》く。三日《みか》を経《へ》て往《ゆ》きて見れば蘇甦《よみがへ》りて居《ゐ》て待つ。…属等《やからら》問へば、答へて語《い》はく…前《ゆくさき》の道の頭《ほとり》に重楼閣《たかどの》有り。… 簾《たまのすだれ》を聳《ま》きて問ひて告《のたま》はく「汝の後《しりへ》に立てる人を知るやいなや」とのたまふ。瞻《かへりみ》れば広足の妻懐妊《めはら》みて児《こ》を産むこと得ずして死にたるなり。…広足白言《まう》さく「我れ此《こ》の女の為に法華経《ほふくゑきやう》を写し、

藤原広足縁

日本霊異記下云

藤原広足《ヒロタル》者阿倍天皇御代人也忽病患嬰カヽル身ニ一…気絶眼閉ヌ所従等見之一ヲメキサハクテ帰家告之ヲ一親属…既葬送之経三日往テ彼ニ見之ヲ一蘇生シテ起居タリ…浅猿覚テ問ニ事由ヲ一答云…至炎魔庁ニ一其時ニ大王出シテ荒声ヲ一汝カ後ニ立人知之否不知由申之一答畢アヤシサニ能々見之一ヲ広足妻懐妊シテ不得産子ヲ一而死セシ妻也…其時広足申様ハ…須賜暇ヲ一帰娑婆ニ一為此女ノ一一乗法花ノ妙文ヲ一書写供養シテ此功徳ヲフサネテ廻向彼ニ一所受苦ヲ救候ハム…而忽帰ルト語カタル云々仍為彼死タル妻ノ一如冥途約束書写シテ法花経ヲ一救

講《と》き読み供養《くやう》して、受くる所の苦を救はむ」とまうす。
…広足朝臣《あそみ》之《か》くの如く語り伝へ、彼《そ》の死にたる妻《め》の為に法華経を写し奉《たてまつ》りて、講《と》き読み供養《くやう》し、福聚《さきはひ》を追贈《おひおく》りて、彼《そ》の苦《くるしび》を贖祓《あかひはら》ふ。斯《こ》れ奇異《あや》しき事なり。
（『日本霊異記』下　新日本古典文学大系30　p141）

彼苦定成仏得道疑無コソ候ケメ
（重要文化財「称名寺聖教」307函36　称名寺蔵金沢文庫管理『藤原広足縁懐妊妻死別炎王宮訴夫事』）

『日本霊異記』の内容は、藤原広足が病死し冥途に行ったところ、懐妊したまま亡くなった妻に出会った。そこで広足は、妻の苦を救うために『法華経』を写すことを約束して蘇生した。蘇生後、広足は写経して妻の苦を除いたという内容である。鎌倉時代[12]の『藤原広足縁懐妊妻死別炎王宮訴夫事』の内容は、基本的に『日本霊異記』と同じであるが、末尾に妻の成仏得道は疑い無いと記し、往生説話としている。

この『藤原広足縁懐妊妻死別炎王宮訴夫事』は、表紙右肩に「公誉法印草」とある。公誉は、今まで生没年未詳とされていた僧だが、『両界入三摩地口決』の奥書に、

宝治二年六月十八日以岡崎法印御房之御本於霊山坊令書写
沙門公誉于時生年二十歳
（重要文化財「称名寺聖教」118函14　称名寺蔵金沢文庫管理『両界入三摩地口決』奥書）

と見え、宝治二年（一二四八）二十歳の年に、京都東山の霊山の坊で、岡崎法印成源の『両界入三摩地口決』を書写しているため、安貞三年もしくは寛喜元年（一二二九）生まれと知れる。公誉が霊山に居たことは、『両界

三摩地口決』の他に、『義釈捜決抄』[13]や『三千院円融蔵文書目録』でも確認でき、晩年の正応三年（一二九〇）には横川首楞厳院の検校[14]に補されている。

　このように、公誉は十三世紀の後半に活躍した僧であり、『藤原広足縁懐妊妻死別炎王宮訴夫事夫妻事』は、公誉が亡妻供養説法のために『日本霊異記』に往生を付加して作った、と考えて時代的にもよさそうである。そうなると、今まで見てきた説草も、澄憲の『法花経』釈に公誉が往生を付加した可能性が出てくる。そこで、さらに公誉を調べてみると、『とはずがたり』巻三の弘安七年（一二八四）の条に、「檀那院の公誉僧正、阿弥陀院の別当にておはするに、」と見えるが、「檀那院」は、比叡山の東塔東谷にある檀那流の本拠地であり、

…於東塔ニ恵心流人有□□□（東塔南）谷無動寺是也旦那ハ東塔東谷無止事也　檀那院是也…

（重要文化財「称名寺聖教」350函8　称名寺蔵金沢文庫管理『義科私見聞』表紙）

「阿弥陀院」は、公誉が霊山に住んでいたことを考えると、霊山の阿弥陀院[15]と考えられる。

　霊山は『山門穴太流受法次第』に、

梨本御門跡。毘沙門堂ノ一流。霊山ノ僧正。大塔猪ノ熊等。皆ナ彼ノ御門流ナリ。

（『山門穴太流受法次第』鈴木学術財団編大日本仏教全書40　p180）

とあって、梨本門跡（梶井門跡・三千院門跡）の管領地である。よって、公誉も安居院と同じ門流と言えるが、正和四年（一三一五）写の『作法儀』も、公誉を憲実・忠源とともに安居院流の僧としている。

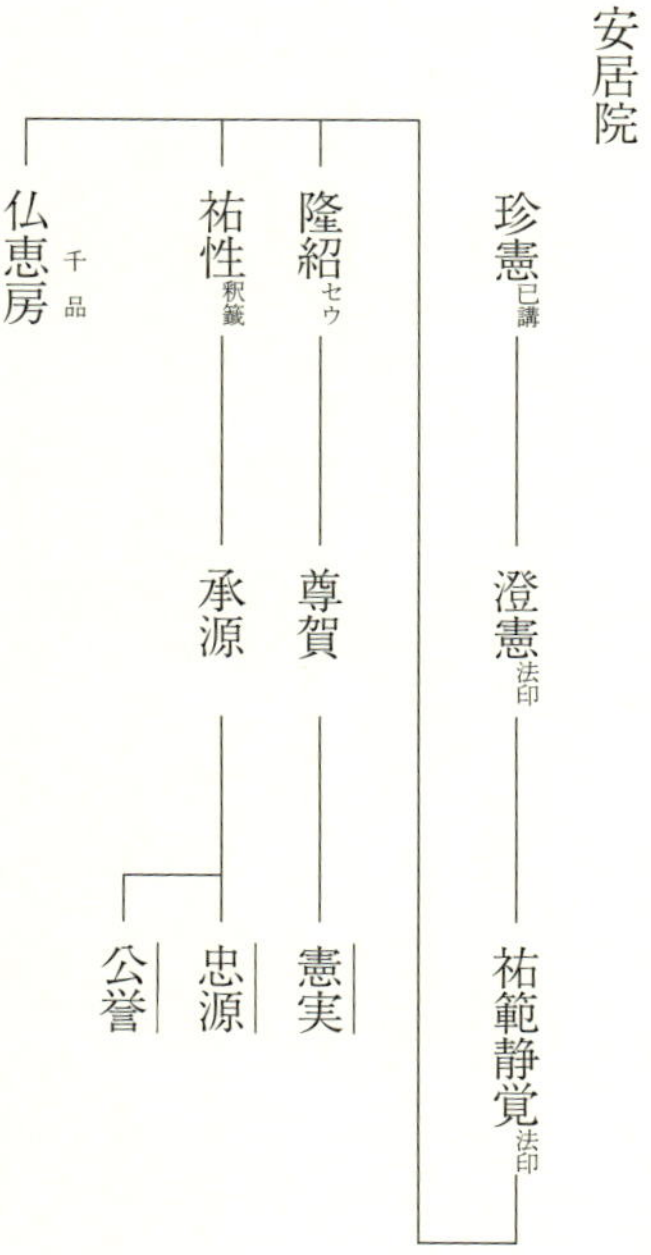

（重要文化財「称名寺聖教」298函25　称名寺蔵金沢文庫管理『作法儀』13丁ォ　傍線は私に付す）

この『作法儀』について、『五寸四方の文学世界』は次のように説明する。

作法儀〔298函25〕

唱導の作法の要点を記した書で、巻末に秀句で知られた祐範・忠胤らの名句を記し、「安居院」と題する系譜を記す。これは澄憲の血統ではなく、法脈としての安居院流の法脈図であろうか。公誉の名も見える。

（金沢文庫編『五寸四方の文学世界』ｐ9）

以上のことから、公誉は澄憲の著作物に触れうる立場にいたことが分かるが、『作法儀』の系譜によって、『法花経』利益説話に往生を付加したのは公誉だけではなく、憲実や忠源の可能性も考えなければならなくなる。

憲実は安居院の嫡流で、能説であり学僧としても有名である(16)。

御導師憲実法印勤之、○○仏経讃嘆如例、言泉涌、詞華鮮、如富楼那之弁舌、

今日説法凡言語道断、聴衆緇素各溺感涙、
（増補史料大成『勘仲記』弘安三年五月一日）

而憲実法印当世無双碩学之上、能説已超過先賢、
（史料纂集『公衡公記』弘安六年九月十一日）

忠源も能説であり、

（史料纂集『公衡公記』弘安十一年正月二十六日）

御導師忠源僧正、説法優美、云簾中云簾外、拭感涙、拭悲涙、
（史料纂集『公衡公記』「後深草院崩御御記」嘉元二年七月二十二日）

と評された僧である。

このように、公誉だけではなく憲実や忠源も能説であり、澄憲や聖覚の説草を基にして、それに往生を付け加え感動的な説話にした可能性が考えられる。そう考えると、憲実に付けられた『公衡公記』の評価「能説すでに先賢を超過す。」も理解できそうだが、安居院流の僧は、改訂した説草に澄憲の名を冠して、「澄憲作」として後世に伝えたのではないか。

また、『法花経』利益説話に往生を付加する時期は、公誉・憲実・忠源らの活動時期に、【例三】で挙げた『花文集』の書写年代文永七年（一二七〇）や、『法花経巻釈』の書写の下限である弘安元年（一二七八）を併せて考えると、およそ十三世紀の中頃からではないかと推測される。

四　十三世紀中頃の浄土宗門徒

前節までで、十三世紀の中頃以降に、安居院流僧が『法花経』利益説話に往生を付加し始めた可能性を述べたのであるが、最後に十三世紀中頃の浄土宗の動きを見ておきたい。

「編纂年次は弘長二年以後から弘安元年までの間と見ることが可能[17]」とされる『念仏往生伝』は、編者の行仙が浄土宗僧であるため、念仏による往生説話が多くを占めているが、その中に『法然上人絵伝』にも見える興味深い説話が二話見える。

第三十六伊豆御山尼妙真房

勇猛精進之比丘尼読誦法花経兼修秘密行後対法然上人忽捨余行一向念仏其功漸至常拝化仏余人不知之唯語甚深同行一人或時告云我明日申剋可往生至剋限端坐合掌念仏気絶

（重要文化財「称名寺聖教」90函12　称名寺蔵金沢文庫管理『念仏往生伝』残闕　7丁ォ）

第三十八比丘尼青蓮

□者上野国住人也後付夫縁一住武蔵国一ニ世□之隙ニ常ニ読誦法花経一既満一千部了□夭亡之後出家其後五十九歳自此以□依善知識勧一向称名至七十三齢夜見光明如日輪自南方来照其頂属〔屡歟〕《シハ〳〵》疑□之処空有声□□摂取光明不簡所処云々其後竪〔堅歟〕信心…自起居取五色□唱名号毎声作礼即十念十礼也其後□念仏三十返如眠気止于時建長〔保〕ヒ三年□月八日

（重要文化財「称名寺聖教」90函12　称名寺蔵金沢文庫管理『念仏往生伝』残闕　7丁ウ）

第三十八話は往生の日付「建長三年（一二五一）」をみせけちで「建保三年（一二一五）」と訂正しているが、『念仏往生伝』は建長から正嘉の説話が多いため、この訂正は法然（一一三三～一二一二）を意識した後人の賢しらと考えられ、元の「建長」が正しいだろう。

ここに挙げた二話は、『法花経』読誦を行っていた人が、法然上人や善知識の勧めで一向念仏に転じ往生したという説話である。この説話によって、法然門下が十三世紀中頃に『法花経』の持者に対して、「南無阿弥陀仏」を称えると往生できるということを勧化していたことが分かる。安居院流僧が、『法花経』利益説話を往生説話へ改訂を始める頃に、このような浄土宗門徒の動きがあることは非常に興味深いことである。

注

（1）拙論「南北朝期の『法花経』による往生説話」『中世文学』（二〇〇九年六月）。本書第二部第一章所収。
（2）『法花釈』（287函14-6）の成立時代は、金沢文庫編『五寸四方の文学世界』（二〇〇八年）p73による。
（3）『法花経尺』（319函2-11）・『法華経尺』（336函34-5）の成立時代は、金沢文庫編『五寸四方の文学世界』（二〇〇八年）p74・p75による。
（4）『法華経釈』（270函19-5）・『法華経尺』（336函34-11）の成立時代は、金沢文庫編『五寸四方の文学世界』（二〇〇八年）p72・p75による。
（5）『法華経釈』（270函19-6）・『法花経尺』（319函2-18）・『法華経尺』（336函34-12）の成立時代は、金沢文庫編『五寸四方の文学世界』（二〇〇八年）p72・p74・p75による。

（6）『法華経品釈』（38函6－1）の成立時代は、金沢文庫編『五寸四方の文学世界』（二〇〇八年）ｐ72による。
（7）『法花経尺』（319函2－14）・『法華経釈』（122函13）の成立時代は、金沢文庫編『五寸四方の文学世界』（二〇〇八年）ｐ74・ｐ72による。
（8）岡見正雄「唱導師と説話」『室町文学の世界』（一九九六年）ｐ48。
（9）『法華経釈』（270函19－1）・『法花経尺』（319函2－9）・『法華経尺』（336函34－3）の成立時代は、金沢文庫編『五寸四方の文学世界』（二〇〇八年）ｐ72・ｐ73・ｐ75による。
（10）大島薫『花文集』解題　真福寺善本叢刊二（二〇〇〇年）ｐ630。
（11）村上美登志『中世文学の諸相とその時代』（一九九六年）ｐ285。
（12）『藤原広足縁懐妊妻死別炎王宮訴夫事夫妻事』（307函36）の成立時代は、金沢文庫編『五寸四方の文学世界』（二〇〇八年）ｐ41による。
（13）『義釈捜決抄』　天台宗全書10　ｐ51。
（14）尊経閣善本影印集成14『二中歴』第四　13丁ゥ。
（15）大日本古記録『実躬卿記』永仁三年閏二月十九日　他に見える。
（16）憲実が能説であったことは、福田晃『神道集説話の成立』（一九八四年）第一編第二章による。学僧としての側面は、拙論「安居院流の主張「車中の口決」「官兵の手」と背景」『唱導文学研究』7（二〇〇九年）ｐ69以下で述べた。本書第一部第四章所収。
（17）金沢文庫資料全書仏典第四巻浄土篇(一)（一九八〇年）解題ｐ261。

【付記】金沢文庫と唱導研究会の各位にお世話になった。記して謝意を表す。

第三部　西教寺正教蔵本の特徴

第一章　西教寺正教蔵本の表紙裏断簡

――『清原宣賢式目抄』『鍾馗』『六百番歌合』「平家高野」――

始めに

大津市の西教寺正教蔵本の多くは、三〇〇年以上の時を経て、表紙と見返し紙が離れ、表紙裏に芯紙としていろいろな反古が貼られているのが見える。

本論は、これらの反古断簡のうち、『清原宣賢式目抄』『鍾馗』の古活字版断簡、『六百番歌合』「平家高野」の書写断簡など、国文学関係資料を紹介検討し、近世初期の出版や書写活動の一端を見るものである。

一　『清原宣賢式目抄』『鍾馗』断簡

西教寺正教蔵『往生要集抄』全四冊は、第四冊の奥に、

于時寛永三丙寅暦閏四月吉日刊摺之畢

江州栗太郡芦浦

観音寺舜興蔵

慶安二年八月日

（『往生要集抄』第四冊　刊記並びに奥書）

と見え、寛永三年（一六二六）の刊行で、慶安二年（一六四九）に舜興の蔵書になったことが分かるが、この本の表紙裏に、『清原宣賢式目抄』と、間狂言『鍾馗』の古活字断簡が貼ってある。この資料は、既に小林健二氏により紹介され、『鍾馗』を間の本の一資料として検討されているが[1]、ここでは誤植などにより反古になったことを推定したい。

まず『往生要集抄』第一冊表紙裏の『清原宣賢式目抄』断簡を、中世法制史料集別巻に収められた慶長・元和頃の刊本と対比させて示す。

『清原宣賢式目抄』断簡

云義也一向ノ無理ヲ以押置所［　　　］年過ハ御成
敗有ヘカラサルニハアラス追加ヲモ此心ヲ以見ヘシ構
謀書被押領之由訴之トハ両方ノ訴陳未断ニシテ二十年
過タルヲ今更敵方ノ支證ハ謀書ト申トモ改ムヘカラス
ト是モ故モナク押タル者ノ謀書ノ事ニハアラス其ハ謀
書ノ沙汰ニハ不及年紀馳過トモ可被改也但當時此分別

慶長・元和頃『清原宣賢式目抄』

（一　雖帯御下文、不令知行経年序所領事）
云義也、一向ノ無理ヲ以テ押置所領ヲ、二十年スキハ
御成敗アルヘカラサルニハアラス、追加ヲモ、此心ヲ
以テ見ヘシ、構謀書被押領之由訴之トハ、両方ノ訴陳
未断ニシテ二十年過タルヲ、今更敵方ノ支證ハ謀書ト
申トモ、改ムヘカラスト、是モ故モナク、押タル者ノ
謀書ノ事ニハアラス、其ハ謀書ノ沙汰ニハ不及、年紀

ナク只年紀ヲ本トスル歟口惜事也又上トシテ召上ラレサル所領或ハ権家ハ奪取ラン或ハ守護ニ押領セラル、ニ依年紀ヲ過テ不知行ノ事有コレハ数十年ノ送ルト云トモ當知行ナルヘキ也又神社佛事領并公家門跡ノ所領等事年紀ノ沙汰ノシ何十年ノ不知行タレ共申給也當時ニ至迄此

（『往生要集抄』第一冊　表紙裏張り）

馳過トモ可被改也、但當時此分別ナク、只年紀ヲ本トスル歟、口惜事也、又上トシテ召上ラレサル所領、或ハ権家ニ奪取ラレ、或ハ守護ニ押領セラル、ニ依テ、年紀ヲ過テ不知行ノ事アリ、コレハ数十年ヲ送ルト云トモ、當知行ナルヘキ也、又神社佛寺領并公家門跡ノ所領等事、年紀ノ沙汰ナシ、何十年ノ不知行タレトモ申給也、當時ニ至迄此

（中世法制史料集別巻　p457）

本文を見ると、傍線1から5の文字全てについて、中世法制史料集所収本のほうが明らかに正しく、『往生要集抄』の断簡は、この誤植故に反古になったと考えられる。

また、『往生要集抄』第一冊・第二冊の各裏表紙裏、第三冊・第四冊の各表紙裏と裏表紙裏の六箇所に、間の本『鍾馗』の同一部分の断簡が貼ってある。これを、青山学院大学図書館蔵の『鍾馗』(2)と対比させて示す。

『鍾馗』断簡

のちもあやうく見えさせ給ふところに扨〳〵めてたき事の御座候そやいにしへせうと申せし人きうたいおの

青山学院大学図書館蔵本『鍾馗』

…御命もあやうく見えさせ給ひ候に。さて〳〵めでたき事の御座候そや。いにしへせうきと申せし人。きう

そみさんたい申されけるにのそみかなはさるを[2]むねんに存たけき人にてきよくかんにて我とかうへをうちくたきむなしくなり給ひ候しかれはきみ此事をきこしめしあわれにおほしめしてそうくわんなされせうき大臣《しん》になし給ふせうき大臣草のかけにてもかたしけなくそんし[3]其御ほうおんにやうきひのやまふたいちあるへきとて只今さんたい申され候しかれはかさねてのすかたをゑにうつしおくならはまつ世のしゆしやうもかせのやまふをやむ事はある

下七

（『往生要集抄』表紙裏）

たいをのそみさんたい申され候へ共。のそみかなはさる[2]をむねんに存られ候て。たけき人にて候へは。きよつかいにてわれとかうへをうちくたきむなしくなりたまひ候。しかれはきみ此事をきこしめし。あはれにおほしめして。そうくはんなされやがてせうき大臣《じん》になし給ひ候。さればせうき大臣草のかげにても忝存候て。[3]其御ほうおんのためにやうきひのやまふを。たいちあるへきとのずいさうにて。ほとなくきひの御やまふへいゆうなされ候。しかれはせうきの御すかたを。ゑにうつしをくならば。まつせのしゆしやうも。かせのやまふをやむ事はある…

（「翻刻古版本間狂言（四）」『青山語文』により原文復元）

対比してみると、本文傍線1から3に異同が見られる。上段の断簡傍線1は、「せう」の後に「き」の文字が落ちている。断簡傍線2の「きよくかん」は「玉関」のことだろうが、青山学院大学図書館蔵『鍾馗』や、鴻山文庫本『皇帝』の「きよつかい」（玉階）のほうが意味が通じる。同じく断簡傍線3は、楊貴妃の病が平癒したことが脱落しているし、「かさねてのすかたを」も、青山学院大学図書館蔵本の「せうきの御すかたを」のほうが意味が通じる。従ってこの『鍾馗』断簡も、本文差し替えのため反古になったと思われる。しかし、同一部分の断簡を何枚も表紙裏に貼っていることは、この本を装丁した表紙屋が出版業務も行っていたか(3)、あるいは出版者に近い存在であったことを示している。それにしても、誤植をよく点検しないで板行したのだろうか。当時の古活字版出版の様子が垣間見られる一例である。

二　『六百番歌合』断簡

次に、西教寺正教蔵の問要八番箱にある『雑々口決集第二』の表紙裏や、問要六番箱にある『雑々口決集(4)（外鞍馬集）』第五の表紙裏と裏表紙裏に、『六百番歌合』春上第十番・同第十六番・春中第八番の書写断簡が貼ってある。

まず、『雑々口決集第二』表紙裏の『六百番歌合』春上第十番の断簡を、宮内庁書陵部蔵本と対比させて示す。

『六百番歌合』断簡	宮内庁書陵部蔵本『六百番歌合』春上
かすみあへす猶ふる雪は[1]空とちて春物ふかき［	19 霞《かす》みあへず猶降《ふ》る雪に[1]空とぢて春物ふかき…
右　　　隆信朝臣	右　　　隆信朝臣
霞しく今朝さへさゆるたもとかな雪ふる年［	20 霞しくけささへ冴《さ》ゆる袂かな雪ふる年《とし》…

右方申云左歌埋火のもと聞よからねと此⌐
不及難歟　左方申云右歌無指難
判云左歌右方申状已為判者之詞歟此上雖有⌐
火下殊不及難歟空とちてなといへるや春の雪天⌐
右歌霞しくといふ詞は春といはむとてを⌐
に霞たつなといふ同事とおもへるいか、末句⌐
や侍らん左2まさるへくや侍□む
十一番

（『雑々口決集第二』表紙裏）

右方申云、左ノ歌、「埋《うづ》み火のもと」、聞《き》きよからねども、此ノ…
不ルレ可カラレ及ブレ難ニ歟。左方申云、無シ二指セル難一。
判云、左ノ歌、右方ノ申状、已ニ為ル二判者ノ詞一歟。この上《うへ》は雖モレ不トレ
可カラ二難ジ申ス一、…火ノ下」、殊ニ不ルレ及バレ難ニ歟。「空閉て」などいへる
や、春の雪天、…右ノ歌、「霞《かすみ》しく」といふ詞は、「春」といはん
とて置《を》…に「霞立《た》つ」などいふ、同《おな》じ事と思《おも》へる、如何《いかゞ》。末ノ句
…や侍らん。左、2勝《まさ》るにや侍らん。
十一番

（新日本古典文学大系38　p13）

本文中、断簡傍線1「雪は」は、宮内庁書陵部蔵本では「雪に」となっているが、『新校六百番歌合』を見ると、天正本に「雪は《にイ》」とあって、この断簡は天正本に近い本文と考えられる。断簡傍線2「まさるへくや」は、宮内庁書陵部蔵本では「勝るにや」とあるが、『新校六百番歌合』に校異は無い。

次に、『雑々口決集（㊊鞍馬集）』第五表紙裏の『六百番歌合』春上第十六番の断簡を、宮内庁書陵部蔵本と対比させて示す。

『六百番歌合』断簡	宮内庁書陵部蔵本『六百番歌合』春上
をとつれかはる谷の下水よろしくきこえ侍に⌐	「音信かはる谷の下水」、宜《よろ》しく聞《きこ》え侍にや。

十六番
左持　兼宗朝臣
春風に池のこほりやとけぬらんまたれぬなみの花をみる［
右　寂蓮
鶯の泪のつら、声なからたよりにさそへ春の山みつ
右方申云左歌無指難左方申云右歌泪のつ［
なから水のさそはん事あまりわかなくや
判云左姿詞優に侍や右は泪氷鶯のこゑを［
山水流行之条あまりなるにや左はやすらか［
右は風情過たるへしなすらへて為持
十七番
左　有家朝臣
（『雑々口決集（外）鞍馬集）』第五　表紙裏）

十六番
左持　兼宗朝臣
31 春風に池の氷や解《と》けぬらん待《ま》たれぬ浪の花を見《み》る哉
右　寂蓮
32 鶯のなみだのつら、声《こゑ》ながらたよりにさそへ春の山水《みつ》
右方申云、左ノ歌、無シニ指セル難一。左方申云、右ノ歌、「涙のつら、」、声《こゑ》ながら水のさそはん事、余《あま》りにわりなくや。
判云、左、姿詞は優に侍べし。右は、涙の氷、鶯声を唱て浮ビニ山水ニ一流レ行ク之条、余《あま》りなるにや。左はやすらかに優に、右は風情過《す》ぎたるべし。なずらへて為レ持スト。
十七番
左　有家朝臣
（新日本古典文学大系38　p18）

断簡傍線部分「姿詞優に侍や」は、宮内庁書陵部蔵本では「姿詞は優に侍べし」とあるが、『新校六百番歌合』の校異に見えない。

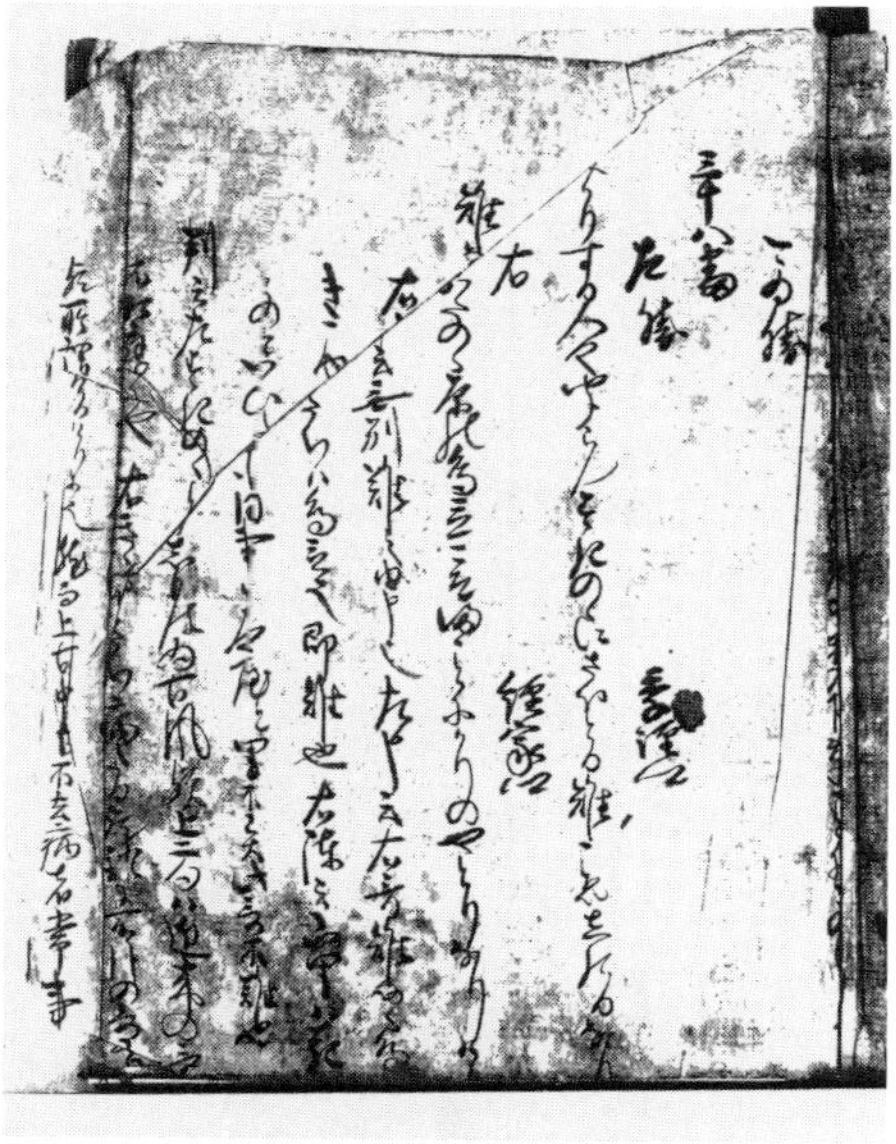

『雑々口決集（外鞍馬集）』第五　裏表紙裏

次に、『雑々口決集（外鞍馬集）』第五の裏表紙裏にある『六百番歌合』春中第八番の断簡影印を挙げ翻刻を宮内庁書陵部蔵本と対比させて示す。

『六百番歌合』断簡

可為勝

三十八番

左勝　季経卿

みかりする人や聞らんすきのゝにさほとる雉こゑしきりなり

宮内庁書陵部蔵本『六百番歌合』春中

可シレ為スレ勝ト。

八番

左勝　季経卿

75 御狩《みかり》する人や聞《き》くらん杉《すぎ》の野ゝにさをどるきゞす声《こゑ》しきりなり

右　　　　　　　　　　　経家卿

雉なくかたの、原の鳥立こそまことにかりのやとりなりけれ

右申云無別難之由申也左申云右歌雉なく鳥立てつ、に

きこゆとたちは鳥立也即雉也右陳云山里は花こそや

とのといひたるも同事にややとと里不異比歌不難也

判云左すきの、よりしもは為古風歟上二句は近来の歌也一首

不相応にや右き、すとたち病たる歟証に所引の歌又［

歟所謂けるけり等也然而上古中古不去病者常事［

（『雑々口決集（外）鞍馬集）』第五　裏表紙裏）

右　　　　　　　　　　　経家卿

76 雉鳴《な》く交《かた》野の原のとだちこそまことにかりの宿《やど》りなりけれ

右申云、無キ二別難一之由、申スレ之ヲ。左申云、右ノ歌、「雉鳴とだち」、手づ

つに聞《きこ》ゆ。「とだち」とは鳥立也。即雉也。右陳云、「山里は花こそ宿《やど》の」

といひたるも同事にや。「宿《やど》」と「里」と不レ異ナラ。この歌不ルレ難ゼにや。

判云、左、「杉《すぎ》の野」より下は為ルニ古風一歟。上の二句は近来ノ歌也。一

首不ルニ相応セ一にや。右、「雉《きゞす》」「鳥立」、病たるか。証に所ノレ引ク歌、又もと

より有ルレ病歟。所謂、「ける」「けり」等なり。しかれども、上古中古、

不ルレ去ラレ病ヲは常ノ事

（新日本古典文学大系38　p34）

本文に大きな異同は見られないが、断簡傍線部の三十八番は珍しい。『六百番歌合』の書写は、通常春上から恋十までの二十部を、三十番ずつ書くからである。従って、三十八番という番号は存在しない。中世末から近世初期の頃、通し番号を付けた『六百番歌合』があったのだろうか。あるいは、この断簡の書写者が、不注意に春上からの番号を続けて書写したのだろうか。

〔図版2〕

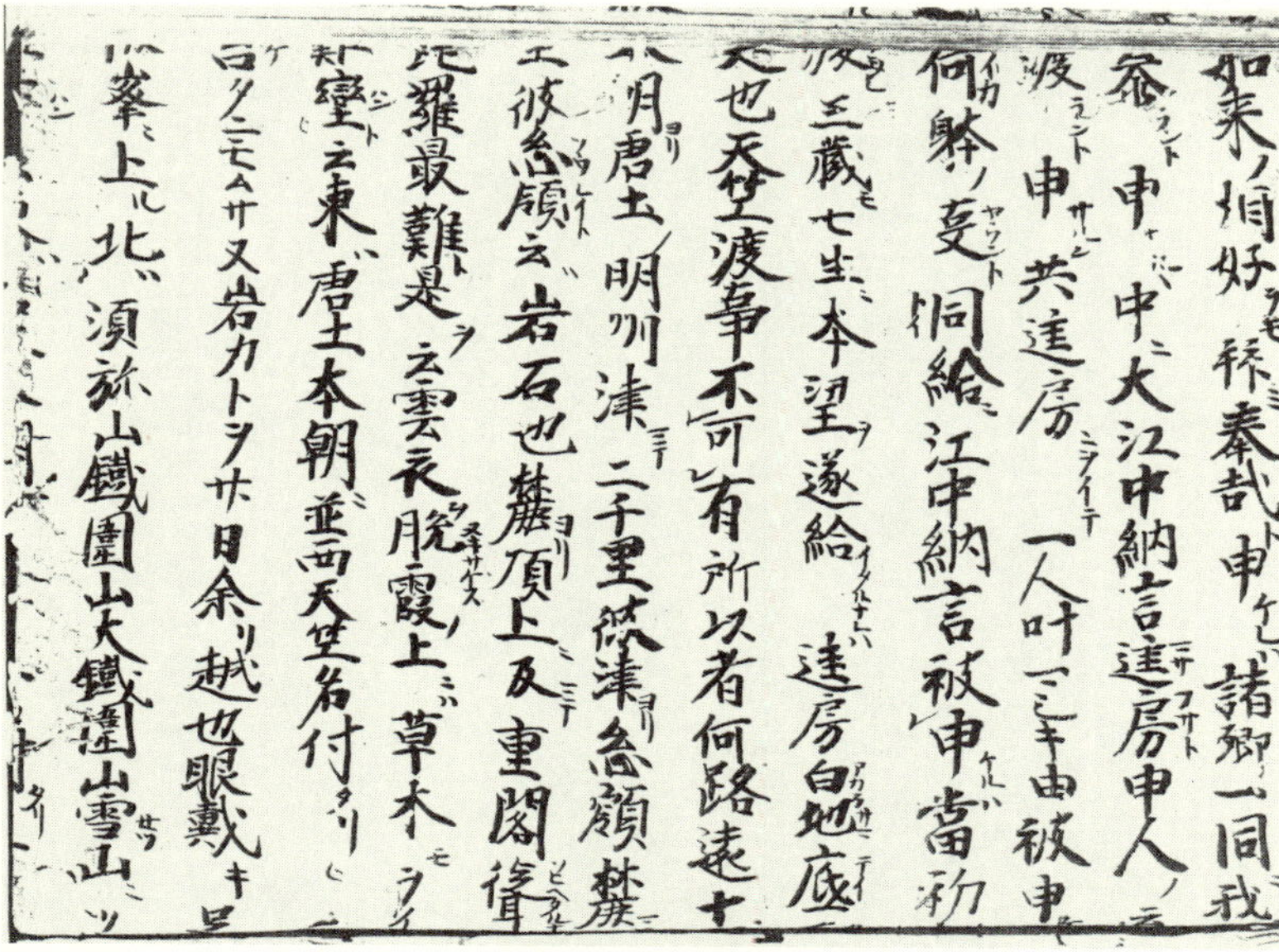
如来ノ娟好稀奉訖申ケレハ諸卿一同我
爲申中ニ大江中納言逢房申人ノ云
渡申共逢房一人叶ヘシキ由被申
何躰ノ变伺給ニ江中納言被申ケルハ當初
渡三蔵七生ニ本望ヲ遂給逢房白地底ニ
是也天竺ヘ渡事不可叶有所以者何路遠ナ
来朋唐土ヨリ明州津ヘ二千里従津ヨリ盆頳嶺
至彼盆頳ニ云ハ岩石也麓ヨリ頂上ニ及重閣
陀羅最難ト是ヲ云雲衣月霞上ニ草木モ
封壇ト云東ハ唐土本朝並西天竺名付タリ
日ク二モムサヌ岩カトヲサ日余リ越也眼戴キ
峯ニ上ルニ北ハ須弥山鐵圍山大鐵圍山雪山

『法華経巻釈』　裏表紙裏

三　「平家高野」断簡

次に西教寺正教蔵『法華経巻釈』は、

江州栗太郡芦浦観音寺法印舜興蔵
寛永廿年八月吉日

（『法華経巻釈』　奥書）

という奥書を持ち、寛永二十年（一六四三）に舜興の蔵書になったようである。

この本の表紙裏と裏表紙の裏に、「平家高野」とおぼしき書写断簡が貼られている。「平家高野」の内容順に影印を挙げ、既に知られている本文と比較する。

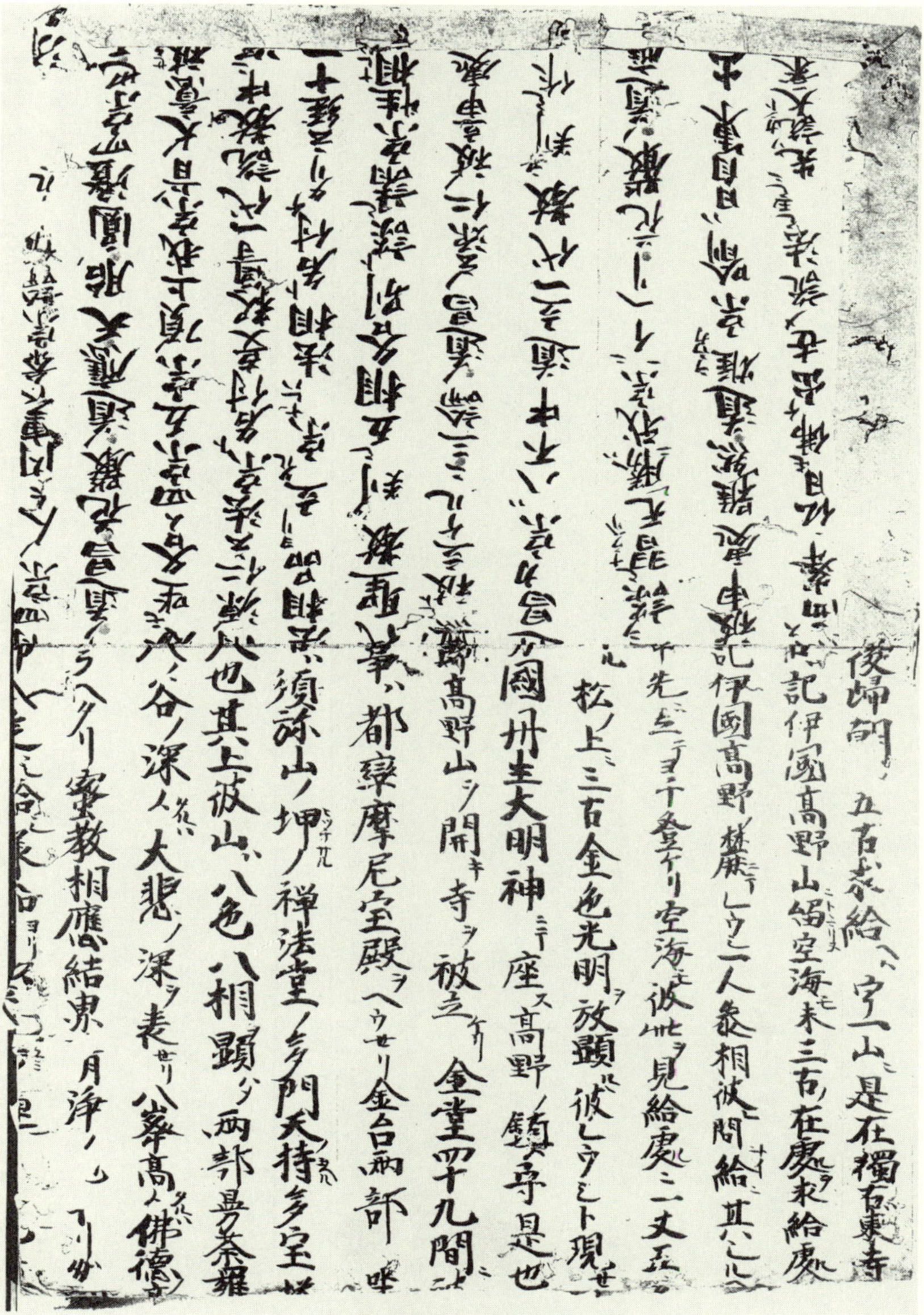

『法華経巻釈』　表紙裏

「平家高野」の諸本は、猿投神社本『平家秘巻』、天理図書館本『平家高野巻』、高野山大学本、旧阿波国文庫本『宗論平家物語』などが知られているが、大きな本文異同は見られない。しかしこの断簡は、従来の「平家高野」とは趣を異にする。

応永二十年（一四一三）写の猿投神社本『平家秘巻』と比べ、二本の同文箇所に傍線を付け、「平家高野」断簡の特徴的な表現に□を付す。

「平家高野」断簡

」如来ノ相好ヲモ拝ミ奉哉ト申ケレハ諸卿一同ニ我「
」参ラント申サル、中ニ大江中納言匡房《マサフサ》ト申人ノ云「
」渡ラント申サルレ共匡房ニヲイテ一人叶マシキ由被申「
」何《イカ》躰ノ事ヤラント問《トイ》給ニ江中納言被レ申ケルハ当初「
」玉シ三蔵モ七生ニ本望ヲ遂給イタルナレハ匡房白地底《アカラサマテイ》「
」也天竺渡事不レ可レ有所以者何路遠十「
」明ヨリ唐土ノ明州津マテ二千里彼津ヨリ忩嶺麓マ「
」彼忩領《ソウレイ》ト云ハ岩石也麓ヨリ頂上ニ及マテ重閣聳《ソヒ》ヘタルナ「
」羅最難ト是ヲ云雲衣ヲ脱《ヌ》キサケス霞ノ上ニハ草木モヲイ「

『平家秘巻』

白河院御時出テ二仙洞ヲ一御遊宴《エン》有ケルニ…付世間出世ニ一在《ア》リ御談儀一中ニ当
時天竺ニ生身如来出現シテ説法利益シ給ヒ致志運歩ヲ聴ヲ聞スヘキヤト一言
出来アリケレハ大臣公卿面々ニ皆可参之由ヲ被申ケルニ其中ニ江《カウ》帥中納
言匡房《マサフサ》卿ノ其時ハ美作守ニテ候ケルカ人々ハ御渡候共於匡房ニ渡候マシ
トソ申サレケル其時ニ月卿雲客疑ノ心ヲ成善縁无カ又邪見ナルカト思ア
ハレテコハイカニ皆人ノ渡ルヘキ由ヲ被仰処ニ匡房一人渡シト被申子細何
様ナル事ニテ候哉ト各々被申ケル時匡房重テ被申ケルハ本朝与大宗ノ一間
ナラハ渡ト海ナレハ安キ方モ候ナン天竺与震旦一境流沙葱嶺ノ嶮難《カタキ》々渡
難越道也先葱嶺ト申山ハ遙ニ大雪山ニツ、キ東南モ嵩山聳出タリ此山ヲ境テ
東ヲハ震旦ト云西ヲハ天竺ト名ク彼山ノ為レ躰伝青山ヲ一下リ二幽谷ニ一踏テ白雲一如清
天ニ登カ道ノ遠サハ八《百歟》千余里其中ニ鬼神毒虫多シテ人ヲ以テ食トス然間凡夫輙ク

」蠻《ハン》土ト云東ハ唐土本朝ニ並西天竺名付タリ「
」タニモムサヌ岩カトヲ二十日余リ越也眼戴キ「
」峯ニ上ル北ハ須弥山鐵圍山大鐵圍山雪《セツ》山也「
」タリ「

（『法華経巻釈』裏表紙裏）

」四宗ノ人々内裏参宗論催□□ル□□□源「
」ノ道昌花厳ノ道応天胎ノ圓澄四宗也「
」モ坐各々四宗五宗ノ頂上我宗ノ旨ノ大意被セラ「
」ノ源仁云法宗ト名付事釈尊一代説教中ニ「
」法相品ヨリ立タル宗ナレハ法相ト名付ケタリ云経十一「
代聖教ヲ判シ五相各別ト談シ諸宗性相ナレハ「
無シト被立ケル二三論ノ道昌ノ云源仁ノ被立申処「
」昌カ宗ハ八不中道立一代教ヲ判シ作「
ヲ談シ習《ナラ》ヘリ无レ勝ハ二我宗一ニイヘリ花厳ノ道應「
被申処雖レ然道耀《ヲウ》カ宗喩ハ日自レ東出「
」ス西峯仏日モ仏ケ出世シテ説法シ玉シニ先ツ説カント大乗「
」後帰朝シテ①五古求給ヘハ宇一山ニ是在独古ハ東寺「

通カタキ山路也件ノ山ノ高ク聳《ソヒエ》タル峯アリ荊白山ト名付タリ岩ノカトヲカ、ヘテ七日ニ登ル道ナリ至レハ彼峯ニ二三千世界ノ広狭ヲモ眼前ニ明也一閻浮提ノ遠近モ足下ニ集タリ又流砂ト云河有…

昔嵯峨皇帝空海大師ヲ清涼殿ニ奉請一四宗ノ大乗宗ノ碩学ヲ集顕密ノ法門ノ論談合給事候キ法相宗ニハ南都ノ源仁僧都三論宗ニハ道昌天台宗ニハ円澄内供花厳宗ニハ道雄和尚各我宗ノ目出由ヲタテ申サル先法相宗ニハ源仁云タマハク我宗ニハ立三時教一判一代正教五性各別シテ帰ス唯識一円城実性ヲ為詮一□□何可勝之申サル、三論宗ニハ道昌云給ク我宗ニハ立二蔵一判一代正教色空不二願智真俗宛然ノ理ヲ顕ス八不中道ヲ談トス何可勝之申サル、天台宗ニハ円澄内供云ク我宗ニハ立四教五時一摂一切教一六即階級ニハ修三観一六根互用《コヨウ》シテ照三千界ヲ一三論現証シテ顕ス無作三身ヲ一何可勝之申サル、花厳宗ニハ道雄云ク我宗ニハ立五蔵摂一切教ヲ一修《性歟》教皆成中ニハ現身位々断証スル一乗円教中ニハ事々円融自在也初発心時即成ト正覚ヲ一談ス何ノ教門カ可勝之ト申サル、空海云ク真言教者即身成仏ノ義ヲ談ス…

大同元《弐》年丙戌八月下旬ニ和尚令玉フ帰朝三鈷ノ行ヘヲ尋ムトテ南山辺ニ行給ケルニ大

」ハ記伊国高野山ニ留《トヽマリヌ》空海モ未三古ノ在処ヲ求給処「
」記伊国高野ノ麓ニテ②レウシ一人参相彼レ問《トイ》給ニ其シルヘ「
」先ニ立テヨチ登ケリ空海モ彼此ヲ見給処ニ一丈五「
」ル松ノ上ニ三古金色光明ヲ放顕ル、彼レウシト現セ「
」国丹生大明神ニテ座ス高野ノ鎮守是也「
」即高野山ヲ開キ寺ヲ被立ケリ③金堂四十九間ニ「
」事ハ都率摩尼宝殿ヲヘウセリ金台両部坐「
」ハ須弥山ノ坤《ヒツジサル》ノ禅法堂ノ多門天ノ持玉ヘル多宝塔「
」也其上彼山ハ八色八相ヲ顕ハシテ両部曼荼羅「
」ノ谷ノ深々タルハ大悲ノ深ヲ表セリ八峯高々タルハ仏徳ノ高「
」ラヘタリ蜜教相応結界清浄ノ「
御入定シ給シ承和ヨリ「

（『法華経巻釈』　表紙裏）

和国内郡ニ猟師二人相ヒ給フ和尚尋ル霊地ヲ之由被申猟師ノ給ク我所領紀
伊郡ノ深山高野ト云所有松梢ニ光物有ト被申怪テ猟師相□ニ山ニ入テ見給ニ
大唐ヨリ所投ル飛行ノ三古ニテ候ケル和尚取是ヲ令安置給フ高野山第一ノ重
宝ト申者則此三鈷ノ事也彼猟師ハ非凡夫忝クモ鎮護国家霊神丹生高野両大
明神ニテソ御坐ケル往昔ヨリ以来我山ノ事ヲ和尚ニ委細ニソ示シ給ケル高野山
金剛峯寺ト申者瑜《ユ》伽三密行処日域無双ノ霊地也二重八葉峯谷三十七法
水東ヘ流テ龍花ノ暁《アカツキ》ヲ待所也八葉之内院ヨリ致マテ外院ノ八葉之峯十六大菩
薩宝坐両部之曼荼羅是浄土也昔大塔者南天竺ノ鉄塔ヲ移シテ其長十六丈
金堂者表都率ノ内院ヲ間ノ数四十九破壊顚倒シテ年久僅ニ□鎮ノ宝瓶計残
レリ又此山之内ニ有三ノ秘所阿逸聞院転軸山摩尼山是者弥勒三身ノ浄土也

（猿投影印叢刊1『平家秘巻』　2丁ウ～7丁ウ）

「平家高野」断簡は、行の前後が欠落しているが、二本の同文箇所は極めて少ない。しかし概要は似ており、断簡は明らかに本来の「平家高野」を参考にしていると考えられる。しかし□で囲んだ①②③の箇所は、従来知られている「平家高野」の内容と大きく異なる点である。

①は、本来の「平家高野」が高野山に落ちた三鈷のみを話題にするのに対して、断簡は「空海が唐から投げた

金剛杵が、一山・東寺・高野山に落ちた。」とする。これは、『本朝神仙伝』や『大師行化記』を参考にしたと思われる記述である。

大師於唐朝。投一鈴杵。卜本朝勝地。一墜東寺。一落紀伊国高野山。一落土佐国室生戸山。

（『本朝神仙伝』　日本思想大系7　p582）

②は、本来の「平家高野」が、「空海が三鈷を探している時、二人の猟師（丹生・高野両大明神）に遇った。」とするのに対して、断簡は、弘法大師伝上古い形の「一人の猟師（丹生大明神）に遇った。」とする。これは、『金剛峯寺修行縁起』などを見たと考えられる記述である。

以二大同二年丁亥八月一趣ク二本郷一ニ。泛ルレ船ヲ之日祈請シテ云ク。我カ所ノ二伝ヘ学フ一秘密ノ聖教。有ラハ二流布相応之地一者。早ク到テ可シトレ点スレ之。則以二三鈷ヲ一而向テ二日本ニ一投レハレ之。則三鈷遥ニ飛入ル二雲中ニ一。…以二弘仁七年孟夏之比ヲ一。出テ二城外ニ一経歴シ玉フ矣。大和国宇知ノ郡ニテ逢玉フ二一人ノ猟者ニ一。…為ニレ建二立センカ伽藍ヲ一截リ二払フ樹木ヲ一之間。樹ニ夾テ二彼ノ於テレ唐ニ所ノレ投ル三鈷ヲ一厳然トシテ而有リ。

（『金剛峯寺修行縁起』　弘法大師伝全集第1　p52）

③は、本来の「平家高野」が、「高野山の金堂は都率天の内院を表す。」とするのに対して、断簡は、「高野山の金堂は都率天の摩尼宝殿を表す。」と詳細にしている。これは、『高野口決』や『高野山勧発信心集』のような中世の資料を参考にしたと考えられる記述である。

一金堂者大師私願建立伽藍也然進官為御願寺嵯峨天皇本様八棟堂宇也四面周市各七間也七々四十九間即標都率内院四十九重摩尼殿者也

（『高野口決』第九紙　真福寺善本叢刊９　ｐ99）

このように断簡は、高野山の古い資料を基に「平家高野」を再編成しようとした感があるが、特に注目されるのは①の、金剛杵のうち五古は「一山」に有るという記述である。この場合の「一山」とは、「この山」の意と考えられ、『本朝神仙伝』や『大師行化記』が記す室戸山最御崎寺を指す。(5) 最御崎寺は、日本歴史地名大系40「高知県の地名」によると、永禄六年（一五六三）火災により縁起や古文書が焼失したというが、それを考えるとこの断簡は、室戸山最御崎寺の僧が、再建の目的で寺の縁起を作ろうとしたのではないかと推測することができる。

以上、西教寺正教蔵本の表紙裏の断簡を見たが、それぞれ中世末から近世にかけての出版や、書写・創作活動の一端が想われ興味深い。

注

（１）小林健二「古活字本の「間の本」」『芸能史研究』（一九八五年十月）。『中世劇文学の研究』（二〇〇一年）所収。

（２）田中允「翻刻古版本間狂言（四）」『青山語文』（一九七六年三月）。

（３）井上隆明『改訂増補近世書林板元総覧』（一九九八年）ｐ601～602には、出版を行っていた表紙屋が見える。また小林健二は、注（１）の論で、「叡山版の表紙を一括して取り扱っていた表紙屋のあったことを推測させよう。」と述べている。

（４）この『雑々口決集』は、慶長十七・十八年（一六一二・一六一三）、舜興が二十歳の頃書写した典籍である。

（５）鎌倉中期以後の成立という『丹生大神宮之儀軌』には、空海が投げた金剛杵が、東寺や高野山の他に、京都府亀岡市の千手寺に落ちたとあるが、千手寺は応永十年（一四〇三）に禅宗に改まっているため、ここでは考慮に入れない。

【付記】　國學院大学国文学会の諸先生方から、有益な助言を頂いた。また西教寺文庫には、典籍の閲覧や影印掲載並びに引用許可を頂いた。記して謝意を表す。

第二章　芦浦観音寺の舜興蔵書
——表紙屋の装丁と奥書に見る蔵書の特徴——

始めに

十七世紀前半期、近江国芦浦観音寺の舜興は多くの天台典籍を蒐集した。蔵書はその後、坂本の正教坊に納められたが、現在は西教寺正教蔵に帰している。この舜興蔵書については、今までに冨田圓肇・阿部泰郎・伊藤正義・宇都宮啓吾の各氏(1)によって、次のようなことが指摘されている。

○舜興によって、寛永から万治にかけて蒐集・書写された聖教であり、叡山における正教坊の蔵書を母胎とする。

○多くは修復・装訂されて体裁が統一され、舜興の自筆による識語がある。

○観音寺十三世の住持朝舜の時代に、経蔵のすべてが坂本の正教坊に納められた。

○表紙に表紙屋長兵衛の印があったり、書写に関わった祐筆の署名がある。

しかしながら、具体的な考察はまだなされていないため、国文学研究資料館所蔵の西教寺正教蔵マイクロフィルムや、西教寺文庫の原本を調査し、先行研究に基づきながら、表紙屋の装丁と奥書に見る蔵書の特徴を明らかにする。

一　表紙屋の装丁

伊藤正義氏の調査によると、写本に付けられた表紙に表紙屋長兵衛の印があるというが、具体的には、寛永十九年（一六四二）、舜興の奥書を有する『唯一神道名法要集』の裏表紙紙背に、縦二・三糎、横一・七糎の重郭黒印「表紙屋／長兵衛章」が押されている。印章の影印を挙げる。【図版1】

図版1　『唯一神道名法要集』裏表紙紙背

見落としもあろうが、この印章は他に、

『渓嵐拾葉集』「求聞持事」（寛永十九年奥書）裏表紙見返し・裏表紙紙背
『渓嵐拾葉集』「大黒秘口決」（寛永二十年奥書）裏表紙見返し・裏表紙紙背
『渓嵐拾葉抄』「七分行法」（寛永二十年奥書）裏表紙見返し・裏表紙紙背
『法花五部九巻書』（慶安三年奥書）後遊び紙・裏表紙見返し

にもあり、合計九顆が確認できる。これらの印は、裏表紙と見返しに当たる紙が剥離している場合にも確認できることから、裏表紙紙背に表紙屋長兵衛の印が押されている本はもっと多いと推測できる。いずれにせよ、この印章によって表紙屋長兵衛が舜興蔵書の表紙を装丁したことが判明する。

さて、表紙屋長兵衛の印章が押されている『渓嵐拾葉集』と同じ表紙の、『渓嵐拾葉集』「金輪法」や「阿弥陀部」の表紙裏を始めとして、舜興蔵書の多くの本（縦約二七糎、横約二〇糎）の表紙の裏に、寺社修理文書が貼ってある。これによって、寺社文書の裏張りも表紙屋長兵衛の装丁作業と考えられる。

この寺社文書は、どこの寺社の、いつ頃の修理かを気にして見ていくと、たとえば『三部抄』の裏表紙裏に、

牛頭天王神殿弐間ニ五間半屋祢柿葺「
此銀九十五匁
「狩殿神殿弐間
右破損何もくさり申所者不及申其外
何ニても悪敷所如何様ニも御好次第修理仕「
（『三部抄』第二　裏表紙裏）

とあって、修理する牛頭天王神殿などとその予算を記し、要望に応えて修理するとしている。修理する主な箇所は、『直雑（(内)雑々私用抄）』第二十三の表紙裏に見える。【図版2】

破損修理之分
「本社　桁行京間拾壱間 梁行同九間半
御拝　桁行京間四間三尺九□□ 梁行同弐間
東庇　桁行京間□間半 梁行同壱間四尺

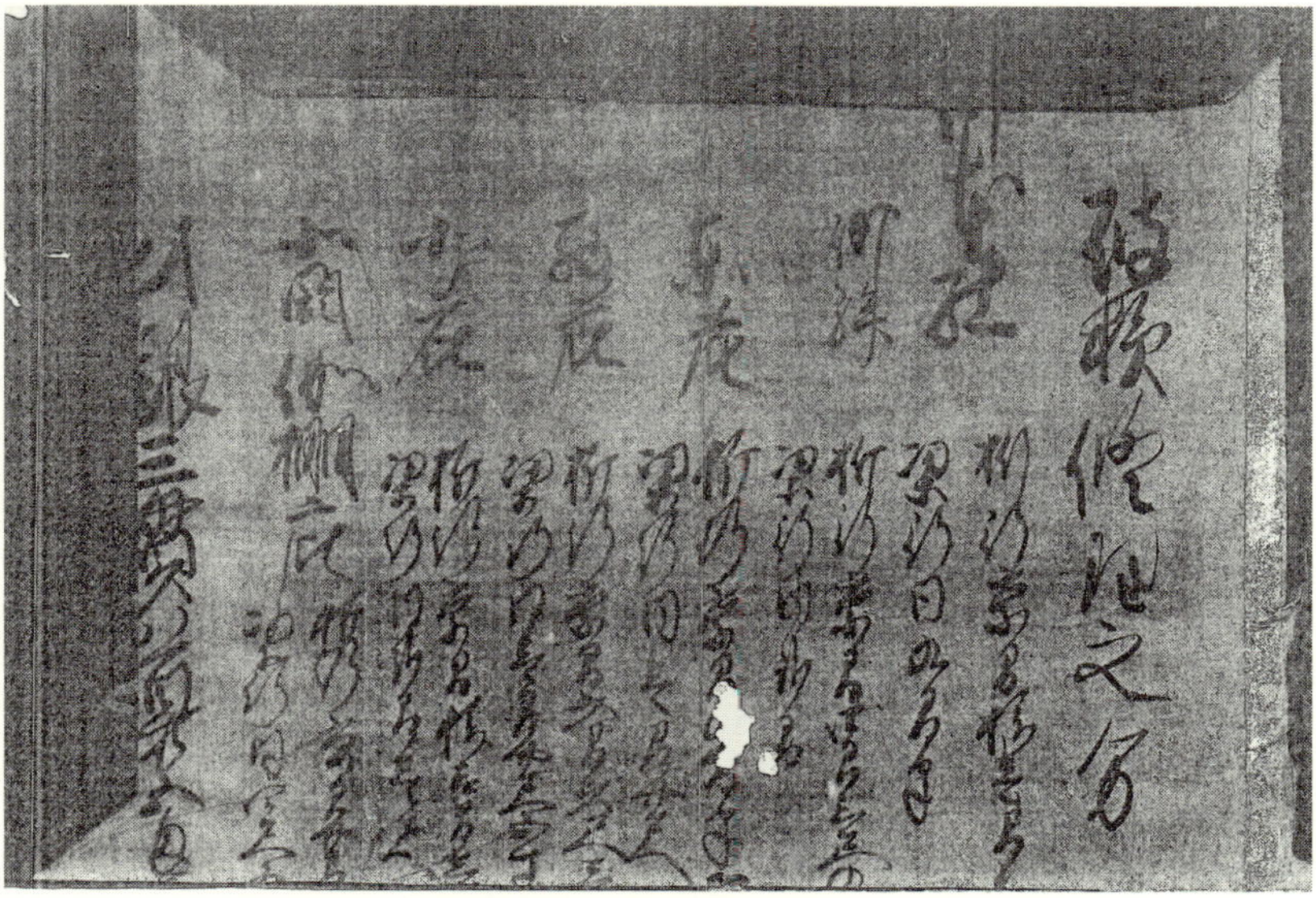

図版2『直雑（(内)雑々私用抄）』第二十三　表紙裏

西庇　桁行京間六間六尺□□　梁行同壱間四尺五寸

北庇　桁行京間拾壱間壱□□　梁行同弐間壱尺

北閼伽棚庇　桁行京間四間□□□□　梁行同四尺□□

此銀三貫八百廿五匁「

（『直雑（㊅雑々私用抄）』第二十三　表紙裏）

このように、本社以下の修理箇所が桁行き・梁行きとともに記されている。また『玄旨灌頂起請文』表紙裏には、

一「

一右書付之外自然「

右銀之内ニて何様ニも「

仕候事

右祇園社堂其外「

日用入用代銀不残「

落札ニ罷成被仰付候ハ、「

……（以下別紙断簡）……

此銀四拾弐「

一「

（『玄旨灌頂起請文』　表紙裏）

とあって、祇園社修理の落札を希望する旨が記されている。

この寺社修理文書が書かれた時期は、『雑々口決集（〈扉〉鞍馬集）』第三の裏表紙裏に、「寛永弐拾年未ノ四月三日」とあり、『直雑（〈内〉雑々私用抄）』第十三上の表紙裏には、「寛永弐拾壱年」という年号があって、寛永の終わり頃と判明する。

（寛）
「永弐拾年
「未ノ四月三日　…
寛永拾弐年（ママ）
……（以下別紙断簡）……
（祇）
□園諸社手傳日用帳
五条松原通
平右衛門

（『雑々口決集（〈扉〉鞍馬集）』第三　裏表紙裏）

（『直雑（〈内〉雑々私用抄）』十三上　表紙裏）

以上の断簡から、この寺社修理文書は、寛永末ごろの京都の祇園社修理に関する文書と推定できる。そこで『祇園社記』や『京都御役所向大概覚書』で確認すると、確かにこの頃、幕府の命による祇園社の修理があり、寛永十九年（一六四二）に始まり正保三年（一六四六）に完成している。

祇園社御造営并御修理、従

御公儀被遊候、寛永以来之覚、

一寛永十九壬午年四月、御本社并末社破損之分注進仕、

一正保三丙戌秋、御修理成就、御奉行芦浦観音寺小川藤左衛門、

（『祇園社記』雑纂第十、増補続史料大成『八坂神社記録』四　p228）

一、祇園社堂舎

御本社　桁行拾壱間壱尺五寸 梁行九間半

御拝　桁行四間三尺九寸 梁行弐間

東之廂　桁行九間半 梁行壱間四尺

西之廂　桁行六間六尺三寸 梁行壱間四尺五寸

北之廂　桁行拾壱間壱尺五寸 梁行弐間壱尺

北閼伽棚廂　桁行四間三尺九寸 梁行四尺五寸

拝殿　三間四尺六寸四方

中門　桁行弐間三尺 梁行壱間六尺壱寸

南楼門　桁行四間六尺 梁行弐間四尺

大塔　五間壱尺三寸四方

神輿仮屋　桁行四間半　梁行三間
神楽所　桁行六間半　梁行弐間半
薬師堂　桁行四間壱尺七寸五分　梁行四間壱尺七寸五分
鐘楼堂　壱間五尺三寸四方
右之外ニ小社三拾八ヶ所并神輿三社御供所石大
鳥居瑞籬水屋所々築地塀等御修復有レ之、
并御旅所神殿神輿宿共弐ヶ所宛小社三ヶ所神楽
所弐ヶ所并垣塀鳥居御供殿等御修復、
右祇園并御旅所共社舎正保二年酉正月ゟ同三年戌五月迄
御修復、
右御入用高留書ニ無二御座一候、
芦浦観音寺
奉行
小川藤左衛門
（「山城国寺社方間数御修復所之事」『京都御役所向大概覚書』下　p39）

この「山城国寺社方間数御修復所之事」の修復記録を、先ほどの『直雑（(内)雑々私用抄）』第二十三の表紙裏の「破損修理之分」と比べてみると、修理箇所[2]や大きさが一致していることが分かる。さらに、この時の修理奉行が「芦浦観音寺」であったことは注目に値する。

つまり、舜興蔵書の表紙裏に見える寺社修理文書は、修理奉行の芦浦観音寺が寛永の終わり頃に、宮大工らに祇園諸社の修理にかかる費用を見積もらせ、競争入札によって大工を決めようとしていた文書であるということが判明する。従って、これらの文書は、修理が完成した正保三年（一六四六）以降数年は芦浦観音寺に残されていたはずである。

以上により、表紙屋長兵衛が舜興蔵書を装丁するにあたり、芦浦観音寺にあった祇園社修理文書の反古を表紙の補強に使ったということが分かる。舜興蔵書の多くの本にこの反古が貼ってあることを考えると、表紙屋長兵衛は十七世紀中ごろ、芦浦観音寺に出向いて表紙の装丁を行ったことが考えられる。

二　奥書に見る舜興蔵書の特徴

次に、奥書から見える舜興蔵書の特徴について述べる。正教蔵書の奥書については、既に『国文学における寺院蔵書の利用促進のための奥書集成を含む正教蔵文庫の総合的研究』（二〇〇二年）があって、西教寺正教蔵文庫の約六〇％を調査した奥書が集められているが、これに手元のメモを加えて奥書を概観すると、舜興蔵書に関していくつかの特徴が見えてくる。

舜興蔵書の特徴を記す前に、舜興について簡単に見ておきたい。舜興の記録は、『西塔堂舎並各坊世譜』正教院（正教坊）の条に、第三世権大僧都舜興。初ノ名ハ朝運。生二于大津一ニ。詮舜法印ノ之族姪ニシテ而前住豪運ノ之法資也。…元和丙辰二年継テ為二住持一。寛永十一年四月遷二葦浦ノ観音寺一ニ。…寛文二年壬寅七月三日逝二于葦浦一ニ。享寿七十歳。…承応年中就二坊ノ北辺一設二書庫一区一ヲ。実《本ノママ》ニ内外典籍顕密章疏及古記秘録等之書一ヲ。蓋シ所二久積レ年而偏求一スル也。

（『西塔堂舎並各坊世譜』天台宗全書24　p116）

とあるように、舜興は初め朝運と名乗っていた。元和二年（一六一六）に正教房の住持となったが、寛永十一年（一六三四）に芦浦観音寺に移り、寛文二年（一六六二）に亡くなった。生前、承応年間（一六五二〜一六五五）には書庫を建て、典籍を保管したということである。

さて、舜興蔵書の第一の特徴は、比叡山の西塔正教房で所持していた本が、蔵書の土台になっているということである。舜興は、寛永十一年に観音寺に移る際、自分が写した典籍などを正教房から移動させている。古い年代の写本を挙げると、舜興が二十代で書写した『雑々口決集』や『嫡家相承脈譜』などがあり、

慶長拾七年極月廿九日　　朝運書之廿歳

（『雑々口決集（扉）毘沙門堂）』第二冊　朝運自筆奥書）

慶長拾九年　　　　正教房

七月廿日　　　　朝運写之

（『嫡家相承脈譜（扉）極秘鈔）』朝運自筆奥書）

元和五年（一六一九）書写の『玄義私見聞』第二冊の奥書【図版3】や、後で挙げる元和八年（一六二二）書写

の『法界唯心』には朝運の花押も見られる。

御本云

右抄者仙波隆海法印御類聚為本躰恵海賢海実海

等之談載之訖（ママ）愚意憚曲直添削希処也

正教坊　朝運（花）

（『玄義私見聞』第二冊　朝運自筆奥書）

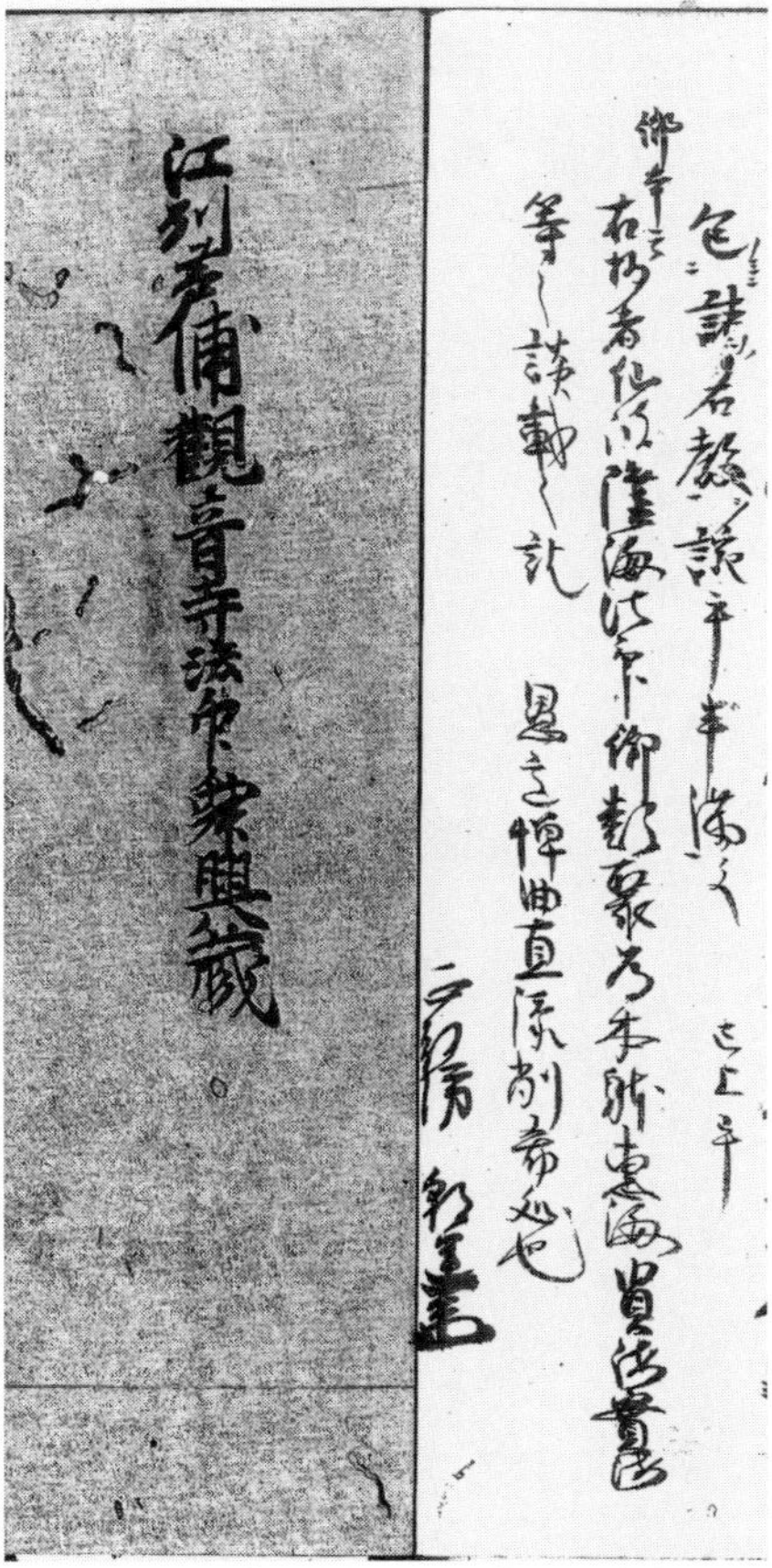

図版３　『玄義私見聞』第二冊奥書

次に、舜興蔵書の第二の特徴は、所蔵本に新たに署名を加えるということである。例えば、『因縁抄』の自筆奥書【図版4】や、『心地教行決疑』第六冊裏表紙の見返しの自筆奥書は次のように記されている。

芦浦観音寺法印舜興蔵
寛永元年八月吉日

（『因縁抄』　自筆奥書）

江州芦浦
観音寺
寛永三年八月日
舜興蔵

（元和四年刊『心地教行決疑』第六冊　裏表紙見返し奥書）

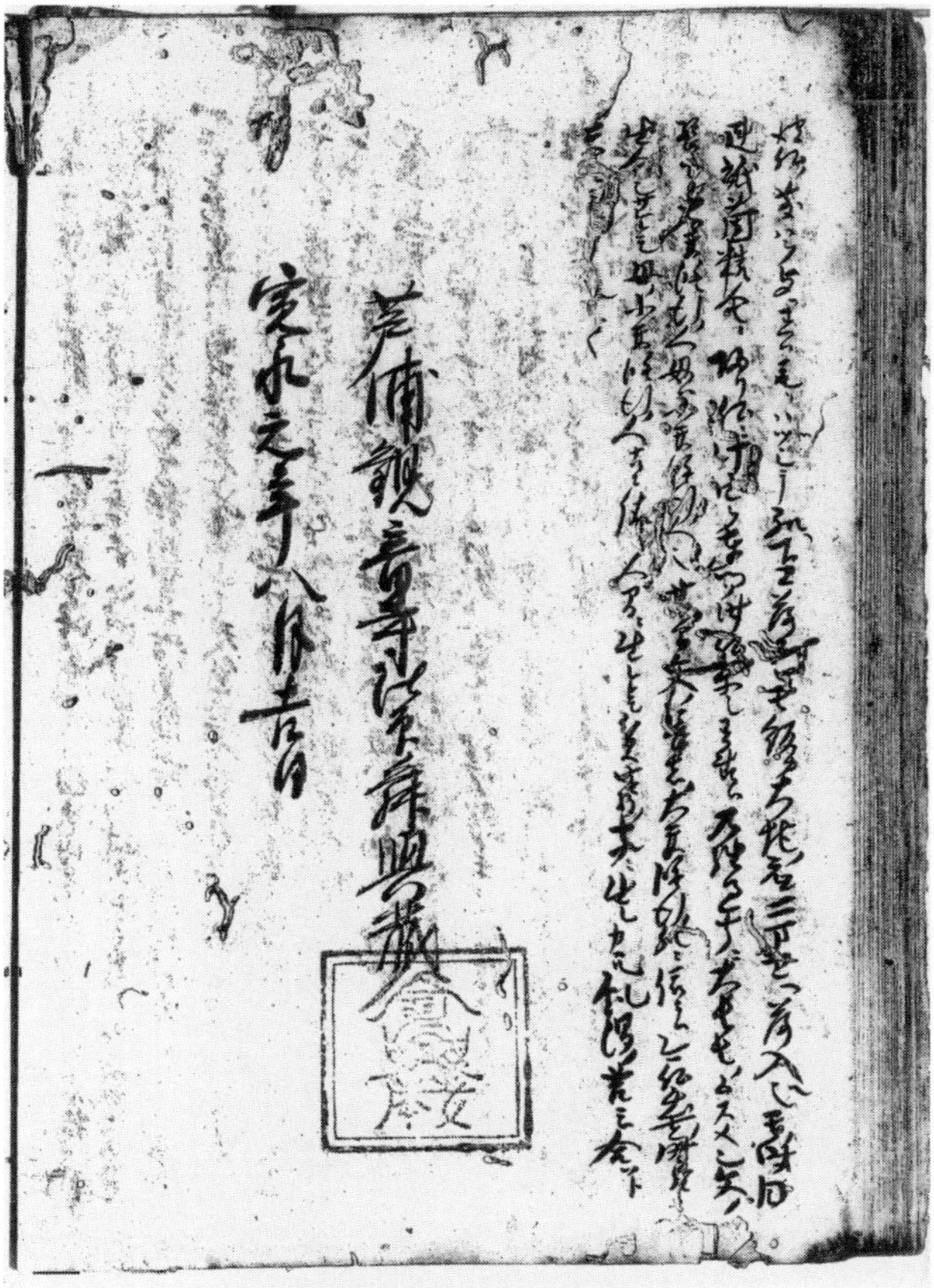
図版４『因縁抄』奥書

これらの奥書を素直に見ると、「『因縁抄』や『心地教行決疑』は、寛永元年（一六二四）ならびに三年（一六二六）に、芦浦観音寺の舜興が書写あるいは入手した。」と読める。ところが、前掲の『西塔堂舎並各坊世譜』によって明らかなとおり、舜興は、寛永十年までは比叡山西塔北谷の正教房（瑠璃堂の隣）に居たはずで、名前も朝運であった。朝運を舜興に改めた時期ははっきりしないが、寛永十一年芦浦観音寺に移ってからではなかったか。『山家相承経旨深義脉譜』の奥書によると、寛永五年から八年の頃に耆運とか江齊と署名する例が見えるが、少なくとも寛永四年（一六二七）までは朝運と名乗っており、『胎内之口決』の奥書には「朝運」と記している。

寛永四年丁卯

霜月十五日　朝運

畢

（『胎内之口決』20丁ォ　朝運自筆奥書）

前記『因縁抄』や『心地教行決疑』の、一見不可解な奥書を考えるにあたっては、この『胎内之口決』の奥書に続く署名が参考になる。朝運自筆奥書に続く二十丁裏と裏表紙見返しには、

慶安二年

八月吉日

江州栗太郡芦浦

（『胎内之口決』20丁ゥ　舜興自筆奥書）

（右下）観音寺

（左下）舜興蔵

（『胎内之口決』裏表紙見返し　舜興自筆署名）

とある。つまり舜興は、寛永四年に書写した『胎内之口決』に、その後慶安二年（一六四九）に新たに署名して

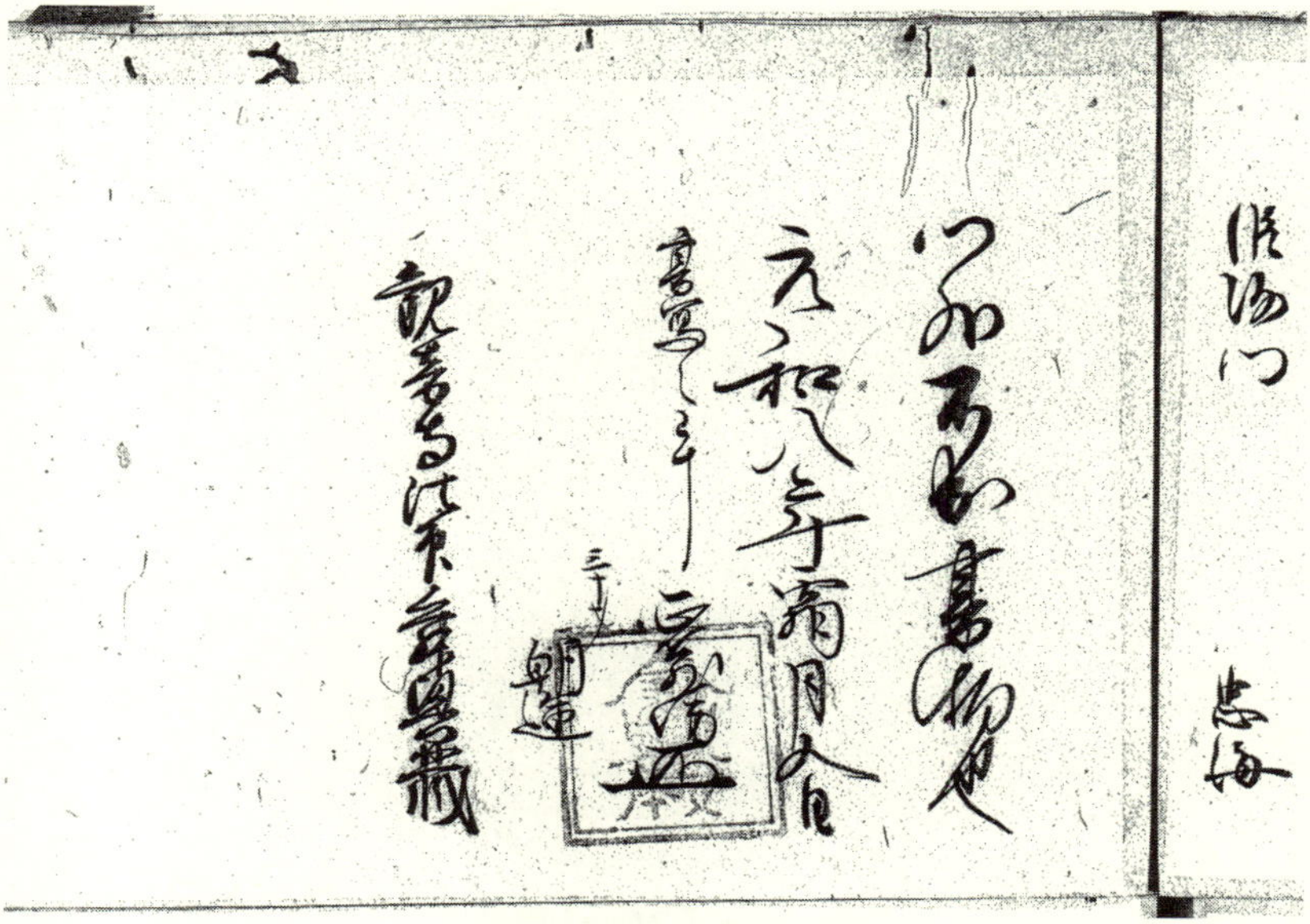

図版５『法界唯心』奥書

いるのである。このように、芦浦観音寺に移る寛永十一年以前に所持していた本に、新たに署名を加える例は他にも多い。『法界唯心』自筆奥書【図版5】や『定問集』第九自筆奥書を挙げる。

以外不出書物也
元和八年霜月九日
書写之畢正教坊（花）
三十才 朝運
観音寺法印舜興蔵

（『法界唯心』奥書）

右此抄葉月光扱禅定門為菩
提正教坊常住ニ令寄進畢ヌ
元和九年
五月二十四日　正教坊朝運
江州栗太郡芦浦
観音寺
慶安二年卯月十五日

舜興蔵

（『定問集（定賢問答）』第九　奥書）

これらの奥書は、元和八・九年（一六二二・一六二三）に朝運が書写あるいは入手した本に、その後観音寺で舜興が改めて署名している例である。新たな署名の時期は、表紙を新装した時ではないかと思われるが、このように舜興は観音寺で所蔵本に新たに署名を加えているのである。これらによって、前記の不可解な奥書は年号と署名を分けて考えるべきで、「『因縁抄』は寛永元年（一六二四）に、『心地教行決疑』は寛永三年（一六二六）に入手し、現在は芦浦観音寺に所蔵している。」と解釈するべきであることが分かる。

次に、舜興蔵書の第三の特徴は、右筆の存在である。奥書を見ると、右筆として少将・刑部卿・善祐らが確認できる。『止観第九聞書』第二冊の少将奥書【図版6】・『金剛秘密山王伝授大事』の刑部卿奥書【図版7】・『旬講用意』第二冊の善祐奥書【図版8】を例として挙げる。

寛永十九年霜月八日終書功畢

江州芦浦観音寺　　筆者少将

法印舜興蔵（「江州芦浦観音寺法印舜興蔵」のみ舜興自筆）

（『止観第九聞書』第二冊　少将奥書）

右此抄者上州渋川真光寺居住時於宿所

斉藤雅楽助方書之秘中深秘鈔也可秘云々

寛永二拾壱年十月廿五日悪筆刑部卿書之畢

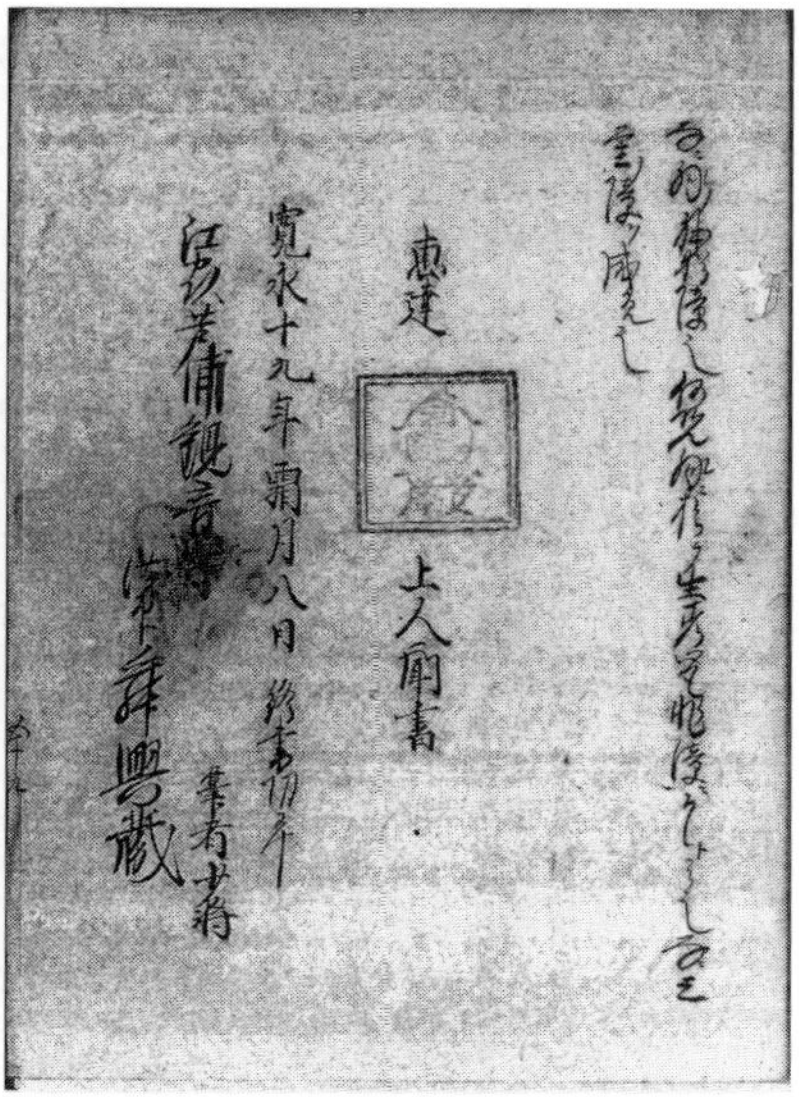

図版６　『止観第九聞書』第二冊
少将奥書

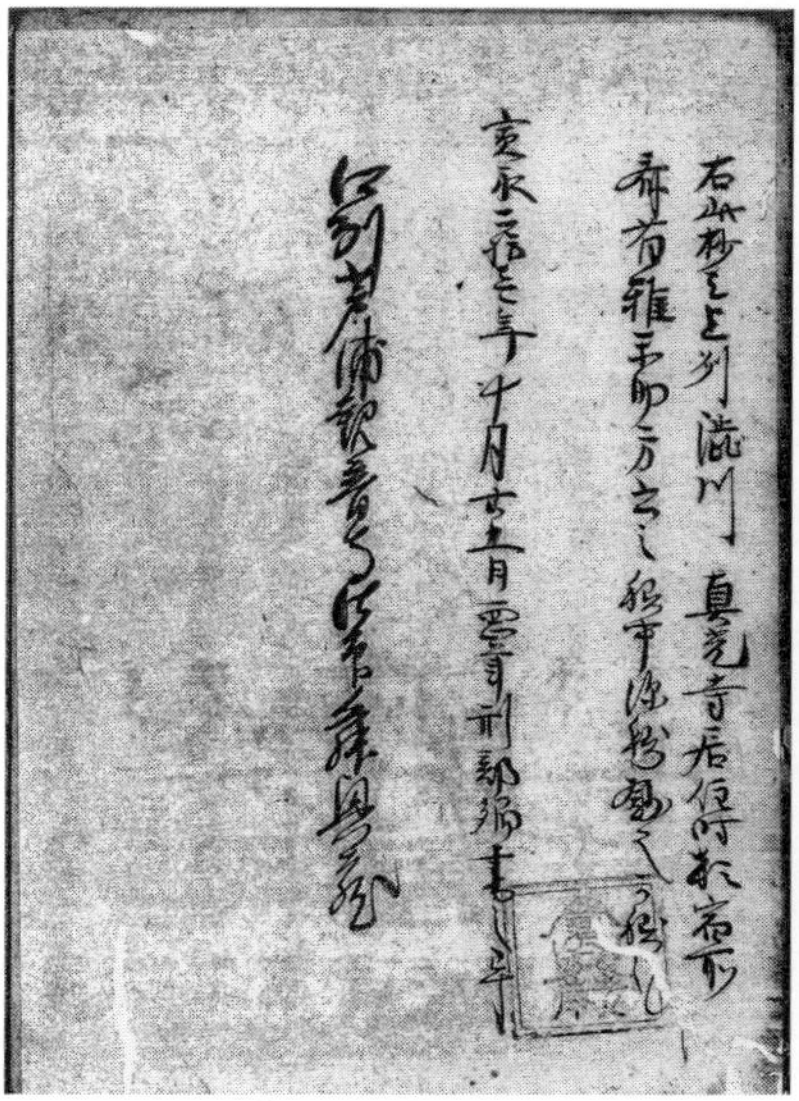

図版７　『金剛秘密山王伝授大事』
刑部卿奥書

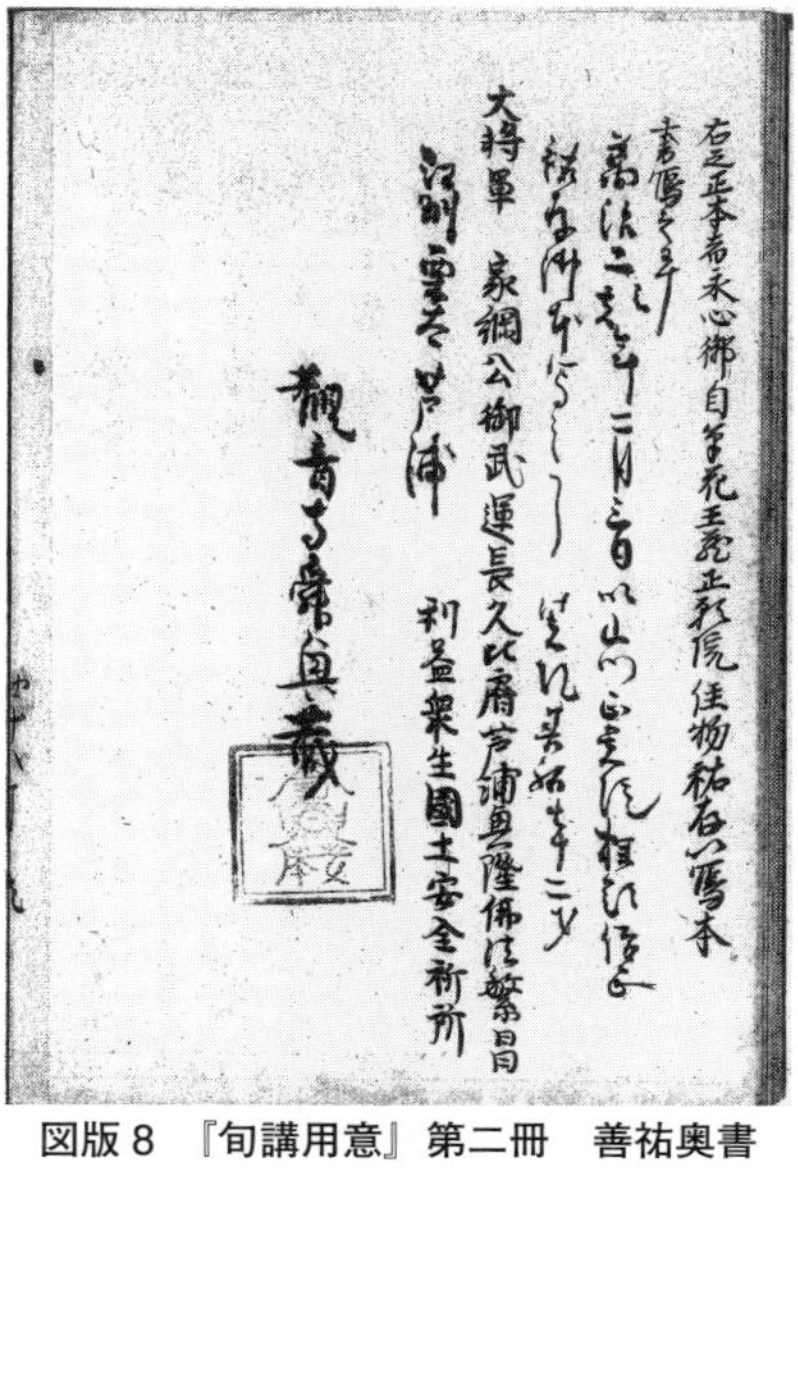

図版８　『旬講用意』第二冊　善祐奥書

江州芦浦観音寺法印舜興蔵（この一行のみ舜興筆）

（『金剛秘密山王伝授大事』刑部卿奥書）

萬治二己亥年二月三日以山門正覚院探題僧正

祐存御本写之了　法光院善祐七十二才

大将軍　家綱公御武運長久比睿芦浦興隆佛法繁昌

江州栗太芦浦　　利益衆生國土安全祈所

観音寺舜興蔵

（『旬講用意』第二冊　善祐奥書）

特に善祐は、万治二年（一六五九）七十二歳まで舜興蔵書の形成に貢献し、【図版8】で分かるとおり、舜興に代わって「舜興蔵」の署名まで記すことがしばしばあった。

右筆が書写した本は、奥書によると、延暦寺・園城寺を始めとして、嵯峨の二尊院・渋川真光寺・成菩提院・葛川明王院・西教寺・天海・他の所蔵本である。

次に、舜興蔵書の第四の特徴は、天台典籍の購入である。芦浦観音寺は琵琶湖の船奉行であったため、その財力によって購入した典籍も多かったと思われる。例えば、慶安二年（一六四九）十一月には、京都の妙覚寺（日蓮宗寺院か）から、『五両一箇大事口決』・『類聚集』・『天台大綱口決抄』・『起信論義記教理抄』・『三身義仏土義十如是義三周義』・『信解見得集』・『円頓菩薩戒十重四十八行儀抄』・『菩薩戒』などを一括して入手しており、次のような奥書を記している。

右此抄者洛陽従妙覚寺求之畢
慶安貳己丑仲冬上旬
観音寺
舜興蔵
(『天台大綱口決抄』　舜興自筆奥書)

舜興の晩年は、万治頃から体調がすぐれなかったようで、東京大学史料編纂所所蔵の『蘆浦観音寺文書』【図版9】を見ると、

拙僧儀年罷寄其上近年病者ニ罷成
御代官所之御用申付候儀難調御座候
弟子式部卿四拾壱歳ニ罷成数年御代官所之
御用をも見ならわせ置申候間観音寺を
式部卿ニゆつり申候条此上者　公儀御用をも
式部卿ニ被　仰付候様ニ奉頼候拙者儀も
随分後見いたし諸事御用滞り不申
候之様ニ可仕候式部卿儀者拙僧兄光春と申
芦浦ニ住宅仕罷在之者之子ニて拙僧ためニハ
おいにて御座候以上

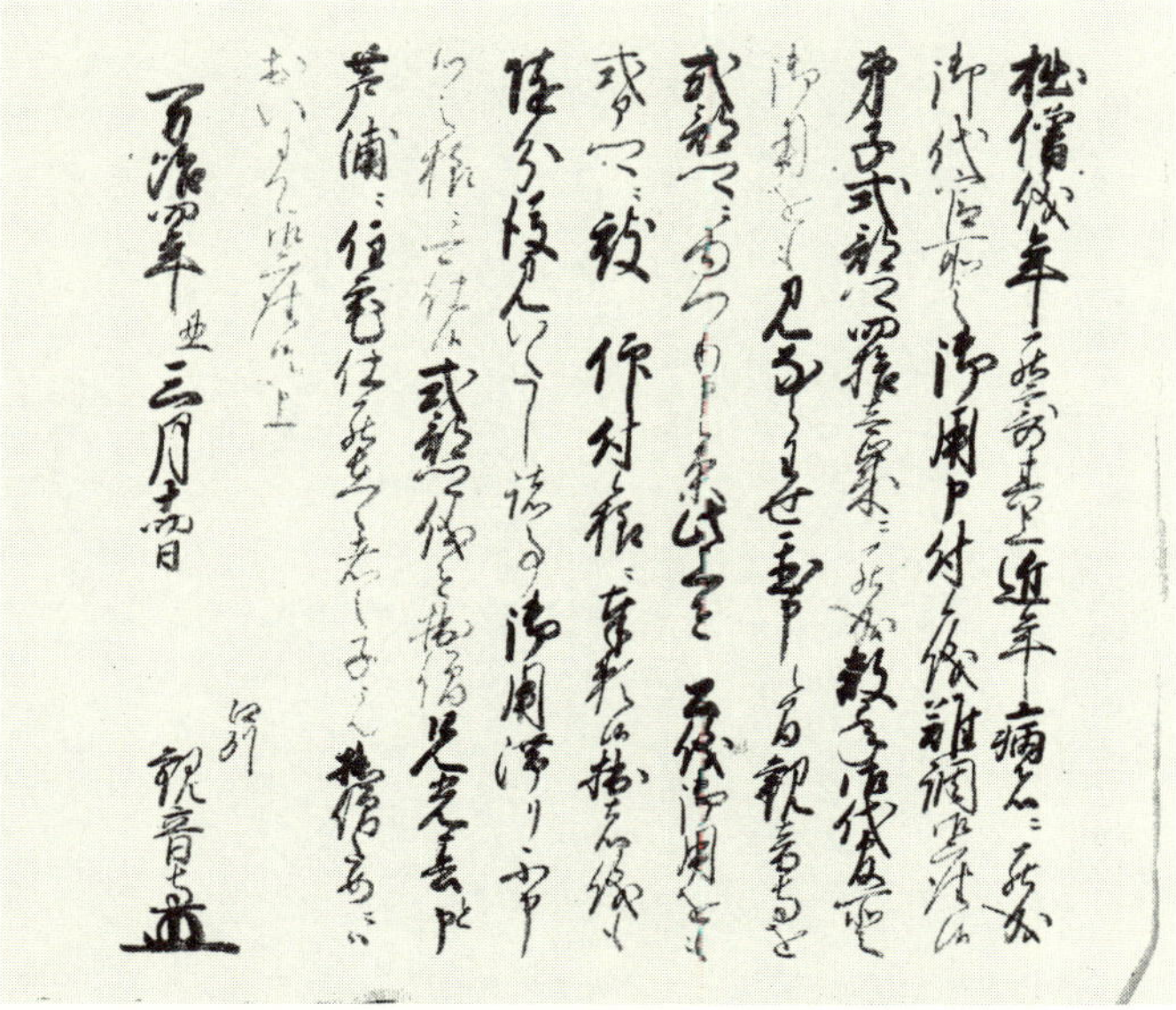

図版９　『蘆浦観音寺文書』三（東京大学史料編纂所所蔵写真帳）

万治四年丑三月十四日　江州観音寺（花）
（東京大学史料編纂所所蔵
『蘆浦観音寺文書』三　p29）

とあり、万治四年（一六六一）、芦浦観音寺を甥の式部卿（豊舜）に譲り[3]般若坊に隠居したようだが、同年、延暦寺浄土院修復奉行に名を連ね、[4]没年の翌寛文二年（一六六二）正月まで典籍の蒐集を続け、病を押して収蔵本に奥書を記している。

寛文弐壬寅年正月吉祥日
江州栗太郡芦浦観音寺
号般若坊
法印舜興蔵
（『慈覚大師一心三観相承譜秘抄』裏表紙見返し
舜興自筆奥書）

舜興没後も、典籍の蒐集は続けられており、寛文六年（一六六六）、時の住持朝舜が、『大方広仏華厳経疏演義鈔』を舜興蔵書に加えている。『大方広仏華厳経疏演義鈔』巻第十九上以下の本の奥書に、次のように記されている。

大将軍家綱公御武運長久天下安全所

寛文六丙午年九月吉祥日

江州栗太郡芦浦

観音寺

法印舜興蔵

此本者舜興滅後成就朝舜納之畢

（『大方広仏華厳経疏演義鈔』巻第十九上　裏表紙見返し）

この奥書は、「この『大方広仏華厳経疏演義鈔』は、寛文六年九月に全巻が揃ったので朝舜が舜興蔵本に加えた。」と読める。ところがその後、理由は分からないが、延宝元年（一六七三）、舜興蔵書は坂本(5)の正教坊に移管されることになる。

慶長年間（一五九六〜一六一五）から没年の寛文二年（一六六二）まで、生涯をかけた舜興の典籍蒐集を、冨田氏(6)は、叡山の再興に尽力した詮舜の、

（慶長）五年ノ昏疾病アリ。二月十九日知テレ不ル事ヲレ起ク嘱シテ二徒弟ニ一曰。吾山今既ニ興復ス及ヒ旧トノ所レ蓄ヘシ経論古書漸ク集ル。…然レトモ非ス二往日ノ十カ之一ニ一。吾嘗テ就テ二山上ニ一三所ニ建テ二経蔵ヲ一欲下偏ク告テ二天下ニ一探二索シ散逸ノ書籍ヲ一以テ収蔵ント上。有テレ志而未レ遂。此可シレ憾ム汝等勉メヨレ之。

（『西塔堂舎並各坊世譜』　天台宗全書24　p109）

という遺命に応えたのだとされているが、舜興の典籍蒐集は、延暦寺堂舎の再興に匹敵する教学の再興であり、叡山文化の研究に大いに資することを考えれば、まさに「仏法興隆衆生利益」の偉業であると言える。

注

（1）冨田圓肇「叡山の再興と正教蔵について」『天台学報』（一九六七年十月）。
古典文庫495『因縁抄』（一九八八年）。阿部泰郎解説。
伊藤正義「文献調査とその資料性―西教寺・正教蔵本をめぐって―」国文学研究資料館講演集14『国文学研究―資料と情報―』（一九九三年）。
宇都宮啓吾「西教寺正教蔵の訓点資料について」『小林芳規博士喜寿記念国語学論集』（二〇〇六年）。

（2）この時の修理箇所は、東京大学史料編纂所所蔵『蘆浦観音寺文書』一一所収『祇園修覆諸色入用之銀高物目録帳』にも見える。

（3）柴田実らの調査、滋賀県古文書等緊急調査報告一『芦浦観音寺文書』（一九七三年）を始めとする先行研究は、この文書について、舜興が豊舜に譲った内容であることを指摘していないが、状況と花押から舜興のものと考えられる。

（4）叡山文庫無動寺蔵『山門要記』第一下や、『天台座主記』による。

（5）注1の宇都宮論文p442・459による。

（6）注1の冨田論文p68。

【付記】國學院大学国文学会の諸先生方から有益な助言を頂いた。また、西教寺文庫と芦浦観音寺には、典籍の閲覧や、影印掲載並びに引用の許可を頂いた。また、東京大学史料編纂所にもお世話になった。記して謝意を表す。

【翻刻資料二】

西教寺正教蔵『授記品談義鈔』

翻刻にあたって

一、二丁表から六十八丁裏の全文を翻刻する。

一、内題や題目の文字の位置は、本のままに翻刻した。

一、一つ書きで始まる箇所は、本のまま改行したが、その後は本文の改行に従わず続けて翻刻した。

一、丁の終わりを（〇丁ォゥ）で示し、改行した。

一、見せけちや、行末の次行に続く意の印「、」は、翻刻していない。

一、漢字・ふりがな・訓点は、本文のとおりであるが、異体字の一部は通行の文字にした。

一、判読困難な文字には、影印の文字を充てた。

（表紙剥落）

見返し紙背（後筆朱書）

番外
一番箱

授記品
談義鈔

見返し

揺《ヨウ》《ウゴカス》

震《シン》《ヲノヽク》《フルウ》

柄《ヘイ》《カラ》《ヱ》　柿《コケラ》

栖《セ》《スム》　柿《シ》《カキ》

妙法蓮華経授記品第六

尓ノ時ニ世尊説二是偈一已テ告テ二諸ノ大衆ニ一唱玉フヲ二如ノレ是ノ言ヲ一我カ此ノ弟子摩訶迦葉ハ於テ二未来世ニ一当ニ下得ニ二奉観ル事ヲ三百万億ノ諸佛世尊ニ一供養シ恭敬シ尊重シ讃歎シテ廣ク宣テ二諸佛ノ无量ノ大法ヲ一於最後ノ身ニ得中成為佛ニ上名ヲ曰ハン二光明如来応供○云々

一凡人ノ心ハ色々様々ナル故ニ又タ一切衆生ノ成（1丁オ）佛取寄モ品々ナル事テヲリヤル然ル間依テ二人ノ心ニ一或ハ座禅説法ナトヲナシテ成佛ノ道弁ヘ或ハ捨身苦行ナトヲ以テ被ル二成佛ヲ一者モ有レ之去ル間分別ニ依テ此様ノ談義説法ナトヲハ世間ノ戯論ニシテアタ事ナント、思フ人モヲリヤル間其通リ方々ハ自レ元自分〳〵心ノヲモムクナリニ御ス行有テ菩提ノ彼岸ニモ至ント思シ召サリヨウス然ルニ説法ノ習ト申ハ三世ノ諸仏共鈍根薄福ニシテ我レト成仏不成佛ノ行ク立チヲモ分別セサル者ノタメニ説法ハ起ルテ候而ルニ又タ根性万品ト云ナカラ此土耳根利故偏入聲塵ト尺シテ今マ此ノ娑婆世界ハ多分此ノ様ノ談義説法ノ聴聞ニ依テ發シ二菩提心ヲ一後生ノカセギヲモナス事先座（1丁ウ）ヨリノ掟テ多数ニシテ一々ニカンガウルニ不レ及テ候間先ツ一文不通ノ道俗ノ為ニキ、ヤスキ様ニ世間ノ物語ナトニヨソヱテ一句一偈ノ進ヲ申ス事譬ハ葉ニシタカウタル露ノ心テ候如キノ二我等カ一浅智ノ者ノ説法ナリトモ聴聞シテ成佛ノ便リトナスヘキト思召候ズ譬ハ一向闇ノ夜ナル時分ニハ蛍火モ道行ク知ルヘト成物デヲリヤル程ニ一句ノ分別モ無キ二御座一人ハ我等カ今日ノ談義ヲモ聴聞ナサレテ成佛ノタネトナサレヤウスル幸ニ此ノ法ケ経ノ心ハ一偈一句ヲモ持レ之末代ニ対シテ利益ン一類ハ皆ナ我付属スル処也ト如来モ尊旨ヲ致シ玉フテ候惣シテ末代ノ今ニ至テ一句一偈ノ説法ヲモナス者ヲハ如来ノ使者ニシテ四依弘経ノ菩薩ノ一分ト見ヘテ候予ガ非ス二才覚ニ一経文判尺ノ（2丁オ）大旨此心テ候間同ハ一心不乱ノ信ヲ以テ御聴聞ナサレヤウス去ル程ニ聴聞ノ功徳ヲ善生経ト申経ノ中ニハ為ニレ聞ンレ法ヲ一歩ヲ進ル二法會ノ座ニ人ハ滅スト二百億ノ劫ノ生死ノ重罪ヲ一説玉フ是即チ一度妙法ヲ聞カハト心サシテ此ノ様ノ説法談義ノ道場ニ進ミ来人ハ百億劫ノ間造リタル罪ミ過モ一度ニハラリト消滅スト候間如ノレ此金言誠ニ聴聞ノ功徳殊勝ナル事テアル但シ如レ此聴聞ノ功徳ハ殊勝ナレトモ聞人ノ心無信心ニシテ余念他念ニシテ殊勝トモ不レ思ハ或ハ悪口誹謗ナドスレハ破レタル器ニ水ナトヲ受ルカゴトク無イレ益モ事テ候剰へ破法不信故墜（ママ）於二三悪道トテ地獄ニヲツル事テ候間御旁々一心不乱ニ聴聞有テ（2丁ウ）

海山ノコトクナルツミ失ナリトモ消滅スベシト思召候スサテ只今奉レ談処ノ御経ハ法ケ八局ノ中ニハ第三ノ局キ廿八品ノ中ニハ第六ノ授記品ト申ス御品ニテ御座ス然ルニ品々ニワタツテ来意尺名入文ノ次第カ候先ツ来意ト申ハ来ル意ト書テ上ノ品ヨリ次第シテ當品〱来ル意《コヽロ》テ候去ル程ニ上ノ品ハ薬草喩品此ノ品ハ授記品ト列事テ候上ノ薬草喩品ノ時キ迦葉迦栴延目連須菩提ト申テ四人ノ仏弟子成仏ノ内證ニ叶ヒ玉フ処ヲ尺迦如来稱歎有テ善哉々々等ヲ述ヘ玉フテ候サテ此ノ授記品ト申ハ正ク汝等成佛シテ未来ニハ如レ我カ三十二相八十種好ノ仏ト成テ説法シテ衆生ヲモタスクヘシトテ尺迦如来ヨリ印可帖ヲタマワ（3丁オ）

ル処ヲ授記品トハ申ス依レ之薬草喩品ノ次ニ此授記品ノ説カ興起スル是ヲ此ノ品ノ来意トサタムル　サテ尺名ノ事是ハ妙法蓮花経ノ五字ノ題目ノコトハリテ候是ハ幾度ノ説談ナドニ御聴聞ニテヲハシマ候スル乍レ去尋常ノ口スサミニモ候マダキカヌ人ノタメニハホト、キス幾度聞クモ初ツネナリケリト候如ク其ノ未タレ聞カ二一度モ此仏ノ五字ノ説法ナトヲモ一人アツテ始テ法ケ経説談ノ道場ヱ御出方モヤ御座スラン幸ニ経ニハ為タリ二題目一佛ニハ眼タリ申候程ニ有ラ増シ題目ノ理リ申シ上ケ様ス

ル是レ即妙法蓮ケ経ト申ス此五字即チ一切衆生ノ地水火風空ノ五大ニテ候惣シテ不レ限二衆生一千草万木一切世間有リトア

（3丁ウ）

ラユル物ゴトニ此ノ妙法蓮ケ経ノ五字ヲ不レ備ル事ハ無レ之物テ有ル如此一妙法蓮ケ経ノ五字ヲ我モ人モモチナカラ何トテ仏

ニハナル事難キゾト申スニ我等カ五大カ即妙法連《（ママ）》ケ経ノ体ニテアルゾト云道里ヲ不レ知一故ニ迷フテ五道六趣ニ輪廻スルサレト

モ如レ此ノ説談ナトヲ聴聞スレハ其深々ノ内證ヲ不レ覚トイヘトモ此ノ妙法不思義ノ功徳トシテ必成佛得脱《達》ノ縁ヲ結ヒ給《タマウ》物テ候

去ル程ニ妙法ノ相ヲハ妙者妙名不思儀法者十界十如権実之法ト尺シテ妙法不思儀ト聞ケハ聽テ成佛ハ顕ル、此ヲ金山ヲ飛鳥

ハ不ルニレ染其ノ羽金色トナリ法ケヲ耳ニフル、者ノハ不レトモ思成仏スト書テ譬ハ以レ金《コカネ》ヲ荘厳シタル山ヲトフトリハヲノツカ

ラ其ノハ色カ金色ト（4丁オ）

ナルカゴトク法ケ経ヲ聴聞スレハ不思ニ不計一成佛ノソ懐ヲトクル物テ候去レハ妙法蓮ケト者一切如来ノ微妙因果ト尺

シテ仏ノ因果ト云ハ非ニ別ノ物一ニハ此ノ妙法蓮ケ経ノ事ニテアル此ノ品ノ別号ノ事授記ノ二字ヲハ授ト者是与ノ義記ハ是レ決定ノ義

ト定メ候是何事ソト申ニ尺迦如来モ四大聲聞ノ成仏ノ内證シロシメシ聲聞達モ我等ハ成佛シタリト思ヒ玉フトモ如

来此品ヨリ以前ニハ正ク言ヲ放テ印可マシマス事ハ無レイ之テ候又タ彼四大聲聞モ此ノ品已前ニハ何《イカ、》有ント思ヒ玉フ処ニ今マ此

授記品ノ時ニ至テ世尊放テレ言ヲ汝チ等必ス成佛スヘシト云フ印可ニアツカツテヨロコヒ玉フ事テ候印可ト申ハ（4丁

ウ）

譬ハ今時分帝王関白ノ御前ヨリ国郡リヲタマウ時印判ナトヲ被ルレ、下風情ニテヲリヤル

一ツ入文事抑此品ハ四大聲聞成佛ノ印可ニアツカル中ニ始ニ先迦葉ニ授記シ玉フト見テ候是即尓時世尊ト云ヨリ三行半ハ

迦葉尊者ノ因行ノ相ヲ説キ玉フ然ルニ此ノ迦葉ノ父ヲハ迦ビラ長者トテ五天竺第一ノ長者テヲリヤル数万蔵ヲ立テ候栄花ニ

ホコリヌサテ迦葉ノ母ヲハ旦《ダン》那女ト云フ然リトイヘトモ一人モ子ノ無キ事ヲ悲ミ常ニナゲカレシガ庭前ニヒツハラ樹ト云フ木ニ子ヲサツケ玉ヘト祈ル事数年也雖レ然無キ子故ニ長者大ニ腹ヲ立テ奉行人ニ仰セ付ケ明日此ノ木ヲ可レト切捨一テノタマウ

其ノ夜ノ夢ニ（5丁ォ）

八十計ノ翁ノコシノカ、ミタルカ長者ノ前ニテ泪シ玉フ長者是ヲ見テ汝ハ何物ソト問フニ答云フ様ハ我レハ是レヒツハラ樹ノ精也明日切ラレン事ヲ歎クト云フ時キ長者ノノ玉フ様ハ汝命惜クシハ（ママ）我レニ子ヲ与ヨト云時キ翁云フ様ハ其ノ事テ候涯分尋ネテ候得トモ御身ノ子トナルベキ者一人モ無キ間我カ力ニ不及故ニ四天王ヲ頼ミ申四天王ノ力ニモ不レ及故ニ日月ヲ頼ム日月ノ力不及帝尺ヲタノミ申帝尺ノ御力ニモ不レハ及ハ大梵天王ヲ奉レトモ頼ミ惣シテ御身ノ子ニ可レ成者ノ無キレ之故ニ身ノトカニアラス乍レ去シツカニ聞キ玉ヘ梵王ノ仰ヲ語テ聞セ申サントテ梵王ノ仰ヲカタル御身ハ五天竺第一ノ長者ニテ在《イマス》而ルニ長者ト云ルハ

（5丁ゥ）

過去ニ五戒十善ヲ持テ禅定ヲ修シ仏ニハ不断灯明ヲマイラスルモノナラテハ長者トハナスモノ也雖然夫レホトノモノガ無キ依テ迦ヒラ長者ノ子ハナシト仰ケリ乍レ去爰ニ梵王ノ御一門ニ天ノ果報ツキテ余界ヘ生ヲウツスモノ有之一是ヲ可レ与フ二汝一ニ長者ノ子ニナセトヲ、セ候間タ定テ御子可レ有云歟ト思ヘハ夢サメヌ去ル間其ノ木ヲキラス然而ヤカテ旦那女ハ懐妊ノ心地シテ既ニ九月満シヌレハ御産ノヒホヲ取リ上テ見玉ヘハマコトニ玉ノ如クナル男子ニテ身ヨリ金色ノ光リヲ放テ卅二相ヲ具スベキ相好ヲ備ヘテアル然ル間彼ノ木ニ祈リテ持チタル事ナレハ其ノ名ヲヒツハラト申ス此ノヒツハラ長人シテノ後チ一人ノ女（6丁ォ）

房ヲ指合テ置ク自レ元長者ノ事ナレハ栄花栄祐ハ誠ニ事ニハカリモヲリナイ雖然リト彼ノ人花ノチリ行ヲ見テモ雪ノ消ルヲ見テモ泪ヲ流《ナカ》シ風立村雲ノハヤキヲ見テモ泪ヲナカシ玉フ去ル間妻ノ女房見テレ之ヲ何カナル故ニテ御身ハ常ニナケキ玉フソ

カ、ル長者ヲ父ニモチ我レハ天竺第一ノ女房ナルヲ持テナカライカナル不足カアレハナケキ玉フソト問ヘハヒツハラ答テ云玉フ様ハ中々御身ホトノ女房又タ万々ノ蔵ノ主也トイヘトモコ、ニ一ノ歎キカアリ今生ト云ハ幾程ノ事ニ非ス只タ今ニモ無常ノ使ヒ来ラハ獄卒阿防ラ刹ノ手ニ渡ル灯燃猛火ノセメニアハン時キハ財寶モ妻モ不レ可レ入ル夫レヲ思イヤリテ泪ヲ流ス（6丁ウ）

トテ終ニ世ヲ捨テ未来ヲ願ハハヤトテ数万蔵ヲモ妻モフリステ、出家シテ尺迦如来ノ御弟子ト成リ玉フ其ノ名ヲ迦葉尊者ト申スカヤウニサテ長者ノ身トシテダニモ後生ノ事大事ニ思ヒ玉フハ世ヲ捨テ玉ヘル況ヤ方々何《イ》ニイミシトテモ長者程ノ事ハ有間敷候程ニ如ク二迦葉一捨ルレ世ヲホトマテコソ無クトモ無二ニ後生ヲ思召シアルカ肝要テアルサテ迦葉ノ身ヨリ光リヲハナチ玉フニ付テ物カタリカヲリヤル過去遠々ノ昔シヤモメ女ニテマシマスカ日々ニ入リ二山路一ニ取リレ薪ヲ身命ヲツナキ朝夕ヲヲクリ玉ヒシカ日ノ事薪取リニ山ニ入ル折フシ俄ニ雨フリ道ニタ、ヨフ時キ何《イ》カニモ古タル塔一碁山入リニ有リ此ノ内ヘ走リ入リ仏ヲ（7丁オ）

礼シタテマツリテアレハコトノ外ヤフレテ雨ニタ、カレサイシキモヲチタル故ニ奉レ拝シレ之彼女ノ思フ様ハ所詮我カカミハ余ノ女人ノカミヨリ長ク吉キカミナリ是ヲソリヲトシカツラニヒネリテウリ代ヲ取テ本尊ヲ修理セラハイカヤウニモ修理造営ヲモ可キニレ申ヤモメナル事ト云ヒ我カ身モスキカヌルアリサマアサマシサヨト歎キシガ心ニ思ハヤト思ヒ既ニソリヲトシバクタイニシロカヘテ薄ウチヲ頼ミケル様ハ我レニ誓願アリトテ上件ノ事ヲアリノ儘ニ語ル時薄打聞レ之ヲ汝ハ不思義ノ大願ナリサラハ我レ汝トカタライ仏ヲサイシキ奉二修理シ一ヘキトテ終ニ其ノ願ヲ成就スル其ノ功徳ニ依テ五百生ノ間世々ニ（7丁ウ）

薄打ト夫妻ト成テ長者ニ生ル、去ル間世々ニ或ハ男ト生レ或ハ女ト生候間皆一由旬ノ光リヲ身ヨリハナツ是カ仏ヲサイシキタル

功徳ニ依テ因位ノ時キモ光明ヲハナチ仏ニ成ル時モ其ノ如来ノ名号ヲ光明如来ト号ル如此ノ因縁ヲ思ヘハウヘタル善根ノタ
ネナラテハ佛ニナル功徳トナラヌ事テ候間只タ御カタ〳〵モ菩提ノタメニハミヲステ、モト思召候ス誠ニ此ノ世間ト申
ハ有為無常ノ境イナレハ千人ノ中ニモ万人ノ中ニモ百年ヲ過ル者ノハ難レ有リ縦イ又タ百年ノ壽命千年万年ノヨハイヲタモツ
トモツイニハ命終リ《極》アレハ我モ人モ必ス朝ノ露トキヱナン事ハ必定ナル事テ候サレハ恵心ノ先徳御尺ニ玄髪ハ蓬《ハウ》下ニ纏トモ
誰カ（8丁オ）
摩《ナテ》ンレ之白骨ハ藁中ニ横ハルトモ誰カ懐ンレ之御守玉フ耶マシテ云々此ノ意ハ或ハムツマシキヲヤ子ノ間モ或ハヒヨクレンリ
トチキル夫妻ノ中モ死シ去テ五大分ニヤフレシロキホネト成テ野原ラ木下トナントニ引キチラサン時ハタレモムツマシ
カリケル人ノ白骨ナリトテイタキアクルモノハナシト云心ヲ白骨ヲ藁ノ中ニヨコタハルトモタレカ是ヲイタカント
候又何ニトチキリシ人ノクロカミナレトモヨモキス、キノモトニヒキマトヘヌレハ於野干ヨリ外ハトンシヤクスル
者無レ之此ヲ玄髪ヲ蓬カ下ニマトワルトモ何レカ是ヲナテントト御尺御座ス去ル程ニ歌ニモ鳥邊野ニアラソフ犬ノコヘキケ
ハカネテウキ身ノヲキ処ナシトヨマレテ候或ハ又目ヲトメテ見ネハ（8丁ウ）
コトアレヨノ中ハナミタノホカノ事ノハモナシト口スサミ《ム》此心ニテアル惣テ無常ノ習ヒ我等衆生ニ不限草木ナトニ至ルマ
テモ常住アル物ハ一トシテ無レ之有リサマテヲリヤル先ッ春ノ山々ヲ見レハ千枝万葉木々ノコズヘニ色々ノ名花サカンナ
ル歟ト見レハ一暮ノ涼風ニハラリトチツテシハラクモサキト、マル事モ無ク秋ノ野ヲ見レハ千草ノ花色メキテアヤノシキ
歟ト疑ハレ四方ノ山路ノモミヂ共ノカラクレナイ歟トアヤシメシモ一夕ノ嵐ニ一葉モノコラヌ我等衆生ノ々死ノ有為無
常ノアリサマニタカワヌ事テアル人間ノ壽命ノ六十年七十年ノ間ハマコトニ夢幻シノコトクテアル露ヲナトアダナル
物ト思フラン我カ（9丁オ）

身草木ニヲカヌハカリヲトヨメルモ此心テ候間只タ後生菩提ノタクワイヲナサレヨトノ申シ事テヲリヤル是ハ付二テ迦葉一ニ申事テ候去ル間此品ノ始ニ先ツ迦葉ノ成佛シテ生シ玉フヘキ国ノアリサマヲ一々ニ尺迦如来御説キ御座ス誠ニ娑婆世界ナドノコトクニアラス此娑婆世界ハタカキ処モアリ又至テ下《ヒキ、》処モアリ岩石ナドシゲクシテ人ノ往行ノサワリトナル又タ便利不浄トテ国土モ不レルカ浄今申処ノ迦葉ノ生シ玉フ国ニハ岩石ナトモナケレハ自他国ノ往行ヲナセトモサワリモナシ其ノ土如何ニモ平カニシテ剰ヘ瑠璃ラ以テ為レ地ト七寶荘厳シタルウヱキ多クシテ常ニタキ物カウハシウシテ人常《ツネ》ニヨロコビノミアル如（9丁ウ）

レ此思フマヽナル事ナレハ魔ノサワリモナク結句天魔鬼神等モ仏法ヲ守護ストハイヘトモ障碍スル事ハ無レ之如レクノ此世界ヘ汝出世スベシト如来モ御説キ御座ス事テ候是モ何ニ事ニ依テ迦葉ハ其様ナル国ノアルジト成リ玉フソト申ニ因位ノ時キフカク後生ヲネカイ又タ此ノ法ケ経ヲ聞タモチタル功徳ニテヲリヤル然ハ方々モ此経ヲ幸ニ聴聞アル故ニ能々是ヲ信シタチテ善根ヲナシ未来ニハ迦葉尊者ノ如ク七寶荘厳シテ心モ言モ不レヌ及ホトノ浄土ヘ往生スヘシ思召候ズ是マテハ迦葉ノ授記ノ相ニテアルサテ余ノ三人ノ授記ノ下ノ文ヲ見ルニ目連須菩提迦旃延ノ三人共ニ何モ成佛スルニ行因得果ト（10丁オ）次第シテ先ツ因位ノ時ニ或ハ佛ヲ供養シ僧ヲ供養シ堂塔ヲ立テ慈悲ヲ専ラトシテ成仏シ玉フト云事行因得果ト次第スル授記段ノ明文カ分明ニテ候如此一ナルトキンハ仏ニナル事ハタヤスカラヌ事ト見テアル乍去今マ時分方々ノ中ニモ僧《ソウ》ヲ供養シ仏ヲ供養シ堂塔ナドヲ修造スル事ハ身体ニカナワヌ人ノミ多分御座アラウス所詮只タ我々ノ自分〳〵ノ相應シタル後生ノネカイ様カヲリヤル或ハ一花一香ヲモ仏神三寶ニタテマツリ自分カナワバ物ヲ入テ後生ヲネカワウスル物ヲナド思ヒテノ内ノ小供養也トモナサレ他人ニ向フテ物コトニ慈悲心ヲ起スカ肝要ノ事テ候去レハ仏トハ何ヲイワマノコケムシロ只タ慈悲心ニシク物ハナシト（10丁ウ）

ヨメタル歌ノ心モ只仏ト云ハ別ノ物ニアラス慈悲カ体トナル物テ候所詮法ケ経ノ心ハ十方仏土中唯有一乗法ナレハ何レノ仏菩薩モ此ノ法ケ経ノ内證ヲソムイテ成仏シ玉フ事ハヲリナイ事テアル間方々ノ心ノムク仏菩薩ヲ何レナリトモ信心ヲ深クトリ玉フカ肝要テ候此ノ経ノ心ハ何レノ仏ヲ念ルモ法ケ経ヲ念スル義ニナル事テ候假令人ノ心ニヨツテ弥《ミ》陀ナリトモ尺迦也トモ又地蔵観音等也トモ一仏一菩薩ヲ念ル人ト余仏余菩薩ヲ誹謗スル事以ノ外ノクセ事ニテ候惣シテ何レノ仏モ仏果ノ内證ト申スハ至果海中會成一仏トテ一体ト開クル物ニテ候假令衆生ノ根性ニシテ性色々無盡ナル故ニソレヲタスケンタメニ一仏ノ内證ヨリ色々佛菩薩トハ変化シ玉フテアル程ニ十宗八宗トテ宗々ノ不同アレトモ只成佛ノ内（11丁ォ）證ニ至ル処ハ不同無イ事テアル去レハワケ登ル麓ノ道ハ多ケレトヲナシ雲井ノ月ヲコソ見レト云歌心テ候所詮今日方々此品ヲ御聴聞ナサレタル得分カ肝要ノ申事テアル然ニ此授記品ノ相ヲ傳教大師ハ一悟一切悟一授記一切授記ト御尺アル此ノ品ノ心ハ四大聲聞ノ授記ノ相ヲイヘハ三世一念ノ故ニ今日當會座ノ方々ノ列《レツ》座アツテ此ノ授記品ヲ聴聞アル処カ即チ成佛ノ顕タル実儀テ候間タノモシキカナ法ケ経ノ心ハ一花開クレハ天下皆春也一人覚リヲ成レハ法界悉ク道也トテ一国ニ一人モ此ノ経ヲ聞テ成佛スレハ其ノ功徳ニ引レテ其ノ国ノ人民悉ク皆成佛スル事テ候是カ譬ハ春ノ山路ニ一ト本ト桜カサクヨト思ヘハ今日ハ山々ノ木々ノ梢ヘカ（11丁ゥ）

同クサカンナルゴトクヒトリ成佛スレハ天下ノ人皆成仏スル程ノ功徳甚々タル御経ナレハ是ハ聴聞スル事サテモウレシキ物カナ今一度モ命ナカラヱテ此ノ法ケ経ヲ聴聞ナシタウヲボシメス心ニハヤ成佛ノタネカモヘイツル事テ候此ノ品ノ深々ノ事数日ヲ盡ス共モ尚ヲ不レ盡事ナレハ取レ要ヲ大概如レ此申畢ヌ　御廻向奉頼云々

一傳教大師御尺ノ中ニ夫法ケト者三世ノ諸佛出世ノ本懐衆生成佛ノ直道也ト御尺御座シテ候此尺ノ意如何様ナルソト申候
ニ三世ノ諸仏出世シテ五時半満ノ各法ヲ説キ玉フト云ヘトモ此ノ法ケ経ヲ以テ出世ノ本懐トシ玉フテ候サテ何トテ三（12丁
オ）
世諸佛共ニ此ノ法ケノミ出世ノ本懐トシ玉フ故ヲ尋候ニ貴キカナ須臾聞之即得究竟ト述テ一切衆生須臾刹那ノ間モ法ケ
経ヲ聴聞シヌレハ速ニ凡夫ノ肉身ヲ轉シテ成ル佛身ト譬ハ世ニハ秋ノ気ヲ得テ日暮トナリ天竺ニ摩嶺山ト云山ニハイラン殖ヘ
ハ変シテ成リセンタント金論山ト云山ヘハ石ナトヲ持チノホレハ変シテ金寶ト成ル去ハ爰ヲマレイニ入ルイランハ忽ニ成リ栴
檀ト金山ニ入ル瓦礫ハ速ニ成ル金玉ト被レ書テ候如ク真《マツ》其ノ此ノ経ニ値フ者ハ女人悪人ヲ不簡変シテ成ル仏ト去レハ今日ノ龍女
八大龍王ノ中ノ第三ノシヤカラ龍王ノムスメ年シハツカニ八才ニシテ五障三重ノ女身ヲ轉シテ忽ニ成ル仏身ト爰ヲ経ニハ変成
男子（12丁ウ）
座寶蓮ケ成等正覚ト宣ヘ恵心ノ先徳ハ龍女ハ寂上利根ナリ故ニ文殊入リ龍宮ニ説ニ諸法実相ト言下ニ悟テ一念法界ト遍ク照
於十方ヲ此則一念ニ座シテ道場ニ成佛不虚也ト御尺有ルテ候如レ此法ケ経トイヘルハ女人悪人ヲ不簡変シテ成レ仏ト故ニ
衆生利益ノ為ニ出世興スル三世ノ諸佛ノ此ノ法ケ経ヲ以テ出世ノ本懐トシ玉フテ候サテ直道ノ事此ノ直道ト云処ヲ能々御聴
聞被成候へ我等衆生未来黄泉ノ旅ニ趣ク時六道九界ノ衢ニ不一方ナラ道有之テ候故ヲ如何ト申スニ地獄〇云々天道ノ六道
テ候此ノ六道ト申ハ先ツ寂初カ地獄道テ候此道ニカヽル人ハ両足カ上ニ成リ頭リカ下ニ成テ無間ノ火坑ニマツサカサ（13丁オ）
マニドウド落入ルト申スサテ加様ナル難ギノ道ニハイカナルツミトカニ依テカヽルソト申候ニ仏寶僧ノ三寶ヲ誹謗シ加様ナル
一句ノ聴聞ヲモセサル人カ地獄道ニカヽルト見テ候此ノ事某ノ才覚ニアラス譬喩品ニハ法ケヒホウノ相ヲ宣ヘ下テ其人命
終入阿鼻獄ト述玉フテ候サテ餓鬼道ニカヽル者ノハ一万五千才間飲食ノ名字ヲモ不聞余リニ飢ヘ乾クニ依テ我カ身ヲ切テ食ス

ルテ候去程ニ餓鬼ト云字ヲハ我ヲ食スル鬼ト書テ候サレハ依テハ之アワレナル物語《タリ》カヲリヤル眠リヲ覚テ御聴聞被成候ヘ昔シ阿難尊者有ル路邊ヲトヲリ玉フニ〇云々サテ此ノ外ニハ畜生道テ候此ノ道ニ趣ク者ノハ草モ無ク水モ（13丁ウ）無シ悉ク枯《カレ》乾キ終ニハ互相残害ヲ受ヨリ外ニ無之テ候面々方々栄花ノミニホコツテ後生ヲ無シハ御存知彼ノ六道界ノチマタニ趣キ三熱ノホノウニ身ヲコガシ猛火ノ丸カシ口ニ入馬頭牛頭阿防ラ刹ト云鬼トモ鐵ノホコヒシヲ手ニ取リセムル時キ仰キ天ニ歎トモ之還ラス伏シテ地ニサケベトモユルスコト無イ之見テ候サテ加様ナル難所ノ六道界ニカヽラス直ニ極楽世界ノ直道ハ何ク歟ト申候ニ此ノ法ケ経也ト云処ヲ衆生成佛ノ直道トハ御尺有ルテ候去程ニ此ノ法ケ経ト申ハ生死長夜ヲ照ス大灯明煩悩ノ河《カワ》ヲ渡ルニハ船筏ト成ルテ候間我レモ人モ抛テ万事ヲ加様ノ談義ノ砌ニハ一句一偈モ御聴聞被成候ヘサアラハ（14丁オ）彼ノ難キ所ノ六道界ニカヽラス早船ニサヲサシ順風ニホヲ引ク極楽九品ノ浄土ヘヤス〳〵ト御参被成様スル事ハ疑ハヲリヤル間敷テ候乍去加様ニ申候ヘハ若又無分別ノ御俗《ソク》方ハナトハサテハ余《ヨ》経余佛ハイラヌナトヽ思召ス方モ御座候ズ一向左様ニヲリナイ妙者妙名不思儀法者十界十如権実之法ト尺シテ妙法ノ開會顕候ヘハ花ノ嵐モ谷ノ響モ妙法ニ漏ルヽ法ハ一法トシテモ無テ之候サレハ爰ヲ高祖天台ハ諸法ノ名豈ニ隔テン浅深ヲ御尺御座シテ諸法実相ノ開會顕レハミ塵程モ諸法ヲ不ルカ隔テ実相ノ躰理法ケノ意テ候付テハ之花厳初成道ノ朝ヨリ涅槃ナイヲンノ夕ニ至マテ文證義證ヲ勘テ沙汰スル子細雖トモ（14丁ウ）有之先々今日ハ指置キ申迄ハ法ケ経カ成佛ノ直道ト成ト云ニ付ノ申シ事テヲリヤル

普門品下

一仍テ今日奉談処ノ御経ハ巻ノ中ニハ第八局品並ル第廿五品目ノ普門品テ候而ルニ亙リ品々ニ局々ニ移リテ来意《イ》尺名入文ノ三ノ次第ヲ沙汰スルカ談経ノ方礼テ候先ツ此ノ品ノ来意ト申ハ上ノ妙音品時東方浄花宿王智佛ノ御弟子ニ妙音菩薩ト云ヒシ菩

薩尺迦如来霊山浄土ニシテ此ノ法ケ経ヲ説玉フ砌リニ多ノ眷属ヲ引連テ東方ヨリ来下フサテ此ノ品ノ時キハ西方ミタ如来ノ御弟子ニ観音菩薩ト云ヒ（15丁オ）

シ菩薩又霊山ノ會上ヘ西方ヨリ来玉フ故ニ東西ト次第シテ上ノ品ニ次テ此ノ品来ルヲ来意ト申　一尺名ノ事付レ之通号別号ノ二種一部八局ニ亙テ有レ之テ候先ツ妙法蓮花経ノ五字ノ沙汰ハ細々ノ御談義ニ事細ク候へ共色好《ショッコウ》ノニシキハ随テレ染ルニ増レ色ヲ合浦ノ玉ハ随テレ研ニ益スレ光ヲ道理ナレハ今日某重テ妙法金玉ヲ研キ成仏ノ色ヲ益ステ候此ノ妙法ノ相ラハ御尺ノ中ニハ妙法蓮ケ経ト者○云々因果也ト御尺御座シテ一三世諸佛十方ノサタ皆悉ク此ノ経ノ首題ニ依テ成佛スルソト御尺有ルテ候況ヤ末代當今ノ我等モ旁々モ十界ノ有情非情土地瓦礫等ニ至マテ一三身即一ノ仏ニ成ランコトハ（15丁ウ）

偏ニ今此ノ号題ニ可レ依ト御信心ヲ深ク取テ御聴聞カ肝要テ候是ハハヤ通号ノ妙法蓮ケ経ノ五字ニ付テノ申事

一サテ観音菩薩普門品ト申題号ノ事テ候而ルニ今此ノ題号ニ付テハ高祖天台十双五雙ノ法門ヲ立テ候種々ノ尺義ヲ設ケ玉フト云へトモ俗男俗女ノ御耳遠ノ法門テ候間観世音菩薩普門品ト申七字ノ訓点ヲ沙汰シテ御聴聞ニ備申スルテ候観世音ト者観《ミル》ト二世ノ音一ヲヨムテ候是何事ソト申ニ一切衆生地獄ガキ畜生スラノ苦ヲ受ル時キ南無観世音菩薩ト唱レハ其ノ音ヲ聞テ来テ利益シテ抜レ苦ヲ与レ楽ヲ下フ故ニ観世音トハ名ルテ候去程ニ高祖天台ハ大悲抜キレ苦ヲ百千万億ノ苦皆得ニ（16丁オ）解脱一ル事故ニ号ニ観音一ト御尺御座テ候程ニ御来臨ノ御旁々モ後生ヲ大切ニ思召シ又タ観世ニ何也ト御願ヲ持玉フハ縦ヒ爰ニ御参リ被成候ハヽ観世ニテハ意ノ儘ニ願ヲ遂ケ未来ニハ速ニ一三悪道ノ苦ヲ脱テ微妙快《ケ》楽ノ楽《タ》ニホコリ被成候スル事ハ疑ハヲリヤル間敷テ候付レ之名号ヲ唱ル音聞テ来テ利益シ玉フハ聞世音ト可レシ云何ソ観世音ト云テ観ノ字《ジ》ヲ置ク歟ト云古来ヨリノ不審有レ之テ候是ヲハ一人ノ先徳子ノ親ヲ呼フワル譬ヲ引テ此ノ事ヲ尺シ下フテ候其様ハ如何様ナルソト申候ニ親ハ先ニ立テ歩ミヲサナキ二ツヤ三ツノ子ハアトニ歩ム時キ子ノ親ヲヨバワル其ノ聲ヲ聞テヤカテ立帰リ歩ムト呼ワルヲ見テ喜テ愛レ之哀ムレ之ヲテ候

如レクク其ノ一切（16丁ウ）

衆生カ南無観世音菩薩ト唱ル其音ヲ聞テシヤウレン慈悲ノ眸リヲ以テ一切衆生ヲ観《ミツ》ナハシメテ済度シ下フ故ニ観世音トハ号ル

テ候菩薩ト者菩《ボ》即上求薩即下地ト尺シテ上ミ四聖故ニ《界歟》随テ利益シ下六道故ニ《界歟》南無妙法○云々トモ南無観世音菩薩トモ心ニ

随テ御唱ヒ被成候ハ、普門品ト云此ノ品ノ内證ニ叶ヒ成佛得脱ノ義疑ヲリヤル間敷テ候是ハハヤ観世音普門品ト申ス別号

ニ付ノ申事テ候

一サテ入文ノ事此ノ品ニハ大ニ分テ二ツ文段有之テ候初ニハ問答次ニハ聞品ノ得益テ候今可奉レ談処ハ初ノ問答ノ下ニ七難ヲ説

下フテ候程ニ今日七難ノ沙汰ヲアラ〳〵申立テ御聴聞ニ備申スルテ候凡ソ七難ト申ハ第一カ火（17丁オ）

難テ候是ハ如何様ニ宣説有ルソト申スニ若シ有ンレ持ツ事二是ノ観世音菩薩ノ名ヲ一者ノハ設ヒ入トモ二大ナル火ニ一火ニモ不レ能焼ル事二由ルカ

是ノ菩薩威神力ニ一故ニ此ノ文ノ意ハ観世音ノ名号タモ唱レハ入トモ二大ナル火坑ニ一火ニモ不レ能焼ル事説下フテ候火難ヲ遁ル、其

證人ヲ申スニ唐土ニ法力ト云人有ル野ヲ行キ下フ時キニハカニ野火焼ケ来リ及フ二難キニ一時キ自レ元観世音信仰ニハ有リ南無観世

音菩薩ト唱下フニ即彼野火消タリト両局ノ疏ニ被レ記テ候而ルニ此ノ火ハ観世ノ火ナレハ何ヨリ易クレ消候爰ニ難キレ消火難コソ御座

候其ノ火ハ如何様ナル火ト申ニ自身ノ悪業ヨリ起ル処ノ地獄ノ洞燃猛火ノホノウカ大海ノ水ヲ汲ミホシテ（17丁ウ）

消ストモ更ニ難レ消火テ候サレハ一経ノ中ニ八熱地獄ノ苦ハ猛火ノホノウサカンニシテ我身ヲイリヤキ無量億劫ノ大苦悩

ヲ受クト被レ説テ候何モ此火ヲ消シ玉ハスンハ無量億劫ノ大苦悩ニテヲリヤロウス加様ナル無量億劫ヲ経マテ難レ消処ノ無

量ノホノウヲハ何ヲ以テ消ソト申ニ南無観世音菩薩ト唱レハ地獄変シテ浄土ト成ルテ候某ノ才覚ニアラス偈頌ノ文ニハ念彼

観音力火坑変成池ト被レ説テ候　一サテ第二ノ水難事テ候若シ為二大水ノ一所レンニレ漂《タ、ヨハ》サ称ハ二其名号ヲ一即チ得ン二浅キ処ヲ一文ノ心

ハ大ナル水ニタ、ヨハサル、トモ南無○云々菩薩ト奉レ念即チ浅キ処ヲウヘシト云文ノ意テ候サレハ有ル人ノ歌ニヲリタチ

テタノムトナレハアス川(ママ)フチモ瀬ニ成ル（18丁オ）物トコソキケト被レ読テ候サレハ水難ヲ遁ル、證人ヲ尋ルニ大唐ニシクノ道慶ト云人有時キ小船ニ打乗テ海上ヲ渡リ玉フニ塩間ノ波ノ高瀬ニ船ヲコキアワセテ既ニ此舟波ニタ、ヨイ只今底ニ沈ントト見テ有ル時道慶南無観○云々菩薩ト唱レハ俄ニ浪モシツマリ海上モヲタヤカニシテ安々トキシニツク諸人安穏也ト両巻ノ疏ト申上下二局天台御制作タル物本ニ見ヘテ候是ハ観世ノ水難ナレハ易レ遁候爰ニ難キレ遁水難コソ候ヘソレハト申ニ我等衆生煩悩悪業ノ水ニタ、ヨハサレテ生死ノ大海ニ沈ミ或時ハ地獄ニ墜シ或時ハ畜生修ラニ墜シ諸ノ苦悩ヲ受ル事皆ナ以テ煩悩ノ水ニヲカサル、謂テ候サテコソ先徳ハ愛ノ名業ノ（18丁ウ）

ツチクレヲウルヲシテ苦ノカベヲヌルト御尺有ルテ候如レ此ノ煩悩ノ水ニヲカサレテ生死海ニ沈ン時モ一心不乱ニ観音ヲ奉レハ念生死ノ海ヲヤスク渡テ速ニ安養九品ノ彼岸ニ船ヲヨセテ常住不退ノ妙法ノ音聲ヲ可レ聞尺テ候是又某ノ非二才覚一ニ偈頌ノ文ニ念彼観音力波浪不能没一ル事被説テ候

一第三利難事若有百千万億衆生為求金銀瑠璃○云々此ノ文意百千万億ノ衆生有テ七寶ヲ求ンカ為ニ舟ニ打乗テ大海ヲ渡ルニ黒風吹テ其舟ヲ刹鬼ノ国ニヨスルトモ其中ニ一人有テ観音ノ名号ヲ唱ヘハラ刹ノ難ヲモ可レ遁ト云文ノ意テ候サレハ其證コ申候ニ天竺従リ二師子国一人百余人（19丁オ）

余人談合シテ扶桑国ニ渡ル時忽ニ悪風吹キ来テ刹鬼ト云鬼国ヘ吹キ流ツ時其ノ中ニ一人有テ日コロ奉レ念南無○云々只今ノ悪風ヲ忽ニ変シテ心ロヨク本国ヘ吹カヘシ玉ヘト一心不乱ニ祈念スル時彼ノラ刹鬼ノ国ハ面影ヲ不レ見如レク夢ノ心地シテ所用有ル扶桑国ノ岸ニ着キタリト両巻ノ疏ニ被遊候先ツ風難遁ル事現世此分テ候サテ未来ノ風難ト申ハ煩悩ノ黒《里》風ノイキヲイ荒クシテ馬頭牛頭阿防ラ刹鬼共呵責ノ眼ヲ瞋シ打擲ノ鐵杖ヲ提ケ々々並ヒ居ル所ヘ行ニモ一心ニ観音ヲ奉レハ念彼鬼ハ忽ニ形ヲ替

金色ノ如来ト成リ満月ノ尊容紫金ノ腐(ママ)ヲ顕シ我レモ共ニ妙覚不退ノ内證ニ至ト両（19丁ウ）巻疏ニ被遊テ候何事頼敷事テハヲリナイ歟

一第四刀杖ノ難ノ事若復有人臨當○云々此ノ文ノ意ハ有テ人既ニコロサントスルキサミ観音ヲ奉レ念コロサンスル人ノ取ル所ツルギダン〳〵ニヲレント云文ノ心テ候去レハ證人ヲ申是モ両巻ノ疏ニ見タリ昔シ大唐ニ晋ノ大元年中ニハウ《放イ》城ト云都ニ在リ観音信仰ノ人以テ金ヲ厳ク作リ観音ヲ我カ髪ノ中ニ入テ常ニ奉ル供養或時彼ノ人背キ王命ヲ死罪ニ被レ行時キ以テ太刀ヲ打ツ之ヲ髪ノ中ヨリ金色ノ光明ヲ放テ打処ノ刀ヲ即チ微塵ニ折タリ又タ別ノ太刀ニテ三度マテ切ルニ皆刀杖段々ニ折タリ而ルニ公卿殿上人ヲ為シテ始ト見物ノ数万人モ同意ニ思様ハ如何様ニ此ノ人ハ只人ニハ不レ可有トテ聽テ其過ヲユ（20丁オ）ルサレ忽ニ死罪ヲ遁ル、ト見テ候　サテ我朝ニ於テハ悪七兵衛カケキヨクヒヲ切リトモ(ママ)ノ御前ニ出シケレハカケキヨカクビニ非ス清水ノ観音ノ御クビニテ御座候故ニカケキヨモ御免許ヲ蒙リ候何レ御旁《カタ》々ノ御存知ノ前テ候是猶現世ノ刀杖ノ難テ候爰ニ難レ免刀難コソ候へ諍能瞋嗔即修ラ心ト云テ上件ニ如レ申カ瞋嗔我慢ノ罪業ニ依テ修ラ道ニ堕諸ノ悪鬼共ニクロカネノ杖ヲ持タレテ呵責セラレン時モ一心不乱ニ観音ヲ念スレハ鉄杖モ微塵トヲレテ修ラハ忽ニ変テ金銀瑠璃ノ七寶荘厳ノ浄土ト打成テ案楽無為ノ栄花ニホコリ被成リヤウスル事ハ疑ハヲリヤル間布此ノ外第五（20丁ウ）第六第七ノ難ヲ申立スレトモアマリ長々シク候間先ツ今日某品々多キ中ニ何トテ此ノ品ヲ奉ニ訓読ソト申候ニ廿八品何レヲロカ無トイヘトモ此品ハ至テ殊勝ナル品テ候サレハ此ノ法ケ経ト申ハ仏證ノ儘テハ数ス千巻ナルヲラ什三蔵ト云人是ヲ肝略シ下フテ候是即チ億カ中ノ万ヲ取リ万カ中ノ千ヲ取リ千カ中ノ百ヲ取リ百カ中ノ十ヲ簡ヒ十カ中ノ一ヲ取テ仏證ノ肝要カ中ノ肝要ヲ一部八局ト被レ集テ候是ヲ又タ我カ祖妙楽大師ト云人八局ノ中ノ肝要ヲヌキ出テ四要品ト被レ定テ候ソレハト申ニ方便案(ママ)楽壽量普門ノ四品テ候サレハ方便品ヲ以テハ人ナラハ符ニ譬ヘ案楽行品ヲハ眼ニ譬ヘ壽量品ヲハ命ト定メ今ノ普門品ヲハノン

ト（21丁ォ）
ト(ママ)ニ譬ルテ候程ニ四要品ノ中ニハ此ノ普門品カ又タ肝要テ候ゲニト人間ニ心符眼前有レ之云ヘトモ咽無ンハ食物ノ往覆無シテ人壽更ニ難レ持物テ候如其ノンドト宣ル普門品無ンハ法ケ経甚深ノ内證難レ顕依テ此ノ品ヲ以テ法ケ一部ノ肝心ト定《サ》ル事テ候去《サル》程ニ妙楽大師ハ方便安楽壽量普門並是本迹之根本深ト御尺有ル之テ候文意ハ方便妙楽ノ二品ヲハ迹門ノ肝要トシ壽量普門ノ両巻ヲハ本門ノ肝心ト被遊テ候サテ〳〵殊勝ナル御品ニテヲリヤラヌ歟　殊更當寺ノ御本尊ハ三タ如来ニテ御座ステ候此品又タ観音品ニテ候ミタト云法ケト云ヒ観音ト云ハ皆ナ一佛ノ上ノ（21丁ゥ）別名テ候去ル程ニ壽量品ニハ処々自説〇不同ト説キ或ハ一経ノ文ニハ昔在霊山名法ケ〇云々傳教大師ハ念佛ハ略法ケ経々々々ハ廣念佛御尺有ルテ候殊更法ケハ因果一致経王ナル故ニ因果同時ノ蓮ケニ譬ヲ取ルテ候サレハ因位ノ観音果位ノミタヲ頂ク事又タ因果一体ノ尊体ヲ顕シ下フテ候爰ヲ以テ観音法ケ眼目異名ト御尺有ルテ候去ル程ニ観音ハ右ノ御手ニ未敷蓮ケヲ持チ左ノ御手ニ施無畏ノ印ヲ結ヒ下フ事未敷ヲ衆生ノ心中ニヲサム所是ヲ即チ本有仏性ノ蓮也為ニレ顕ンカ之如レ此ノ印象ヲ結ヒ下フテ候我々モ方々モ御心中ノハトノ肉團カ即チ未敷蓮ケ（22丁ォ）テ候而ルニ只タ今観音法ケ一体ノ旨ヲ聴聞シテ殊勝難レ有御合點被成候者ハトノ肉團即チ妙法蓮ケト打開因果不二凡聖

一如成佛ハ立所ニ顕ル、也

提婆品

一第二雄海法印説談ト申ハ是故説教多附下根ノ故ニ上根上智ノ方ハ自身ノ座禅工夫ヲ為レ本下フ故ニ他ノ教化教道ニ不レ依

一道俗ノ愚人悠々トシテ生死ノ理モ不知迷々トシテ生後ノ行クタテモ不レ弁ヘ故ニ彼ノ道俗男女共ヲ教化セン為ニ世間ノ

雑談ニ寄テ仏法ノ路ヲ教ル事テ候去程ニ我宗ニハ一心三観ノ心地一念三千ノ観門又タハ真言ニハ五相三密ノ観門禅宗ニハ如来
（22丁ウ）
禅祖師禅ノ一透リ何ト云トモ道俗男女ノ耳ニ不可レ入ルテ候結句破法不信故ニシテ悪見ニ落ルトモ成佛ノ便リト成ル事ハ有間布
テ候老子經ニ窪《クホ》ヤカナル則ンハ盈ツト有ルヲ注ニ云ク窪カ下タレハ水流レレ之ニ人ニ謙下ナレハ徳ヲ帰スレ之ニ是ヲ君子ノアマリ高位ナレ
ハ民ミ百姓惣シテ不ス二寄付カ一如クレ其ノ又タ仏法モ真実ノ事ヲ云ヘハ惣シテ道俗カ寄リ付カヌ事譬ハ水ノクホミニ留リ流ルカ如ク我カ
耳ヨリノ仏法ヲ下賤カ心寄リニ存ル故ニ真実ノ妙理ヲハ先ツ取置テ因縁物語ナト申テ候相イ構テ方々妨ナト生ン事口惜カル
ヘシテ候是ハ悲母ツイ孝ノ為ニ燈ロヲトモシ下フタル供養ノ儀式トシテ説談ノ義被レ仰レ付間於モ二法ケ経一女人（23丁
オ）
成佛ノ義ヲ被レ説候提ハ品テ候間花山ニ入テハ花ヲ詠シ明月ニ向テハ月ヲ翫道理テ候間悲母孝養ノ為ナレハ此ノ提ハ品ヲ説談
申ス候諸経ノ習トシテ品々ニ互リ来意尺名入文三ノ心カ有ルテ候是ハ御耳ニ不レ入候へ共如何様ノ談義ノ習トシテ申立テ不レ叶
子細アル先ツ来意ト申ハ法ケ経ノ廿八品ノ次第ヲ申ステ候是即如来此ノ法ケ経ノ三周五段ノ説ヲ宣ヘ畢テ上ニ須臾聞之即
得究竟被レレ説テ候此ノ法ケ経ヲ一字一文モ聞ク輩ハ即時ニ仏ニ成ルト説テ候サレハチント云鳥ノ水ニ毒ヲ吐ク呑ムレ之ヲ者須臾
ニ死スト云事有之テ候サレハ今時分桐ノ木ヲ井ノハタニ植ル事ハ桐ノ木ハ（23丁ウ）
鳳凰ノ宿ル木也故ニ井ノ邊ニ植タレハチント鳥（ママ）カ桐ヲ見テ鳳凰ノ宿ル歟ト思イ井ノ上ヲヲソレテ不ルレ飛テ候サテ桐木ヲ不レレハ
植自然ト井ノ上ヲ飛ヒナカラ糞ナトヲ井ヘ落シヌル其ノ水ヲ呑ム者必ス頓死スルテ候今時分靏乱ナト、云モ如此一水ヲ呑タル者
テ候如レ夫此ノ法ケ経ヲ纔ニモ聴聞スル者ハ必ス成佛スル事ハ鳥ノ毒ヲ呑タル者ノ必定死スルカ如シ去程ニ成佛非レ難只タ法ケニ値
事難キ也ト候法ケ経ヲ聴聞スルカ誠ニ宿善深厚ナルテ候如レ此殊勝ナル経王ナル故ニ梵浄世界ト云ニ御座多寶仏ト云ハ大地ヨリ

出テ善哉々々尺迦牟尼世尊皆是真実ト唱テ此ノ法ケ経ノ甚（24丁オ）
深ナル事ヲ被談テ候如レ此教主尺尊モ真実也ト法ケヲ被レ説又タ多寶モ出テ法ケ経ハ真実也ト稱歎シ下フト云ヘトモ未タ真
実ニテ有ル證コ無ヒテ候時文殊海中ニ入リ法ケ経ヲ説キ八才ノ龍女聞クヤ否ヤニ悟ル也殊ニ悪逆ノ提ハカ地獄ニ居シナカラ
受記スルテ候悪逆ノ提ハカ成佛ノ受記永不成仏ノ龍女カ霊山ニ来ル事ハ法ケ経ノ奇特テ有故ニ寶塔品ノ次ニ提ハ品ヲ置クテ候
是ヲ来意ト申テ候五逆罪ノ提ハサヘ成佛スル況ヤ只今ノ方々モ信心ヲ以テ此ノ法ケ経ヲ聴聞有ラハ成佛ハ有レ疑間敷テ候悪趣
ノ龍女サヘ即身成佛スルテ候申ヲヤ此ノ中聴聞ノ御房何モ信心ヲ成サハ成仏ハ疑有間布テ候（24丁ウ）
去レハ若有聞法者無一不成佛ト説キ無レキ心草モ木モ皆法ケ経ノ意趣成佛スルテ候サレハ都ニ牛ノ有カヨタレニテ歌ヲ書キケリ
草モ木モ仏ニ成ルト聞ク時ハ心アル身ハタノモシキ哉トヨムナリ況ヤ人間ノ身ヲ受ル方々此ノ法ケ経ヲ聴聞シテ信心ヲ成サハ成
仏ハ疑有間布テ候サテ尺名ノ事妙法○十二ト云題号ヲ沙汰スルヲ尺名ト申候妙法○経ト申ハ常ニ沙汰スル如テ候サテ提ハ
達多ト云ヲ此ニハ天熱ト翻ルテ候是何事ソト申ス此ノ人生レテ悪人ト成ルヘキ故ニ可レキ生時分ニ衆生カ悉ク熱病ヲヤムテ候サレ
ハ吉キ人ノ生ル、時ハ兼テ衆生カ吉キ相ヲ見ルテ候孔子ノ生レテ世ニハ仁義礼智信ノ五常ヲ先表ニハ其ノ時分ノ人（25丁オ）
民夢ニ如意寶珠ヲ得ルト見ルテ候是即チ孔子ノ五常カ天下ノ重寶ナル故ニ即チ是カ如意寶珠テ候サテ悪人生ントテハ兼テ悪事有ル
テ候昔シ筑シ肥前ノ国ニ鬼太郎ト云者有リ人間ヲ殺ス事ハ一万三千人四足二足ヲ殺ス事数ヲ不知一此ノ人カ生ントスル砌リハ衆
生カ皆ナ火ノ車ニノルト夢ニ見ルテ候如レ此提ハモ悪人ナル故ニ生ントスル砌リニ人天カ熱悩スルテ候サレハ達多カ五逆罪ト
申ハ殺父殺母殺アラカン出佛身血破和合僧ノ五テ候父ヲコロシ母ヲコロスト云ハ阿闍世王ニ教テ令レシテ殺レサ父令レシテ殺レ
母テ候此失カニヨリ提ハ達多ハ阿ヒ地獄ニ落幾千万才苦患経ルテ候ヤウ〳〵（25丁ウ）
法ケ経ノ力ニヨリ成佛ノ記莂ニ預ルテ候去程ニ内典外典共ニ父母孝養致用テ候其故ハ論語ニハ事《ツカウ》二マツルニハ父母一ニ能ク竭《ツク》二ス其ノ

力ヲ一事ルニハ二君ニ一能ク致ス二其ノ身ヲ一書ケリ是即父母ニハ我カ分眼（ママ）ノ盡シテ孝ヲ成ステ候サテ君ニ事ニハ致ス二其ノ身ヲ一云ヲハ孔安国カ云ク盡シテ二忠節ヲ一不レ愛二其ノ身ヲ一也ト矣君ニ値テ不レ借身命シテ命ヲモ奉ル程ニ奉公ヲ君ニ孝ノ義ト申也去レハ三年不レ改ヲ二於父之道ヲ一可シレ謂ツ二孝ノ初ト一候父母死シテ後チ三年其ノ家ノ造作ヲ不レ替ヘ事テ候ケニモ父母死シテヤカテ造作ヲカヘレハ父母ヲモドク心アル故テ候去程ニ孝子経ノ注ニ云ク万物ノ母ト者天地含レミ気生シ万物ヲ一長（26丁ォ）大成就スル事如シ二母ノ養カレ子ヲ一矣此ノ養ハ父母ト云カ無レ様モ天地ノ二ツテ候天ノ清キハ父ト成リ地ノ濁ルハ母ト成ルテ候天地ノ間タリ依正二法万法ノ生ル如ク父母恩ニ依テ我等カ生ルテ候去程ニ父母ニ不孝ナレハ天常ニ背クテ候又繁昌義無レ之テ候去程ニ教主尺尊ハ母ノ胎ヲクイアケ生ル故ニ摩ヤ夫人ハ七日有テ死下フテ候其ノ恩ヲ思召故ニ一夏九旬都リ天ニ登リ御説法有ルテ候是ヲ佛説都リ為母説経ト申ステ候如レ此世出世ニ亙リ父母孝々ヲ肝要トスル也今ノ提ハ父母不孝ナル故ニ阿ヒ獄ニ堕ルテ候今ニ法ケノ威力ニ非レハ長ク地獄ニ堕ト在スヘキ云ヘトモ法ケ経ノ不思義ニ依テコソ成（26丁ウ）佛ノ記莂ニハ預リ候ヘサテ殺阿ラ漢ト云ハ仏弟子カ一人提ハカ佛ヲ破スルヲトカメタル故ニ彼ノ仏弟子ヲハリ殺ス是ヲ云也或ハ仏弟子五百ノ新学比丘ト云ヲ教化シテ象頭山ニ於テ付カ五法ヲ真実ト説テ仏弟子ナルヲ外道ト成ステ候是レ殺シハセサレトモ仏弟子ヲ外道ト成スハ仏弟子ヲ殺タル同前テ候是カヤカテ破和合僧ノ義テ候サテ出佛身血ト云ハ佛ノ大山ノフモトヲ御通リ有ル時提ハカ大山ニ登リ大石ヲナケ懸ルテ候去程ニ仏モアヤウク見ヘツルカ伊咜天カ中ヨリ石ヲ投還ス故ニ不レ苦テ候去レトモ其ノ石ノカケカ落テ仏ノ御足ニアタリ血ヲ出ステ候是等ノ失カニヨリ阿ヒニ（27丁ォ）堕ルテ候去レトモ後ニハ法ケ経ノ威力ニ依リ成佛セシムル故ニ此ノ成佛シタル謂レヲ云宣タル品ナレハ提ハ品ト申テ候付レ之不審スル時キ此龍女成佛ノ相モ有ルニ何トテ提ハ龍女ト不ルレ題ヤト申ニ一義ニハ妙法ノ二字ニ収タル故ニト云テ候其ノ故ハ妙ノ字ヲハ女遍ニワカシト云少ノ字ヲ書ニテ候去ル程ニ妙字ヲハワカキ女ト書クテ候是カ即チ八才龍女ヲ指テ候　サテ法ノ字ヲハ三水ニ去

ルト云字ヲ書クテ候水ヲ貪欲ニ譬ルテ候是即一紙半銭ノ間ニモ欲ノ念ハ留ルテ候水ト云物ハ少シモヒキ、所ニ有レハタマル故ニ水ヲ貪欲ニ譬ルテ候去程ニ龍女カ八才ニシテ貪欲ノ水ヲ法ケノ功徳ニヨリ悉ク去テ成佛スル故ニ妙法ト題ルテ候去レハ（27丁ウ）諸苦諸因貪欲為本テ一切ノ罪障ノ中ニ貪欲カ第一ノ罪障テ候サレハ昔シ日向国ニ長者有ルカ金ヲハ三万五千両銭ヲハ二十万貫石ノ蔵ヲハ三百六十持テ候ハチヒラキカ来ルニ米カ無トテ不レ出サ銭ヲ一文乞ニ銭モ無トテ不レ出テ候然ルニ漸ク年明過来リ娑婆世界ノ縁盡テ病ヲイタシ死ントスル時銭金ニ名残リヲシサ無レ限テ候既ニ命終テサマ〲一世ノ養タル五大ヲハ空ク野外ニ打捨テ魂計迷余(ママ)ヘ趣クテ候此世界ニ有リシ時キハ眷属モアマタ身ニ随ト云ヘトモ長キ夜ノ旅ノ物ウサハ一人モツキソワス只タ我一人闇々トシテ此ノ世ノ深夜ノ如ナルニ何クニ行ント云ハテモ無ク足ニ任テ行ク計リ也然ルニ目ニ（28丁オ）見ル物ハ馬頭牛頭アホウラ刹ナサケナキ鬼共カヲソクアユメハシモツヲ當テ速ウ歩ントスレハ死出ノ山ノ苔ニハ枯タル木モ皆ツルキナリ有ル石カワラモ皆ナツルキナル故ニ歩メハ足ヲキリ木ニ取ツケハ手ヲ破リナク〲山ヲ越ヘ行ケハ又タ三途ノ大河ヲ渡ントスルニ水ノタケキ事ハ矢《ヤ》ヲイルカ如ク大石ノ流ル、事ハ雷ノ音ノ如クニ而モ河上ニハ毒蛇共カ舌ヲ出テ呑マントス不レト越スレハ又タ鬼共カシモツヲアツル故ニナク〲此ノ河ヲ越テ行ク前キトテ可キレ安カル非レ所ニモ無間ノ大坑ニ押落トツレテ幾千万才トモ無ク苦患ヲ経ルテ候此ノ時キハ娑婆ニ有リシ時充《ミ》チ満ツル米銭ニテ善根ヲナサンスルヲト思ヘトモ後悔先キニ（28丁ウ）

不レル立タ道理ナレハ心ニ思ヒ出タル迄テ候是モ慳貪ノ業因ニ依ルテ候サレトモ此ノ法ケ経ヲ信心ヲ成シテ聴聞セハ貪欲ヲ去ルヘキ故ニ法ノ字ヲ水ヲ去ルト書クテ候サテ蓮ケノ事此ノ蓮ケニ當体ノ如ク當体ノ蓮ケト云ハ一切衆生ノムネノ間ニ蓮ケカ有ルテ候佛ノ蓮ケハ開キタル故ニ一切明了ナルテ候　サテ凡夫ノ蓮ケハツホミタル蓮ケナル故ニ一切ニ迷フテ候結句凡夫ノ内ニモ男蓮ケハ上ニ向テ有ル故ニ教化ニヨリ輙ク開ク事有レ之テ候　サテ女ノ蓮ケハ下向タル故ニ佛ニ成事難キ故ニ永不成佛ト云テ候去レトモ法

ケ経ヲ信心ヲ成シテ聴聞セハ変成男子成佛疑有間布候　去レハ唐ニ周茂叔《シウモシク》ト云儒者カ蓮ニ君子ノ徳有リト云テ常ニ（29丁オ）愛セリ去程ニ愛蓮ノ頌ヲ造リ予謂ラク菊ハ花ノ陰逸《イツ》タル者也牡丹ハ花ノ富キナル者也蓮ハ花ノ君子タル者也ト候何トテ蓮カ花ノ君子ナルソト云ニ淤泥不染ノ徳ナル故ニ何ナル不浄ノ水ナレトモ蓮タニ生レハ清浄ニ成ルテ候君子ヲハ何イヤシキカ有ントト云テ君子ハイツクニ居ルトモイヤシキ有ン埴生ノ小屋モ内リト成ル如テ候去ル程ニ蓮ケカ全体君子ノ如クナル故ニ花ノ君《クン》子ト申也去レハ後京摂政ノ大政大臣ノ御歌ニ鷲ノ山八年ノ法ヲイカニシテ此ノ花ニシモタトヘソメケン又タ有ル歌ニハ蓮ハノ濁リニソマヌ心モテ何カハ露ヲ玉トアサムクト被レ読テ候方々モ蓮花ノ如ク心持カアラハ成佛ハ疑有間敷（29丁ウ）テ候去程ニ極楽ヘ生ル者ノ此ノ方ノ女房腹ニ子ヲ持チ生ルカ如ク蓮花ニ腹マレ蓮ノ内テモミタ観音ノ説法ヲ聴聞シ又蓮花開テ後ニ常ニ臺ニアリナカラミタ観音ノ説法ヲ聴聞スルテ候去レハ大和ノ国ニ長者ノアリシカ常ニ名利ノミフケリ常ニ此ノ世ニアルト心得テ後生ヲ不レ念候而ルニ其下人ニ弥左衛門ト云ハ後生ヲシキリニ念ル也長者モ死ス又弥左衛門モ死タリ而ルニ後生ノ習賤モ高位モ不レ入去程ニ下人ノ弥左衛門後生願故ニ蓮ケノ上ニラク〳〵ト居テ有シハヲヤタ（ママ）ノ長者殿ハ後生ヲ不レ願ノ故ニ物浅間敷躰ニテ地獄ニ居テ彼ノ下人ノ弥左衛門浦山敷見候程ニ鬼共ニ少ノイトマヲ（30丁オ）コイ歌ヲヨミ玉ヘリ娑婆ニテハウラヤマレヌル身ナレトモカクナリハツル末イカナラント読メハ弥左衛門モサスカ我ハラク〳〵ナレトモ譜代ノ下人ナレハヲヤカタヲ捨ルニ不レ及ハ涙ヲ流シ歌ヲヨミケリイカハカリ後生ヲ願イ玉ヘトハ我コソ常ニイヽツル物ヲト読ケリ弥左衛門地蔵菩薩ノ袖ヲ引キ上件ノ旨語リケリ而ルニ地蔵モ尤モニ思召シ彼ノ長者ヲタスケ玉フテ候如レ此ノ吉キ下人持ヌレハ冥途ニテモ被ル二引入一セ事モアリ是ハハヤ蓮ケニ付テノ事也経ト者法ケ経ノ事サテ品ト者十二品メナル故ニ品第十二トアリ

一サテ入文ト云ハ尓時キニ佛ケト云ヨリ品畢迄テ文義ヲ沙汰スルヲ入文ト申ス也爰ニ（30丁ウ）

於テ教主尺尊昔物語ヲ玉フテ候サレハ昔シ教主尺尊王宮ニ生レテ太子ト成リ下フテ候臣家何レモ王子ヲ奉レ見如レ此ノ王
ハ古今マレナリト褒美申テ候　其故ハ面皃ニ卅二相ヲ具足シ心ニ仁義礼智信ノ五常ヲ守リ玉フ故ニ此ノ王子ノ御代ニ成ラ
ハ政リ正ク又タ上下万民ナビキ奉リ四海静謐《ヒツ》ナラン事一定也ト悦フ也爰ニ臣下大臣ノ侘言出来セリ其故ハ此ノ王子幼ケ
ナキヨリ無常心ヲ御持アリ常ニ大臣ニ向ヒ此ノ世界ハ生者必滅ノ理リヲ見ルニ高キモ賤キモ一人トシテモ可レ残者無シ北州ノ千
年サヘ終ニハ朽ヌ況ヤ南州不定ノ堺ヲヤ（31丁ォ）

朝ニ有二紅顔一誇リ二世路一暮ニハ為テ二骨ト一朽廣原一ニ世界ナレハ翠黛紅顔錦繍ノ粧モ命既ニキヱタレハ一時ノケムリトナリ亀鶴
千才ヲチキル夫妻ノ間モ眼ヲフサキヌレハ狐《ママ》リ野外ニ被レ捨テ結句手ヲ取リ枕ヲ並ヘシ間モ息絶ヌレハアラヲソロシヤト
ソハヱモヨリ不レ付テ候サレハ鳥邊野ニアラソウ犬ノ聲聞ケハカネテウキ身ノヲキ所ナキト歌道ニモアリアラキ風ニモ
アテシウスキ敷物ノ上ニモヲカジト賞翫セシ身ナレトモ息キ絶ヌレハ土ニウツム事ヲ深ク太子モ思召去ル程ニ父ノ太王モ
此ノ色ヲ御覧在ル故ニ三千大千世界ニ勝タル女房ヲ数ヲ多太子ノ御ア（31丁ゥ）

イテニ指置キツヽナクサメアリト云ヘトモ結句彼ノ女房ニ対シテ被レ仰事ニハ何ト如レ此着《キ》カサリタリトモ無用ノ事也其
ノ故ハ身ハ化シテ早ク為ンニ二胡ノ朽キ骨一造作シテ着《キ》荘ル事モ無レ益也只タ彼ノ女房達後生ヲ御願ヒ候ヘトノミ被レ仰惣テ一夜
モ女房ヲソハヘ寄セ下フ事無レ之サテ臣下大臣ハ御心ヲナクサメン為ニ詩歌官絃《ママ》ヲ成セル事也去ル程ニ一聲ノ風管ハ秋鶯
秦嶺ノ之雲一ヲ数拍霓裳暁キ送ル睺山之月一ヲ躰常我等カ耳ニハヲモシロカリツレトモ太子ハ此管絃ニモウキタマハス管絃ヲ
聞ンヨリ佛法聴聞コソ願ヒナレト被レ仰東ニハ日ニ向西ニハ月ニ向ヒ後生ノ事計リ思召シ結句（32丁ォ）

臣家大臣ラ御腹立有テ去レハ皆人ノシリカラニ《ママ》シテシラヌカナ必スシヌルハカレアリト云歌ノ心ニテハ臣下大臣数多
有レトモ死ヌ事ヲ不レ知事《コト》テ候太子一人ノミ若輩ナレトモ深ク死ン事ヲ思召テ候去程ニ太子ハ内裏ヲハ夜ニマキレ忍ヒ出テタマ

イヌ去程妻子眷属七珍万宝悉打捨彼山入六ハラ密行玉フテ候六ハラ密第一旦ハラ密旦ハラ密天
竺語爰布施ト翻也世財寶ヲモ身命不惜云テ候サレハ今日尺昔旦ハラ密行成下フ時成戸毘王
代鳩施身鷹是即尺尊旦ハラ密行試ミン為梵天帝尺両人獨鷹成（32丁ウ）
ヒトリ鳩成鳩鷹ヲツカケラレ鳩尺尊御ヒサノ下ニケ陰、テ候其時分世上劫故鳥類物云テ候
鳩云我タスケタマヘ云尺尊ヒサ下陰下フ候鷹来爰鳩来今日我食也是タヒタマヘト云尺尊無
答重鷹云必可有タヒ給若シ玉ハズハ今日餓死失同事申無尺尊身肉ソギ鳩ハカリ
カケ鳩ホト身ソキ玉フ也鳩不思義物故身惣肉ソキツ、鳩ハカリ合ケレハ鳩鷹梵天帝尺顕《タイ》旦ハ
ラ密行成就也稱歎セリ此事歌コレヤコマシロノタカヱラコハレ鳩ハカリ身カケ（33丁オ）
シ人ヨミ給也是則王位御座栄祐誇ヘシト云ヘトモ後生大切思召故尺尊タモ如此難行六年苦行六
年玉フテ候惣尺尊不限無欲《ヨク》者賢人被云又寄特人云、也其故四知云事何事ソト云昔楊
震云シ人字サハ伯起云也弘嚢《ノウ》云所住シキ東莱云国守成レリ伯起知音王密云物金千両見付吾一人
シテ取ラント存シ共知音候間両人取ント云楊震云人知タラハイヤ申ス伯起云不知云楊シンカ云
人知タリ其故汝知我知天知地知四人知故イヤト申セメテ人不苦（33丁ウ）
天地知事ハツカシトテ不取ケリ世間モ如此無欲人賢人被云佛法又如尺尊無欲人佛成也
去程王位政ヲ太子任王宮出々家遁世御座ステ候天下我儘シ玉フヘキ帝王サヘ生死路思召御出
家有候況今時分方々言語道断浅間敷小家夫妻居ソレ家見夏カヤセメラレ冬垣《カキ》ウスケレハ
長夜夢不終送物ウキ事ナレトモ又出家遁世心持無事何事セメテ現世事思絶タル後生願心

安所ニ有リ度キナト思召サル、事ハ縦大富貴ノ身ヲ受テモ終ニ五十年三十年ノ間也高キモ賤キモ此ノ世ノ（34丁オ）
事ハ夢幻ノ如ク也更ニ浦山シクモ無キ也去レハ孔子カ云ク無シレ諂《ヘツラウ》事富テ無驕《ヲコル》事矣其故ハ富タル人モ又貧ノ人モ一息切断ス
レハ何モ同事也只タ後生カ肝要也去程ニ君子ハ無求ル事二食ヲ飽《アク》マテ一居ヲ無レ求ル事安スカラン一云テ食ハ吉キモ悪キモ舌ニ甘ル迄也
咽ヘ入レハ同シ事也サレハ子曰ク飯《クラ》イ二蔬《ソシイ》食ノ飲ンテレ水ヲ曲テレ肱《ヒチ》ヲ而枕トスレ之楽ミ亦タ在リ二其ノ中ニ一矣此ノ世ノ事ハ吉モ悪モ同シ事
也サレハ住処ナトサノミ造作シテ無用也仏告ク二善知識ニ一故ヘト云ハ何事ソト申ニ上件ニハ昔シ物語リラ成シテ今諸大衆ニ告玉フ
様ハ昔シ我カ師ト成リ仙人ハ今ノ提ハ達多也其ノ時ノ法ヲ求シ太子ハ今ノ迦也ト昔シ顕シ玉ヒシ提ハ昔ハ仏ノ師ナレトモ油断
カ（34丁ウ）
有ル故ニ今日ハ悪人ト成ルテ候尺迦ハ其時キハ提ハカ弟子ナレトモ修行ヲハケマシ玉フ故ニ今日ハ三界ノ独尊ト成リ玉フテ
候如レ此只今ハ方々ヲ教化申ト云ヘトモ又未来ニハ方々ニ教化セラレ申ス事モ可レ有之也サレハ昔シハ弟子トナル者カ今
ハ又タ房主ト成ル者有リ又タ親ト成ル者カ今ハ子ト成リ昔シハ子ナル者カ今ハ親ト成ル事モ有テ候是即チ七世ノ父母カカワル〱
ニ生シ来ルテ候去ル程ニ先祖ノ訪ヲ成スカ子孫ノ祈願ト成ルテ候譬ハ昔シ阿私仙人ナリシ時キハ尺尊ノ師ナレトモ今ハ提ハト成テ
結句尺尊ノ弟子ト成ルテ候去ル程ニ尺尊モ昔シ恩ヲ思召故ニ提ハカ地獄ニ居ルヲ天王如来ノ記莂ニ預ルテ候去レハ（35丁オ）
其ノ恩ヲ不レ知ルヲ畜趣ト云ヒ其恩ヲ知ルヲ人間トスト云也其上鷹ハ夕ニ小鳥ヲ生ケ取ニシテ足ヲアタ、メ後ニハナシテ其ノ日
ハ其ノ鳥リ飛タル方ヘ不レ飛也如レ此鷹ナトサヘ其ノ恩ヲ思フ況ヤ人間ノ不レ思ハ事ハ言語道断ノ至リ也サレハ父母ノ訪ヲ成
スモ只タ其ノ恩ヲ報ル心テ候サレハ唐土ノ栄世ト云者ハ父ハ死シテ母一人持タリ孝ナル事無レ限妻女ヲ持ツニ一子ヲ生セリ三世ニナ
ル年シ栄世思様ハ子ハ三才ニ成事ハヤ物ヲ食シ比ニ成然ルニ我レ貧ニシテ子共ヲ扶助セハ母ヲ又タ等閑スヘシ是浅間敷事ト思女
房ニ上件ノ由ヲ語也然間タ母カ不便ナル故ニ子ヲハ土ニウツマント云フ也母モ心有ル者ナルカ故ニ尤ト（35丁ウ）

云フサテハ子共ヲウツメントテ穴ヲ夫妻シテホルニ同孝ノ心ヲ天當モ感得スルヤホルトテ金ヲ一万両ホリ出シテ子共ヲウツマス母ヲモ扶助セリ是マテハ達多弘経尺迦ノ成道ノ事也

一是ヨリ文殊ノ説経龍女ノ成道ノ事ナリ時ニ下方ノ多○土ト云是ハ智積菩薩ト云ハ尺尊ノ法ケ経ホメン為ニ来下フ多寶ノ弟子也智積菩薩ノ多寶ニ申事ハハヤ霊山ニ久敷御座候間寶浄世界ヘ御帰有ント申也多寶モ御帰リ可シ有思召ス時キニ尺迦且ク御待チ有レ文殊ト云菩薩ノ龍宮ヘ御越有テ御説法有ルカ無数龍女カ仏ニ成リ只今是ヘ罷越ヘ御座ス御ラン候ヘト尺尊ノ宣ヘ下フ也イフヤ（36丁オ）

否ヤ文殊ハ千葉ノ蓮ケニ座シテ無数ノ龍女ヲ引連テ霊山ヘ来下フ也彼ノ龍女須達○三十二ノ文ヲ以先ツ尺尊ヲ奉讃メテ候時キニ智積菩薩モ文殊ヲ見身子ニ龍女ヲ見テ智積ト身子ト両人カ打寄テ更ニ不審也女人ハ仏ニ難キ成リ者也何トテ只今佛ニ成ルト云ハ不審也先ツ女人ニハ五障三従トテ障リ多キ者也五障ト云ハ一ニハ梵天王ト成リヱヌ者也二ニハ帝尺トモ不成○佛身トモ不成也殊ニ三従ト云ハ女人ハ幻(ママ)キ時ハ親ニソウテ後生ヲ不願人成テハ夫ニ添テ後生ノ事ヲ不知其後老テハ子共ニ従フテ後生ヲ忘ル、其ノ故ハ一紙半銭モ堂社ノ合力ナト成シ度思ヘトモ機ヲ兼ル（36丁ウ）

故ニ是モ不成如此多ノ障リ有ル故ニ永不成仏ト云也去程ニ女房ノ心持ノ悪キ事ハ大唐ニ舜王ト申ハ継母ヲ持タマヘリ継母ノ子ニ象《シャウ》ト云物アリ是ヲ不便シテ舜ヲ悪ム也父ハ誠ノ父ナレトモ継母ニ被引父モ舜ヲ悪ム○云々如此女人ハ心持チ悪キ故ニ輒ク成佛スル事不可有テ候時キニ龍女我献寶珠世尊納受是事疾不ト云テ龍女智積身子ノ疑ヲ是非ノ返事モ無ク寶珠ヲ以テ奉ル世尊ニ是レ何事ソト申ニ成仏カ真実ナラハ此ノ寶珠ヲ可受ケ取ル若成仏セスンハ寶珠ヲ受取ル事不可有ル云テ寶珠ヲ奉ル也時キニ尺迦輒ク受取下フ也龍女智積身子ニ対シテ寶珠ヲ受取御座スハ如何ト被仰時身子智積モ閉口シテ答甚（37丁オ）疾ト云テ候方々モ頼母敷思召セ余経ノ心ハ女房ヲハ永ク不成佛ト云ヘトモ法ケ経ノ力ニ成佛ルテ候間今日聴聞ノ方々疑

間布候サレハ伊勢ノ穴ノ津ニ藤平太郎ト云者ノムスメカ業平ヲ恋ヒ奉リ蛇身ニ成リケリ業平是ヲ聞及御経一部指添一首ノ歌ヨメリ罪ミ深キ女ナレトモ此ノ経ヲ持テル人ハ佛ニソナルト読テツカハシケリ女房蛇身ノ上ニイタ、キケレハ聽而蛇身ヲ轉シテ佛ニ成ルト傳聞去程ニ龍女尺尊ニ寶珠ヲ奉霊山ヨリ大方無垢世界ニ行テ説法ヲ成テ人民ヲタスクルテ候方々モ信心ヲ成サハ必ス龍女ノ如クナルヘシ去ル程ニ妨碍ル智積身子モ龍女成佛ヲ見テ嘿然信受ルテ候是レハ悲母（37丁ウ）孝養ノ為ニ七月僧自恣ノ日ニ幾ク燈(ママ)トトモシ玉フ事三年テ候此ノ供養トシテ訓讀申ス事テ候去レハ昔シ燃灯佛ハ因位ノ時燈明ヲハ父母ノ為ニトモス故ニ佛ニ成リ其ノ名ヲ燃燈仏ト申也サテ燈明仏ト申モ我見燈明仏本光瑞如此故ニ因位ノ昔シ燈明ノ功徳ニヨリ仏ニ成リ灯明佛ト名乗《ノル》テ候薬王菩薩ハ昔シ喜見菩薩ノ時キ焼火ト云テ身ヲヤキヒチヲヤキ仏ヲ供養ルテ候其ノ因縁ニ如レ此ノ故ニ心ロサス尊霊モ燈明ノ功徳ニヨリ往生極楽疑有間敷テ候殊ニ他功帰己ト云ハ何事ソト申ニ人ノ為ニ成ス善根モ又我カ徳分トモ成ル事テ候譬ヘハカタヒラヲ洗フニ我カ手ノ垢モ落ル如ク孝養（38丁オ）父母ノ為ニ善根ヲ成スニ依テ父母ノ得脱ハ疑モ無ク成シ玉フ所ノ善根モ現ニハ無病自在ニシ壽命ハ靍亀ノ栄祐ニホコリ後ニハ三尊来迎ノヱミヲ含ミ往生極楽疑有間敷テ候

一第四下　行運法印

勧持品廿行偈頌下

濁劫悪世中ヨリ○我是世尊吏マテ○云々今日ハ彼岸ノ中日テ候凡彼岸ヲ時正ト申モ中日ノ事テ候惣シテ彼岸七日ニ成シツル善根何レヲロカハ雖無之中日ニ成シツル善根ハ少シナレトモ大善根ト成ト申然間拙子只今僅カニ一言奉レ讀ミ成リ二大善根（38丁ウ）

者ニ一候スルハ天然ノ仕合テ候面々方々モ時コソアレ日コソアレ不知ラ一不計中日ニ御参被成テ一文ノ談義ヲ聞テ成ハ二大善根ト一後生菩提ハ無レ疑被レ思召一スルカ肝要テ候乍去又御聴聞衆ノ中ニモアラコト〳〵シワゴリヨ程ノ者ノ一言半句説ク法門ヲ聞キタリトテ大善根トハ難レ成思召ス方モヲリヤロウス左様テハヲリナヒ譬ハ言語道断賤シキ者カ闇夜ニ燃松明ヲ一先ヲ行クニ被レ照其光リニ一跡ニ行者ノ如シレ不ルカレ迷ハ道ニ一某シ如何ニ雖二浅智短才ナリト一只今述ル此ノ法ケ経ノ被レ照二松明一本ニ一生死長夜ヲ五道三有ノチマタニフミマヨハス実報寂光ノ目出度古郷ニ安ス〳〵ト可トレ帰トウト御覚悟ヲ被（39丁ォ）レ伏スルテ候　一汝只今奉レ読御経ハ局ノ中ニハ第五品ノ間ニハ第十三ノ勧持品ト申テ候互テ二所々ニ一来意尺名入文ノ三ノ法門カヲリヤル此ノ品ノ来意ト申ハ上ノ品ニハ説キ二達多ノ放経尺尊ノ成道ヲ一明ス二文殊ノ通経龍女ノ作仏ヲ一是レ顕シテ二昔ノ弘経ノ妙ナル事ヲ一示ス今・ノ流通好《コ》トナル事一ナテ此品ニハ奉始二薬王菩薩ヲ一二万八万ノ大士此土他土ノ大士菩薩各々手々ニ忍悪世違縁ヲ一滅後弘経申スル相ヲ仏ニ被テレ申アル去程ニ上品ハ過去ノ弘経《ク》今品ハ未来ノ流通過未次第シテ上下来意ヲ成ル是ラ来意ノ法門ハ申

一尺名ノ事此品ヲハ名ケ二持品トモ一稱ス二勧持トモ一去程ニ唐品ニハ多品題シ二持品ト一（39丁ゥ）和品ニハ大都勧持ト題シテ候是高祖天台二万ノ菩薩奉テレ命ヲ弘ムレ経ヲ故ニ名ク二持品ト一重テ勧テ二八十万億那由他ヲ一令ムレ弘経ヲ一故ニ名ク二勧持品ト一被レ遊候名ルニ二持品ト一従レ初稱ルニ二勧持ト一従ヒ二終ニ一只始終ノ異ト心得レハ無相違一テ候　一サテ入文ノ事此品ニハ大ニ分テ有リ二二ノ文段一初ニハ明シ二受持ヲ一後ニハ明ス二勧持ヲ一今マ所ハレ奉ルレ読ミ後ニ明ス二勧持ヲ一中ニ長行偈頌有偈頌ノ文段テ候今此ノ偈頌ハ大ニ分テ衣座室ノ三軌仏法僧ノ三宝ト云テ大論ニハ如ク二法ハ良薬ノ一仏ハ如シ二イ王ノ一僧ハ看病ノコトシト述テ候薬種品々有リトイヘトモ醫王者不ンハレ合レ之ヲ病難レ治シイ王者縦ヒ雖レ合レ之無ンハ二看（40丁ォ）病者ニ一無レ曲如レ其如何ニ法門ノ薬種雖有之仏ト云明イ無ンハレ之五時八教ノ色々ノ薬リ難レ有縦ヒ十二ノ分教八万ノ諸聖教其ノ良薬種々雖有之末世今時分五住三惑ノ病ニ被レレ侵迷ノ衆生ニ説与ル看病ノ弘通者無レ之者恐クハ三界火宅ノ病ノ床ヲ

離レ無病息災一浄土ニハ難至候左候ハ、只今如レ形ノ学行修行スル出家我等カ看病者ト有テ二御心得一良薬苦クレ口ニ仏語違モレ
耳ニ今此ノ法ケ経ノ一文一句被レ成御用一後生ニハ必ス治二煩悩病ヲ一被成二紫磨黄金ノ仏体一ト候ス去程ニ當流ノ宗祖ノ恵光
坊ハ三勝ノ法門ト云事ヲ被遊テ候三諦ノ（40丁ウ）

中ニハ中道勝レ三光ノ中ニハ明星勝三寶ノ中ニハ僧寶勝ル、ト云三勝ノ法門テ候尺尊満月ハ巳ニ西山ニ陰レ二六ノ仏日ハ未レ出二
東天ニ一中間ニ弘通者ノ明星出テ候五更ノ闇ヲ照シ下フハ何何程サテ殊《シュ》勝テハヲリナイ歟古歌ニ月ハ入ルト○云々　一悪
鬼入其身ノ事此ノ悪鬼ト云ヘルハ夜叉正念長ト云鬼テ候是ヲハ不空絹索経ニ云フ二夜叉正念長一ト鬼入テ二人ノ心中ニ一妨ケ二善心ヲ一
増長悪心ヲ一被レ説テ候此ノ鬼ト云ハ人欲レ成ント二善根ヲ一時押ヘテ二其念ヲ一必ス令ルレ思ハ二悪キ事ヲ一鬼テ候御方々モ善根ヲ思召ス内ニ起二
悪念ヲ一此ノ悪鬼ノ業ソト思召弥ヨ念仏申後生一大事ト御願有ラウス末世ニハ如レ此悪鬼悪人有テ（41丁オ）

悩シレ我毀トモレ我ヲ偏ニ奉念佛ヲ一堪忍シテ此ノ法ケ経ヲ可弘ム二云所ヲ我等ラ敬信佛ヲ一忍ハム二此諸難ヲ一事説テ候

一忍辱鎧ノ事是ハ我等カ此ノ墨染衣事テ候乍着此鎧ヲ一徒ニ旦那ノ受テ二施物ヲ一仏道修行ノ志ハ無ク二毛頭モ一無用ノ立腹一喧《ケン》嘩口論
ナトヲ致ハ無勿躰僻事也古歌ニ黒皮ノ鎧ニ似タル黒衣信施ノトカリヤ裏ナカ、セソ有此則ンハ黒染ノ衣ハ忍辱鎧テハ無フテ
黒皮威シ嗔嘻《イ》ノ鎧テ候此ノ忍辱鎧テ候此ノ黒皮威ノ着テレ鎧ヲサノミ信施ノトカリヤ裏カ、ヌ様ニ受テ施物ヲ一経念仏シテ助シテ二
旦那ヲモ一我心助ハヤト思召カ肝要テ候（41丁ウ）

一我不シテレ愛二身命ヲ一護持佛ノ所属ヲ一今此ノ八十万億ノ菩薩達ハ於テ二末世ニ一仏ノ御付属ノ此ノ法ケ経ヲ弘メアラウスルニハ不惜
身命ヲモ一誓レテ候ハ何程サテ難有事テハヲリナイ歟去程ニ為ニハ二仏法ノ一不ント惜身命ヲモ一付テ申ニ物語リカ御リヤル大唐
ノ宋ノ代ニ有テ二法智師ト云人ノ一此法師昼夜不断ニ讀二誦法ケ経ヲ一願ハ依テ二此功徳ニ一可レ奉レ拝二生身普賢ヲ一常々祈誓被申或
時何トモ不レ知老僧一人来テ云生身ノ普賢ヲ拝シ度ク被ハレ思付テレ我ニイサヲリヤレト被申サテハトテ付レ跡行ニ大山ノ奥

連テ行キ十丈余リ有ルカ、タル岩尾ニヲイノボセ夫ヨリ下ヘ飛ヘト（42丁オ）
被ルレ、申彼法師申ス様ハ此岩尾ヨリ飛申ナラハ不レ可命云也彼老僧勧持品ニハ不惜身命ト説下フ汝チ身命ヲ不ンハレ捨生身普賢
菩薩ヲハ拝シ不可申ス一云時彼ノ法師ケモト得心閉レ眼ヲ捨身命ヲ一飛フ時蓮花開テ両足ヲ受留ム開テレ眼ヲ見下フヘハ（ママ）其処則浄土
ニシテ奉拝シ二生身普賢ヲ一被レ書候去程ニ世間ノ人ト成ル事モ一度捨身命ヲ一程ノ事無ンハ不ヌ成人一ニハ物ニヲリヤル真其如佛ニ成
ル事モ一度無ンハ二命ヲ捨程ノ事一不成佛ニハ候
一世尊自當知○遠離於塔寺事末世ノ悪人悪比丘我等カ様ナル者如来ノ一文一句ヲモ談義ヲ申ヲハ其トハ不知自ラ作テ二（42丁
ウ）
此ノ経典ヲ一誑惑シテ世間ノ人ニ一為ニ二名聞利養ヲ一説クト二外道ノ論義ヲ一悪口シ向テハ二一方ヘ一クチヒソミ或ハ引磨落シ高座ヲ一俟出寺ヲ一
遂誹謗ヲ一左様ノ悪キ事ヲモ重《ヲモン》スル二仏位ヒヲ一程ニ只堪忍申スルソト云所ヲ如レ是念フカ二仏ノ告勅ヲ一故ニ皆ナ當ニ忍フヘシ是ノ事ヲト一被レ説
テ候サテ左様ニ堪忍シテハ聚落城邑トテ人居数多有ル至テレ里有ラハ二求法ヲ一者仏御付属ノ此経ヲ可レ説云所ヲ諸ノ聚落城邑其求法
者我皆到其所説仏所嘱法ヲ耶サテ如何ナレハ左様ニ不レ顧《カヘリ》ミ二メリ打着ヲ一不スレ物トヤ二刀杖悪口ヲモ一弘ソト二此経ヲ一申ニ我レ是世尊ノ
使ナリト申ニ只タ指置テ二万事ヲ一（43丁オ）
其人ノ云付タル所用ヲタスカ本テ候譬ハ遠国波嶋ヘ主旦那ノ使ニ被テレ指無レ界カイ一道ヲ帰ル去[illegible]ルシテ如何様ニモ惣忩ナル路
次モ忍難キ悪所ヲモ所用ヲタスヲ使トハ申真如《マツ》レ其ノ佛ノ御使トシテ末世ニ弘通スル者難義ナル事ヲ能不堪忍セ一如来使テハ何ソ可レ
云耶
一使ト云ニ付テハ炎魔王三人ノ使ト云事ヲ恵心ノ三局記ニ被遊候昔シ有人死シテ至ル二炎魔王宮ニ一時キ炎王向テ罪人ニ一云ノ様ハ我婆
婆ヘ三人ノ使ヲ遣テ有汝ハ合タル歟罪人答テイヤ合申サヌト云フ炎魔重テ汝チ年寄タル物見テ有ル此時中々ト答フ夫コソ我カ

使也盛者必衰テ汝モ終ニハ年寄ルヘシ々々レハ色心労レ行歩叶ハネハ更ニ後生モ不シテ（43丁ウ）レ被願若キ時後生ヲ願トノ使ソトサテ病者ヲ見テ有ル歟中々ト答フ夫レモ我カ使ナリ生身ヲ以テ必ス煩フ今ハ頭痛背痛ノ苦ミコソヲ思後生ノ事ハ夢幻思《ウツヽ》ハヌ只無病息災ノ時後生ヲ願ヘト使ソトサテ死タル者ヲ見テ有ル歟又中々ト答フ夫モ我カ使ナリ生者必滅テ有ル生者ハ必ス死スル只タ存生ノ間善根ヲ作セトノ使テ有ル我此使一人ヲモ不背《ソムケ》恣ニ悪業ヲ作テ有リテ被レ二仰付一冥官冥王ニ々々々又馬頭牛頭阿防ラ刹ニ云續《ツケ》テ鉄杖鉄棒ノ嘖ヲ蒙リ無間地獄ヘ倒マニ落タリ被記テ候面々旁々モ此三人ノ使ヲハ日々ニ御覧スル程ニ炎魔王ノ三人ノ下使ヲ皆ナ御用不ハ成立符ト（44丁オ）云御制御大儀ヲ有ラウツル程ニ何ナリトモ只タ一人ノ使ヲ能クモテナシテ時々後生ヲモ御願有ランニハ炎魔王ノ使ニハ引替テ観音勢至ヲ先使トシテ忝モ弥陀如来廿五ノ菩薩ヲ引連テ来迎引接有ラハ無間地獄ヲハ見テ二余処一ニ極楽浄土ヘスル〳〵ト往生被成スル事ハ無疑

行運

一第五之下　涌出品尓時他方ヨリ○同時涌出マテ今御施主歴々ノ崛二請シ主翁一ヲ各々供二養セラル、衆僧一ヲ事ハ為二先師十三廻追福一ノ被レ擬レ之ヲ予年智共ニ若輩ナルニ今此ノ一座ノ解説ヲ御所望ハ中々覚外ノ至リ数ケ度雖二辞退一ス頻ニ御懇望絶テ不レ及レ辞ルニ解二キ御経ノ紐一ヲ（44丁ウ）

致二訓読一事云レ彼ト云レ此其ノ通不レ存テ候文選ニ猛《マウ》虎在二テ深山一ニ百獣震恐及（頭注「猛《マウ》《タケシ》震《シン》《ヲノヽク》」）在二檻穽《ランセイ》《シン》之中一ニ揺シレ尾ヲ求レ食ヲ被書テ候意ハ虎狼ト云者ハ有レ山則ンハ其威勢猛クシテ何レノ恐レ怖《ヲノヽク》ト云ヘトモ檻穽トテ人中ニ結レテ檻ヲ押シ籠ル則ハ日比ロ山ニテ猛キ心ハ一向ニ忘レ終テカヱツテ人ニヲソル、事テ候如其何事モ於二テカタハラ一ニ自リレ我劣レル人ノ中ニテハ雖レ無レ憚ル事只今歴々ノ人前ニテハ追ニ上セラレ高座一ニ候ヘハ兼テノ思惟工夫一円ニ忘終テ更ニ一言半句モ申述スル様《ヤウ》モヲリナヒ倩《ツラ〳〵》計ルニ施主ノ御意一ヲ追孝ノ御志シ深クシテ予ニ付テ加様ノ事ヲ御所望有リト覚テ候其故ハ多智廣学ノ御方ハ弁舌無窮ニシテ（45丁オ）法門ノ無ニク工夫一モスル〳〵ト遊シ何ノ苦労モ御座有間敷カナニカシハ一言半句ヲ申出モ遍身ニ流レ汗《アセ》ヲ九廻《クワイ》レ断腸也願ハ退テ積ニミ修学一ヲ蛍雪ノ窓ニ瀑レシ眼ヲ存ニル懇志一ヲ弥ヨ〳〵今日ノ追善トモ成スト云御意テモ有ラン又長者ノ万灯ヨリ貧女ノ一灯ト云事有カリツ候昔シ阿闍世王於ニテ王舎城一ニ燃ニテ万灯一ヲ被供養仏一ヲ時又一人ノ貧女切ニテ我髪一ヲ撚リカンサシ一ニ替レ油ニ燃レ灯供ニ養仏一ヲ申時キ大風吹テ大王ノ万灯ヲハ悉ク吹消スト云ヘトモ貧女ノ一灯不レ消弥ヨ光盛ナル時一會大衆不思義ニ思阿難尊者進出テ此事ヲ仏ニ向テ奉レ問時キ仏大王ノ万灯ノ功徳ハ如ニシ芥子一ノ貧女ノ一灯ハ（45丁ウ）如虚空一ノ被レ答テ候此ノ意ハ大王ノ御身トシテ万灯ハ志シ薄キ故ニ功徳少シサテ貧女ノ灯明ハ一灯ナレトモ髪ミ形トテ女房ノ厳リトモ云髪ニテアル誠ニ一筋ヲ千筋ニ分ケ度ク可レキニ思フ切レテ之ヲ替レ油燃ニ一灯一ヲ事モ功徳莫太也ト云意テ候如其浅智短才ノ某宣ル思ヒ懇志ノ深ク其縄酬ニヒ菩提一ニ今日ノ御本尊大日モ定テ可レ被レ感歟ト云御意モ有ランスル也殊更當忌ノ本尊ハ真言ノ教主大日如来テ御座志ス幽義ハ一期存生間密室ニ挑レケ灯立居起臥ニモ手ニ結レ印ヲ口ニ唱ニヘ明一密教懇志深ク御座ス故ニ為ニシテハ此追孝一ト或ハ三部灌頂ノ儀式歟或ハ両界曼供ノ法事歟如何様真言ニハ（46丁オ）過間敷候処ニ唯顕教ノ法ケノ談義ヲ御望ハ誠ニ推ルニ顕密雖異也一ト○ト云心テ如レ此弘式ヲ被レ勅候ケニモ手ニ結レ印ヲ口ニ唱ニル明一計ハ真言ニハヲリナイ挙手動足皆是密印舌想言語皆是真実ナレハ我等カ語嘿作々ノ當体法界ノ風聲水音ノ有様モ又只今調子打レ食取ニテ香炉一ヲ妙法蓮ケ経金ヲ鳴《ナラス》事唱ルモ皆ナ悉ク真言テ施主素意モ法門ナレハ座敷《外歟》以下ノ御[illegible]雨自ラ晴行スルテ候

一互テ二品々ニ一来意尺名入文判尺ノ三ノ法門カ候先ツ此品ノ来意ト申ハ安楽行已前ノ十四品ハ迹門此品以下ノ十四品ハ本門仍
迹本ト次第スル意ヲ以テ上品ニ次テ此品ヲ来ルヲ（46丁ウ）
来意トハ申テ候サテ尺名ハ尺迦如来寶塔品ノ終唱下フ二如来不久當入涅槃佛欲以此妙法ケ経及付属有在ト金口ノ梵音徹シ二
下方ノ空中ニ一故ニ諸菩薩達忽ニ驚テ二此告ニ一皆下フ二（ママ）此土ニ一三千大千世界ノ大地即破烈シテ自リ二菩薩四方一涌出スル故ニ従地涌出
品トハ申ス是ハ尺名ノ法門テ候サテ入文ノ事此品ハ本門序分大ニ分テ三ノ文段テ候自リ二品ノ初至マテハ汝等自當因是徳
聞ニ一本門ノ序分サテ尓時仏告弥勒菩薩ト云ヨリ下ハ本門ノ略説開近顕遠テ候今日奉レ讀所ノハ初ノ文段ニ二初ニハ涌出ノ二
疑問初ノ涌出又三初ニ他方菩薩請弘経ヲ一二ニハ如来不レ許三ニハ下方涌出候凡ツ此品ノ大意ハ迹門三段ノ（47丁オ）
説既ニ畢テ一部ノ大衆欲ルニ二翻レ庄《座歟》過八恒河沙ノ菩薩聞テ二弘経ノ福多ヲ一進テ二仏前ニ一若聴我等於佛滅後在此（ママ）娑世界勤加精
進護持読誦書寫供養是経典者當於此土而廣説法ト望ミ答シニ仏止善男子不須汝等〓カミ下フ今此ノ娑婆世界ハ善根ヲ
成者ハ少ク悪業ヲ作ル者ハ多キ故ニ大慈悲ノ室ニ住シテ末世ニ此法ケ経ヲ弘ント云フハ尤モ御納得可キニレ有如何ナレハ上ノ持品ノ時
ハ勧メテサヘ二八十万億ノ菩薩ヲ一令下フテ二發誓弘経ニ一今至テ二此品ニ一止テ二過八恒河沙ノ菩薩ノ弘通ヲ一為ナセトハ二本国利益ヲ一言ソヤサコソ
ハ彼ノ他方来菩薩モ無本意被ケルレ思ハレ本地ノ弟子ノ涌出ハ去ル事ナレトモ自界他方入混シテ今此ノ法ケ経ヲ（47丁ウ）
末世ニ弘通シ玉フトモ何カハ可カルレ苦只仏ニ有テ二偏頗ノ意一無キ二平等ノ意様テ候一ハ尤モ不審ナル事テ候ヲ高祖天台仏ノ
押ヘテ二他方来ノ菩薩ノ弘経ヲ一被レ召シ二寄本地弟子チヲ一付テ各三ノ義ヲ以テ不審ヲ晴下フ先ツ他方ノ三義ト云ハ一ニハ若従廢彼利益
トテ留テ二此ノ土ニ一弘経セハ可シトレ廢ツ二本国ノ利益ヲ一云意テ候譬ハ輝虎ホトノ弓取ハ無ケレトモ出テ二他国ニ一取レハ二弓矢ヲ一有テ二傍ニ敵
軍又本国ヲ伐ツ故ニ他国ノ張陣得ナラヌ事テ候去レハ軍書ニモ不可張陣ス一不レ過二十月ヲ一書クモ此意テ候如其ノ他方来ノ菩薩
留テ二此土ニ一弘経利益セハ我国ノ衆生ハ従冥入於冥シテ煩悩ノ敵軍可キ二蜂起ス一故ニ帰テ我カ（48丁オ）

国ノ為ト二利益ク一止メ玉フ事テ候　二結縁自《白》浅必無巨益トテ今ノ此ノ娑婆ノ衆生ハ難レテ度如何ニ菩薩ノ御慈悲アレトモ縁浅
キ者ヲ救ヒ下フ事ハ無イレ之何事モ皆自レ縁起ルサ候間面々旁々ニ向尺迦ニ一南無○逢ハ二ミタニ一南無○云々向薬師一南無薬師
ト合掌ヲ一後生一大事ト唱ル之其ノ供養成ヘシ二菩薩ノ縁ト一サレハ一樹ノ陰ニヤトリキ一河ノ流ヲ汲モ多生廣劫ノ善縁ナレハ一村
雨ノ過ル時キ一木ノ陰ニ立寄ルモ多生縁ニモ炎天ノ夏ノ日温ル時キ一河ノ流ヲ呑ム事モ廣劫ノ縁テ候水モ木モ幾千万アレトモ其
ノ木ニ宿リ其ノ流ヲ望ムハヱニシアル事テ候況ヤ成リレ親ト成レ子ト弟子トナリ師匠ト成ルモ不二一世一ナラ（48丁ウ）
カヽル則ンハ現世ノ父母師匠ニハ成二孝行ヲ一過去ノ師範ニハ今日ノ如二施主ノ一分々ニ成シ二追孝ヲ一給スルカ肝要テ候付テハ二此孝行ニ一
世間ノ孝行出世孝行トテ二ツ候世ノ孝行ト申ハ父母ニ孝行ヲ成ス事テ候仍親子ノ因縁不浅父母ノ孝行モ現當共助タリト云
長々シキ物申候昔シ万済国ニ香君将軍ノ内ニ陳度孝ト云ツ《へ》シ披官アル彼ノ度孝従リ二先祖一傳ヘテ三尊ノ弥陀ノ一寸五分ノ
金像ヲ奉レ傳或ル時キ霜月ノ比成リケルニ自二将軍一可レ責ムトテ二他国ヲ一々土ノ勢ヲ被レ召五十万騎ニテ度孝有ル二大将トステニ一為レ
向ントニ爰ニ度孝ハ八旬ノ父七旬ノ母ヲ持ツ親孝行ノ者ナレハ宿所ニ不レ帰入テ二父母ノ（49丁オ）
楼ニ一カクト告ル父聞此由ヲ一度孝カ袂ニ取付キ上レテ聲ヲ悲ミ更ニ無レ許事又母ハ度孝カ引レテ袖ヲ我レヲハ誰ニ預テ可ニトテ捨行ク一仰
天伏レ地ニ泣事不レ斜ナラ八旬ノ父ハ起上テ語様ハ孝カ身ノ持テ二汝一人ヲ一頼心何事トカ思多《アマタ》有ル親子ノ契リハ不レ浅況ヤ汝一人
也胎内ニ有シ時ハ疾シテ成ン二事ヲ人ニ一願ヒ生レテ後ハ又タ生重ン事ヲ祈リ養育シテ今為ニ君ノ有思事ヲ見テ我年ノ老衰ル事ヲ忘後ノ
世ヲ頼度ヲコソ思ツルニ出二他国ノ軍ニ一我ヲハ成ント二何ニ一捨出ルソヤ汝チ心ヲ静メテ我カ云事ヲ聞ケ君ハ召シテ二千万騎ノ武士ヲ一
静メ国ノ乱ヲ二玉ハンニ汝一人無クトモ（49丁ウ）
更ニ御事ノ不レ可レ欠我等ハ頼テ二汝一人ヲ一誰ヲカ可キレ頼君ト与レ親恩ヲ比レハ君既ニ雖雖《（ママ）》勝タリト我カ心ハ不レ然其故ハ蒙テ二父
母ノ恩ヲ一不ンハ二人成ナラ一何者カ来テ能ク仕ンレ君ニ思ハヽ此ノ道理ヲ一深ク可レ信二我言ヲ一云ケレハ度孝聞之ヲ所詮サラハ奉レ捨レ

君出二テ此国一ヲ急キ往テ他国一ニ父母ノ一生ヲ可二ト見給一フ思ヒ帰二リ我家一ニ三人ノ子ヲ引連テ語二ヒ我妻一ヲ父ヲハ先ニ立テ母ヲハ取テレ手ヲ
霜月ノ寒ノハケシサニナラハヌ歩ニテ深雪ヲカキ分ケ我栖ミ馴シ国ヲ出知ラヌ他国ヘ趣キ払雪ヲ行ク程ニ老者ノ事ナレハツカレ
臥シテ各先ヘモ不レ進マ又三人ノ子共ヲト、《アニ歟》ハ十才弟ハ八才六才何レモ幼更難レトモ（50丁オ）
レ捨只一筋ニ思切テ嶮キ山ニ三人ノ子ヲ振捨テ度孝ハ父ノ手ヲ取懸レ肩《カタ》ニ雪ヲ踏分ケテ先ニ歩ミ妻ハ三人ノ子共ハ片時モ難レトモ
レ放夫言ヲ怖レケレハ姑《シウト》ノ左右ノ手ヲ懸《フ》レ肩ニ路ヲ男ニ不レ劣歩ミケル心ノ中チ被推量一哀ナル事テ候カク程フル間漸ク他国
ヘ分ケ来テ人ノ家ヲ借リ父母ニ食ヲ与ヘ暫ク休息シテサテ度孝カ妻ノ思様ハ父母孝行ノ志シ深クシテ難レ捨子共ヲハケシキ道ニ振
捨テケル事ヲ夫婦二人ハ並レテ枕ヲ年寄ノ親ニ知レント忍ヒ〳〵ニ悲ミ伏ス去程ニ被レシ捨子共ハ路ニテ雪ハ深シ父ヨ母ヨ祖父ヨト呼ハリ
ツ、暫ク待之追付申サントテ三人ノ子共ハ手ト々ヲ取リ一レニシテ力ヲ歩ミケレトモ雪ハハケシ幼ナケレハ行クモ（50丁ウ）
不レ行三人ノ子共皃ヲ捉合テ泣キ居タリ然ル処ニ無レク従レリ何ク御僧三人来テ立寄リ玉フ見レハ御身ハ金色ニシテ雪ニ輝キ厳ノ貴キ御
形ナルカ御聲ヲ出シテ諸佛念衆生々々不念仏父母常念子々不念父母被レタルニ説汝カ親ハ子共ヲ忘レテ思父母一ヲ志シ切ナル故
ニ助二ク汝等一ヲ早ク面々可レト負レ各三人ノ少キ者共ヲ三人ノ僧達負玉フ夢ノ心地シテ奉レ被レ負如レク飛カ彼ノ親ノ旅宿ヘ引付門外
ニ立テ此内ニ汝カ父母ハ留マレリ急キ立入テ可レシト見云下フサテ御僧ハ何クヘ渡セ玉フト申ケレハ汝等カ身ヲ不レト離レ云テ失給フ
カクテ三人ノ子共不レルニ思ハ父母ノ宿ヘ入ケレハ父母モ夢トモウツ、トモ不レ覚懐キ取リ如何ニシテ是マテ此ノ雪ヲ凌キ来ケルソ
ト尋レハ誠ニ（51丁オ）
厳キ皃ニテ三人ノ御僧ノ吾等ヲハ負テ来リ給ト申余リニ不思義ニ思其ノ御僧達ハ何方ヘ行キ玉ヒケルソト問ケレハ我カ身ヲ不レト
離云ヒ失給フトサテハ我カ先祖傳テ一寸五分ノ金像守仏ノ三尊ノ弥陀ヲ持チ奉ルカ思二我カ子一ヲ故ニ各ノ一体ツ、膚ノ守ニ懸
サセテアリケル此仏ニテヤ御座トテ子共ノ懸タル守ヲ開テ見レハ如レク安ノ仏ノ笠ニ雪コソ付ニケレ無レ疑此ノ三尊負セ玉ヒケ

ルソトテ泪モ更ニカキアヘヌ是モ親孝行故子共マテ引助玉フ親子縁不レハ浅何モ皆孝行ノ道カ肝要也サテ出世ノ孝行

ト申ハ剃リ髪ヲ染衣ヲ仏道修行ヲ成シ初修《シュウ》此佛菩薩結縁○云々故ニ師匠ノ成シ追孝ヲ具ルヲ仏ノ恩徳ヲ申ス有経云　一日ニ

三度捨ルトモ恒沙ノ身ヲ（51丁ウ）

不能報ル事一句ノ恩ヲ矣三ニ又若許之不得召下トテ他方来ノ菩薩ニ此土ノ弘経ヲ許サハ我本教化セン本化ノ弟子難召出シ云

事テ候サテ下方ノ三義ト申ハ一ヲハ是我弟應具我弘人本化弟子弘我法トテ我弟子能ク我法ヲ可ト弘云事二ニハ以縁深廣

能遍此土トテ此菩薩ハ此土ニ有縁故ニト候三ニハ又得開近顕遠是故止彼召此太タ有ル深意ニ當テ此時ニ一大三千界如ク爪ノ

裂《サクル》破地涌ノ菩薩達如雲ノ涌カ来リ玉フ或ハ率ルモアリ六万五万眷属ヲ連タルモアリ一千一百ノ弟子ヲ或ハ師弟各一人或ハ

単己ニシテ無キモアリ眷属ノ見レハ其皃ニ眉ニハ垂レ八字ノ霜ヲ額ニハ畳《タヽミ》四海ノ波ヲ腰ニ張リ梓ノ弓ヲ身体金色ニシテ（52丁オ）

具シ卅二相ヲ尊特巍々トシテ備八十種好ヲ四十一地ノ雲高ク晴レ三五夜中ノ月纔ニ隔テ見テ候去程ニ一生甫処ノ弥勒ハ挙ケ

不識一人ノ疑ヲ作ス願説其因縁情ヲ其時ニ如来出シテ大梵迦凌ノ御聲ヲ我於伽耶城菩提樹下座得成正覚尓乃教化之乃

至我従久遠来教化是等衆ト答シ下フ付之猶々三六菩薩ノ疑ハ増シ更ニ不審ハ晴ヌテ候其故ハ尺迦如来ハ今日浄飯王ヲ

為父摩耶婦人ヲ為母ト悉達太子ト申セシカハ倩ラ世間ノ有為無常ノ理ヲ観シテ親ク出テ候尺氏ノ宮ニ唱ヘテ正覚ヲ菩提樹

下ニ以来纔五十余年只如昨日今日ノテ候如何トシテ此ノ少時ノ間ニ此等ノ衆ヲ教化シ下フヘキソ殊ニ（52丁ウ）

此等ノ菩薩ハ形ヲ見レハ頭頂キ霜ヲ齢已ニ闌テサテ苔ムシタル有様驚ク計ニテアルサテ尺迦如来ノ御相好ヲ見レハ丹花ノ唇

美ク青連ノ目リ潤ヒ緑ノ眉墨ハ不異柳楊ニ白キ膚只同ヒ水晶ニサテ此ノ御齢ニテ白髪シタル菩薩達ヲ我カ弟子也トノ玉フニ

三六ヲ為始ト一會ノ大衆誰モ承引申サヌ説テハサテ譬ハ廿四五ノ者指シテ百才計ノ翁ヲ是コソ我子也ト云ヘトモ誰カ誠

敷フ思ヒ候スル耶如真ッ其ノテ候雖然如来ハ早ク服スト種智還年ノ薬ヲ申シテ仏ハ嘗テ不老ノ甘呂ヲ老レトモ如少キカサテ菩

薩ハ久ク受クト二常住不死ノ方ヲ一申シテ弟子ハ呑テ二不死ノ良薬ヲ一少レトモ如レ老タルカ高祖天台モ指南（53丁オ）

シ下フテ候今日ノ追孝ノ師範ハ早世ナリトイヘトモ御施主ハ受テ二不死ノ方ヲ一百二十年ノ齢ヲ持チ猶師匠ノ卅三年ノ追孝ヲ成

候是ハ全体齢少キ尺迦如来ノ年闌タル御弟子ノ受ケ二サセ供養ヲ一給フニ同事テ候仍末世ノ弘経ヲハ此ノ御弟子達ニ勅シテ尺迦如

来ハ鶴林三五ノ夕栴檀ノ煙リト成リ玉フハ大聖文殊ハ智光ヲ陰シ金色ノ雲ニ一観音サタハ還リ二安養ノ連臺（ママ）ニ一甫処ノ三六ハ趣二都

率宮ニ一十種ノ願王ハ帰リ二浄《妙》名国土ニ一加レ之摩訶迦葉ハ住シ二鶏足洞ニ一阿難尊者ハ沈ミ二恒沙ノ浪ニ一悲哉末世ノ衆生二仏ノ中間ニ

生シ頼少キ処ニ大恩教主尺迦如来深ク愍ミ之遠鑒ミテレ之召ニ出シテ本地《化》ノ大士ヲ一付二属シ（53丁ウ）

此経ヲ一云フ弘経ノ旨ヲ一値テ二末代我等衆生ノ為也如何様ノ御恩ヲ忘レテ我モ人モ仏道修行ヲモ不成日夜ヲ徒ラニ明シ徒ニ暮シ《ス》事

以ノ外ノ僻事候付レ之新訳ノ阿厳経ニ佛在シ二舎ヱ国ニ一時キ一人ノハラ門来テ二仏前ニ一奉問仏ニ一申様ハ未来ニ仏出下フ耶佛中々ト

答フハラ門思様ハサテハ逢未来ノ佛ニ一可成仏スト其間楽々ト悪行ヲモナサハヤト思ヒシカ又タ重テ奉問《トヒ》様ハ過去ニモ仏出玉

ヒケル歟仏中々ト答下フ其時彼ハラ門思様過去ノ仏ニモ不ハ二逢奉一コソ今ニ迷《マヨイ》ノ衆生ナレハ縦ヒ未来ニ仏出下フトモ此心ナラ

ハ永代仏ニ不レ成トテ即剃髪染衣精進修行シテ得タリ二ラ漢ヲ一テ候何ナルハラ門ナレハ以過去ヲ一悟リ二（54丁オ）

ケルヤ未来ヲ一何ナル我等衆生ナレハ入テ二寶ノ山ニ一空クシテレ手《テ》ヲ争カ又三途八難ノ貧里ヲ帰ランヤト各々被思召今此ノ尺迦如来ノ

御恩徳難レ有リ染心符ニ一稱一念シテ自他法界ノ廻向肝要也　一是諸菩薩ノ身皆金色委ク卅二相ノ義ハ無量ノ中事取ルニレ

要ヲ諸相ノ功徳ハ不及白毫ニ一々々ノ功徳ハ不及肉髪ニ一々々ト云カ有頂上ニ一卅二相ノ中ニ尤モ勝タル事テ候此ノ肉髪ノ相ハ依テ二

如何様因ニ一得ソト申ニ従孝順師長起トテ現世ノ師匠順レ心ニ過去ノ師匠ニハ為《ナ》スニ追孝ヲ一依ルト此功徳ニ一見テ候今日ノ施主ハ従先

師追孝ノ因ニ一諸相ニ勝タル可キ三得肉髪ノ相ヲ一故ニ月々ノ諸相備テ未来ニハ八相成道シ家族（54丁ウ）

者引助下ハラスルハ難有事　一光明ハ依ルトレ因ニ申ニ佛菩薩ニ灯明ヲ捧ル功徳ニ依ルト見ヘテ候如云去程ニ施物ノ不レ依ラ二

多少ニハ仏ニ志ノ切ナル云々ヲ取来《本ノマヽ》セ故ニ絶テ今日ノ施主ノ如衆僧ヲ不トモ被供養セ一房ノ花ノ一撚ノ香ヲモ奉リ佛ニ後生一大事ト御祈肝要也所詮地涌ノ四導師ト云ヘルモ遠ク非可述ム我等カ地水火風ノ四大テ候此心ニ能被成納得今日ノ尊霊モ忽ニ至リ仏果菩提ニ縁聞ノ旁々モ即身成佛疑ハ有間敷候父少而子老事　権僧正永縁詠タラチネハ色髪ナカラ如何ナレハ子ハ眉白キ人トナルラン萌出ル墅邊ハサナカラ緑リニテソノユカリトモシラヌ若草　親王家小（55丁オ）イカニシ初音ハ若鶯ノ深キ墅山ノ春ヲ告クラン

定家

第六　勧發品　雄海法印御作

此品ハ是法ケ廿八品ノ終リノ品タル勧發品也品々ニ互テ来意尺名入文ノ三ノ心有之テ候来意ト云ハ上ノ厳王品ノ次ニ此勧發品ヲ置タル子細ヲ申カ来意ノ義也本迹二段ノ説法序ト正三段ハ上ノ厳王品ニ事畢ルテ候去程ニ他方ノ聴聞衆モ八ケ年ノ星霜ノ早ク過クル事ヲ恨ミ五十年ノ春秋既ニ暮ル、事ヲ歎クテ候世間ノ花ヲ見月ヲ見ル交會ニサヱ日数ヲ経テ馴レヌルハ名残リヲ惜ム歌ヲヨミ詩ヲ造リ残少ノ朝ヲカナシムテ候況ヤ此ノ法ケ経ト（55丁ウ）云ハ衆生成佛ノ直道ニシテ真実カ中ノ真実ナル故ニカリソメモ此座ニ望ム者ノ名残ヲ不思ハ者有間布候大僧正慈鎮ノ御歌ニハナレ〳〵テ泪ノ雨ヤクモルラン帰ルトモナキ鷲ノ深山路ト遊サレタリ去レハ都ニ五条ノ方タ原ニ俗方ノ有リケルカ両人ナカラ才年少時分カラ懇比シテ月見ノ縁ニモ少モ不離同心シテ歌ヲヨム詩ヲ造リヲキルニモフスニモ同心有リツルカ一人カ病シテムナシク成リタリナク〳〵トリ邊墅ヘ引出シテ捨ニケリ此ノ世ニノコリタル一人カハカヘ参ナク〳〵年月ヲチキリシ中モ今ハハヤソノハテ〳〵ノサソナクルシモトヨミテサマ〳〵クトキ事ヲシテ帰リケレハ其夜ノ夢ニ娑婆ニ有

リシ時ノ如クニテ枕上ニ立チ寄テ（56丁オ）
年月ノソノ言葉ヲ忘スハ我ト同ク手（ママ）ノ山コヘトヨムト夢ニ見ケレハ覚タリケリ残リタル一人モ聽而病シテ死シタリト云世間ノ
月花ニ見詩歌ニタワフレタサヘ其ノ名残ヲ惜ム二世迄ノチキリヲ成シタリ況ヤ此ノ法ケ経ト申ハ三説超過ノ経王衆生成
佛ノ直道ニシテ千年万年ヲ経ルトモ聞アク期不可有佛法ノ座□（虫）〳〵ニ成ルヲ名残ヲ思フ事ト道理ト可思召也各々座ヲ立
思惟シ下フ時キ普賢大士自リ二東方寶威徳王佛ノ国来詣シテ霊山ニ再ヒ催シ二演説ヲ一下フテ談《イ》ル二四要一ニ故ニ霊山會上ノ衆何モ
歓喜スル也去程ニ如来モ普賢菩薩ノ東方ノ遙々路次ヲ被越佛法ノ志ヲ不便ト思召《メ》ス故ニ重テ此法ケ（56丁ウ）
経ヲ略《リヤク》説シ下フ故ニ上品ノ次ニ此品ヲ置ク也次ニ題号ノ事ハ妙法蓮ケ経ノ五字ハ如レク常普賢菩薩勧發ノ事普賢ヲハ梵語ニハ那
喩跋陀トモ又ハ三曼跋陀トモ云テ候此ニハ普賢ト号ル事テ候是ヲ大論観経ニハ遍吉ト名クル遍吉ノ二字ヲハアマネクヨシト讀是
即一切衆生ニモ向テ偏頗無ク慈悲ヲ蒙ル故ニ遍吉ト名ルテ候去レハ普賢菩薩ニ不レ限何ノ平等慈悲ヲ施ヲ菩薩ノ役スルテ候去レ
ハ親中怨ノ三ニ平等ニ利益スルテ候此ノ親中怨ニ各々三ツ分ツテ候親ト云ハシタシキ者ニ上中下カ有ルテ候親キノ上ハ父母テ候
親キ中ハ兄弟親キ下ハ遠親類テ候サテ怨ト云ハアタトヨムテ候親ノカタキカ上ノ怨テ候兄弟ノカタ（57丁オ）
キカ中怨テ候親類ノカタキカ下怨テ候中ト云ハシタシキニモ無ク敵ニモ非ル者有レ之也是ヲ中ト云テ候菩薩ト云ハカタキニモ
シカ（ママ）タシキニモ平等ニ慈悲ヲ施スヲ菩薩ノ行ト云テ候普賢如レ此ノ平等ナル故ニ遍吉ト云也サレハ菩薩ト云ハ人ニ者ヲ（ママ）ヲシマ
ヌカ菩薩ノ行テ候身子尊者菩薩ノ行ヲ立ル時キ乞《コツ》眼ハラ門ト云徒ラ者カ来リ汝ハ菩薩ノ行ヲスル耶ト問時身子尊者尤ト答
タリ菩薩ト云ハ人ニ物ヲヲシマヌ物也トテ菩薩ノ眼ヲ乞也身子尊者モイヤトハ存候ヘトモ菩薩ノ行ト答シタル故ニ眼ヲヌ
イテ出シケレハハラ門受ケトリフミツフシ捨テケリ其ノ時身子ハ菩薩ノ行ハ大切ノ者也トテ菩薩ノ行ヲ捨テ二乗ノ道ニ趣
ク也サレトモ此普賢ハ退ク（57丁ウ）

ツナク菩薩ノ行ヲ賢ク行ル故ニ普賢ト号シ遍吉ト名ルテ候サレハ悲花経ニハ我ト誓テ曰ク於テ二穢悪ノ世界一行シテ二菩薩ノ道ヲ一當ニシト諸菩薩ニ勝ルレ誓フ一故ニ寶蔵佛ノ云ク以テ二是ノ因縁ヲ一名テ汝ヲ曰ント二普賢ト一宣ルテ候サレハ此ノ十種ノ願力ノ中ニ恒順衆生ノ願カ有之テ候此ノ法ケ経ヲ信シ聴聞シ又タ修行ン者ヲハ願ノ如レ随カレ形常ニ衆生ヲ可レ利ト誓□下テ候サテハ方々モ此座ヘ来リ法ケノ説談ヲ聴聞マシマス故ニ普賢ノ常ニ守護可レ有ル故ニ今日ヨリ現世ニハ壽命長遠ニシテ福楽百年ノ栄花ヲ送リ後生テハ方々ノ望ノ浄土ヘ往ン事無疑サテ勧發ノ二字ヲハス、メヲコストヨム也去レハ勧發ト者観法ノ言也ト尺シテ（58丁オ）

此ノ法ケ経ヲハ説キ畢リ玉ヘト云ヘトモフゲン菩薩ノ遠路遙《ハル》々来リ下フ事ハ此ノ法ケ経ヲ聴聞ンカ為也故ニ重テ御説有ント仏ケ勧發被レ申言也　サレハ東方寶威徳浄王佛ノ国ヨリハル〲サヘ来リ此ノ法ケ経ヲ聴聞シ下フ況ヤ方々遠シト云ヘトモ二里三里ノ間ヲサヘ隙入ナト、云テ説法聴聞ナキ故ニ幾度モ三途ヲ家トシ地獄ヲスミカ、可レ被レ召也ナンハ大唐ニ兄弟両人有ルカ兄ハ無力只タ事不成也弟ハ夜ヲヒルニシヒルヲ夜ニシテ桛ク故ニ有徳也ケルニ兄弟ノ居タル近所ニ説談有リケルニ兄ノ申事ハ現世ハ此分ニ無力シタル故ニ改テ後生ヲ願ントテ行ケルカ弟ノ所ヘヨリ如レ此説法聴聞ニ被

（58丁ウ）

越候同心候ヘト申ケレハ弟申事ハ兄ノ無力モ道理ナリ今日ハ説法聴聞〲トテ日々ニカウソ御座候間無力道理也吾々ハ田地ニ隙無トテ同心セサル也兄ニ説法聴聞ントテ云者ヲ不便ト普賢モ思召ヤラン説法ヨリ帰リニ草深キ中ニテコロヒケレハ大キナル石ヲ見付タリ所々光ル故ニ我カ宿ヘ帰リ人ニミセケレハ是ハ金ノマロカシナレト申ケレハ喜ヒテウル程ニ大福長者ト成也其ノ弟ハ又タ男ハ田ヘ行キ女ハハタヘナツミニ行キタル間ニ雷カ落テ家中ヲ悉ク焼キ拂フ悉ク無力スル故ニ後ニハ来テ兄ノ家ニ居テ下人ト成リ朝夕ヲ送ルト申シ傳候其ノ比ノ人ノ申ニモ兄ハ天當ニ任テ信心ナリケル間末ハ繁昌アリ舎弟ハ餘リ世俗ニフ

（59丁オ）

（ママ）フケリ無信心ル故ニ如此成リケリト皆々比判申候方々モ餘リ世俗ニフケラスシテ可有様ニ振舞後生ヲ御願ヒ有ルカ肝要也去レハ後生トハ後ニ生ル、ト書タリ真実ノ佛道者ハ後ト云ハナニノノチノ生ヲ願フ故ニト云テキラワレ候方々ハ後生カ堪用也譬ハ今世ニ善根ヲ成シヌレハ来世ニ無相ノ善根ナレハ佛ニナリ有相ノ善根ナレハ貴キ人高人ニ成ル也サテ〳〵人ヲコロシ悪逆ヲ成タル者未来ニ乞食非人ナトニ生ル、也去程ニ方々ノ何ニ御栫有テモ疲労被成ヘキハ過去ニサシタル善根ナキ故也攻テ未来ノ生ニ非人乞食ト不成様ニ今世ヲ被ル、祈肝要也サレハ武蔵ニア（59丁ウ）

タチノ郷ニ有徳ノ者カ有リツル四十ニ成ルマテ子ヲ不持也故ニ近ク観音ノ御座スニ子ヲ祈ル所ニ観音ノ夢ニ告玉フ也汝チ過去テ堂塔ヲ立タル功徳ニヨリ福者トハ成ル也去レトモ慳貪放逸シテ人ニ慇比スレハ御茶モ入ル又タ無用ノ事ヲ隙ヲ取ルト云テ慇比セサル也今ニ子共ナトニ生ル、ハ過去ニ慇比シタル者カ子ニ生スル也汝ハ過去ニ慇比シタル者無キ故ニ可キ受ク無ト子告玉フ時此如申様ニ可キ受子無シトモ観音ノ誓ニテ授玉ヘト祈ル時キ観音ノ夢想ニ爰ニ悪人アリケルカ死タリ此ノ魂カ中有ニウカレテ父母ナシ其ノ故ハ父母ト成ルモ過去ノ慇比ノ者カ成ル也汝ノ子ニ生レン者ハ人ヲ殺ス事千人魚鳥ヲ（60丁オ）

殺ス事無済限人毎ニ被悪マ故ニ父母ニ成ン者無クシテウカレアリク也汝ニモ縁ハ無ケレトモ餘リニ祈ル故ニ授ケントテ示現アル故ニ尤ト申ト夢覚テ奇特ニ思テ罷下リケレハ聽而ハラミ九月有テ生レタリケレハ目モ鼻モ無ク六根不具ナル者ヲウミケリ是ヲ見テ観音ヲ恨ミ申聽而又タ参籠シテ観音ニ祈念申様ハ適々子ヲ授ケ玉フトテ如此ノ子ヲ授ケ玉フ事中々ウラメシキ事ト云夜ノ夢ニ観音ノ枕上ニ立寄リ性徳汝ニ子縁ナシ去トモ餘リ祈ル故ニ汝ニ子ヲ授ル也此ノ子ハ過去ニ人ヲ殺ス事千人アマリ魚鳥ヲ殺ス事無限リ此ノ報クイニ依リ此子ハ何ク度生ル、共六根不具ナルヘシト告玉フ也女房モナク（60丁ウ）

〳〵下向セリ申傳候今世ニ乞食カタイニ生レ六根不具ニ生ル、ハ皆ナ過去ニ様々ノ盗賊ク成シ人ヲ殺シ魚鳥ヲ殺生スル者カ今世ニ如此生ル也セミ丸ハ延喜ノ帝位ノ御子ニ生レ下フハ十善ノ果法ニヨルト云ヘトモ物ノ薬リニセントテ犬ノ眼ヲヌキ玉フ

故ニ今世ニ盲目ニ生レ玉フ今ノ座頭ノ源也如レ此今世ノ事ハ皆過去ノ修因ニヨル事也

一入文ノ事此品ハ大ニ分テ四文段アリ一ニハ發来二ニハ勧發三ニハ述發四ニハ得益也初ノ發来ノ下ニ三ツアリ一ニハ上供二ニハ下地三修也上供ト者普賢ト同心ノ諸菩薩ハ皆深位ノ大士也尓時普賢菩薩ヨリ上供也ケニモ今時分ノ侍モ陣ヘ立チ或ハ物詣社参ナ（61丁オ）

トスルニ我レニ不レ劣ラ老人同心ヲ同道スレハ往来ノ者カ見テ其ノ屋裏ヲラクラク存ル也出家ナトモ其分也堂塔供養佛事作善ニ仰候砌リ我レト同事ノ人ヲ同宿ニモ同道ニモ列レハ人モ主人モ尚々高位ニ存ル普賢モ其分也如レ此ノ普賢菩薩ノ東方ヨリ遙ノ路次ヲ来リ尺尊ニ法ケノ講説ヲ勧發シ下フ事モ末代ノ衆生ヲ不便ト思召ス慈悲カラ起ル事也如レ此諸仏諸菩薩ハ衆生ヲ不便シ下フトモ衆生ハ諸仏菩薩ヲ不レ忌也去レハ諸佛念衆生々々不念仏父母常念子々々不念父母ト説キ去レハ天竺ニハラ門ト云者カ千人キリヲ始メタリ無程モナク九百九十九人キリテ一人不足トテ（61丁ウ）

亀ヲ引出シテ切テ千人ニタサントスルニハラ門カ母ノ申ス事ハ亀ハ千年ヲ経ル者ナルヲ殺ン事不便也亀ヲハタスケ我ヲ代官ニ殺セト云サテハトテハラ門刀ヲ以テ母ニ向フニ天當モハラ門ヲ悪ク思召ケン大地カ四ニ破レテハラ門ヲ地獄ヘ引キ入ル、ニ我々ヲ殺サントスル子ナレトモ母習ハハラ門ヲ不便ニ存シテタフサヲ取リ引キ上ケントスルニハラ門ハ悪業ニ被レ引地獄ヘ引入□母ハタフサヲ引クニ両ヘ引ク勢テ母ハタフサ計ヲ引キリテ持チ歎キケルカウサノ餘リニ虚空ヘタフサヲ投タリケレハ今筑紫ニタフサ山ト云是也此ノ事ヲ有人ノ歌ニ母ニウキ人ノ心ニ哀ミモハテハタフサノ山トコソナレト読ミ玉フ也去レハ孝子経ニハ五刑ヲ挙ケタリ墨（62丁オ）

劓キ刵ヒ宮《キウ》大辟ヘキ也墨ト云ハ罪過者ヲハ額ヲキサミスミヲツクルナリ劓キトハ其ノハタヱヲキル也刵ヒ云ハ其ノ足ヲキル也宮辟トハヘノコヲキル也大辟ハ死刑也是ハ失ノ軽重ニヨリ如レ此也而シテ辜《ツミ》莫レ大《ヲ、イ》ナル二於不孝一ヨリ云テ如レ此ノ過

罪ハ多トモ不孝ノ罪ヨリ軽シトアリ

二日

一發来ノ下下地ヲ云ハ所持ノ眷属天龍八部等皆ナ普賢ニ同ク四徳ハラ密ヲ具足シテ各現威徳大士也サテ二ニ勧發ノ下ニ請問《モン》誓願ノ二ツ有之テ候請問知發ト云ハ普賢菩薩世尊ニ対シテ奉問向我等事ハ東方ニ有リナカラ霊山ノ法ケヲ聴聞申候（62丁ウ）

又東方ノ本佛ノ説法ヲモ聴聞候間自分ニハ不足候ハス候ヘトモ只今是ヘ参ル事ハ別子細ニ候ハス如来滅後ノ衆生ハ如何ノ修行ヲ申候テ此ノ法ケ経ヲ悟申候ヘキヤト此義ヲ奉ン問タメニ参候ト被申也如来ノ是ヲ答ルニ惣別ノ二ノ答有ルテ候惣答ト申ハ滅後ノ衆ハ四法ヲ成就セハ此ノ法ケ経ノ悟リヲ可得答下フ也サテ第二ノ別答ハ四法ノ各ニ出シ玉フテ候一ニハ諸佛護念テ候諸佛ニ常ニ被守護事有ラハ此法ケ経ノサトリヲ可成就宣下フテ候如何様ノ心持テ諸佛ハ衆生守ゴシ玉フヘキソト申候ニ只タ慈悲ノ心有レハ諸佛ノ常ニ守コシ下フ也無慈悲ノ者諸佛悪ミ下フ也サレハ熱田ニ参籠シ奉リ有ル者カ福者ニシテタ（63丁オ）

ヘト祈ル明神有ル夜ノ夢ニ汝ニ如意珠ヲ授ケント被仰仍テ帋ニ物ヲツ、ミタルヲ被下也夢ノ喜ク思テ帋ニツ、ミタル物ヲ懐ニ納タルト思ヘハ目カ覚ケルニ如夢ノ枕ノ上ニ帋ニツ、ミタル物有レハ如意珠ト思ヒタリケレハ慈悲ト云二字アリケリ其時ハ無曲ク思ツレトモ能々思案スレハ神明ノ御内證モ慈悲カ即チ如意珠ト思召シテ如此ソト思下向シケルニ有ル夜中ニ俗人カトビヲトヲイテセチカイケルヲトヲリケルカ思付ル様ハ夕ヘ神明ノ慈悲ノ二字被下爰現也ト得テ意此ノ鳥ヲ十文カラ廿迄ウラサル故ニ百文ニ賣テハナシケルニ其ノ晩ニ若キ山伏カ値テ已前ハ其方様ノ徳クニテ命ヲ（63丁ウ）生キテ候悦喜申候ト云テ金ヲ百両帋ニツ、ミテクレタリト申候是モ慈悲ノ故ニ金ヲモ得タル故ニ神明ノ慈悲ノ二字ト思召モ道理也去程ニ佛所護念シ下フト見タル故ニ福者ニ成リ度思召サハ現世安穏後生善処ノ心得アラハ慈悲カ専一ナリ去レハ孔子ノ五常ト云ハ仁義礼智信也仁ト者慈悲ノ事テ候去レハ論語ニ夫子ハ温良恭倹譲以得タリト云々温ト者慈悲ノ事テ候去レハ宇治ノ草帋ニ云ク罪人ト鬼カ問答シタリ様躰ヲ書タリ罪人カ鬼共ニ様々ノ呵責セラレテ或時ハ両カラ大石ヲ押合テ罪人ヲ中ニ於テ油ヲシホル様ニシホル也又或時ハ鉄杖ニテセツカンスル時罪人カ申事ニサテモ〳〵（64丁ォ）鬼殿ハ無慈悲ニテ御座ス如此折檻アルハ何事ソト申スニ鬼共申ゴトニ我ヲハ何ト思フ又苦ヲ受ルヲハ如何ト思フト罪人ニ鬼カ問フ時キ罪人申事ニイヤ〳〵別ノ事ハ不存候只タ鬼殿ノ無慈悲ニテ御座ス故ニ鬼殿モ又地獄ヘ落被成覧ト申ス時キ鬼殿申コトニハサテコソ汝チ只今ノ如ク汝ヲセツカンスル時キ其ノ失カニヨリ我レモ地獄ヘ落ントト云故ニサテハ汝ハ我レニ如此サイナマル、事ハ偏ニ娑婆ニテ様々人ヲ取テ人ノ物ヲヌスミ人ヲ打殺タル其罪ミ業カ鬼ト成テ地獄トモ成ル也故ニ鬼ノ申事ニ我カ無慈悲ナル事ハ汝カ無慈悲也ト云故ニ罪人モ返事ヲセザリケリト申也サレハ止観ノ發（64丁ゥ）大心ノ下ニ十非心ヲ上タリ九種ハ是生死カイコノ自ラ縛スルカ如シト○矣蠶ト云ハワタクウ虫ノ事也此ノ虫カワレトスヲタクイテ候故ニ煮被殺也方々モ我レト悪業ヲ造リ地獄ヲ造リ出シ鬼造リ出シテ今マ苦患ヲ成シ下フ事ハ全体蠶ノ如ク也　一ニ聴衆徳ト云ハ過去ニ善根ヲ如ク恒沙ノ積ムヲ云也去レハ善根ハ如シ種子ノ善根ハ如船ノ善根ハ如ク金舟ノ矣善根ハ如種ノ云ハ何事ソト申ニ善根ノ種ニ上中下ノ三種アル也譬ハ今時分方々ノ耕作ヲ被成ニ上ノ善ハワセノ如ク中ハナカテノ如下ハヲクノ如シ也上ノ善根ノ種ト者佛ノ芽茎ヲ生ル也中ノ善根ト者天ノ生スル也下ト者只今貴人高人ニ生レ福者ニ生ル、（65丁ォ）也サテ物ノタネニモ悪キ種有リ麦ニモス、ムキナトハ悪キ種也イバラカラタチノ種ハ悪キ也如ク其ノ方々ノ過去テ人ヲ打殺シ人ヲウリ盗ヲナシ堂塔ヲ破リタルハイバラカラタチノ悪キ種ノ如ク今世ニ其報クイニヨリ乞食カツタイノ身ヲ受ケ或ハ牛馬畜生ニ生レ或ハ人生ル共貧人ト生レテ人ニ被使様々苦身ノミスルテ候サレハ有ル人ノ言ニ春ウヘテ秋ニ取ル身ヲ見ル時ハ

我レラカ末ヲヲモイコソヤレト被読タリ春作ヲシタル者カ秋富貴也春徒ラナル者ハ秋ハ草庵ムナシクテヒタルサム
サ無シレ限リ如クレ其今善根有ラハ来世モ頼敷カルヘシ今善根無キ事ハ春夏耕作セヌ（65丁ゥ）
者ノ如ク人ハ秋ニナリワセヲクヲカリ入レテ酒ヲ作リメシヲシテ富貴也トモ耕作ヲセヌ者ハ秋モ如シレ夏善根ヲ成ス者ハ極楽ヘ
スル〳〵ト往生セハ方々ニ善根カナキ故ニ地獄ノ中ニ居テ善根ヲ成タル者浦山敷候思召サン事ハ一定也　一善根ハ如レ
舟云ハ譬ハ大海江河ヲ渡ルニ舟筏カ無レハ無被渡一也生死ノ愛河ヲ渡リ極楽ノ岸ニ至ン事ハ善根ノ船筏ニ非ンハ被成也去レハ宗
密ト云抄物ニ三途河ノ苦ミヲ被レ書也河瀬ノ廣ク有ル事ハ十万八千里也水ノソコハカリタル者ナシ浪ノ高キ事須ミ山ノ
如ク石ノ流ル、事ハ須ミ山ノアタリノ北山ノ如ク也而モ青龍毒蛇共ハ身ハ浪ノ底ニシテ面ハ浪ノ上ニ（66丁ォ）
有ル事ヲソロシキ事無レ限リト縦筏舟有リトモヲソロシキ也況ヤ舟モナク筏モナシ不レハ渡跡ヨリ馬牛ノ二歩共カ頻《シキリ》ニワ
タレ〳〵ト呵責ル故ニナク〳〵渡レハ又毒龍共ニ被ルレ喰其儘ニテ佛《拂》タラハ吉カランニ悪業ノ程ハ又生キ還リテ如レ前ノ被レ
喰幾ク還リト云事モ無ク如レ此漸々ニ渡テモ又死出ノ山ヲ越サン事誠以テ難成事テ候サレハ有ル人ノ被ル、ニレ読　ツミ失ヲ
造リヲキタル程ミヱテサウツノ川ニ死出山路ヲト読下フ也　三ニハ入正定聚ト云ハ禅定ノ事也是ハ方々ノ不成事也四ニ
先法救一切衆生之心ト云ハ一切衆生ヲタスケント云願ノ力ラ發ントト云事也是カ菩薩ノ惣願也去レハ（66丁ゥ）
地蔵観音ハ一切衆生ヲ我ヨリ先ニ佛ニシテ後ニ仏ニ成ラント誓ヒ玉フ間地蔵観音ハイツモ菩薩也何ニト我等ヲハ地蔵観音ハ
イヤシ《リ益イ》思召メシ我ヨリ後モ菩薩ナルヘシサレハ此事ヲ皆ナ人ヲ渡シハテントセシ程ニ我カ身ハ元ノマ、ノツキハシト
読玉フ也去レハ地蔵菩薩ハ日ニ六度夜ニ六度六道ニ遊戯シテ罪人共ヲ見テタスケ度思食トモ失致ス所ナレハ如何トモ不スレ被
召帰リ有ハカンルイ袖ヲヒタシ玉フテ候譬ハ遠江ノカケ河ニ有ル者ノ候カ子ヲ一人持タリケルカ言語道断不覚悟者テハク
チヲ打テ悉クマケル故ニ親ヲウツテ此代ヲナサントシテ賣ル所ニ顕《見》シテ子ヲトラマイテハツケニカクルニ親ナルカ故ニ

子ヲ不便ニ思ヒ様々ニサワ無キ由ヲ申ツ（67丁オ）レトモハツツケニ懸タリケレハ親ナルカ故ニ我レモウトケレトモ子ノイキタル間ハツツケニ懸ラレタル思ヲサスツテナキケルト我等カ死違ル時キ人々申ツル誠地蔵菩薩ノ又其ノ分也罪人ハ地蔵ヲハ何トモ思イ申サネトモ地蔵菩薩ハ日ニ六度夜ニ六道遊行シテ罪人ヲ不便ニ思召ス事今ノハツツケニ懸ケラレタル子ノ親ノ如ク如レ此諸菩薩ニ駒労サセ申サウヨリ方々

　一地蔵菩薩ノ寄特ノ事ハ臥ニ死国ノ大宮ニ○云々　一慈悲質直ハ男ハ慈悲ヲ前トセヨ女ハ正直ヲ前トセヨ

一風吹ハヲキツシラナミノ古事ノ事云々

三日

一善男子ヨリ結ノ文段也昨日申候四法ヲ成就スル（67丁ウ）者ハ如来滅後ニ此ノ法ケ経ニ依テ可成仏ス宣旨候出家ニ四法成就ノ上ニ法ケ経ヲ常ニ読マハ成仏ハ無レ疑山家ノ人達ハ法ケ経モ不レ読ス常ニ法ケ也此法ケ経ハ念佛也法ケ経ノ六万九千ノ妙文ヲ六字ニツ、ムルテ候間方々ハ四法成就ノ念佛ヲ御申アレ

　去レハ念佛ヲハ野ニモ山ニモ申ヲケ乱ニモアワスヌスマレモセスト讀下フ也去レハ伊勢国ノアナノツニ言阿弥ト云時宗ノアリケルカ常ニ念仏スヰテ百万遍ノ念佛ヲ生ノ内七度被申候歟八十ノ年ニシテ死ナレテ有ルニ弟子ノ夢ニ我レ死シテ有レトモ少キ徒然ニモ有ス之心案ト可存也何方ヘ行ケトモ前後左右ニ阿ミタ如来ノ如ニシテ二従沙ノ一御内心有ル間死ス（68丁オ）時キハ娑婆ノ習ナル故ニ命カヲシカツタカ死シテノ後チ如レ此ミタ如来ノ手ヲ取リ袖ヲマシヘテ御同心アレハ少モ苦域モナク飛行自在ナリ此時キハ能ク死タリケルト思也我カ事ヲハ心案後世トフラウ事モ無用也只タ汝カ後生ヲ願ヘ候ヘ由御告ノ由弟子ノ坊主（68丁ウ）

（以下六丁白紙）

【付記】翻刻掲載の許可を下さった西教寺文庫に感謝申し上げる。また、翻刻の一部について、渡邉守邦氏の教示を得た。

【翻刻資料二】

日光天海蔵『見聞随身鈔』所引「法花経三国奇特」説話

翻刻にあたって

一、ここに翻刻するのは、日光天海蔵『見聞随身鈔』巻第八の後半、二十九丁表～六十三丁裏「法花経ノ三国奇特」説話である。翻刻は、天台宗典編纂所所蔵の写真本に依った。

一、第八巻の表紙から五丁表までを簡単に記しておく。

・表紙　左端に打付書で、「一部八巻内／見聞随身鈔第八法華経八巻并□□□□□□百八十條」。

・一丁表　扉　左端上部に「第七政祝」、下部に「尊祐」。

・二丁表～四丁裏　目録百八十条　「一普門品来意事　二普門品異名事　…」。

・五丁表　本文　一行目上部に「∴見聞随身鈔法華経分」、下部に「権少僧都政祝集之」。

一、引用説話の標題には、異筆の通し番号一から一百が付いているが、そのまま翻刻した。標題の位置は本文のとおりであるが、説話は、本文の改行に従わず続けて翻刻した。

一、丁の終わりに丁数を（〇丁ォゥ）で示し、改行した。

一、見せけちや、行末の「、」は、翻刻していない。

一、漢字・ふりがな・訓点は本文のとおりであるが、異体字の一部は通行の文字にした。

一部八巻内
見聞随身鈔第八 □法 □華 □経 □八 □巻 □并 百八十條

已上法華経一部二十八品分八百九十条注之畢

一天竺ノ阿闌若比丘ノ事　已下ハ法花経ノ三国奇特集之一

法花傳第七僧祥云昔天竺国ノ阿蘭若比丘讀ニ誦摩訶衍一ヲ其ノ国ノ王常ニ布《シイ》テ髪《カミ》一ヲ令ニ踏《フミ》上一ヲ有比丘一語テ王一ニ言此ノ人摩訶羅不多讀経一（29丁オ）何以テカ大ニ供養スルヤ如是一王答言我レ夜半ニ欲三見二此比丘一ヲ即往テ到其住處一ニ見レハ比丘一ヲ在窟中一ニ讀トキ法花経一ヲ見一リノ金色光明ノ人乗白像一ニ合手供養ス我レ近ヌレハ便滅ス我問二ヘハ大徳比丘一ニ々々答云遍吉菩薩ナリ法花ニハ云普賢菩薩一我讀法花経一ヲ故東方ヨリ来供養一云云智論ニ有之一法花第八巻普賢品ニ委見矣云云

二天竺ノ于填《ウテン》国ノ沙弥ノ事

法花傳第七云于填国ニ有僧伽藍一名二瞿《ク》摩帝寺一ト是レ大乗ノ寺ナリ三千僧居ス有駈使《キウシ》ノ沙弥一相人占《ウラナ》テ此沙弥一ヲ云此沙弥年十六歳ナリ余命只一年ナリ雖捨衣鉢一ヲ不ストモ云可延壽一沙弥悲愁ス上座ノ僧哀愍之一為ニ後世ノ善一ノ教法花経沙弥根鈍ノ故唯教方便壽量ノ二品一ヲ沙弥専心ニ讀誦ス後日ニ相人見此沙弥一ヲ驚テ言ク問汝修テ何ナル功徳一ヲ有延壽相一耶ト沙弥答讀ト云法花両品一ヲ相人歎テ云大乗力不可思議也轉十七ノ壽一ヲ成七十年一ヲ乃出家授授（ママ）戒シ偏ニ讀誦法花七十ニシテ往生兜率天ニ云云（29丁ウ）

三天竺光明女ノ事

法花傳第九云昔仏在世時有一人女一名光明女一ヲ此女ハ本依一度聞法花経一ヲ命終シテ生忉利天一ニ其父母拾《ヒロイ》集テ兒《コ》ノ骨一建塔一籠《コメテ》中一ニ供養スル時ニ天女来テ言ク我ハ汝カ子ノ小女ナリ依一度聞法花一ヲ死テ生忉利天一依建塔供養一来レリト雖尓一父母不

信、天女ノ云我玉ノ箱《ハコノ》中ニ父母ヨリ白玉十有ト云之、父母開見ルニ之、如言、有之仍我カ子也ト云テ父母同時ニ出家一生信法
花ヲ、終生兜天ニ、同一處ニ居云云

四天竺ノ妙意天子ノ事

法花傳第九云昔仏在世時有一ノ天人、来詣佛所、讃歎仏、已還於天上、阿難白佛、言此天ハ有何ノ宿福、威徳殊勝ニシテ見
佛聞法スルヤ仏言此天子者是ノ阿闍世王ノ伴荷《カキ》テ輿《コシ》、来テ仏所ニ、聞一度法花経、故乗斯聞法善ニ、生兜率天、於當来ニ、作仏シテ
号妙意如来ト、具足セン十号、云云

五天竺ノ毒意カ事（30丁オ）

法花傳第九云昔天竺摩竭陀国ノ三舎大城ノ中ニ有旃陀羅、名悪意、有一ノ男子、此子初生ノ時ニ衆毒雨宅《フルイエ》ニ、故云毒意、一
生間殺生シテ養《ヤシナフ》身命、故ニ見ル者生怖畏、耽《フケル》酒肉ニ、故面色如血、或時謂僧坊、聞ニ譬喩品奥偈ヲ講説スルヲ、起悔心、即還即
不シテ久、遭鬼病ニ、死人ヲ父母捨冢《チヨ》間ニ、七日アリ蘇生シテ言我レハ八人ノ阿防羅刹乗火車、堕無間ニ、時有一人ノ僧、云此レハ法
花聴聞ノ人也罪障即軽微ナリ應ヘシト放人間ニ、王聞敬白言我即放毒意、即時道人以錫杖ヲ、示帰路ヲ云々蘇生後發心出家為《ナリ》沙
弥、行精進、讀法花経、終生兜率天、云々

六天竺得通沙弥ノ事

法花傳第九云昔天竺ニ有沙弥、云得通ト、時有王、不信仏法、唯事《ツカフ》自在天ニ、沙弥ノ年廿有余ナリ深入無生ニ、得通智、知三世
事ヲ、国王聞沙弥ノ神異ヲ請之、談セシム仏法理ヲ、王生信心捨邪帰正ニ、比丘告王ニ言大王将聞正ノ（30丁ウ）
法、王云聞法、有何功徳、比丘答云昔大雪山中ニ有宝塔々中安置法花経、有一ノ老僧、讀誦此経、塔傍ニ有石窟、々ノ中ニ
有二ノ野干、久住ス老比丘初来時一ノ野干ハ恐怖シテ遠去一ノ野干居窟、恒聞比丘誦経、怖畏テ去シ野干ハ住ニ塔邊ノ影ノ下、ニ

居窟ニ恒聞法花ヲ野干ハ其功徳甚重故深入無生見十方諸仏其時野干即今ノ我身是也其時去テ居塔影下ニ野干ハ不聞正法花故今成国王ト汝大王是也昔ノ朋《ホウ》《トモ》友故宿縁不朽我来テ化スト云王説此語畢テ忽不見ス王感涙シ国位委《マカセ》太子出家得道云云

七天竺ノ毒蛇生天事

法花傳第九云昔天竺ニ有一ノ比丘坐禅間ニ誦法花其山陰《キタニ》有大蛇以悪業ノ因縁ノ故無量毒虫聚集シテ所唼食セ遙ニ聞人香《カ》ヲ蛇蜿轉腹行シテ来向僧ニ此ノ蛇ハ昔佛弟子ナリ聞法音ヲ流涙故毒虫食即息《ヤミ》ヌ（31丁オ）常ニ住僧邊聞法花経後日ニハ毎《コトニ》来大蛇含諸菓ヲ来施僧ニ或時蛇不来両三日僧往山林見此為ニ取ンカ菓ヲ上《ノホル》大樹ニ々々折レ高木ニ懸リテ含菓死ヌ比丘悲愍之為大蛇ノ誦法花呪願シキ或時天ヨリ雨種々花満山谷ニ天人来テ比丘屋ニ種々ニ供養比丘上《ノホル》虚空ニ比丘問云汝誰レノ天ソト答云吾レハ是レ汝カ弟子ノ大蛇也依聞法花捨蛇身生忉利天今為報恩来下ス而後亦昇本天ニ又同時ニ来レル天中ニ一人ノ天子従手放光問ヘハ因縁吾レ在人間書法花故ト云亦一ノ天子口ヨリ放光問ヘハ因縁吾在人間讀法花経故云云

八天竺ノ婆斯匿《ノク》伽羅王ノ事

法花傳第九云昔如来滅後五十年ノ中ニ舎衛城ニ有王名婆斯匿伽羅王此レハ婆斯匿ノ玄孫《ヤシハコ》也此王ニ有大臣名流水長者請ニ呉興《コキヨフ》山ノ毗婆尸利蜜多羅漢三日令説摩訶衍ノ深旨ヲ其時依宣旨取《トリ》ニ檀栴木及青蓮花（31丁ウ）三茎入深山ニ即彼羅漢告流水長者ニ云呉山ノ頂有大池四時ニ皆生青蓮池岸ニ有栴檀大龍守護之君往彼池稱ヘシ南無妙法蓮花経ト龍知仏弟子ト敢不加害シ依聖ノ告流水長者至池邊唱之龍聞之起慈心流水取花及木還本路ニ龍化シテ優婆塞ノ形ニ向流水ニ云我レハ是レ汝カ君ノ婆斯匿伽羅王ノ父即羅閲《エツ》闍梨也以非法治《ヲサム》国故受毒龍身唯願為修出

離業一ヲ流水還テ王ニ奉花木一ヲ其花三月不委《シホマ》一王聞父ノ虵身一ヲ行幸ナル呉興山ニ見ハ之一大龍死去ス王悲涙シテ手ツカラ取骨一還建塔一ヲ時ニ塔上ニ忽ニ有光明雲盖一々ノ中ニ有一ノ天子一告大衆一吾聞法花一故生金色界ニ云テ唱四句頂（ママ）一ヲ尺迦滅後ノ諸衆生ハ一ヒ聞カハ法花四句偈一ヲ文殊随順シテ不捨離随願一即生セント金色界ニ説是偈一已隠而不現一云云此レハ是レ羅閲闍王ノ得道偈也云云

九天竺ノ蘇《ソ》摩耶菩薩ノ事（32丁オ）

法花傳第九云昔月支ノ摩訶衍付法ノ菩薩号蘇摩耶一ト菩薩至二師子国ノ海畔《ハン》一見五百餓鬼一ヲ々々ニ問テ言汝等住事海渚《ナキサ》ニ幾時ソヤ答云不識幾時ヲ唯見二此海ノ七度興敗一ヲ其内ニ一度モ不食セ我等得少シノ涕唾《ナミタツワキ》等触レハ脣《クチヒル》一成大火一ト受苦毎日ニ三度アノ朝ニハ閻魔獄卒来以熱鐵丸一ヲ含口一ニ身成火灰一ト日中ニハ百千軍騎《キ》来以鐵棒《ハウ》一ヲ打我等頭一ヲ夕ニハ百千万鐵狗《イヌ》烏狐狼等食ス此レハ謗大乗人一獨食味食一慳貪等ノ業因也ト云テ愁涙時菩薩悲愍シテ誦法花経一品一講深理一廻向シテ餓鬼一ニ往師子国一ニ宿精舎一ニ其夜至五更一ニ五百天子来至精舎一ニ各以一粒ノ真珠一供養菩薩一ニ已白菩薩一ニ言我等ハ是海渚餓鬼ナリ乗聞法ノ善根一ニ生ル事ナリ天上一ニ報恩故以天上真珠一ヲ来下シテ供養菩薩一弥勒下生時来成《ナラン》ト云テ菩薩ノ伴一ト還テ往天上一畢菩薩感悦ノ余リニ自記録之一号救餓鬼記一ト天竺大唐ニ此記為本一云云

十天竺ノ奄末羅蜜多ノ事（32丁ウ）

法花傳第九云昔西域有大論師一名奄末羅蜜多一此云無垢支一罽賓国ノ人也於薩婆多部中一ニ出家博学多聞括《クヽル》三蔵一ヲ遊五天一ニ其時謗二天親論主捨小乗一行大乗一ヲ造二スル事ヲ法花論一ヲ依之一彼ノ無垢支頓ニ頓乱シテ五ノ舌重テ生シ熱血面ニ流ル即時ニ地震シ命終シテ堕地獄一ニ見ル人嘆云哀哉々々論師以二三寸舌一ヲ破二損五尺ノ身一ヲ論師夢ニ告世親菩薩一ニ云我謗大乗堕無間一ニ雖然一聞法花経一故地獄熱湯火如人間温《ウン》泉一在地獄一説妙法義一如陀羅尼菩薩等一聞者離苦一閻魔天子勧請ス出獄一ヨリ故留

説法ヲ依逆縁ニ終生兜率天云云

十一天竺ノ妙花天女ノ事

法花傳第一（ママ）云昔天竺ニ有鐵塔高丈余ナリ中ニ安置法花経等時一ノ天女夜々ニ来以天曼陀羅花供養法花等時有一ノ
比丘見天女汝ハ是レ誰レノ人ソヤト答云我是レ忉利天ノ妙花天女尺提桓因ノ侍女也ト云云復問生天ノ因縁（33丁ォ）
答云我レハ昔此国ノ貧女ナリ即乞匃《カイ》《コイモトム》採《ト》テ二ノ白蓮花ヲ供養塔中ノ法花ニ故生忉利天以本縁曰妙花天女ト云云

十二天竺ノ無行比丘ノ事

法花傳第十云昔天天（ママ）竺有比丘名無行比丘ト恒修法供養謂佛所説法花経等ハ一切世間ニ難解《難信》難受難尺能信解受
持シテ讀誦シ以方便力為諸衆生法花ヲ解説此レ法供養也時十方諸佛如星現シテ異口同音説偈云宝ヲ満テ、三千大千
界ニ供養センヨリ十方諸佛ヲ不シ如法花一句偈ヲ受持讀誦シテ得ンニハ成仏ヲ假使《タトイ》満テル大千界ニ断ンヨリ一切善無道生ヲ若聞テ
法花一句偈ヲ功徳薫心速成佛無行比丘聞仏ノ説偈ヲ深入無生法忍是為法供養益ト云云

十三迦葉仏末法ノ商人ノ事

法花傳第九云天竺ノ僧伽陀国ニ有精舎名薩達磨寺ト昔迦葉仏末法中ニ衆人為ニ採《トラン》宝ヲ征《ト》ク海ニ道ノ邊ニ打鎚《ツイ》ヲ問因縁ヲ答
フ法花講説ト數人中（33丁ゥ）
商主《アキヌシ》一人入精舎ニ聞法花ヲ不信諸人不シテ聞去行ク商主一人聞法花後速ニ急到海岸ニ渡海ヲ悪風吹来船覆《クツカヘシ》諸人皆
人皆死ス法花暫時聴聞ノ商主一人遺《ノコル》彼夜天人来告商主汝道邊ニシテ聞法花如来壽量品故由此功徳免死難ヲ云云彼時
一ノ人商主即今提婆達多是也今即領當来作仏授記余諸人ノ不聞死セシハ今倶伽離央倶羅等也尓時商主帰心ヲ法花ニ
建立精舎号薩摩寺等云云

十四天竺二ノ摩訶衍提婆ノ事

法花傳第七云天竺二拘薩羅国有沙門一名摩訶衍提婆ト一此云大乗天ト一披讀法華経ヲ一時有大阿羅漢一三明六通清徹是レ大乗天ノ昔親友也阿羅漢二云我レ見二舎衛城ノ外門ノ上虚空中ヲ一有一餓鬼一身極長シ其状醜悪忽有十二枚ノ熱鐵丸一入従口中ニ一挙《コツテ》体一火燃トナテ一苦痛絶倒ス問汝有何罪一得此苦一耶餓鬼答云我レ大精舎ノ比丘僧ノ食ノ奉行ナリシ時（34丁オ）為ニ後日一ノ衆僧十二人分食取故受此大苦二十二鐵丸晝夜食之一依羅漢教一大乗天為餓鬼一讀法花経廻向ス後日入定一見レハ依大乗天ノ讀法花経二餓鬼大苦滅盡生忉利天云云

十五天竺倶睒弥国ノ僧ノ事

法花傳第七云昔天竺二ノ波羅奈国ノ南有連山一曠絶無人処也毒龍充満ス倶睒弥国ノ遊学僧顛大乗法花ヲ一尋行諸国ヲ一迷道ニ一入彼毒龍谷ニ一宿ニ夜半ニ忽有光一漸見大龍山一動照地一来張《ハテ》口一向僧一々生恐怖一大龍云我カ是レ前身ハ沙門ナリ恒ニ懐忿一不行正道ヲ一故受毒龍身一八万四千ノ小虫噉食身肉一苦痛不可堪忍ス一汝施シテ慈悲一救我カ此苦給此僧還波羅奈国ニ一書テ法花二巻一廻向ス其後無數天人来テ至山中ニ一天香満中ニ一僧問天一々答云吾レハ是山中毒龍ナリ依法花ノ廻向ニ一我脱苦一生天一今為報恩二天真珠三持テ下来与僧一昇リヌ天ニ一僧帰国起塔収（34丁ウ）法花経一為毒龍寺一依之二天人常下テ供養塔一云云

十六天竺一身男女ノ事

法花傳第七云昔天竺ニ有一ノ清信女一發願寫法花経一一遍拝見頂戴シテ受持ス至一国宿伽藍道興寺ニ一誦シテ藥王一品一而非滞(ママ)シテ睡眠シテ夜暁《アケテ》更見レハ我身一即丈夫ナリ寺衆僧怪《アヤシミ》問曰昨日《キノフハ》女人来レリ今朝ハ在丈夫ニ一何変化スル耶答前ハ女今男依一身發願ニ一受持法花経ヲ一故尓ナリ問何處ノ人ソヤ誰レカ子ノ女ソヤ答吾ハ是南天竺ノ婆羅門ノ長子ナリ本国ニシテ書此経一有異

相一父母相見テ生希有念一捨室為寺一丈夫寺是也云云

十七天竺栴檀香女ノ事

我記云如来在世時波斯匿王行幸ノ途中ニシテ容顔美麗ノ女人ニ値《アフ》王見之一向《ムカヘ》取テ王宮ニ令金牀ニ居一八万ノ后妃菜女ノ中ニ第一也故王深愛之ヲ一経一月ヲ一女人ノ言ク国王ハ治天下ヲ一福徳任トモ、心身無香《カウハシ》事一我カ夫トハ身口香シテ四十里ノ内ニ（35丁オ）薫ス此レハ先世ニ聞法花等一故也トテ飛去リヌ波斯匿王信外道一謗佛一時王恥《ハチ》テ女人言ヲ一其後ニ詣祇薗寺一聞法花一得道云云是以女人引下法花経第七巻ノ若有人聞是薬王菩薩本事品一能随喜讃善者ノ是人ト現世ニ口中ヨリ常出青蓮花香ヲ一身毛孔中ヨリ常出牛頭栴檀之香上ヲ令聞王一ニ云云女人一月間如経説一口ヨリ出青蓮香一毛孔ヨリ出牛頭栴檀香一々満一天王宮一ニ云云

十八天竺倶生長者カ瘂《ヲシ》子ノ事

或記云天竺ノ倶生長者無子一故申仏神ニ一生一ノ男子ヲ一此ノ子瘂《ヲシ》也至五歳ニ一不物語《ノイワ》一醫師来テ言懐妊女ノ三月ニナル腹《ハラ》ノ内ノ子ヲトテ用薬ニ一可言物ヲ云云而ル間尋家中ノ懐妊ノ女ヲ一集ニ或五月或四月トテ無三月トテ女人一或時女人来テ言我三月ト云即易《カエ》テ金銭五百一ニ云殺一セト即金銭五百渡女人ニ一時女人ノ言我レニ得《エサセ》ヨト云七日ノ暇《イトマ》ヲ一長者愍テ女人一与暇ヲ一女人ノ言我八十ノ老母ヲ持《モテ》リ一期無程一金銭四百ヲ預《アツケ》テ長者ニ一為老母一斯食（ママ）一残一連ハ連（ママ）ハ為老母ノ逆修ノ一七日間毎日ニ請僧ヲ令ニ誦法（35丁ウ）花経ヲ一母聞之一仰天伏地一歎無限一見之一第七日ノ導師慈悲第一比丘故法花経ノ此経則為閻浮提人病之良薬一若人有病得聞是経一病即消滅不老不死ノ文ヲ教彼女人ニ一々々七日殺期ノ時ニ至長者家ニ一唱テ此文ヲ一瘂子ノ耳令聞之一瘂子即時ニ口チ学《マネ》ヲシテ物ノ謂《イヽ》始ムル間長者悦無限一貧女カ依母孝ニ一瘂子々ノ父母貧女及母一期唱彼法花文一五人同時往生兜率天一云云

十九酔象不害人ヲ一事

或記云昔天竺ノ摩竭陀国ノ阿闍世王飼《カイ》テ酔象ヲ一敵スル者ノ及不善ノ者犯罪ノ者ヲ放象ヲ一令踏殺《フミコロサ》シ一此レ国中第一ノ宝也隣国ノ敵

人等聞之一不来一或時焼ヌ厩《ウマヤ》造作ノ間象ヲ繫《ツナク》僧坊一ニ傍ニ衆僧通夜《ヨモスカラ》誦法花経一ヲ象聞之一頭ヲ低《ウナ》タル不食草一時ニ犯罪人數十人有之一放ニ象一ヲ々舐《ネム》テ犯罪ノ人ノ踵《キヒス》一ヲ敢一人ヲモ不害一王驚ク大臣ノ云ク此レハ坊中寺邊ノ故不《ス》ト害一云々（36丁オ）明日還厩一ニ如本一人ヲ踏殺雖然一終象非本一ノコトクニ終死去シテ生兜率天一ニ王夢ニ我一度依法花聞一生天一云々王大臣等同三千人出家皆信法花一往生云々

廿五百羅漢往因ノ事

或記云天竺一ニ正法時或僧坊ノ天井ニ有五百老鼠一常ニ聞法花経一ヲ依之一五百老鼠皆生忉利天一ニ々ノ壽盡値舎利弗證阿羅漢果一遂慈尊出世ノ時ニハ證大果一得無生忍一分身ヲ十方ニ施仏事一利ント衆生一ヲ云々此レハ大乗ノ結縁也依何（ママ）含経ノ説一ニ昔南天竺一ノ南ノ濱《ハマ》ニ有漁里《スナトリノ》海人寒《カン》中ニ海ヨリ上カテ大木ノ洞焼《ホラノタク》火一ヲ時洞内ニ有五百ノ蝙蝠《ヘンフク》一咽煙一ニ一度五百皆死ス満人ノ中ニ唱毗婆娑ノ文一ヲ依之生天上一終成五百羅漢一ト人中天上ニ常五百羅漢同時出世云々此ハ小乗結縁也

廿一大唐ノ雲蔵沙弥ノ事

法花傳第九云雲蔵沙弥少シテ出家傳持小乗阿含経ヲ不信大乗一ヲ貧道（36丁ウ）人也臨極寒一ニ身心凍時入古精舎一取法花経五六巻一綴為紙衣一見者ノ閉目一ヲ聞者ノ掩《ヲヽ》フ耳一ヲ七日ノ中ニ忽ニ眉ノ毛皆落發癩病一始ハ遍身如粟一次如大豆一ノ身破烈シテ而死ス見聞人嘆云惜《ヲシ》イ哉雲蔵沙弥軽大乗一損二失事ヲ一利一ヲ益云々

廿二大唐慈門寺ノ孝慈禅師ノ事

法花傳第九云慈門寺ノ孝慈禅師神年五十少年ノ時ヨリ信禅門一ヲ修苦行一ヲ常ニ乞食シ大乗経讀誦徒事《イタツラ（ママ）》事ナリ但修ヨト坐禅ヲ人々ニ教之一ヲ或時至法花讀誦ノ女人處一ニ云法花ヲ讀誦スル者ノハ堕スルナリ阿鼻地獄一ニ捨ヨト云其経一女人答云此経若讀讀（ママ）スルナリ不《スン》三稱《カナ》ハ二仏意一ニ者乍生《ナカライキ》一入ラン二阿鼻獄焼香散花シテ祈誓セシ時キ大地震動孝慈禅師ヲ始トシテ老僧十五人俄《ニワカ》ニ遍身痛悩シテ音皆

失テ不語《モノイ》一ハ見聞ノ道俗皆驚拝女人一ヲ信法花一謗レハ僧トモ皆合掌一拝霊山一ヲ頂戴女人ノ持経一ヲ漸々経テ一月一ヲ音少々出来レリ
仍岐州一国ノ道俗皆捨余行一ヲ讀誦法花経一兜率往生云々（37丁オ）

廿三大唐ノ招提寺ノ恵紹法師ノ事

法花傳第九云恵紹法師ハ八歳ニシテ出家シ住二臨川ノ招《シヨウ》提寺一ニ誦法花経一ヲ毎三至二藥王品一ニ有焼身供養ノ志一即薪《タキヽ》ヲ積二東山石室一ニ自付火一入中一ニ焼身一供三宝一ニ其日設《マウケ》大施會一ヲ供數万ノ僧侶一ヲ行道経行ス入薪中一ニ一心ニ誦藥王品一ヲ火至レトモ額《ヒタイ》一ニ声未絶一時ニ天ヨリ大ナル星下テ入烟《ケフリ》ノ中一ニ恵紹法師カ引手一ニ昇虚空一ニ見者感歎無限一其ノ葬《サウ》送跡三日メニ生テ梧桐一今ニ不朽損一云々

廿四大唐竹林寺ノ恵益法師ノ事

法花傳第九云恵益法師ハ廣陵人也少シテ出家随師一ニ居林寺一ニ一心精進シテ讀誦法花一ヲ毎三至二藥王品一ニ有焼身供養ノ志一終二大明四年始断穀一ヲ到六年一ニ但食蘇油一於鐘山ノ南一ニ焼身一供法花一ニ一心ニ火中ニシテ誦藥王品一火至ント云肩一ニ声猶不絶一于時一空中ニ聞二管笙声一異香一天ニ満帝王乃至庶民一同ニ感歎スル声尺尊入滅ニ不異帝王宣下焼身處ニ（37丁ウ）建寺一号藥王寺一今不絶一云々

廿五大唐秦州ノ法光師ノ事

法花傳第九云秦州ノ法師ハ少ヨリ有信一至廿九一ニ方出家行頭陀一後ニハ食松葉一ヲ有焼身志一服蘇油一ヲ経半年一至斉《セイ》ノ永明《メイ》五年十月廿日一瀧西ノ記城寺ニシテ集薪一焼身供法花一ニ火中ニ一心誦藥王品一声火至レトモ鼻一ニ不絶一天花即雨《フリ》世界震動ス年四十余兜天往云々

廿六大唐廬《ロ》山ノ大志禅師ノ事

法花傳第九云大志禅師會稽山陰人ナリ出家シテ事《ツカ》ウ天台智者ニ々々観其形禅ヲ名大志禅師ト法花讀誦ヲ為シテ業ト開皇十年ニ来住花頂寺ニ於花山甘霊峯(ママ)南ニ建道場ヲ頭陀ヲ為業ト経七載ヲ禅業無絶事當燃一臂ヲ於巌岳ニ報恩臂焼テ黒ヲ以刀截《キリ》断肉ヲ烈ナテ骨ノミ顕為衆ニ讀法花嘆仏徳説法声不絶臂焼盡七日入定結跏(38丁オ)坐而四十三死去往生兜天云々

廿七大唐終南山ノ會通禅師師(ママ)ノ事

法花傳第九云會禅師ハ雍《ヨウ》州人也少ヨリ欣道遊林泉ニ苦行ス讀法花経藥王品便欣厭捨ヲ私集柴《シハ》木ヲ貞観末ニ静夜林中積薪放火入中跏坐讀藥王品焼身供法花経及十方諸佛ニ時南方ヨリ大白光来流入火聚中ニ引接兜率天ニ火滅収遺骨起立塔供養今有之云々

廿八大唐招提寺僧瑜法師ノ事

法花傳第十云僧瑜法師ハ廿ニシテ出家シ元嘉十五年ニ於廬山山南嶺ニ建精舎名招提寺讀誦法花経至藥王品ニ始誓焼身以宋ノ孝建二年六月三日ヲ集薪放火入中誦藥王品ヲ合掌ヲ不散焼身供法花経其時紫雲来乗僧瑜法師ヲ入ヌ空中ニ年四十四ナリ死(38丁ウ)去四日ニ焼身跡生双桐此擬泥洹号双桐沙門矣

廿九忉利天宝瓔天子ノ事

法花傳第十云昔梁武帝造五百袈裟ヲ欲施須弥山頂五百阿羅漢ニ謂《イ》テ誌公ニ往シメ忉利天上ニ施武帝ノ袈裟ヲ時ニ有一天子名ヲハ曰宝瓔天子ト所着ノ瓔珞過テ天王ニ百千万倍光明映ニ弊ス余天子ヲ誌公問云沙(ママ)カ衣瓔珞殊特何因ソヤ天子答云我昔生在閻浮提花氏国ニ為タリ長者ノ子以身ノ所着ノ衣服瓔珞ヲ供養ス妙法花ニ以此因縁生此天中衣瓔珞超過天王帝

尺ニ一百万億倍ス来月生セント兜率天一云云

三十忉利ノ天妙雲天子ノ事

法花傳ノ第十云忉利天ニ有天子一名妙雲天子一ト形皃端正ニシテ百千ノ天女而囲繞ス之ヲ一誌公問何ノ因縁ニ端厳ナルヤト一天子答
我昔在摩竭陀国卑波羅邑ニ一以花ヲ一供法花経ヲ一故得此ノ天報ヲ一如此ノ天百千ノ威徳ノ天ハ皆由三供二養セシニ（39丁オ）
法花経ヲ一公下奏王ニ一云云

三十一大唐長安城ノ盲聾瘂女ノ事

法花傳第十云昔長安城有一ノ老女一人軽賤シテ名盲聾瘂《メシイミ、シイヲシ》女一ト於大寺ニ一講法花経ヲ一玄孫《ヤシワコ》引手一向大寺ニ一老女雖到大寺ニ一
以盲聾一故不見不聞一玄孫執《ト》テ老女ノ二手ヲ一而合セテ向フ二講讀法花向ニ一老女心向《ムカヘル》供養ノ道場ニ一耶思フマテ也心得礼シテ後三
月アテ死ス三日アテ蘇生シテ云閻魔冥官冥衆従座二下テ礼老女ヲ二云汝大功徳人ナリ向法花ニ一至合掌供養ヲ一故蘇生ノ後見レハ目耳
皆開ケ始物語《モノイフ》故人民雲集皆人信法花一老女出家シ帰法花一至供養一八十有余ニシテ往生兜天一云云

三十二大唐小乗優婆塞ノ事

法花傳第十云江寧縣ニ有優婆塞一信小乗一不信大乗一或時一縣ニ書金字法花経一部一營ニ供養ヲ一小乗優婆塞不入意ニ二不レ
来二會座ニ一七年後死ス七日アテ蘇生シテ言我レ死シテ至大城一見レハ如金城一其中ニ有衆多宮（39丁ウ）
殿一金銀瑠璃等所成也童子来云此大城金字法花書寫ノ諸人當来在處即金色世界宮殿也吾レハ文殊也汝ハ小乗人故大城
外ノ日地下ノ穢域ニ可住云云依之蘇生後一向信法花一書金字法花一品一終金色世界往生云云

三十三大唐天台山ノ僧達法師ノ事

法花傳第十云天台山ノ暴布寺ノ僧達法師ハ台州人也少シテ出家断穀食一不断誦法花一隋《エイ》ノ義寧中ニ發願寫法花経一未供養

之一忽死至閻魔廰二王見僧達カ来ヲ従座一迎之一共入正殿二坐竟言方定業也雖然一法花供養未遂《トケ》一早還人間一至供養一當生浄土一聞王語已嘿然シテ蘇生供養法花一兜率天往生云云

三十四大唐石壁寺鴿兒ノ事

法花傳第九云大唐并《ヘイ》州石壁《ヘキ》寺ニ有一ノ老禅師一云志福法花讀誦ヲ為業一貞観ノ末ニ其ノ坊ノ楹《ハシラ》ノ上ニ鴿《ハト》生二ノ卵一ヲ成テ子一ト欲三シテ学《ナラ》ハント二飛一出栖《ス》一ヲ飛時羽（40丁オ）未悉生一故堕地二而死ヌ者僧見之一愍レテ讀壽量品一廻向ニ経十月一ヲ後夢ニ二ノ小兒来テ告僧一ニ云我レ二人ハ過去ニ依愚癡ノ因縁一ニ堕畜生道一ニ成鴿一雖然一依法花ノ廻向一ニ免畜生果報一ヲ寺十里去南里人ノ成子一ト今夜一腹ニ云二人生レタリト去又余ニ不審尋往テ問里人一ニ如夢二子生ヌ老僧今朝《ケ》生タル子ニ向テ呼二ノ鴿兒一ト随声一答《コタ》フ此故二ノ小兒ヲ云鴿兒一ト畜生スラ尒ナリ人間聴聞ノ人何堕《タ》セン悪道一ニ鴿子両七歳時昇石壁寺一ニ成沙弥一得道スト云云

三十五大唐蔚範良カ事

法花傳第九云大唐ノ長安縣ノ蔚範良カ家大富テ無子一祈深沙ノ霊像一ニ生一ノ男子一生《ウマル》ヽ時即發言ス至三歳一ニ方弁二ス世俗ノ言辞一ヲ識二知外典文一ヲ人皆云神ノ兒一ト無シテ師一自然ニ誦法経第三第四両巻一余ハ不能誦一又父母死去ノ後出家シテ名法習一深解両巻ノ義趣一ノミヲ余巻ハ讀誦スレトモ不覚《ヲホエ》一此無先世ニ結縁一故也此前世ニ鼠《ネスミ》時在逍遙《ショフ》園中一ニ聞法花三四両巻余ハ不レハ聞前世ニ不叶《カナハ》今受事ハ（40丁ウ）人身一前世聞法二巻故也来世依一部拝見一定可生安養浄土一也故知諸人存命内ニ急可聞法花一云云

三十六大唐ノ廣州ノ法誉カ悪業ノ事

法花傳第七云廣州法誉其性麁悪ニシテ造悪業ノ人也命終シテ至閻魔王宮一ニ王此人罪業ヲ撿《シルシ》タル札ヲ集ルニ積二車三両一ニ引馬頭

等来レリ二両ノ札ノ分ニ無一善一皆悪業ノ札也第三車ノ札盡時有一善札一法誉往或伽藍ニ一説ヲ法花経一生涯《カイ》間ニ一度聞之一去リヌ閻王歎之法花五十展轉ノ功徳尚《ナヲ》勝タリ一乗極聖ニ一況直ニ初會ニ聴聞セン功徳ヲヤ三車ノ罪業札不直《ストテシカ》善ノ札ニ一三車ノ悪悪業ノ札ヲ皆焼テ一善札ノミ残之一蘇生ノ後出家法花ノ持者トナテ往生云云

三十七大唐浄蔵法師ノ事

法花傳第七云宝臺寺ノ浄蔵法師鄷《ヘウ》州人也少シテ喪《ヲクレ》父母ニ一出家住宝臺寺ニ一性鈍ニシテ不能讀誦法花ヲ一晝夜嘆之一悔《クイ》先世業ヲ一歴年月一菜（41丁オ）食シテ讀只法花経一品ノミ一余ハ不覚ヲホエ一身力衰微シテ頓ニ悶絶至閻魔廰ニ一王見浄蔵法師ヲ一歓喜シテ令就金座ニ一合掌シテ讃云善哉大尺子勇猛讀誦法華不久得成佛利益諸有情讃已閻王ノ言ク汝カ壽ハ三年前ニ盡キヌ依法花讀誦力ニ故更ニ増ス今業壽既延還テ須讀一部（ママ）聞是語二已如シテ睡而覚《サムル》カ一流涙一此閻王ノ頂《頭歟》一天ニ書之一浄蔵終讀一部一往生兜率天一云云

三十八大唐預州ノ恵縁法師ノ事

法花傳第七云恵縁法師ハ預州人也少シテ出家食蔬《アサミ》ヲ一苦行シ心欣二求事兜率ヲ一更無休息一夢ニ一人ノ童子来告恵ニ一縁汝行ハ欣テ兜率ヲ一雖生彼天ニ二不レ可三奉二仕弥勒大士ニ一何以故未讀法花ヲ一云云夢覚晝夜讀誦ヲ法花一為浄業ト一更三年後夢ニ来前童子告恵縁ニ一云汝業既熟セリ壽未盡一先欲奉見弥勒菩薩一従ヘトテ我脇ノ下ニ一即接シテ上ル終ニ入内院ニ一拝見弥勒菩薩一弥勒説偈一云善哉大尺子轉讀一乗一故現身見我身一捨壽必生セント此《コヽニ》恵縁聞（41丁ウ）斯偈歓喜流涙見前後左右ニ有百千衆生會座一後見空座無人一即問天子ニ一答云此ノ空坐ハ尺迦如来未法花讀誦ノ人當来ノ座也云云夢覚テ一向誦法花一十二年ニ死シテ往兜率天一云云童子即大妙相菩薩也

三十九大唐東林寺ノ僧融ノ事

法花傳第七云梁ノ九江東林寺僧融法師ハ梁ノ初人ナリ住九江ノ東林寺誦法花ヲ一於廬山ニ一獨宿スルトキ来二鬼神一悩僧融ヲ一々々偏ニ稱観世音ト一後ニ天来授金剛杵ヲ一鬼神ノ甲冑砕《クタ》ケテ為塵一其後一向讀法花一声不絶一時感シテ普賢来二云汝讀法花一罪障漸滅三生必定得見真身一僧融終往生不見其体ヲ一云云

四十大唐揚州ノ巌敬ノ事

法花傳第七云巌敬ハ揚州人也家富無子一偏ニ帰正法ニ一讀法花經為業一後生男子一三歳ニシテ熱病シ眼盲暗《ソラ》ニ巌敬教二壽量品一少ニシテ不能持一纔誦（42丁オ）題目一而遇乱一屋内ニ掘《ホ》リ穴ヲ与衣食一而捨之一他国ノ乱静マリ三年アテ還家ニ一舎破レ梁柱散在下一有微音一即知盲兒ト一披穴一見肥《コエ》満眼復明ナリ悲喜シテ問因縁一兒ノ云吾持ス二法花経壽量品ノ題一一人乗白象一来放光一教句逗一初ノ讀ムトキ一品ヲ一得明眼一畢一部後更不見所去一巌敬生希有念一令教法花ヲ一甚通利如多年受持一終父母子三人往生云云

四十一大唐梁代ノ僧満法師ノ事

法花傳第二云僧満法師ハ梁代人也稚《イトケナウシテ》而聡明蔬食苦節シ博《ヒロク》通経論ニ一而以法花一為業一講事経ヲ一一百遍聞者流涙一毎至藥王品ニ一嘆息生死輪轉シテ無窮已《ヤム》一誰レカ為法一惜ン身ヲ一更於長沙郡ニ一發願一焼身一已以供養経一天ヨリ降《クタリ》微雨一灰中ニ生蓮花一三日不萎《シホマ》一云云

四十二大唐真寂寺ノ恵如ノ事

法花傳第三云恵如禅師者住真寂寺ニ一精勤苦行シ坐禅入定ヲ為業隋ノ（42丁ウ）大業年中ニ坐禅定隙誦法花経一入定七日不動一過七日一已恵如開目一涕泣流事涙一如雨衆人驚問所由一恵如答二云火焼脚ヲ一苦痛不可堪任一即令見瘡《キス》ヲ一脚《アシ》焼爛《タヽレ》通穴一衆復問由一答云有一ノ冥官一来テ閻魔使ト云テ捧ク書状ヲ一我レ即開見レハ閻魔ノ

召請ノ状ナリ即至閻魔宮ニ七日講法花無數罪人種佛道因王歡喜シテ以黄ナル絹三十疋ヲ奉施吾現ニ在坐前ニ而後閻魔王令見我レニ地獄ヲ至獄ノ門時鐵火迸《ホトハ》シテ即着吾脚ニ如拂之挙目視門王云地獄如此非ンハ法花力不可救済若欲救之将須講讀妙法如此之事吾今聞覚悟云々衆聞者悲喜云々

四十三大唐志實法師ノ事

法花傳第三云志實法師ハ十七出家学業清高厭世無常避衆中住山林ニ講法花経時天ヨリ雨《フ》リ細花驚謂《ヲ》モテ魔ノ変ト止講還入衆中ニ夢ニ感アリ敬法夜叉云汝莫懈廢此是レ天人ノ花於功德中ニ（43丁オ）最勝ナル者ナリ無過之依之亦入講堂経ヲ講スル夜官人馳《ハセ》馬ヲ到堂門外ニ下馬云閻魔使者志實入講堂善哉也ト云々里人皆聞官人声明旦ニ皆至志實石室ニ皆礼帰法花往生云々

四十四大唐相州ノ道昂《イウ》ノ事

法花傳第三云道昂法師ハ於相州ニ講法花経見ニ衆ノ音樂ノ従空中来ヲ天告云此兜率天上生ノ瑞相云々道昂云天道ハ有女人生死根本ナリ是故不願所ハ念唯西方耳《ノミ》言訖《ヲハ》テ見レハ西方ヲ妓樂紫雲等旋轉シ来迎三尊雲上ニ見昇高坐ニ往生ス人皆法花ハ西方ノ極善也云々仍同時一国皆帰法花云々

四十五大唐白馬寺ノ曇邃法師ノ事

法花傳第四云曇邃法師ハ少テ出家住白馬寺ニ蔬食布衣ニシテ誦法花経常ニ一日ニ一遍講經旨ヲ或夜聞扣《タヽ》ク戸レヲ声ヲ云欲請シテ法師九旬（43丁ウ）説法セサセント云夜明《アケ》テ見レハ我身ヲ不ルニ往忽在白馬寺ノ鎮守塢《ウ》神祠ノ中ニ有一ノ弟子日日ニ出入ス余人不知往方ヲ七日講法花ヲ異香満社中ニ七日過テ為《スル》ニ去ラント一夏居社頭ニ講法花一夏ノ竟《ヲワリ》ニ神手《テツカラ》以白馬一疋羊五疋絹九十疋施法師ニ呪願シ

テ給畢傳聞ノ人々皆帰法花一往生云云

四十六大唐法花臺法宗ノ事

法花傳第四云法宗法師臨海ノ人ナリ少シテ獵《レフ》師也射《イル》孕《ハラメル》鹿一胎破レ子堕ッ子ニ立《タチ》タル箭ヲ食《クイ》ヌキテ子ヲ舐《ネフ》リ流涙ヲ母鹿死去ス時捨弓一折《ヲリ》矢一出家シテ讀誦法花一所住家ヲ為精舎一号法花臺ト三十余人同行トシテ六時懺悔罪障ヲ誦法花一時有光明来一照法花臺一夜如晝ノ諸人来照此光ニ病人来テ触《フルレ》ハ光ニ病即時愈《イユ》彼一期ハ無暗夜尺尊白光照之一云云

四十七大唐廬山ノ恵慶ノ事

法花傳第四云恵慶法師ハ廣陵人也少出家シテ住廬山寺ニ讀誦ス法花ヲ（44丁オ）毎夜一吟《キン》シ諷ヲ常ニ聞ニ闇中ニ有ニ事ヲ弾指讃歎之声一云汝諷誦法花一我等深生喜一決定成仏道一唯願ハ誦事法花ヲ不止一六十二年死去海中ニ浮覚船ヲ浪ノ中ニ龍神隠レテ引船ヲ至菩提ノ岸ニ異香満空ニ樂音聞空ニ往生兜率天ニ人皆發菩提心ヲ帰法花一云云

四十八大唐瓦官寺ノ恵《エ》果ノ事

法花傳第四云恵果法師ハ豫州ノ人也少蔬食苦行シ住瓦官寺ニ誦法花經一於厠《カワヤ》ノ糞中ニ有一ノ餓鬼一告恵果ニ云我レハ昔此寺ノ維那《ユイナ》法師也依銭三千埋《ウツ》ミシニ柿木本ニ堕糞土中ニ食糞土一不施他人ニ不供三宝ニ故成餓鬼ト云恵果悲愍之一告衆僧ニ以力者一掘ルニ之ヲ如告ノ有銭三千枚一以之一書法花經一部廻向餓鬼一七日往来天子一告云依法花功力一免餓鬼苦生忉利ノ摩尼殿ニ云云恵果十六ニシテ往忉利天一云云

四十九大唐栢林寺弘明ノ事（44丁ウ）

法花傳第四云弘明法師會稽山陰人少出家誦法花一習禅定一六時礼懺ス時毎朝ニ水瓶ニ自ラ満テリ水一實諸天童子来テ給仕

スル也昔於雲禅及誦法花ヲ一見一ノ小兒一来聴聞ス三誦ルヲ法花ヲ二云汝何人答云昔此寺沙弥為ノ三盗ス僧ノ飲食《ムカ》一故今堕フ膚《ハタヘ》中ニ一願助方便免ヘ此苦一即説法花一廻向次夜空中ニ有声一云依法花廻向ノ功力ニ一免盗賊ノ業因ヲ一往生兜率天ニ云云弘明法師永明年中ニ往生兜率天一云云

五十大唐雍州法常法師ノ事

法花傳第四云法常ハ一心ニ誦法花ヲ一不樂人間ヲ一常ニ遊山林一遂隠ニ白鹿山ニ一晝夜ニ常ニ誦法花一時常ニ一童子来供給ス餅飯等自然而有之一臨終之時ハ紫雲聳《タナヒ》キ山ニ一異香満山ニ一死ス其死骸《カイ》ヲ置クニ巌《イワヲ》ノ上ニ一経多年一余ノ骸骨ハ枯朽レトモ唯舌ハ如本一見者誦法花一故舌不朽一色不変一此三十余年同躰ノ舌云云後取舌一入塔一供養之一（45丁オ）

五十一大唐并州誦經古舌ノ事

法花傳第四云并州東ニ有人一掘地ヲ一土色黄白ナリ怪怪《アヤシミ》テ見之一見人両脣《クチヒル》ヲ一脣中ニ有舌一紅赤色ナリ帝王奏聞シ問諸人ニ一無答一沙門大徳法常法師云此レハ持昔法花不断讀誦法花一人ノ舌也云云取此脣舌一納塔中ニ一時トシテ供香花ヲ一有レハ請事一舌忽動キ似誦經ノ声ニ一聞見者驚耳目ヲ一此迦葉佛ノ時人誦法花一舌也トテ頂戴之一今在之一云云

五十二大唐拏《タ》山寺恵顕ノ事

法花傳第四云拏山寺ノ恵顕法師ハ泊済国人也少家讀誦法花一為業一死去ノ後屍骸ヲ置石窟中ニ一虎来噉《クラフ》身骨一唯残《ノコス》舌ノミ一ヲ唐玄宗代宗肅《シク》宗三周ノ間其舌不朽一弥紅赤柔軟勝常ニ一後方変紫色一終成石ト一道俗皆敬立石塔一中納之一常来拝之一諸人拝ノ時ハ舌ヨリ放光云云此人ハ貞観《チヤウ》ノ初五十八ニシテ往生云云（45丁ウ）

五十三大唐沙弥曇無竭ノ事

法花傳第四云黄龍沙弥曇無竭者不断誦観音経一昔尋仏国ヲ一達《イタ》ルニ天竺ニ一舎衛国ノ路ニシテ逢《ア》フ野象ニ一為法師ヲ食セント一時稱南

無観世音一ト即林中ヨリ師子来象追拂復逢《ア》フ野牛一ニ稱南無妙法蓮花一ト時大ナル鷲《ワシ》来野牛ヲ追拂終免牛象難一拝祇薗精舎一至
霊鷲山待勒(ママ)下生一云云故知観音ト法花トハ一云云

五十四大唐法花山ノ僧翼等ノ事

法花傳第四云法花山ノ僧翼ト般若寺ノ大善ト玉泉寺ノ弘景ト南洞寺ノ道囮《クハイ》等ハ偏講讀法花一為業一無余事一處講堂一ニ講説
法花時天ヨリ種々花雨ス事七日普賢乗シテ白象一ニ来於其ノ人前一ニ放光一證明故随所願一ニ十方浄土ニ往生云云

五十五大唐瓦官寺恵獻ノ事（46丁オ）

法花傳第五云恵獻法師ハ金城人也父母同時ニ死スル故ニ為父一誦法花経一為母一書二涅槃経ヲ一巻一時ニ空中ニ有音一告云
是レハ汝父ナリ為吾一誦法花経一故生忉利天一ニ誦フ満レハ千部一ニ聖衆来迎シテ従天一生浄土一ニ汝カ母ハ依涅槃経ノ力故即生不動
国一ニ五更ニ恵獻仰テ見ルニ虚空一ヲ細花雨《フ》リ光明放光明ノ中ニ有二人ノ天子一即父母也云云

五十六大唐宣州ノ法空尼ノ事

法花傳第五云法空尼ハ宣州人也幼稚ニシテ詣五臺山一ニ西南百余里ニ建二立安寺一ヲ出家後祇洹寺一受戒一毎誦法花一用為常
務一後至花厳至花厳寺一西北三泉院ノ前林中更逢《アフ》一ノ老人一ニ謂《イフ》法空一ニ汝寄《ヨ》住此一修行セハ妙法一ヲ決定シテ證ントト勝果一ヲ言ハ畢テ
不見一法空知大聖文殊ノ告一ト悲泣涕涙即依此院一別結草庵一居此一蒙大聖告ニ語教示妙法蓮花四字開仏知見清浄無染ニ
シテ得生浄（46丁ウ）
土一而坐如生一死大衆荼毗彼皆成舎利一万人造塔一供養之一云云

五十七大唐惣因寺ノ妙運(運)ノ事

法花傳第六云妙運法師ハ慈悲済物一ヲ持誦スルヲ法花経一為業一夢ニ生兜率天一ニ聖衆如星一弥勒告妙運法師一汝依二妙経ノ若

人受持讀誦是人命終即往兜率天上弥勒菩薩所ノ文一来此天一人間ノ為證據ノ一弥勒妙運左右ノ手ニ一塗《ヌ》ル香ヲ一夢覚《サメテ》見ルニ現ニ
左右ノ手ノ香氣満代州ノ一国ニ一王民皆王民皆（ママ）信之一帰法花一七十余ニシテ天童来引手一入雲中一云云

五十八大唐真寂寺恵生ノ事

法花傳第五云恵生ハ従恵如一受道一恵之カ所生ナレハ名恵生ト一誦法花ヲ一為業ト一七日入定一不動一閻羅王請此法師ヲ一令レ見ニ地
獄受苦ノ様ヲ一王宮ノ東方ニ有卅二ノ大城一副《ソヘ》テ王ノ使ヲ一遣《ヤル》法師ヲ一卅二ノ大城ヲ一々ニ廻ル中ニ火炎熾盛ナル中ニ（47丁オ）
有無量沙門一受苦ヲ一使者ノ云此ノ諸沙門ハ悳《コノン》テ名利名聞一破戒一畜不浄物ヲ一乗車馬ニ一受人信施業也又一城中ニ有五百沙
門一受苦一使者ノ云此ノ沙門ハ昔服俗衣一故ナリ又一城中有五千沙門一受苦一使者云此昔不シテ二知三宝四諦等ヲ一虚ク受信施
故或悳香湯沐浴一或遊行世間ニ一或犯四重一或白衣ト同宿シ或田畠種殖或自食シテ不与他ニ一或経男女根ニ一取経巻ヲ一或乗馬一
ニ行寺門一或ハ着《キ》ニ履《クツ》草鞋《カイ》上履《リ》等ヲ一上テ厠《カワヤ》ニ一踏《フ》ムニ佛宝僧ノ影ヲ一或食シテ酒肉ヲ一言《イ、》無罪一或帯弓箭ヲ一或師弟發瞋恚一或生怨想一或
取僧林ノ菓一或不着袈裟二入聚落ニ一或不浄説法或不浄ニシテ入堂塔一礼佛一或受持大乗一等此卅二ノ大地獄ニ定堕一方地獄
如此一九方亦尒也ト云出定一開目一感涙余《アマ》リ袖ニ一閻王ノ云恵生ニ有二ノ罪一可堕地獄一一ニハ為ニ恵生ノ父母殺猪羊魚鳥等ヲ一二
ニ恵生沙弥タリシ時盗僧分ノ食故ナリ雖然誦法（47丁ウ）
花経一故滅二罪一生浄土一弥花讀誦不止一終往霊山一云云

五十九大唐十力寺ノ曇義ノ事

法花傳第五云曇義法師ハ并州人也幼シテ出家シ住十力寺ニ一堅持林戒一行頭陀ヲ一常居五臺山ニ一依殊ニ一修勝業一毎日誦法花一
口ノ中ヨリ放光一々随音韻一化佛出現臨終時自云テ唯獨自明了余人所不見ト一往生兜率天一云云

六十大唐洛州ノ林通法師ノ事

法花傳第五云林通法師ハ貞観三年ニ發心不断誦法花至ルトキ死門㆒ニ忽ニ有官人六人㆒来テ前後左右ニ囲繞シテ大城ニ趣時傍ニ有一人ノ僧㆒自ラ云ク吾レハ此レ薬王菩薩也汝誦レトモ法花㆒ヲ不稱《カナワ》其意㆒頓致死門㆒教一偈㆒ヲ云毎自作是念以何令衆得入無上道速成就佛身㆒ト以此ノ文意㆒誦セハ法花変地獄㆒為蓮花池㆒ト轉苦器㆒作佛界身㆒勿レト（48丁オ）妄㆒林通誦レハ此偈㆒ヲ声ノ所處ノ受苦ノ人皆得解脱㆒十八地獄変作花池㆒王ノ云止々不須説㆒ト早ク還サル人間㆒ニ即二日ニ方蘇生終往生云々

六十一大唐秦姚興皇帝ノ事

法花傳第七云秦姚《ヨウ》興皇帝ノ時羅什三蔵書スルニ法花㆒ヲ筆端ヨリ放光㆒々中ニ見化佛及文殊㆒秦主為亡親自書經㆒始題放五色光㆒纔ニ得両巻㆒秦主夢ニ浄室頓ニ如浄土㆒金色光明充満其中㆒光中ニ亡親有之㆒歓喜説偈㆒言㆓善哉聖主自手造経㆒乗斯功徳㆒生忉利天㆒供養之日當生第四㆒奉事弥勒㆒聞法悟解㆒ト即夢覚在浄室㆒一部書訖弘始九年正月十五日於大寺中㆒供㆓三千僧㆒羅什在高座講経時雨花㆒地動ス雲集衆九万余人帰法花㆒ニ等云々

六十二大唐齊州ノ道儁《シュン》ノ事（48丁ウ）

法花傳第七云道儁俗姓王種姓也雖然㆒大欲ニシテ積米銭㆒為畜《タクワエ》㆒大慳貪ニシテ不施㆓三宝㆒ニ一銭㆒ヲモ或時忽受重病㆒一人法師来云延命ハ施㆓スニ財宝ヲ三宝㆒ニ不シト云如㆒時心少開テ自積メル宝三分一ヲ施諸寺㆒ニ後病癒《イエテ》自見蔵㆒ヲ宝滅セリ諸寺法師盗賊也取《トレ》リト云蔵中ノ宝㆒ヲ腹立スル間法師諸寺ノ施物ヲ皆還シ畢テ又本病再發苦痛責身㆒ヲ目如大盞《サラ》ノ㆒頸《クビ》如針孔㆒腹大ニシテ終死去シテ堕餓鬼道㆒ニ法師大慈悲人故愍彼慳貪愚癡業因㆒ヲ書寫シテ法花廻向後夢告法師㆓云吾レハ依慳貪ノ業㆒ニ堕餓鬼道㆒雖経百千劫㆒ヲ不浮《シ》㆒而ルニ依法花ノ善因㆒ニ生兜率天㆒ニ身財宝一塵モ不残㆒諸寺寄進シ家ヲ成《ナ》セト寺㆒ニ云々

六十三大唐法豊寺法豊法師ノ事

法花傳第七云法豊法師ハ姓ハ竺氏修二理法豊寺一ヲ久住寺一ニ而死シテ堕餓鬼道一ニ至初夜ノ時一ニ廻寺院一ヲ大叫《サケ》テ云我レ滅僧食一ヲ
故堕ス餓（49丁オ）
鬼一弟子ノ珍恵法師聞之一此レハ我師ノ法豊法師ノ声ナリ深嘆云是ノ我師依何一ニ受餓鬼苦一以何善一救ハント彼一而書寫法花一
廻向後辰朝来寺一高声ニ告云法花功力廣大ナリ救重苦一生兜率一ニ弟子等無レト嘆云云

六十四大唐智琰法師ノ事

法花傳第七云定水寺智琰法師ハ巧書ニ無比《ナラ》ヒ一自欲書寫法花経一ヲ極貧道ニシテ無紙一通夜《ヨモスカラ》嘆之一ヲ夢ニ鳳凰含紙一来見ル夢覚見
レハ前ニ法花一部ノ結構《コウ》ノ断紙有之一感歎無限一無程一一部書寫シテ納塔中一ニ發願シテ云此経永劫ニモ不シテ朽一弥勒出世ニ可《ヘシ》ト
値一願フ々力不思議ニシテ此塔上ニ不下雨一雲不来一今ニ不朽一法師終ニ往生兜率一ニ云云

六十五大唐綿《メン》州ノ寡《クワ》女カ事

法花傳第七云綿州ニ有寡女《ヤモメ》一為亡夫一欲書法華経一以請仏弟子ヲ於浄室ニ令書之一供養ノ日牛来仏前ニシテ死去ス女并導
師驚取（49丁ウ）
之一入河一其夜夢ニ沙門来告女ニ一云此牛ハ汝カ夫也夫在生ノ時取人ノ粟一故堕畜生道一此三年間ハ粟主ニ仕《ツカ》ヘキ依法花功徳ニ一
今免畜生業果一生兜率一云云仍妻女モ出家帰法花一往生云云

六十六大唐并州李遺龍カ事

法花傳第八云李遺《リイ》龍ハ并州人也其家書業ヲ相継ス究微ヲ一龍カ父ヲ云烏龍ト一不信佛法一耽酒肉ニ一謗佛経一狂乱ニナテ告子ニ一云
若遺龍吾カ子ナラハ不可信佛経一即吐《ハイ》テ血ヲ一死去ス遺龍信父ノ言ヲ一不信佛経而并州ノ々主司馬信ニ一法花ヲ一欲スルニ三寫ニ二如法ニ々
花ヲ一無能書一遺龍ハ此レ能書也司馬以方便一調伏スレトモ不随一仍欲害セント一時以金玉ヲ一龍遂《ツイ》ニ立経題ヲ一其夜夢ニ百千人ノ天子

圍遶シテ大威徳ノ天ヲ一遺龍カ父ノ烏龍也吾レ先生ニ大愚癡ニシテ不信佛法ヲ一故堕大地獄ニ一火纏身ニ二一日一夜万生ス牛頭馬頭等来截《キリ》舌ヲ一裂《サク》肉ヲ一時ニ地獄上ノ虚空ニ有光明一々々ノ中ニ現一ノ化（50丁オ）仏一説偈言假使遍法界一断善ノ諸衆生リトモ一タヒ聞法花経ヲ一決定シテ成セント菩薩(ママ)ヲ一如此一六十四佛次第ニ現説偈一其時地獄火滅成池一我及衆生離苦生第四天一此レハ汝カ書題目六十四字一々ノ字現化佛身ト一説偈一給我レ与ト汝身ニ一一ノ血肉分ナリ同生ヘシト第四天一云云聞此説一皆一字一礼ノ金字法花ノ願今ニ不絶一云云

六十七大唐揚州李令《リレイ》カ事

法花傳第八云揚州李丘令ハ一生ノ間以鷹犬《タカ》ヲ一殺生類ヲ一其數無量ナリ不信佛法一長安二年正月十五日死去ス李丘令先立為妻ノ重病一ノ立法花書寫願一未果《ハタ、》一丘令七日アテ蘇生シテ云吾レ至閻王宮ニ一王開一生ノ書ヲ一給ニ無遁《ノカル、》所一獄率乗火車ニ一令遣《ヤラ》大地獄ニ一丘令言三法花書寫ノ願有二之一王驚反セト云娑婆ニ時獄中ノ諸人聞法花ノ名字皆免大業ヲ受清涼身等云云李丘令終法花書寫身（50丁ウ）心安樂往生兜率一生涙(ママ)殺生々類還成逆縁一往生等云云

六十八大唐満州不信ノ男ノ事

法花傳第八云満州ニ有一ノ不信ノ男二一向ニ信神道ヲ一不信仏法ヲ一若見テハ佛法僧ヲ一洗目一聞ハ洗耳一或時依私用ニ一至二仁壽寺ノ道如法師ノ所ニ一借《カル》二銭三千文ヲ一銭ハ有寺庫一待二テトテ云キ法花ノ方便品ノ初ノ行ノ終ハランヲ一忩《イソキ》書経ヲ一時終ノ一字未書一硯水盡道如指出スニ硯ヲ一吾レ不レトモ信仏法一不《ス》ンハ与硯水ヲ一可闕私用一不祥ナカラ入テ硯水ヲ一与法師ニ一自要満シ返テ不慮僻《タヲ》レテ地ニ一悶絶至閻王宮ニ一王云此男ハ南州第一ノ不信ノ者ナリ以邪見一身ノ為荘厳ト一入阿鼻地獄一時空中ニ有音二云此ノ男ハ汲《クミ》タル方便品ノ初行ノ終ノ硯水善人ナリ今一度娑婆ヘ反セト云閻王言ク空中ノ人ハ何ナル人ソト問答ニ方便品初行ノ終ノ一字即化仏也ト一即法花文

字一々ノ字即一々ノ化仏也ト云王驚返娑婆ニ返後出家シ妙照比丘ト成テ法花六十六部書寫シテ大唐ノ名山巡礼シテ終生兜率天一云云（51丁オ）

六十九大唐法道沙門ノ事

法花傳第六云法道沙門常誦観音経一為業一或時入山一遊行誦経一忽ニ逢賊人ニ賊挽《ヒイ》テ弓ヲ射《イル》之ヲ法道一心合掌一念観音ヲ欲ニ放箭ヲ不能放射一箭付テ弓ニ終ニ不離レ賊還問法師ニ念何佛一耶答観音ヲ賊折弓一折箭一同修行生天云云

七十大唐越州結縁経ノ事

法花傳第七云梁ノ天監十七年ニ依武帝綸《リン》言一毎《コト》ニ州縣一各書法花経一時越州ニ有一ノ老母一名神母《ミコ》ト邪見不信佛法一聞三普ク告ニ結縁綸旨ヲ内心憂悩シテ隠神廟下ニ閉戸一州縣皆各書経一後使者王宮ニ還ル路ニシテ神母遇ヘリ勅使ニ驚怖シテ馳走スル時倒《タヲ》レ地ニ悶絶シテ半日蘇生シテ自流涙一云我レ至閻魔王宮ニ王云汝邪見不信因果一謗佛法経若悔過信法花壽未盡可返娑婆ニ云云神母領状（51丁ウ）再三閻王忽含咲一還娑婆一返蘇生出家一向讀誦書寫法花名功比丘尼ト終往生云云

七十一大唐陥泉寺ノ義徹ノ事

法花傳第七云義徹法師ハ住蒲州ノ陥《タウ》泉寺一發願シテ以身血一書法花経一埋孤介《コケイ》山陽《ミナミ》ニ期弥勒出世ヲ鳥獣不踏其處一其處ニ不下霜雪雨一諸鳥不指影ヲ上ヲ不蔵一若人浄信祈念スレハ地中経ヨリ指光一昇空中ニ々々ノ光中有法花文一見之云云義徹法師乍生ニ入雲中一弥勒下生時下来拝此経ヲ云云

七十二大唐定曇韻法師ノ事

法花傳第七云曇韻ハ定州ノ人也後ニハ住温州一着浄衣一受八戒一入浄室一口ニ含香懸幡一寂然トシテ書寫法花経一時夢ニ普賢

菩薩現前云善哉如法書寫法花一即身ニ能離二十五有ノ苦一云云箱盛其経一置高巌上一経トモ（52丁オ）
年一不朽一等云云

七十三大唐河東ノ練行尼ノ事

法花傳第七云河東ニ有練行尼一常誦法花経一為《ツク》リ浄室ヲ一令寫此経一一起一俗燃香薫衣一仍寫経二一部ヲ八年ニ書畢ヌ供養厳重盡其恭敬一龍門寺僧法端法師常集大衆一講法花経一以此尼経本一為精定一或時遣人一請ルニ之一不借一法端責取後尼不得一法端於寺一開経讀ニ唯見黄紙一ノミヲ無文字一一部皆紙計也法端慚怖レテ即還尼ニ一々見紙一ノミヲ悲泣シ仰天一伏地一以香水ヲ一浣箱一沐浴頂戴置佛壇七日七夜行道シテ後開見レハ文字如故《モト》ノ一尼終生西方一云云

七十四大唐長安大寺ノ妙法比丘尼ノ事

法花傳第六云長安大寺妙法比丘尼ハ長安人也母夢ニ梵僧持三茎蓮花持来授ルト見懐妊シテ即誕生ス此故名蓮花ト出家十二ニシテ教法花経（52丁ウ）未シテ足一月一誦一部一故諸人其歎名妙法比丘尼一於佛前一焚香一立願シテ讀誦八千遍一誦ル声聞《キコ》ユ二百余里間ニ一臨終時ハ告大衆一云普賢現我前一来迎即往浄土一死去時座ノ前生三茎白蓮一七日不萎一見聞人皆帰法花一云云

七十五大唐憑州李山龍ノ事

法花傳第六云李山龍ハ誦法花二巻一以為善業一武徳中死去ス七日蘇生シテ自説言我至閻魔王宮ニ王問云汝作何善業一耶山龍答云誦法花経二巻一王云善人ハ可昇階一龍昇階ニ王起立シテ請法師ヲ龍昇高坐一々シテ龍唱妙法蓮花経ト序品第一一ト王云山龍誦経ノ福非自利一ノミニ乃庭上内外衆人皆獲益一云云龍王宮外見一ノ大鐵城一堕衆人一受大苦一龍向彼地獄ニ唱南無妙法蓮花経ト即傍有二人一坐如睡一山龍問之一二人云我等今日計聞妙法名一故獄中諸罪人休息（53丁オ）

依之重唱レハ或生天或生西方ニ等此故龍誦一部終兜率往生云云

七十六大唐恵明法師ノ事

法花傳第三云恵明法師ハ聡恵多聞ニシテ悟仏乗講法花入深山坐石室ニ室ノ前ニ有無量虎狼等聞之後々ニハ持菓子等来レリ盲目猴《サル》即時死ス経三月後夜ニ石室上有光明是レ天人ナリ自云吾ンハ室前死猴也依聞法花故生忉利天受樂為報恩以真珠八粒来与恵明ニ説偈云尺迦如来避世遠シ流轉シテ妙法値キ遇スル事難値解義亦為難雖解講演最為難若聞是法一句偈乃至須臾聞不謗三世罪障皆消滅シ自然成佛道無疑吾今聴講捨畜身生在欲界第二天威光勝於舊生天勝利難思不可説々此偈已還上本天此ヲ云石室記ト云云恵明乍生生天云云

七十七大唐空恵比丘尼ノ事（53丁ウ）

法花傳第九云唐ノ惣章年中ニ天竺達磨跋陀来此云法賢面皃端正ナリ誦法花経音声愛雅ニシテ人ノ所樂聞《カント》時有處女初見門生愛着ヲ静夜近キ僧ニ宿ス僧通夜《ヨモスカラ》講提婆品ノ龍女ノ文ヲ時女人殊勝ナル故妄念忘レテ一礼シテ下向時渡海ノ船漂流ス時有一人ノ丈夫負《ヲイ》此女人置岸上助命衣装不湿《ヌレ》夢ニ来沙門告女ニ云依提婆品浄心信敬ニ免漂流水ノ難ヲ前ノ丈夫人ハ提婆達多也汝今ヨリ後離愛着心帰法花ニ不レト受女人身ヲ夢覚悔過尋行法賢ニ出家シ諸（ママ）五臺山而住ス号空恵比丘尼ト云云

七十八大唐蒙遜王ノ癒病ノ事

法花傳第七云梁時ノ蒙遜《ムソン》王依先業遇重病ニ諸薬ヲ用ルニ不癒《イエ》祈天神地祇ニ不治天竺曇摩羅懺法師ヲ号伊彼勒菩薩ト来告大王ニ天竺諸薬不可為薬業病ノ故此有妙薬号法花経ト即請百僧講讀（54丁オ）法花即時ニ病患本腹（復）ス大王感悦自書観音品ヲ不断ニ為持経懸守ニ其時ヨリ人別ニ持観音経ヲ大王八十有余ノ後乗紫（ママ）往

生霊山一ニ二世得益也云云

七十九大唐安居縣ノ様女ノ事

法花傳第七云安居縣ノ様女發心誦法花提婆品一為業一信心女人ノ故讀誦ノ時ハ手ニ塗《ヌリ》香ヲ一口ニ含香一後始誦之一其母沈重病ニ一少女向母誦提婆品一即時平癒ス常ニ誦時ハ異香滿室ニ一十二年誦経ノ後女根滅生男根一一生不犯ノ女人也臨終時頭上ニ白蓮花一本生出《ヲイ》タリ西方往生ス聞見諸人皆帰法花一ニ云云

八十大唐太原ノ少女ノ事

法花傳第七云太原ニ有少女一父母一度ニ死去ス漸發人情一戀慕父母一従真妙尼ニ一受藥王品一晝夜誦祈父母得道ヲ一夢有沙門一云汝誦法花一品功徳ニ父母生西方浄土ニ我レハ是レ藥王菩薩也云云仍出家誦一部号發心（54丁ウ）比丘尼一往生云云

八十一日本越後ノ神融法師事

日本法花驗記下云神融法師ハ越後国高志郡人也讀誦法花経一深薫修年積レリ鬼神承命一国王遙帰依之其国ニ有国上寺ト云一有檀那一造立宝塔一供養時三度マテ下雷一焼塔一畢神融語檀那ニ云勿疑一今度ハ我以法花功力一令《シ》メント云息災ナラ依之一亦造立塔供養スルノ日祈禱ニ讀誦法花経ヲ一時又如古ノ一雷電塔上ニ振動ス雖然一神融法師高声ニ誦法花神力品ヲ一時虚空ヨリ十五歳計《ハカリ》ノ童子下五体被縛一流涙一起臥辛苦ス向神融ニ一云吾レハ雷神也吾レ地神レ（ママ）契約スル故地神ノ云ク吾カ住スル上ニ立宝塔一吾レニ無住處一雷神塔ヲ壊給ヘト云故三度マテ破之一今ハ法花神力品ニ吾カ五体ヲ縛ラル助給ヘト悲歎ス地神モ今度ハ移《ウツ》リヌ他處ヘ一今ヨリ後塔ニ煩ヲ不可作一云云此時誦経一止之一彼山ニ無水一雷神縛ヲ解《トク》悦ニ巌《ユワヲ》ヨリ出清水一今不絶一此寺ノ方一里内ニ雷神不来一神融ハ景雲年中ニ（55丁オ）

往霊山一ニ云云

八十二日本越後乙寺ノ道心沙門ノ事

法花験記下云越後ノ国乙寺ノ道心沙門ハ一生持誦ス法花ヲ一時毎日猿《サル》二疋来テ聞法花経ヲ一合手ヲ一礼シテ去リキ如此三月来レリ其後猿百疋計リ木ノ皮ヲ剥《ハキ》各負《ヲテ》来ル後二疋ノ猿ハ或時ハ持柿栗等ノ菓子ヲ一来或時持シテ暑預《ヤマノイモ》来持経者感之流涙一猿モ流涙連々ニ如此一持経者為猿一書法花経一至第五巻ニ時一三日二疋猿不来一持経者怪《アヤ》シミ出草庵ヲ一山ノ近邊ヲ見ルニ二疋猿暑預ヲ掘《ホル》トテ山崩《クツレ》テ二疋ノ猿頭ヲ入穴ニ一死去シ了ヌ沙門仰天伏地一嘆《ナケ》ク之ヲ一余《アマリ》ノ浅増《アサマシサ》ニ法花五巻ヲ為猿一刻《エテ》乙寺ノ柱ヲ一奉籠《コメ》之一出行脚《アンキヤ》ニ一卅年後又還彼寺ニ一時ニ紀ノ躬《ミ》高ノ朝臣成ニ越後ノ国司ト一着《ツク》府中ニ一最前ニ参ニ向シ三嶋乙寺ニ一住僧ニ問ニ此ノ寺ニ不ル書了《カキヲワサル》ヲ一法花経有リヤト之一寺僧不ス知ト云一寺ノ奥ノ庵室ニ住ル道心沙門ニ問之一八十有余ニシテ出テ、向テ国司ニ申ス我昔為猿ノ法花（55丁ウ）経五巻書テ々不了一納柱一国司合手ヲ一向沙門ニ云吾レハ其ノ時ノ猿也今ハ成夫婦一仕《ツカ》エシ法花持者ニ一故捨畜身ヲ一成レリ人身ト一為ニ其ノ法花経ヲ書續《ツカン》一此国ノ々司ト成テ吾レ来ト云持経者流涙ヲ一集衆僧ヲ一奥三巻ヲ書續ク国司為《メ》ニ供養ノ一於乙寺ニ一書寫法花経三千部為シテ二道心沙門ヲ供養導師ト一供養納彼寺ニ一供養日天花雨《フ》テ異香薫ス無幾程一国司夫婦一度往々々々ノ日白雲空ヨリ下音樂驚耳目一恭雲中ノ聖衆ヲ拝見ス道心沙門ハ経供養日兜率天往生云云

八十三日本信濃国司頓寫ノ事

法花験記下云信濃ノ国司上京ノ時途中ニ有三尺計ノ虵一随前後ニ顕隠シテ上《ノホル》国司ノ云此レハ信濃ノ神カ若霊氣カ不審《ナリト》云人々為殺《スルヲコロサント》一国司留《トヽム》此ヲ一々虵夢中ニ告国司ニ一云吾カ年来ノ怨敵ノ男籠《コモレリ》ニ御唐櫃ノ底ニ一給ラハ即還ランヤト云夢覚テ朝《アシタ》ニ令レルニ見ニ唐櫃ノ底ヲ一有老鼠一疋一老鼠ハ怖タル虵一形ナリ虵ハ挙頭ヲ一悦タル形ナリ如此一互ニ（56丁オ）

殺食スル事五百生也国司大慈悲ノ人ニテ為ニレ止《ヤメン》二蚰鼠ノ互食一ヲ椙原《スワラ》ト云處ニテ三日逗留シテ蚰鼠ヲ各入器物ニ一覆蓋ヲ一請衆僧ヲ一書法花頓寫一部ヲ一廻向ス其夜ノ夢ニ天人来テ告国司ニ二云吾レ等二人生々世々ニ互ニ害シ々サル、罪依法花頓寫ノ功徳ニ一消滅シテ生第四天ニ一国司三年過テ生シ同天ニ一給ヘシ其時為報恩ノ一下来シテ御支トモ申ヘシト云昇シテ天ニ一後ニ器物ヲ見レハ両畜同死云云

八十四日本越中ノ海蓮法師ノ事

法花驗記下云越中ノ海蓮法師ハ法花ヲ誦習フニ序品ヨリ至観音品ニ廿五ヲハ無程一讀畢ヌ余ノ三品ヲハ日重讀トモ之一不覚一嘆之一詣立山及白山ニ一一夏祈之一雖然一習ヘハ即忘レ更ニ不憶持一或時夢ニ現シテ普賢菩薩一云汝ハ昔シ蟋《キリ〱ス》ナリ住僧坊壁ニ一其坊主夜中ニ誦法花経一讀廿五品マテ一蟋聞之一余三品ヲハ苦《クルシ》キ故ニ不讀一懸壁一臥ス其時蟋押《ヲシ》殺故終三品ヲ不聞一故今不得習一雖然一依法花廿五品聞法縁得人身云云此法師天徳元年往生云云（56丁ウ）

八十五日本加賀国翁和尚事

法花驗記下云翁《ヲウ》和尚ハ加賀国人也身俗形ナリ而ルニ着僧衣一故人名翁《ヲキナ》和尚一ト法花ノ持者也世間貧道ニシテ無一粒ノ畜《タクワヘ》一不断法花経一部ヲ持シテ行山里一ヲ乞食或時向法花経言吾レ現在ハ幾程無之一助後生ヲ一給ハ、令見其ノ瑞相ヲ一給ヘト申時口ノ内歯四落成金色舎利一ト歓喜無極一臨終時経ヨリ放光一光（ママ）一照一国ヲ一其身持経一誦二壽量品ノ毎自作是念以何令衆生得入無上道速成就仏身ノ文ヲ一乍生往虚空ニ一云云

八十六日本美濃国ノ薬延沙弥ノ事

法花驗記下云薬延沙弥ハ美濃国人也似法師一非法師一髪二寸計ニ生タリ着俗衣一晝ハ田猟魚捕食肉一夜ハ沐浴身着清浄衣一入持仏堂ニ一通夜ニ誦法花一一夜定誦一部一自云其ノ年月日極樂往生ト云人不信之一爰薬延往生時至ル兼日ノ如言一天雨花一樂音驚耳目一従西（57丁オ）

来紫雲一々中有声二云藥延沙弥今日往日往生哀(ママ)平年中往生云云

八十七日本紀伊国ノ悪女成蛇ト一事

法花驗記下云紀伊国牟婁ノ郡ニ有悪女一成《ナリ》ヌル事蛇ト一奥州ヨリ熊野参詣ノ沙門二人来寄宿ス一人ハ老僧卑賤ナリ一人ハ若法師容顔端正也家主ノ女寡《ヤモメ》也夜半ノ比《コロ》若法師ノ處ヘ竊《ヒソカ》ニ行望交會《クワイ》ノ事ヲ一法師二云女人ノ心大切ナレトモ吾レ多年宿願也熊野下向ヲ待給ヘ今ハ不《ス》ト云可叶《カナ》フ一無フ力一女可《ヘシ》ト待下向ヲ一約束シテ還ヌ早旦ニ出テ、詣熊野ヘ一下向ニハ秘《ヒソカ》ニ隠テ別ノ路ヲ通リヌ女人立門ニ一待處ニ人其法師ハ今日ニハ三日前ニ通テ別路ヲ一奥州ヘ下向ト云女人五尋《イツイロ》ノ大蛇トナテ追行ク法師至二道成寺ニ一安堵《ト》ノ思ヲ作シテ居《イ》タル處大蛇追来ト傳フ風スル間若モ約束ノ女人ニモヤアルト申寺僧ニ一下《ヲロ》シ二大鐘ヲ一入鐘ノ中ニ臥ヌ大蛇来巻《マキ》大鐘ヲ一以尾叩《タヽク》龍頭ヲ一毒蛇両目ヨリ流シ涙指本路ヲ一還ヌ寺僧見ルニ鐘ヲ一為毒蛇一焼レ火炎熾盛ニシテ人汲水一消スニ之一法師皆焼テ骨ノミ残老僧取骨ノミ一奥州ヘ還ヌ一月ノ後ニ夢ニ大蛇来テ告老僧ニ云吾レハ此レ鐘ノ中ニ籠《コモリ》シ僧也（57丁ウ）終ニ女ノ大蛇夫受苦一無量吾レ未積法花功ヲ一故遇此難一大慈心書二法花如来壽量品ヲ一我等夫婦二蛇ニ廻向シ給ヘト云夢覚流涙一自書壽量品一為ニ二蛇一ノ修一日法花平等大會ヲ一其夜ノ五更ニ本ノ形ニテ女人法師来テ合掌一一心ニ礼老僧ヲ一云吾等《ラ》依前世ノ業因一成レリ二蛇ト一而今依法花ノ功力ニ一捨邪道ノ業報一女人ハ生忉利天一法師ハ昇ルト云兜率天ニ一老僧出見レハ虚空ヲ一白雲中ニ有二人ノ天子見ムト云云

八十八日本攝津国ノ道師ノ事

法花驗記下云昔天王寺ノ道公法師熊野ヘ参詣シ下向ノ時道《ミチスカラ》更誦法花経一間途中ニシテ日晩《クレテ》或大樹下ニシテ敷木葉ヲ一夜半ノ比《コロ》老翁一人来云吾レハ道祖神也吾レ年来居シテ此木本ニ一相待法花結縁ヲ一處幸ニ遇ケリト云聖人ニ一吾レニ与三書二法花ヲ一給ト云テ浄妙衣服種々飲食持来与僧ニ一依之一大木本ニ逗留シテ書法花経一回向シ経十五日ヲ一還ル時道祖神来テ云依法花功力ニ一捨吾カ下

劣神形一ヲ得浄（58丁オ）
妙身一ヲ往補陀落山一ヘ成ルニ観音眷属一ト實ニ思ハ、知ラントニ其證據《コ》一ヲ木ノ枝ニテ造柴船《シハ》一ヲ大木本ナル吾カ木形一ヲ浮海一ニ給ヘト云道公法師
不思議ニ思造柴船一乗木本ノ道祖神ノ形一ヲ浮海數千人民見ルニ之一風不ルニ吹一柴船指南方一早ク走《ハシ》ル遙ルニ見ユル程ノ時ヨリ船
上ニ顕菩薩身一放光明一妓樂歌詠シテ遙空昇云云聞者皆發心云云

八十九日本金峯山ノ轉乗法師ノ事

法花驗記下云轉乗法師ハ大和国吉野金峯山ノ住僧也天姓於盛ニシテ志専仏法一ニ誦習法花一ヲ為業一ト無程一始六巻ヲハ習得テ
暗《ソラ》ニ誦之一七八二巻ヲハ誦習スレトモ不覚一経年月一誦事七八二巻一ヲ及ニ三万遍一ニ更不覚一詣蔵王権現一一夏祈之一夢ニ現夜
叉神一告云轉乗法師ハ前生ニハ毒虵ニテ住播磨国一ニ有ル聖人来テ其虵ノ邊リニ宿通夜ニ誦法花経一ヲ夜中ニ誦六巻一ヲ夜明ヌレハ
七八二巻ヲ不誦行脚畢ヌ而毒虵聞法花六巻故今成人ト誦六巻七八（58丁ウ）
不聞不覚一夢覚深發道心一弥誦法花一時来多聞天王一教七八二巻一悉地満足壽祥（ママ）二年ニ白雲空中ヨリ来乗此一往生兜率
天一ニ云云

九十日本伊賀国源丈（大）夫カ事

法花驗記下云伊賀国山田郡ニ有源丈夫ト云者一為母ノ第三年ノ追善一ノ為ニ奉三請法花ノ持者一ヲ出テ、路通一ニ待時ニ遇乞食沙
門一ニ善知識ト思テ請ニ法花講師一ニ領状シテ即同道シテ行家一ニ宿スル夜沙門夢ニ見黄牛一ニ々々ノ言ク吾レハ此ノ家主ノ母也明日
當第三年一ニ仍沙門為我カ法花講説難シ有沙門登高坐ノ時ニ前ニ為ニ吾一敷坐一ヲ給ヘ吾レ行坐テ聴聞セントテ云キ法花一ヲ夢覚語家
主一ニ々々流涙一ヲ無限一至供養時一ニ如夢前ニ敷坐一ヲ説法中程ニ源丈夫カ厩《ウマヤ》ノ黄牛来坐ニ着ス見聞人耳目ヲ驚ス牛流涙一云吾レハ
源丈夫カ母也源丈夫カ幼少ノ時キ人得《エサス》二此ノ子ニ銭一ヲ少分吾レ盗《ヌスミ》シ罪ノ故成牛一ト三年仕《ツカワ》レヌト云家主聴聞ノ人々一同ニ挙音一大

叫《サケ》ヒキ源丈夫立テ牛ヲ三度礼ス牛厩ニ還其ノ夜半ニ牛死ス源丈（59丁オ）夫沙門ヲ引導師トシテ如人一葬送畢後沙門不見一此レハ藥王菩薩也云云母夢依法花及引導師功力一ニ捨畜生身一生兜率天一云云母深孝ノ子ナレハ八十有余ニシテ乗紫雲一往生西方一云云

九十一日本長門ノ国ノ阿武丈（大）夫カ事

法花驗記下云長門国ノ阿武大（ママ）夫入道在俗ノ間ハ猛悪不善ニシテ殺生放逸ヲ為業一ト生涯ニモ無一善モ一年長シテ受重病一ヲ趣死門一ニ為除病延命一ノ請法師一令講法花一時終ニ死去畢ヌ持経者向死人一ニ讀二第八巻ノ是人命終不墮悪趣即往兜率天上弥勒菩薩所ノ文一廻向死人三日アテ蘇生シテ云吾レ至閻王宮一ニ悪鬼来乗火車一ニ行無間地獄一道ニシテ聞此経文一時ニ天子来云此罪人ハ法花結縁ノ者ナリ娑婆ヘ還セト云時火車ヨリ取下《ヲロ》シテ来入ト家一ニ覚テ蘇生云云々々後發道心一出家シテ持誦法花一往生兜率天云云天子ハ普賢菩薩云云（59丁ウ）

九十二日本美作国取鐵一男ノ事

法花驗記下云美作《ミマサカ》国ニ有取鐵一山一阿倍《アヘノ》天皇御代ニ国司召民十人一ヲ堀《ホル》山一ヲ々崩《クツレ》テ死セントスル時九人ハ早ク走《ハシリ》出テ一人ハ遅《ヲソ》ク出故ニ穴中ニ死国司深嘆之一妻子仰天伏地一ニ愁嘆ス大山崩ヌレハ無力一妻女為亡夫一ノ四十九日ニ地蔵ヲ奉供一誦法花経一穴中廣三尺計高サ五尺計空隙《キャク》《ヒマ》ノ有之一此男未死去一此人居穴一ニ不断ニ作此ノ念一ヲ吾為父母一ノ有法花書寫願一未果《ハタ、》一受此難一ヲ深愁涙ス一七日ノ後ニ穴ノ東ヨリ足一通《トウル》程穴出来レリ光少見其ノ遠一里余ト覚ユ一人沙門来日々ニ与飯一云汝カ妻中陰ノ間吾レニ供スル飯云云中陰ノ満ニ山崩ノ上為立率都婆一ヲ妻親類等此ノ下ニ有ル大叫声穴中ニテ聞之穴中ニシテ大叫上ノ人々蚊《カノ》声程ニシテ聞《キコ》ユ怪シミ近聞之一未死一有穴一ニ披露スル間国司集人一百八十日ニ堀出ス眉髪等成白一三十有余ノ人百余歳ニ見ユ法花誦力及大願（60丁オ）

力故継延命一穴出後出家シ名大願比丘為父母一書法花一部一我レモ兜率ニ往生云云

九十三日本山城国久世郡善女ノ事

法花驗記下云山城国久世郡ノ平丈夫有大慈女子一七歳ヨリ至十二歳一ニ誦法花経一部一ヲ或時佛詣ノ道ニシテ遇《ア》フ生《イケ》ル蟹《カニ》ヲ持タル人ニ一女人ノ言与ヘテ銭乞《コフ》ニ之一無子細一与之一女人悦テ放河一ニ其後女人ノ父ノ翁作ル田一ヲ處ニ蛇来テ呑《ノ》ム蝦蟆《カイル》ヲ一翁ノ言免《ユル》セ其蝦蟆一ヲ蛇ヲ吾カ善女子ノ聟《ムコ》ニセント云時蛇聞此事一悦捨蝦蟆一去リヌ家帰テ此事ヲ告女子一々々歎《ナケク》事無量一蛇ノ妻トナラン事父翁モ無要ノ事ヲ云ケルソト嘆之一時厚板壁《カヘ》トシ女子ヲ隠ス時神人ノ形シタル人夜中ニ来為《ナラ》ント云聟一ト老翁不用《モチ》イ一神人瞋恚ヲ起成本ノ蛇身一ト女人籠レル舎ヲ巻テ以尾一叩《タヽ》ク之ヲ一父母大驚ク女人中ニシテ挙大音一叩(ママ)フ時入ル河一ヘ大蟹引多ノ蟹ヲ一来蛇ノ身体ヲ挟《ハサミ》切《キ》リ殺去ヌ又観音来告女人ニ云汝通夜誦観音経故吾レ来レリ汝勿恐事　（60丁ウ）蚖蛇及蝮蝎氣毒烟火燃等消散願吾ニ有ト之云云蛇埋地一其上立塔一誦提婆品一廻向故蛇モ女人父母蟹蝦蟆同時往生スト国中ノ人民夢見之一實平等大會法花云云

九十四日本山城国朱雀ノ女人ノ事

法花驗記下云昔京ノ朱雀《シユシヤク》ノ大路《ヲフチ》ヲ町人《マチウト》日暮《クレ》遇《ニアフ》天下一ノ美女ニ一男告女人ニ一云宿世故今日遇君ニ一為妻《ナリ》一ト給ヘト云女人云吾レハ高位ナリ汝ハ下位ナリ汝吾レト交通セハ汝負《マケテ》可死一云云男ノ言生死ハ定レハ汝免サハ交通セント云女云汝愚ナ事命ハ一生ノ財也婬ハ刹那樂也ト男云此ノ理ハ吾レモ知レリ雖然一女形無上一雖死スト交通セント云時女ノ云汝心不便也トテ而一夜交通ス女人云夜明ケハ汝定死去スヘシ吾レニ年来有所望一法花経也吾レニ法花経一部書キテ廻向ハ代テ汝命ニ一吾レ死セントテ云男領状ス女人吾死セン處ヲ汝可見一證據《コ》トテ取男扇一武徳殿ノ北邊ニシテ死去セントテ失セヌ其後男家還テ居《イル》モ不居《ス》レ一往武　（61丁オ）徳殿北ノ邊ニ一見之一一ノ老狐《コツ》扇ヲ覆面ニ一死去ス男且ハ畏レ且ハ悲ナル故如約速(ママ)一書法花経一部一廻向夢ニ来天人ニ一云吾レ三生

ノ間野干ニテ住内《ウチ》野ニ犯セシハ人ヲ遇善男ニ得生兜率男ノ思ハク野干スラ既ニ如此況人間ヲヤ發心云ハレテ善心比丘ト一生誦法花八十有余音樂空中ニ響兜率天往生云云

九十五日本加賀前司ノ女子ノ事

法花験記下云藤原氏加賀前司兼《カネ》澄朝臣ノ第一女子ハ信法花不断誦之或時受重病ヲ死去ス遥見山野ヲ有寺々内皆瑠璃ノ地ナリ以金銀等諸堂ヲ荘厳ス聖衆満寺院天人等衆會高大臺ニ有佛放光此レ極樂浄土カト覚ユ佛ノ言此霊山浄土也汝一生不犯ニシテ信讀法花故来此處ニ可住吾レハ尺迦也善女今一度帰娑婆ニ法花八巻ニ加ヘハ讀無量義経普賢経ヲ（61丁ウ）早ク可シト生此土蘇生後加開結二巻十巻毎日誦之終九十有余ニテ乍生霊山々々ヨリ三日前ニ指光人皆見之帰法花霊山往生日本殊更ニ加開結二経此時ヨリ新也云云

九十六日本左馬寮ノ第二女子ノ事

法花験記（ママ）上云左馬ノ寮権《カミ》助紀《キ》ノ延昌《ノフマサ》カ朝臣ノ第二ノ女子ハ一生寡ニテ讀法花経々々々ノ功力ニ年齢《レイ》《ヨハイ》二十計ニシテ七十有余ニシテ臨終ス時ニ讀法花経ノ方便品ノ心生大歓喜自知當作佛ノ文ヲ死去ス々々時遍身ニ顕レ天衣首ニ戴宝冠ヲ瑠璃厳身放光明天人下来引手雲中ニ三日マテ異香室内ニ薫ス諸人見之帰法花云云

九十七日本左近中将雅通事

法花験記下云左近中将源朝臣雅通《ヨシトウ》ハ右小弁入道ノ第一ノ男子也一生以鷹犬ヲ為能ト邪見放逸也雖然信法花不断ニ誦提婆品ノ（62丁オ）浄心信敬不生疑惑者不堕地獄餓鬼畜生々々十方佛前ノ文臨終ノ時モ誦此文死去ス遺言ニモ佛事ニハ唯讀メト云キ提婆品ヲ順

シテ世間ニ一雖殺生等ヲ一内心帰佛法ニ一故臨終ノ日中将ノ殿中ニ現五色ノ雲一五色ノ光明放不レ見二互ニ人相ヲ一邪見ノ人ソラ尓ナリ況唯善ノ人ヲヤ皆人帰法花一云云

九十八日本右近小将義孝ノ事

法花驗記下云右近小将藤原義孝ハ大政大臣謙徳公ノ第一男子也一生誦法花経ヲ一天延年中ニ瘡病ニヨテ死去ス々々時モ誦法花ノ方便品一死ス々後宮ノ中ニ紫雲光明充満シ音楽満空ニ一死去ノ中陰ノ満ニ如ク平生ノ束帯ニテ王宮ノ庭上ニ現シ詠シテ詩ヲ一云

昔ハ契《リ》シテ蓬莱宮ニ一褒《モテアソヒ》月ヲ一今ハ遊極樂界ニ一中《アタル》風ニ一云云

九十九日本越中前司仲遠ノ事

法花傳（ママ）下云越中前司藤原仲遠ハ天性不好悪常念身無常ヲ（62丁ウ）永厭生死一惜寸ノ暇一讀法花経一乗シテ車馬ニ一行時モ口ニ誦法花経一毎日誦法花一部一一斯（ママ）ノ内ニ法花経十万部誦供養一臨終時口ヨリ出光明一天花雨乍生一束帯ニシテ昇空中ニ一雲中音樂京中皆聞時一万余人出家皆帰法花云云

一百日本安房守ノ第三ノ男子ノ事

法花傳（ママ）驗記下云信誓阿闍梨ハ安房守高階真人兼博《カネヒロノ》第三男子也観命阿闍梨ノ弟子也幼少時ヨリ入仏法一天性正直ニシテ誦法花經一年来籠居丹波國船井郡棚波瀧ニ一一心修行シ兼覚真言發菩提心一誦法花經一時天童来合掌云我来聴法花一遂果四弘願ヲ一常ニ従其口出栴檀微妙音ヲ一云云弥歓喜シテ誦法花ヲ一或時依父母命ニ一出山還里一威勢満国一衆人皆帰之一信誓自念ラク我久世住ハ若造リヤセン輪廻業ヲ一思早世セント一食スルニ毒ヲ一身不損一夢ニ来普賢一進《スヽム》法花一父母入死門一流涙一（63丁オ）誦法花一父母往生西方上品一阿闍梨長久四年ニ七十有余ニシテ往生兜率天ニ一云云已上百条三国ノ法花奇特如形記畢已上百八十条如形記畢　永享五年九月廿一日法花経一部料見八巻注畢雖依天台文句十巻吉蔵義疏十二巻法花論一巻

等レ注之レ浅智之至又老体至極故定可有誤失レ後見人削直可給候尾州真福寺寶生院住持政祝六十六云云願以此徳上至四聖者下及六凡平等抜済云云（63丁ウ）

【付記】　翻刻掲載許可を下さった輪王寺宝物殿に感謝申し上げる。

初出一覧

本書には、初出の論文を加筆訂正したものを収めている。

第一部

第一章　慈童説話の成立

『国語国文』第八十巻第十号　平成二十三年（二〇一一）十月

第二章　寛印一家の説話

『唱導文学研究』第九集　平成二十五年（二〇一三）十二月

第三章　法花深義説話の発生と伝授

『唱導文学研究』第八集　平成二十三年（二〇一一）五月

第四章　安居院流の主張「車中の口決」「官兵の右手」と背景

『唱導文学研究』第七集　平成二十一年（二〇〇九）五月

第五章　毘沙門堂と『平家物語』

『国学院雑誌』第百十四巻第十一号　平成二十五年（二〇一三）十一月

第六章　称名寺に伝わった『平家物語』周辺資料

『唱導文学研究』第十集　平成二十七年（二〇一五）四月

第七章　西教寺正教蔵『授記品談義鈔』紹介
『仏教文学』第二十九号　平成十七年（二〇〇五）三月

第二部

第一章　南北朝期の『法花経』による往生説話
『中世文学』第五十四号　平成二十一年（二〇〇九）六月

第二章　南北朝期の『日本法花験記』
『仏教文学』第三十四号　平成二十二年（二〇一〇）三月

第三章　『法花経』利益説話から往生説話へ
『国語国文』第八十三巻第四号　平成二十六年（二〇一四）四月

第三部

第一章　西教寺正教蔵本の表紙裏断簡
『国学院雑誌』第百十四巻第三号　平成二十五年（二〇一三）三月

第二章　芦浦観音寺の舜興蔵書
『国学院雑誌』第百十五巻第九号　平成二十六年（二〇一四）九月

【翻刻資料一】　西教寺正教蔵『授記品談義鈔』
『唱導文学研究』第九集　平成二十五年（二〇一三）十二月

【翻刻資料二】　日光天海蔵『見聞随身抄』所引「法花経三国奇特」説話
『唱導文学研究』第八集　平成二十三年（二〇一一）五月

著者略歴
松田　宣史（まつだ　のぶみ）

1954 年　京都府出身
2002 年　國學院大学より学位　博士（文学）
2003 年　『比叡山仏教説話研究―序説―』（三弥井書店刊）

天台宗恵檀両流の僧と唱導

2015 年 11 月 2 日　初版発行

定価はカバーに表示してあります。

発行者　　吉田栄治
発行所　　株式会社 三 弥 井 書 店
〒108-0073 東京都港区三田 3-2-39
電話 03-3452-8069
振替 00190-8-21125

ISBN978-4-8382-3290-1 C3395　　印刷　藤原印刷株式会社

主要語句・和歌索引（第一部～第三部）

ち

つ

て

と

ほ